HR zwischen Anpassung und Emanzipation –
Beiträge zur Entwicklung einer eigenständigen Berufspersönlichkeit

**Schriftenreihe Arbeit und Bildung
des Heinrich-Vetter-Forschungsinstituts e.V.**

Hrsg.: Franz Egle und Carl-Heinrich Esser

Band 3

PETER LANG
Frankfurt am Main · Berlin · Bern · Bruxelles · New York · Oxford · Wien

HR zwischen Anpassung und Emanzipation – Beiträge zur Entwicklung einer eigenständigen Berufspersönlichkeit

Bernd-Joachim Ertelt / Andreas Frey / Christian Kugelmeier (Hrsg.)

PETER LANG
Internationaler Verlag der Wissenschaften

Bibliografische Information der Deutschen Nationalbibliothek
Die Deutsche Nationalbibliothek verzeichnet diese Publikation
in der Deutschen Nationalbibliografie; detaillierte bibliografische
Daten sind im Internet über http://dnb.d-nb.de abrufbar.

Gedruckt auf alterungsbeständigem,
säurefreiem Papier.

ISSN 1869-182X
ISBN 978-3-631-63195-9
© Peter Lang GmbH
Internationaler Verlag der Wissenschaften
Frankfurt am Main 2012
Alle Rechte vorbehalten.

Das Werk einschließlich aller seiner Teile ist urheberrechtlich geschützt. Jede Verwertung außerhalb der engen Grenzen des Urheberrechtsgesetzes ist ohne Zustimmung des Verlages unzulässig und strafbar. Das gilt insbesondere für Vervielfältigungen, Übersetzungen, Mikroverfilmungen und die Einspeicherung und Verarbeitung in elektronischen Systemen.

www.peterlang.de

Inhalt

Bernd-Joachim Ertelt, Andreas Frey, Christian Kugelmeier
Einleitung 9

I. Persönlichkeitsentwicklung und HR – Spannungsverhältnis oder Synergie?

Eduard Gaugler
Mitarbeiter als Mitunternehmer 19

Adam Biela
Individuelle Unterschiede als Grundlage für die Personalentwicklung
in Organisationen. Ein geändertes Paradigma
für Human Resource Management 29

Peter Mudra
Personalmanagement im Spannungsfeld von Individualisierung
und Persönlichkeitsentwicklung 37

II. HR zwischen Persönlichkeitsentwicklung und Arbeitsmarktorientierung

Franz Egle, Michael Stops
Zum Wandel der Erwerbsformen – Folgen für die Arbeitswelt der Zukunft 51

Johannes Grill
„Plug and Play" ist out. Wie können wissensintensive Unternehmen
attraktiver für Fachkräfte werden? 69

Simone Fröhlich
Berufspersönlichkeit im Spannungsfeld altersgerechter Personalentwicklung... 83

III. Das Individuum im Spannungsfeld von Persönlichkeitsentwicklung und Arbeit

Bernd-Joachim Ertelt, Andreas Frey
Theorien der beruflichen Entwicklung und Beratung in ihrer Bedeutung
für HRM 99

Friederike Fischer
Career Development im Wandel – Arbeitsfluktuation aus der Sicht
ausgewählter Development-Theorien 139

Daniel Tóth
Kompetenzentwicklung als selbstreflexiver Prozess – am Beispiel
der Studierenden der dualen Hochschulausbildung
bei der Heidelberger Druckmaschinen AG 149

Peter Härtel
Berufsbildung und Persönlichkeitsentwicklung. Grundbildung, Berufswahl
und Übergänge Bildung – Beruf als Kriterien für die Entwicklung
einer eigenständigen Berufspersönlichkeit 163

IV. Methoden des HR im Spannungsfeld von Anpassung und Emanzipation in der Praxis

Christian Kugelmeier
Personalsuche in Unternehmen heute und morgen – von einer nicht
aufzuhaltenden Trendumkehr 175

Dražen Mario Odak
Über die Veränderung der Erwartungswerte von Bankern,
den emotionalen Preis und: Kennst Du Dein *omlala*? – Praxisbeispiel 185

Birgit Wütherich
Ansätze der Berufsberatung in der betrieblichen Praxis – Erfahrungen
aus der Praxis 197

Claudia Falter
Management von Karrierewegen: Eine Annäherung an den Karrieretypus
„Berufspersönlichkeit" 201

Stefan Höft
Assessment: Wie viel Individualität wird gemessen? 215

Susanne Rausch
Outplacement als Chance zur (Weiter-)entwicklung der
Berufspersönlichkeit und Beitrag zum Erhalt der Marktfähigkeit 227

Niels Joeres
Mit Humboldt ins Management. Geisteswissenschaftliche
Berufspersönlichkeiten als Führungskräfte in der Wirtschaft 243

V. Professionalisierung in HR und OE

Walter A. Oechsler
Professionalisierungstendenzen im Personalmanagement.
Entwicklungsschwerpunkte und Herausforderungen 255

Michael Kühn, Beatrix Behrens
Strategisches Kompetenzmanagement zur Förderung
von Beratungskompetenzen in der Bundesagentur für Arbeit 273

Ursula Renold
Zukunft der HR-Fachleute in der Schweiz: Akademische
versus berufspraktisch-orientierte Qualifikation? 285

Jendrik Petersen
Berufspersönlichkeit durch Managementbildung
und Organisationsentwicklung 315

Peter C. Weber
Selbstorganisation im Modell der Synergetik als Ausgangspunkt
für Führungskompetenz 329

Thomas Fohgrub
Personal- und Organisationsentwicklung
durch externe Unternehmensberatung 345

Die Autorinnen und Autoren 363

Einleitung

Bernd-Joachim Ertelt, Andreas Frey, Christian Kugelmeier

Die Idee zu diesem Buch ist das Resultat einer Diskussion über mögliche Ziel- und Handlungsdiskrepanzen zwischen Entwicklungen auf dem Arbeitsmarkt, der Arbeitsorganisationen und den Organisationsteilnehmern. In Vergangenheit und Gegenwart wird immer wieder betont, wie wichtig die Aufrechterhaltung der individuellen Beschäftigungsfähigkeit, aber auch die „Work-Life-Balance" und die Versorgung der Betriebe mit Fachkräften in einer Zeit unausweichlicher, demografiebedingter Verknappung des Arbeitskräftepotenzials sind.

Die Herausgeberschaft hat den Autoren die Aufgabe gestellt, aus ihrer jeweils spezifischen Perspektive Gedanken zur Überwindung der teils widersprüchlichen Ansprüche an den arbeitenden Menschen beizutragen. Dabei ging es vor allem um das Spannungsverhältnis zwischen Anpassung und Emanzipation im Erwerbsleben, das durch eine eigenständige Berufspersönlichkeit in proaktives und konstruktives Verhalten umgesetzt werden soll. Kollektivistisch orientierte HR-Ansätze mit ihrem potenziell stärkeren Anpassungsdruck dürften aus dieser Perspektive weiter an Bedeutung verlieren gegenüber Auffassungen, die die Verbindung von Eigenverantwortung, selbständigem Handeln und unternehmerischem Denken mit Fachkompetenz betonen.

Diese Gedanken sind nicht neu, gewinnen aber heute als Wettbewerbsvorteil im Personalmarketing stark an Bedeutung. In dem schärfer werdenden Wettbewerb auf dem Arbeitsmarkt werden die Unternehmen bestehen, die den Mitarbeiter nicht primär nach der Nützlichkeit für die Organisationsziele betrachten.

Der vorliegende Band behandelt die Thematik aus fünf Perspektiven, wobei sich die Beiträge durchaus inhaltlich berühren, aber auch interessante gegensätzliche Meinungen aufscheinen lassen.

Teil I bietet grundlegende Gedanken zu einem möglichen Spannungsfeld zwischen Persönlichkeitsentwicklung und HR.

Eduard Gaugler stellt das Bild des mitunternehmerischen Organisationsteilnehmers/Mitarbeiters in den Mittelpunkt. In einem kurzen historischen Rekurs zeigt der Autor auf, wie die humanen Defizite der autoritären und der patriarchalen Mitarbeiterführung im Betrieb überwunden wurden und sich die Vorstellung des mitunternehmerischen Verhaltens unter Einbeziehung materieller und immaterieller Beteiligungselemente herausbildete. Nach Gaugler spielen bei der Transformation von Arbeitnehmern zu Mitunternehmern neben den organisatorischen Rahmenbedingungen vor allem das Führungsverhalten in Unternehmensspitze und Betrieb eine wesentliche Rolle.

Adam Biela definiert Humankapital als psychologisches, soziales und wirtschaftliches Potenzial in einer Organisation. In einem ersten Zugriff vertritt er – quasi in Umkehrung der Maslow'schen Bedürfnispyramide – die Auffassung, dass eine Personalpolitik nur dann längerfristig erfolgreich ist, wenn sie voll auf die Subjektivität der Organisationsteilnehmer setzt. Erst auf der Endstufe des Personalmanagements sollten die ökonomischen Aspekte stehen. Interessant ist auch der Hinweis auf den polnischen Ergonomen W. Jastrzębowski, der bereits 1857 vier Dimensionen der Arbeit formulierte – die praxeologische, die ästhetische, die intellektuelle und die moralische.

Peter Mudra stellt aufgrund einer differenzierten Literaturanalyse fest, dass das Erfordernis einer stärkeren Mitarbeiterfokussierung schon seit längerem als wichtige Voraussetzung für einen Paradigmenwechsel angesehen wird. Die Individualisierung ist dabei mehr als nur ein Postulat, nämlich eine wichtige Gestaltungsgrundlage der Personalwirtschaftslehre (PWL). Mudra betrachtet die Förderung der Selbstentwicklung beim Mitarbeiter als Richtschnur für die konzeptionelle Ausrichtung einer individual- und persönlichkeitsorientierten Personalarbeit. Doch notwendigerweise führt dies zu einer kritischen Auseinandersetzung mit der ökonomischen Fokussierung des Personalmanagements.

In *Teil II* steht die Vermittlungsaufgabe des HR zwischen Persönlichkeitsentwicklung und Bedingungen auf dem Arbeitsmarkt im Mittelpunkt.

In einem einführenden Beitrag charakterisieren *Franz Egle* und *Michael Stops* den Wandel der Erwerbsformen und die Folgen für die Arbeitswelt der Zukunft. Danach überwiegt das sog. Normalarbeitsverhältnis in Deutschland noch bei weitem, doch nahezu jede zweite Neueinstellung erfolgt bereits über einen befristeten Arbeitsvertrag. Sorge bereitet der steigende Anteil der Niedriglohnbeschäftigten. Doch atypische Erwerbsformen bergen auch Chancen für den Arbeitnehmer und den Betrieb. Die Autoren entwickeln differenzierte individuelle und personalwirtschaftliche Verhaltensweisen für die Zukunftsfähigkeit auf einem sich wandelnden Arbeitsmarkt.

Johannes Grill fokussiert auf die Frage nach dem Bedarf an Fachkräften von wissensintensiven Unternehmen. Er charakterisiert das gegenwärtige und zukünftige Rekrutierungsverhalten und stellt dann die „unternehmerische Kompetenz" als Schlüsselkompetenz in den Mittelpunkt. Aus individueller Sicht werden drei adäquate Formen der Lebensführung für Wissensfachkräfte charakterisiert. Dabei spielt die Basisfertigkeit der Lernfähigkeit die zentrale Rolle. Die Beantwortung der Frage, wie ein Unternehmen attraktiv für diese Fachkräfte werden kann, wird verbunden mit Unterstützungsangeboten an KMUs.

Simone Fröhlich geht in ihrem Beitrag der kritischen Frage nach, ob eine altersgerechte Personalentwicklung der Unternehmen auch für atypische Erwerbsformen möglich ist. Denn die in den letzten 10 Jahren zu beobachtende Steigerung der Erwerbsquote Älterer wurde vor allem durch die Ausweitung atypischer Beschäftigungsformen ausgelöst. Doch bedingen diese eine höhere Autonomie und Selbstverantwortung, aber auch einen höheren Konkurrenzdruck für den Einzelnen. Besonders aber erzwungene Autonomie in Verbindung mit Unsicherheiten und Belastungen ziehen weitere Diskontinuität in der Berufsbiografie nach sich. Doch von den entsprechenden unternehmensbezogenen Maßnahmen sind die Randbelegschaften oft ausgeschlossen. Die Autorin schlägt gezielte sozialwissenschaftliche Untersuchungen zur Wechselwirkung atypischer Beschäftigung und Berufspersönlichkeit vor.

Teil III ist der Persönlichkeitsentwicklung in Ausbildung und Arbeitstätigkeit gewidmet.

In einem grundlegenden Beitrag untersuchen *Bernd-Joachim Ertelt* und *Andreas Frey* die Bedeutung gängiger Ansätze zur Berufswahl und Berufsentwicklung für das Personalmanagement in Organisationen. Der Fokus liegt hierbei auf einer möglichen Unterstützung der Herausbildung einer eigenständigen Persönlichkeit. Kritisch diskutiert wird dabei das Verhältnis zwischen dem auch auf EU-Ebene immer stärker betonten Ziel einer am Arbeitsmarkt orientierten „Employability" und dem deutschen Berufskonzept. Erstaunlich ist die Feststellung, dass die Mehrzahl der vornehmlich aus dem amerikanischen Wissenschaftskontext stammenden Theorien sich an einem Berufsbegriff orientieren, der eher in die Richtung Berufskonzept weist. An konkreten Aufgaben der Personalförderung wird exemplarisch aufgezeigt, welche der sog. psychologischen Objekttheorien sich für eine am Individuum orientierte Gestaltung eignet. Dabei sind sich die Autoren bewusst, dass diese Zuordnung primär nach Plausibilität vorgenommen wurde und weiterer empirischer Absicherung bedarf.

In einer erweiterten kasuistischen Studie untersuchte *Friederike Fischer*, wieweit ausgewählte Laufbahnentwicklungstheorien die Ursachen für die erhebliche Arbeitsfluktuation in der Callcenter-Branche erklären können. Die Ergebnisse deuten darauf hin, dass besonders der persönlichkeitstyplogische und der entwicklungspsychologische Ansatz, aber auch Vorstellungen des Work-Life-Balance sowie die Theorie der Arbeitsmotivation von Herzberg wichtige Beiträge liefern, die Grundlage für entsprechende HR-Maßnahmen sein können.

In einer anderen kasuistisch angelegten Untersuchung prüfte *Daniel Tóth* die Möglichkeit zur Förderung einer auf Selbstreflexion beruhenden Kompetenzentwicklung bei Studierenden der dualen Hochschulbildung. Dabei ging es sowohl um die Selbsteinschätzung der Fach-, Methoden-, Sozial- und Personalkompetenz, als auch um die Fragen nach dem am besten geeigneten Lernort und den Instrumenten für den Kompetenzerwerb. Abschließend gibt der Autor konkrete Empfehlungen für die Weiterentwicklung des Instrumentariums (Lernort, Workshops/Seminare, Coaching), des Entwicklungsgesprächs und des Studienbuchs.

Peter Härtel betont in seinem Beitrag, dass die Entwicklung einer eigenständigen Berufspersönlichkeit bereits in der beruflichen Erstausbildung beginnt, aber schon vorher grundgelegt wird. Ob dieser Prozess gelingt, hängt wesentlich von der Vermittlung von „Career Management Skills" ab. Dies geht weit über das sonstige Verständnis von „Berufsberatung" – zumindest aus österreichischer Sicht – hinaus. Sie richtet sich auf die qualifizierte Begleitung der Entscheidungen in Bildung und Beruf, unter Beachtung der individuellen, der unternehmerischen sowie der gesamtwirtschaftlichen und gesellschaftlichen Dimension. Der Autor betont, dass diese Aktivitäten Voraussetzung für erfolgreiche Maßnahmen im späteren Human Resource Management sind.

In *Teil IV* sind Beiträge mit direktem Praxisbezug versammelt, wobei bewusst auch solche, die stark vom persönlichen Erfahrungshintergrund geprägt sind, aufgenommen wurden.

Christian Kugelmeier eröffnet dieses Kapitel mit einem Beitrag zur gegenwärtigen und zukünftigen Personalsuche. In den sehr offenen und von fundierter Praxiserfahrung geprägten Ausführungen werden die Bewerbungs- und Einstellungsrituale in den Unternehmen einer harten Kritik unterzogen. Danach werden Bewerber oftmals in ein „politisches Mimikry" gezwungen, noch bevor sie überhaupt in Unternehmen sind, denn diese sind in ihren Strukturen meist nicht darauf vorbereitet, den oft beschworenen Unternehmertypus zu verkraften. Gefordert wird in Zukunft ein neuer innerbetrieblicher Kanon der Gemeinschaftlichkeit im Sinne des Kunden, es darf im Unternehmen nur noch um „leidenschaftliche Wertschöpfung" für den Markt gehen. Der Autor sieht den Paradigmenwechsel im HR vom bisherigen Verkäufermarkt zu einem künftigen Käufermarkt, auf dem Wahrhaftigkeit in der Selbstdarstellung des Unternehmens Vorrang hat vor effekthascherischem Personalmarketing. Interessant ist auch die These, dass der Begriff der „Work-Life-Balance" verschwinden wird, weil man Leben und Arbeit zunehmend als Lebenseinheit empfindet.

In einem engagierten und subjektiv gehaltenen Beitrag setzt sich *Dražen M. Odak* mit den Wandlungen in der Wahrnehmung der Berufspersönlichkeit am Beispiel des „Bankers" auseinander. Kritisch wird beschrieben, wie sich das frühere positive Image in Bezug auf Solidität, Erfolg und Analagesicherheit, durch Finanzkrise, spekulatives Fehlverhalten am Markt und Enttäuschungen der zum

Teil unrealistischen Rendite-Erwartungen der Kunden ins Gegenteil verkehrt hat. Die notwendige berufliche Handlungsfreiheit kann nach Ansicht des Autors nur durch qualifizierte Ausbildung, Knowhow, Ehrlichkeit und persönliche Ausstrahlung zurückgewonnen werden.

Ebenfalls aus langjähriger Praxiserfahrung heraus prüft *Birgit Wütherich* die Anwendbarkeit von Ansätzen der Berufsberatung in Mitarbeitergesprächen. Sie greift dabei auf Ergebnisse ihrer früheren Untersuchungen in mittelständischen Betrieben zurück, die gezeigt hatten, dass durchaus Übereinstimmungen insbesondere mit der entwicklungsbezogenen Beratung und der klientenzentrierten Methode bestehen. Doch damals wie heute verfügen die Vorgesetzten nicht über eine systematische Schulung für die Durchführung von Entwicklungsgesprächen. Vielmehr überwiegt die eklektische Verwendung von Gesprächstechniken. Die Autorin sieht die demografische Entwicklung als Antrieb für einen betriebsbezogenen Beratungsansatz und eine entsprechende Fortbildung.

In ihrem Beitrag stellt *Claudia Falter* den Karrieretyp „Berufspersönlichkeit" in den Mittelpunkt. In Experteninterviews mit HR-Managern der Finanz- und Versicherungsbranche wurden Antworten gesucht auf die Frage, wie aus den Mitarbeitern jene Berufspersönlichkeiten werden, die sich und andere im Unternehmen immer wieder inspirieren, ihre Intuition und Kreativität zu entfalten und wie dazu förderliche Rahmenbedingungen aussehen könnten. Die Autorin interpretiert die Antworten anhand wissenschaftlich herausgearbeiteter Kategorien. Als Schlüsselkriterien für Berufspersönlichkeiten gelten die Fähigkeit zum Selbstmanagement, Intelligenz, Engagement, Integrität und selbstgesteuertes Lernen. Es wird auch deutlich, dass zur Förderung solcher Berufspersönlichkeiten vor allem individuelle Maßnahmen, wie etwa Einzelcoaching, geeignet sind.

Aus wissenschaftlicher Sicht beschäftigt sich *Stefan Höft* mit der Frage, wieweit und in welcher Form Individualität bei psychodiagnostischen Untersuchungen im Rahmen von „Assessments" in Betrieben Berücksichtigung findet. Behandelt werden dabei Zielsetzung, Anwendungsfelder und Instrumente. Der Stellenwert der Individualität im Assessment lässt sich aus unterschiedlichen Perspektiven beurteilen. Als Störfaktor, als Randvariable im Rekrutierungs- und Sozialisationsprozess und als originärer Gegenstand der beruflichen Eignungsdiagnostik. In seiner Schlussfolgerung verdeutlicht der Autor, dass es beim betrieblichen Assessment immer um eine Passungsanalyse zwischen Person und beruflicher Tätigkeit geht, auch wenn das berufliche Anwendungsfeld und die Zielposition noch nicht konkretisiert sind. Doch gibt es durchaus Formen des Assessments, etwa das „Development Center", die Elemente der Individuation explizit verfolgen.

Susanne Rausch behandelt die für den Einzelnen wie den Betrieb außerordentlich wichtige Frage, wie die Beendigung von Arbeitsverhältnissen konstruktiv gestaltet werden kann. Inwieweit könnte „Outplacement" eine Chance zur Persönlichkeitsentwicklung im Sinne des Erhalts der Marktfähigkeit bieten? Fasst man „Outplacementberatung als spezielle Form der Karriereberatung" auf, steht durch Kombination verschiedener Formen und die Ergänzung durch Instrumente der Eignungsdiagnostik ein wirkungsvolles und am Klienten orientiertes Instrument zur Verfügung. Doch die Praxiskonzepte sind noch häufig den Ansätzen der traditionellen Berufsberatung und ihrer Passungshypothese verhaftet. Auch werden langfristige Karriereperspektiven und die Entwicklung karriererelevanter Persönlichkeitspotenziale fast vollkommen außer Acht gelassen.

Der Beitrag von *Niels Joeres* lenkt den Blick auf ein möglicherweise noch nicht voll ausgeschöpftes Personalreservoir, nämlich das der Absolventen von geisteswissenschaftlichen Studiengängen. Diese Gruppe bleibt in den Stellenausschreibungen und internen Kandidatenpools zumeist unberücksichtigt, obgleich sie potenzielle Stärken für Unternehmensbereiche, wie das Beziehungs- und Kooperationsmanagement oder Marketing, aufweist. Spezifische Vorteile für Geisteswissenschaftler liegen nach Joeres „nahezu uneingeschränkt in ihren Präsentations- und Methodenkompetenzen". Doch der Autor verkennt nicht, dass sich viele Studierende und Absolventen dieser Richtung zu wenig oder sehr spät an der Praxis orientieren und Interesse an einer Karriere in der Wirtschaft zeigen.

Im Fokus von *Teil V* steht die auch in den vorangegangenen Beiträgen immer wieder angesprochene Professionalisierung in HR und Organisationsentwicklung.

In seinem grundlegenden wissenschaftsorientierten Beitrag zeichnet *Walter A. Oechsler* in einem kurzen Rekurs die Entwicklungsschwerpunkte der Professionalisierung im Personalmanagement auf. Danach herrschte bis in die 1960er Jahre ein administratives Personalwesen vor, das dann vor allem durch das Betriebsverfassungsgesetz Anfang der 70er Jahre in eine Phase der Verrechtlichung überging. Die Tendenz zur Differenzierung in der Unternehmensstrategie führte danach zur Dezentralisierung mit eigenständigen Bereichen der Personalbetreuung. In der heutigen globalisierten Wirtschaft führt die flexible Spezialisierung tendenziell zu teamorientierten Organisationsstrukturen und flexibel an der Nachfrage ausgerichtetem Personal. Personalmanagement wird zum Strategischen Partner und Business Partner. In dem komplexen Beziehungsgefüge zwischen strategischen und operativen Anforderungen muss das Personalmanagement verschiedene Rollen wahrnehmen. Oechsler charakterisiert diese Rollen auch mit Blick auf die jeweiligen Konsequenzen für die Professionalisierung und Rekrutierung. Abschließend werden die für eine zukunftsbezogene Qualifizierung künftiger Mitarbeiter im Personalmanagement relevanten Wissenschaften angesprochen.

Michael Kühn und *Beatrix Behrens* behandeln am Beispiel des größten Dienstleisters am deutschen Arbeitsmarkt, der Bundesagentur für Arbeit (BA), das strategische Kompetenzmanagement zur Förderung von Beratungskompetenz. Dadurch soll ein hoher Qualitätsstandard in der Beratung der Kunden, und damit die Leistungsfähigkeit der Organisation insgesamt, sichergestellt werden. Zum Aufbau des strategischen Kompetenzmanagements, das die Orientierung an Formalqualifikationen und starren Zulassungsvoraussetzungen ablöst, wurde ein Kompetenzmodell entwickelt. Dieses bildet die Grundlage für das 2007 eingeführte Instrument des Leistungs- und Entwicklungsdialogs (LEDi) zur systematischen Beurteilung und Förderung der einzelnen Mitarbeiter. Die Autoren betonen die zentrale Bedeutung der Beratungsaufgaben in der BA und zeigen differenziert die Wege zur Kompetenzentwicklung auf. Zu den aktuellen „Innovationen am Markt" der BA zählt die Ausweitung der Arbeitgeberberatung.

In ihrem umfassenden Beitrag beschäftigt sich *Ursula Renold* kritisch mit der zukünftigen Qualifizierung von HR-Fachleuten. Am Beispiel Schweiz vergleicht und bewertet sie akademische und berufspraktisch-orientierte Qualifizierungen. Eine neuere Studie bei Personalleitern international operierender Unternehmen im deutschsprachigen Raum zeigt, dass die Hälfte der Befragten den Mangel an Weiterbildungsangeboten für die neuen HR-Rollen beklagte und empfahl, dass die Hochschulen ihre Lehrinhalte entsprechend anpassen sollten. In den 1970er Jahren gab es in der Schweiz erste Ansätze zur Professionalisierung der Personalarbeit, die sich seit Beginn der 1980er Jahre verstärkten. Dabei fällt auf, dass das HR-Berufsfeld sich zu einem mehrheitlich weiblich dominierten Berufsfeld gewandelt hat. Außerdem nahm die Zahl der HR-Fachleute ohne Leitungsfunktion zu. Die Autorin begründet fundiert, warum es verfehlt wäre, die praxisnahen höheren Fachprüfungen durch Weiterbildungsabschlüsse an Hochschulen zu ersetzen. Doch Probleme entstehen, wenn es nicht gelingt die Qualität der Bildungsabschlüsse in der Schweiz international darzustellen. Der Beitrag von Ursula Renold bietet über die engere Thematik hinaus einen differenzierten Einblick in das tertiäre Bildungssystem der Schweiz.

Jendrik Petersen zeigt in seinem Beitrag den Weg zur Persönlichkeitsbildung durch reflexives Managementhandeln und Organisationsentwicklung auf. Es geht darum, die Organisationsteilnehmer über die Mitgestaltung die sozialen Systeme selbst zu humanisieren. Eine so verstandene „Managementbildung" ermöglicht „dialogisches Management". Die steigende Bedeutung hoch motivierter, innovationsbereiter Mitarbeiter für den Unternehmenserfolg erfordert die stärkere Einbeziehung des Mitarbeiterpotenzials in die Planungsprozesse, sie also möglichst als Sub-Unternehmer zu betrachten. Petersen prüft dazu zwei Modelle der Organisationsentwicklung, die GRID-OE-Technik und das NPI-Modell. Erstere erscheint für die Ausbildung der Berufspersönlichkeit weniger geeignet, weil sie sich zu stark an den Interessen der Unternehmensleitung orientiert. Dagegen kann das NPI-Modell als anschlussfähig für die Förderung der Berufspersönlichkeit angesehen werden. Als Schlussfolgerung ergibt sich, dass in einem zukunftsbezogenen Personalmanagement Führungskräfte und Mitarbeiter als gleichberechtigte Wahrheits- und Problemlösungsquellen anzusehen sind, die durch Lernen ständig weiter zu entwickeln sind.

Einen ähnlichen Ansatz verfolgt *Peter C. Weber* in seinem Beitrag zum Konzept der Selbstorganisation als Rahmen für Führungskompetenz. Kritisch wird angemerkt, dass der Professionalisierung von Führung eine Reihe von Aspekten entgegensteht. Auch wird Führungshandeln oft nur in Auflistungen von Kompetenzen beschrieben, denen es an Systematik mangelt und die nicht in eine prozesshafte Verbindung gebracht sind. Außerdem fehlt oft eine Begründung der einzelnen Kompetenzen aus der Wirkung heraus. Der Autor stellt demgegenüber seine Überlegungen zu Führungskompetenzen im Selbstorganisationsmodell auf der Basis der Generischen Prinzipien von Haken und Schiepek. Diese werden differenziert als handlungsleitend für Führungskräfte dargestellt und in Kernaussagen für das Selbstverständnis verdichtet. Wichtig erscheint nun, Führungskompetenz im Sinne eines adäquaten Kompetenzverständnisses zu beschreiben und systematische empirische Untersuchungen über die Wirkungszusammenhänge vorzunehmen.

Thomas Fohgrub beschäftigt sich mit der Verbesserung der Qualität externer Unternehmensberatung in der Personal- und Organisationsentwicklung besonders in KMU. In den letzten zwei Jahrzehnten hat sich die Nachfrage nach solcher Beratung besonders bei den Betrieben in öffentlicher Hand und hinsichtlich der individuellen Berufsentwicklung verstärkt. Als Herausforderungen sieht der Autor Schwächen in der Theoriebildung, den zu unterschiedlichen Anbietern und dem Fehlen einheitlicher Qualitätsstandards sowie den häufig nicht ausreichend qualifizierten Beratungskräften. Sehr differenziert wird zu den künftigen Anforderungen an Berater in der Personal-und Organisationsentwicklung Stellung genommen.

Die Herausgeber danken zuvorderst den Autorinnen und Autoren für die Bereitstellung von Originalartikeln.

Ein besonderer Dank gilt dem Heinrich-Vetter-Forschungsinstitut e.V. und den Herausgebern der Schriftenreihe Arbeit und Bildung, Franz Egle und Carl-Heinrich Esser, die diese Publikation ermöglicht haben.

Weiter danken wir auch allen, die uns bei der Vorbereitung der Drucklegung unterstützt haben, vor allem Katrin Dillinger, Helga Ertelt und Katrin Puppa.

Bernd-Joachim Ertelt, Andreas Frey, Christian Kugelmeier

Mannheim, im September 2011

Mitarbeiter als Mitunternehmer

Eduard Gaugler

L'homme machine – so lautete der Titel eines Buches des französischen Philosophen und Arztes *Julien Offray de Lamettrie*, das dieser Repräsentant eines radikalen Materialismus im Jahre 1748 veröffentlicht hat.[1] Er starb drei Jahre danach in Berlin, wohin ihn Friedrich der Große nach dessen Vertreibung aus Frankreich berufen hatte. Dieses Buch de Lamettries charakterisierte ein prominenter Arbeitswissenschaftler an der Wende vom 19. zum 20. Jahrhundert mit der Feststellung: „Man muss den Arbeiter im Betrieb so dumm wie möglich halten, damit er sich wie ein Zahnrad in das Getriebe des Betriebes einfügt."[2]

Im Jahr 1993 bezeichnete es *Edzard Reuter*, der damalige Konzernchef der Daimler-Benz AG, bei der Wissenschaftlichen Jahrestagung des Verbandes der Hochschullehrer für Betriebswirtschaft e.V. als seine Aufgabe, „im ganzen Unternehmen Innovationsbereitschaft und -fähigkeit zu fördern, kurz eine Unternehmenskultur zu schaffen, die durch kreative Unruhe gekennzeichnet ist und durch unternehmerisch denkende Mitarbeiterinnen und Mitarbeiter getragen wird"[3]. Wenige Jahre später äußerte *Werner Then*, damals Vorsitzender des Bundes Katholischer Unternehmer e.V. (BKU) ähnliche Überlegungen, wenn er von einer „subsidiären Selbstkultur" im Betrieb sprach, bei der die Mitarbeiter „Unternehmer für ihre eigene Arbeit" werden. Dabei seien den Mitarbeitern „Mitgestaltungsmöglichkeiten und Mitspracherechte in folgenden Feldern einzuräumen: Details des Arbeitsplatzes, Ausführung der Arbeit, Gestaltung der Ablauforganisation, selbständige Arbeitsvorbereitung, Wahl der Arbeitszeiten, Arbeitsverteilung in der Gruppe, Bewältigung der alltäglichen Problemstellungen und Konflikte der Arbeitsgruppe wie des Arbeitsprozesses, Planung von Weiterbildungsmaßnahmen, Ausgestaltung und Verbesserung der Produkte u.a."[4]

Seit Beginn der Industrialisierung in Deutschland im 19. Jahrhundert unterliegen die sozioökonomischen Bedingungen für den Einsatz menschlicher Arbeit in der Wirtschaft und in den Betrieben nahezu permanent Veränderungen; sie machen es verständlich, dass sich auch das allgemeine Leitbild für die Betätigung von Menschen in wirtschaftlichen Funktionen immer wieder wandelt. In

---

1 In diesem Hauptwerk behandelt Lamettrie (geboren am 25. Dezember 1709 in Saint Malo, gestorben am 11. November 1751 in Berlin) den Menschen als eine sich selbst steuernde Maschine, die sich vollständig anhand mechanischer Prinzipien erklären lasse. Die Willensfreiheit des Menschen sei eine Illusion.
2 Vgl. Gaugler (1962/1967), S. 7
3 Reuter (1994), S. 257
4 Then (1996), S. 219

den letzten Jahrzehnten sind sowohl bei den Strukturen der Wirtschaft und der Betriebe als auch bei den dort tätigen Menschen Entwicklungstendenzen zu beobachten, die auf einen zunehmenden Bedarf an ihrem mitunternehmerischen Einsatz hinweisen.

1. Bedarf an mitunternehmerischen Mitarbeitern

Das Gesellschafts- und das Steuerrecht verstehen als Mitunternehmer die Mitglieder einer Unternehmergemeinschaft, die in einer überschaubaren Anzahl gemeinsam für die Geschäftsführung eines Unternehmens verantwortlich sind und die dafür alle Geld- bzw. Sacheinlagen erbringen.[5] Die zuvor genannten Autoren, die postulieren, dass sich Mitarbeiter mitunternehmerisch im arbeitgebenden Unternehmen einsetzen, beschränken ihre diesbezüglichen Vorstellungen keineswegs auf den rechtlich umgrenzten Personenkreis. Zu Mitunternehmern wollen sie auch nicht nur die Führungskräfte und Fachexperten auf den verschiedenen Betriebsebenen werden lassen. Vielmehr sollen sich möglichst viele Beschäftigte am internen Unternehmertum beteiligen. Auf einen Bedarf an diesem breiten mitunternehmerischen Verhalten von Mitarbeitern deuten verschiedene Aspekte hin.

Zu den betrieblich bedingten Entwicklungen, die einen mitunternehmerischen Einsatz möglichst vieler Mitarbeiter verlangen, gehört insbesondere die vielfach wachsende Komplexität betrieblicher Führungs- und Leistungsprozesse, die einer zentralen Normierung und Detailsteuerung mittlerer und größerer Betriebe entgegensteht. Dazu tragen die Wettbewerbsintensität an den betrieblichen Absatzmärkten ebenso wie die Leistungs- und Serviceansprüche der Kunden bei, die zusätzlich bei internationalen Vernetzungen und insbesondere im Zuge der Globalisierung bei vielen Beschäftigten mitunternehmerische Qualifikationen erfordern. Nicht selten entstammen komplexitätsmehrende Einwirkungen auf die Bewältigung der betrieblichen Aufgaben auch den Entwicklungen der im Betrieb einzusetzenden Technik sowie den Normen des Gesetzgebers und der Rechtsprechung auf betriebsrelevanten Gebieten.

Neben dem betrieblich bedingten Bedarf am mitunternehmerischen Einsatz sind die personenbedingten Einflüsse zu nennen. Das moderne Menschenbild entfernt sich immer mehr von der einstigen Untertanen-Vorstellung und ist bestrebt, die humanen Defizite der autoritären und der patriarchalen Mitarbeiterführung im Betrieb zu überwinden. Konzeptionen menschenwürdiger Arbeit in Betrieb und Wirtschaft korrespondieren zunehmend mit den Rollen, die die

---

5 Vgl. Wiedemann (1980), S. 115

Mitarbeiter außerhalb der betrieblichen Arbeitswelt als Bürger in freiheitlichen Gesellschaften und in demokratischen Staaten wahrnehmen können. Mitunternehmerische Berufstätigkeit im Betrieb stellt ferner ein Korrelat zur verbreiteten Zunahme der beruflichen Qualifikation der Mitarbeiter dar; die fortschreitende Akademisierung der Berufswelt im allgemeinen und gerade auch bei vielen Einsatzbereichen in der Wirtschaft liefert dafür einen nicht unwesentlichen Teilaspekt. Talentmanagement und Förderung der Berufsbefähigung (employability) sind weitere Hinweise auf Bezüge zu personenbedingten Aspekten bei der Gewinnung und Verbreitung mitunternehmerischen Verhaltens von Mitarbeitern.

2. Mitunternehmer-Konzeptionen in der Praxis

Die Anfänge der Bestrebungen, Mitarbeiter zu einem mitunternehmerischen Verhalten im Betrieb zu gewinnen, reichen Jahrzehnte zurück. Bereits nach dem Zweiten Weltkrieg präsentierte das Textilunternehmen *Paul-Spindler-Werke KG*, ein größeres mittelständisches Unternehmen in Hilden/Rheinland, ein frühes und umfassend entwickeltes Beispiel für das Mitunternehmerkonzept.[6] Die Geschäftsleitung dieses Unternehmens bot zum Jahresbeginn 1951 allen Mitarbeitern mit einer mindestens einjährigen Betriebszugehörigkeit den Abschluss eines Mitunternehmer-Vertrags an. Mit nur wenigen Ausnahmen wurden die 1878 Beschäftigten durch einzelvertragliche Vereinbarungen zu Mitunternehmern ihres arbeitgebenden Unternehmens. Angesichts der damals heftigen Kontroversen in Westdeutschland um eine zweiseitige Betriebsverfassung fanden einige Elemente des Spindler'schen Mitunternehmerkonzepts eine breite Aufmerksamkeit und wurden sowohl von Gewerkschaften als auch von Unternehmerseite entschieden abgelehnt. Dazu gehörte die Zusage der Geschäftsleitung, die Mitunternehmer regelmäßig und umfassend über ihre Pläne und über die Lage des Unternehmens zu informieren. Noch vor der Verabschiedung des Betriebsverfassungsgesetzes 1952 etablierten die Spindler-Werke einen Wirtschaftsausschuss, dessen Mitglieder das Einsichtsrecht in die Bilanz und in die Geschäftsunterlagen der Unternehmensleitung bekamen. Ferner gab der Mitunternehmervertrag den Mitunternehmern bei einer Reihe strategischer und unternehmenspolitisch relevanter Entscheidungen das Recht zur Mitentscheidung, das sie mit weitreichenden Konsequenzen für die Entwicklung des Unternehmens in geheimer Stimmabgabe ausüben konnten. Zu-

---

6 Der Unternehmer Gert P. Spindler hat die Entstehung und die Praxis des Mitunternehmerkonzepts in seinem Unternehmen wiederholt ausführlich in mehreren Büchern beschrieben; vgl. Spindler 1951, 1954, 1957, 1964, 1970; ferner Gaugler 2011.

sätzlich zu dieser in Mitverantwortung integrierten Mitbestimmung beteiligten die Spindler-Werke die Mitunternehmer sowohl am Unternehmenserfolg als auch an Veränderungen des Betriebsvermögens, die sich aus den steuerlichen Einheitswerten für das Unternehmen ergaben.

Das Mitunternehmerkonzept der Paul Spindler-Werke KG lieferte – quasi als Prototypus – zusammen mit einer Reihe ähnlich innovativer Unternehmen wesentliche Orientierungen für das Konzept der betrieblichen Partnerschaft, wie es die Arbeitsgemeinschaft zur Förderung der Partnerschaft in der Wirtschaft e.V. (AGP) seit ihrer Gründung im Jahr 1950 auszubreiten bestrebt ist.[7] Ihre vielfältigen Aktivitäten folgen dem Leitgedanken, die Objektsituation der Arbeitnehmer in der Wirtschaft abzubauen und ihre Subjektstellung im Betrieb zu fördern. Bereits die erste Satzung der AGP enthielt folgende Definition „Betriebliche Partnerschaft ist jede durch eine Vereinbarung zwischen Unternehmensleitung und Mitarbeitern festgelegte Form der Zusammenarbeit, die außer einer ständigen Pflege der zwischenmenschlichen Beziehungen eine Mitwirkung und Mitverantwortung sowie eine materielle Beteiligung am Betriebserfolg zum Inhalt hat." Bei einer Novellierung ihrer Satzung im Jahr 1972 betont die AGP die Zusammenarbeit zwischen Unternehmensleitung und Mitarbeitern wie folgt. „Sie soll allen Beteiligten ein Höchstmaß an Selbstentfaltung ermöglichen und durch verschiedene Formen der Mitwirkung und Mitbestimmung bei entsprechender Mitverantwortung einer Fremdbestimmung entgegenwirken." Mit diesen Aussagen bringt die AGP zum Ausdruck, dass die Fremdbestimmung der Arbeitnehmer den Kern ihrer Objektsituation bildet. Diese zeigt sich insbesondere in der Unkenntnis der Beschäftigten über die Unternehmensziele und Strategien, im Befehlsempfang für den Arbeitsvollzug, in der Verhaltens- und Leistungsüberwachung sowie in der Überwachung bei der Ausführung vornormierter Aufgaben und Arbeitsverrichtungen durch Dritte. Solchen und ähnlichen humanen Defiziten beim Einsatz von Menschen im betrieblichen Leistungsprozess begegnet das AGP-Konzept mit einer partnerschaftlichen Unternehmensführung, die gemäß ihrer Satzung mehrere Merkmale kennzeichnen. Danach ist eine partnerschaftliche Unternehmensführung mehr als die Optimierung der Arbeitsgestaltung im Betrieb, wie sie etwa zu Beginn des 20. Jahrhunderts der amerikanische Ingenieur *Frederick Winslow Taylor* entwickelt und als Konzept für das sog. *Scientific Management* in der Wirtschaft verbreitet hat-

---

7 Vgl. Knüpffer (1975), Gaugler (2011).. Neben den Unternehmen, die bereits in den 1950er und 1960er Jahren firmenspezifische Formen partnerschaftlicher Unternehmensführung praktiziert haben, beschäftigten sich einige Wissenschaftler eingehend mit dem Konzept betrieblicher Partnerschaft; dazu zählen insbesondere Guido Fischer, Carl Föhl und Robert S. Hartman; vgl. Fischer 1955, 1964, Hartman 1958.

te.[8] Zur partnerschaftlichen Unternehmensführung gehört zwar auch die permanente Pflege der zwischenmenschlichen Beziehungen im Betrieb, wie sie in den Jahren nach dem Zweiten Weltkrieg mit dem angelsächsischen Verständnis von den Human Relations auch in deutschen Unternehmen Eingang gefunden hat und bis heute zumeist dem Human Resource Management zugrunde liegt. Eine partnerschaftliche Unternehmensführung für ein Mitunternehmerkonzept geht nach den Vorstellungen der AGP darüber hinaus und besitzt zwei Arten von Beteiligungselementen, nämlich materielle und immaterielle Komponenten.

Einen zentralen Stellenwert bei den immateriellen Inhalten der Bemühungen, die Subjektstellung der Mitarbeiter zu fordern, hat ihre regelmäßige und umfassende Information über das arbeitgebende Unternehmen und dessen Strategien in seiner sozioökonomischen Umwelt.[9] Anhaltende Unkenntnis über wesentliche Inhalte des Unternehmens und seine Rolle blockiert mitunternehmerisches Verhalten des Mitarbeiters und erfordert permanente innerbetriebliche Information, die modernen Erkenntnissen der Kommunikationsforschung entsprechend nach Inhalten und Präsentationsformen gestaltet wird. Das AGP-Konzept für eine partnerschaftliche Unternehmensführung greift über die Mitarbeiterinformation hinaus. Mitwirkung in Verbindung mit entsprechender Mitverantwortung bildet ein weiteres Element für den Abbau der Fremdbestimmung. Damit ist sowohl die mitverantwortliche Mitbestimmung des einzelnen Mitarbeiters im Betrieb als auch die Beteiligung von Mitarbeitervertretungen an Unternehmensentscheidungen mit Rückkoppelung an die Mitarbeiter gemeint. Ferner verlangt die Dynamik der Anforderungen an das Unternehmen und an die Mitarbeiter eine permanente und bedarfsorientierte Weiterbildung der Mitarbeiter und ihrer Repräsentanten sowie der betrieblichen Führungskräfte, die einen weiteren Schwerpunkt bei den immateriellen Komponenten des Mitunternehmer-Konzepts bildet.

In Wirtschaftsunternehmen stellt die materielle Beteiligung der Mitarbeiter so sehr ein systemlogisches Element einer partnerschaftlichen Unternehmensführung dar, dass der Verzicht darauf Zweifel an der Ernsthaftigkeit des Interesses der Eigentümer des Unternehmens und der Unternehmensleitung am mitunternehmerischen Einsatz der Beschäftigten aufkommen lässt. Die AGP hat seit Beginn ihrer Aktivitäten nachdrücklich die Teilhabe der Mitarbeiter am Be-

---

8 Die weit verbreitete Kritik am Taylorismus lässt zumeist unbeachtet, dass Taylor (1856–1915) mit Nachdruck mehrfach die Zusammenarbeit im Betrieb zwischen Führungskräften und Arbeitskräften als eine zentrale Komponente seiner Management-Konzeption betont und sie mit verschiedenen Adjektiven beschrieben hat: „friendly cooperation", „hearty cooperation", „universaly friendly cooperation"; vgl. Gaugler 1996, S. 23.

9 Vgl. u.a. Gaugler 1962, 1967

triebserfolg als Komponente ihres Partnerschaftskonzepts verstanden. Dabei konnte sie sich sowohl auf die wissenschaftlichen Erörterungen, als auch auf die empirischen Erfahrungen mit unterschiedlichen Arten der Erfolgsbeteiligung seit dem Beginn des 19. Jahrhunderts stützen.[10] Anfänglich gab es aber auch in der AGP unterschiedliche Vorstellungen über die Bedeutung einer Beteiligung der Mitarbeiter am Kapital ihres arbeitgebenden Unternehmens. Einige Partnerschaftsunternehmer betrachteten schon in den 1950er Jahren die Kapitalbeteiligung als ein unverzichtbares Element für die Bestrebungen, Mitarbeiter zu Mitunternehmern werden zu lassen. Zwei Jahrzehnte nach ihrer Gründung hat die AGP die Teilhabe am Kapital des Unternehmens in ihre Satzungsdefinition für die betriebliche Partnerschaft aufgenommen. Seither ist sie bestrebt, Unternehmen regelmäßig auch für diese finanzielle Komponente partnerschaftlicher Unternehmensführung zu gewinnen; eine breite Palette unterschiedlicher Kapitalarten (Beteiligungs-, Fremd-, Mezzanin-Kapital) und verschiedene Wege der Kapitalaufbringung ermöglichen es, auch dieses Element firmenspezifisch an der jeweiligen Rechtsform des Unternehmens und an den unterschiedlichen Beteiligungserwartungen der Mitarbeiter auszurichten.

Die vorstehende Auflistung der materiellen und der immateriellen Bestandteile des Konzepts partnerschaftlicher Unternehmensführung nach dem Verständnis der AGP sowie die Skizzierung der unterschiedlichen Gestaltungsmöglichkeiten dieser Komponenten lassen erkennen, dass Wirtschaftsunternehmen den mitunternehmerischen Einsatz ihrer Mitarbeiter in sehr verschiedener Weise fördern zu können. Die Notwendigkeit dazu besteht in der Vielgestaltigkeit der Unternehmen selbst sowie in der Vielfalt der Interessen und Erwartungen der bei ihnen beschäftigten Menschen. Eine unvermeidbare Folgerung daraus sind unternehmensspezifische Konzepte und Wege für einschlägige Bestrebungen, die zwar in unterschiedlichen Unternehmen auf gleichartigen Zielen beruhen und sich auf gleiche Grundlagen stützen, die aber bei den immateriellen und materiellen Komponenten firmenindividuell verschiedene Konkretisierungen bekommen. Ferner ist es bei dynamischen Entwicklungen in Wirtschaft und Gesellschaft einerseits und bei den Unternehmen selbst andererseits immer wieder geboten, die Veränderungen bei den Voraussetzungen für den Einsatz mitunternehmerisch tätiger Mitarbeiter zu überprüfen und bei Verände-

---

10 Diese langjährige Beachtung der Erfolgsbeteiligung lässt die Frage aufkommen, warum die materielle Beteiligung der Mitarbeiter bei den breiten und zahlreichen Erörterungen zur Humanisierung der Arbeit in den 1970er Jahren weithin ausgespart blieb und allenfalls eher am Rande erwähnt wurde. Schwerpunkte der damaligen Humanisierungsbestrebungen bildeten die Gestaltung der Arbeitsbedingungen und die verschiedenen Arten der Arbeitsstrukturierung, also mögliche Komponenten für einen mitunternehmerischen Mitarbeitereinsatz. Vgl. Gaugler/ Kolb/Ling 1976, 1977.

rungsbedarf das Beteiligungskonzept neu zu adjustieren. Zusätzlich zu veränderungsbedingten Weiterentwicklungen zeigen Beobachtungen in der Unternehmenspraxis, dass die Gewinnung von Mitarbeitern als Mitunternehmer nicht mit einer einmal getätigten Investition vergleichbar ist. Die materiellen Beteiligungskomponenten sind mit ihren variierenden Ausprägungen ohnedies grundsätzlich auf eine dauerhafte Fortführung angelegt. Aber gerade auch die immateriellen Elemente verlangen deren permanenten Einsatz für anhaltendes mitunternehmerisches Verhalten der Mitarbeiter im Betrieb. Nur so kann man erwarten, dass sie nach und nach auf die Aktivitäten des arbeitgebenden Unternehmens mit Eigeninitiativen und Selbstentwicklung zu Mitunternehmern reagieren, um selbst ihre Subjektstellung im betrieblichen Leistungsgeschehen zu festigen.

3. Mitunternehmerische Komponenten

Die Chancen, bei den Mitarbeitern mitunternehmerischen Einsatz im Betrieb zu erreichen und zu fördern, beeinflusst in Betrieben mit einer Mehr- bzw. Vielzahl von Beschäftigten u.a. auch der Grad der Arbeitsteilung beim Aufgabenvollzug im Leistungsprozess. Ist die Aufgabenstellung an den Arbeitsplätzen, die sich in den Stellenbeschreibungen niederschlägt, in starkem Ausmaß arbeitsteilig organisiert und demzufolge die von den dort eingesetzten Aufgabenträgern benötigte Qualifikation sehr schmal dimensioniert, dann kann dadurch die Entfaltung mitunternehmerischer Potentiale der Mitarbeiter gebremst sein. In solchen Betrieben ist zunächst zu prüfen, inwieweit Änderungen der bestehenden Arbeitsorganisation eine Erweiterung der fachlichen Qualifikation der Mitarbeiter erfordern, die dann bessere Voraussetzungen für ihren mitunternehmerischen Leistungsbeitrag bringen.

Neben der fachlichen Qualifikation der Mitarbeiter, die mit ihren aufgabenbedingten Anforderungen korrespondiert, ist offenkundig das Kreativitätspotential der Beschäftigten eine weitere bedeutende Komponente für das mitunternehmerische Leistungsverhalten. Mit der Dynamik bei den marktbedingten Anforderungen an den Betrieb und bei den von den Mitarbeitern wahrzunehmenden Aufgaben steigt der Bedarf an kreativen Leistungsbeiträgen und damit an Fähigkeiten und Bereitschaft zu Innovationen.

Mitunternehmerisches Leistungsverhalten erfordert in arbeitsteilig organisierten Betrieben soziale Kompetenzen. Diese Komponente ist nicht auf die betrieblichen Führungskräfte beschränkt. Auch Mitarbeiter ohne Führungsfunktionen benötigen bei der innerbetrieblichen Kooperation gewisse Fähigkeiten zur zwischenmenschlichen Kommunikation, wenn sie sich mitunternehmerisch engagieren.

Schließlich implizieren die Fähigkeit und die Bereitschaft zum Mitunternehmer ein diesbezügliches Verantwortungsbewusstsein der im Betrieb agierenden Menschen, das ebenfalls nicht allein die Unternehmensleitung und die Führungskräfte betrifft. In dieser Komponente des mitunternehmerischen Verhaltens zeigt sich in spezifischer Weise der humane Aspekt des Tätigwerdens der Menschen bei ihrer Zusammenarbeit im Betrieb.

Diese vier Komponenten des Mitunternehmerkonzepts können in unterschiedlichen Betrieben und bei verschiedenen Belegschaften sehr spezifische Situationen für die Umsetzung dieses Leitbilds mit beträchtlichen Unterschieden bilden, so dass sich Bestrebungen zu seiner Verwirklichung an den betriebs- und belegschaftseigenen Besonderheiten orientieren müssen, wenn sie Erfolg haben sollen. Manche Beobachtungen deuten darauf hin, dass Großunternehmen mit stark hierarchischen Strukturen auf einer Mehrzahl von Führungsebenen vor anderen Herausforderungen als überschaubare Betriebe in der mittelständischen Wirtschaft stehen, wenn sie ihre Mitarbeiter für einen mitunternehmerischen Einsatz gewinnen wollen. Auch bei den Beschäftigten kann die mitunternehmerische Bereitschaft erheblich variieren; dabei können ihre bisher im Betrieb gemachten Erfahrungen eine Rolle spielen. Nachhaltige Aktivitäten sowie die Beachtung mitunternehmerischer Potentiale bei der Akquisition neuer Mitarbeiter, bei der Heranbildung des Nachwuchses und nicht zuletzt bei der Auswahl der Führungskräfte können die Chancen mehren, in der Belegschaft den Anteil an Mitunternehmern zu steigern.

Die Erfahrungen aus der Unternehmenspraxis zeigen, dass die Initiative zum internen Unternehmertum regelmäßig von der Unternehmensleitung ausgeht. Diese Beobachtung liegt auch den Konzepten für die Transformation zugrunde, die seit einigen Jahren die Fachliteratur für die Entwicklung von Arbeitnehmern zu Mitunternehmern erörtert.[11] Zwei Ansatzpunkte spielen bei diesen Transformationskonzepten eine wesentliche Rolle. Neben den organisatorischen Rahmenbedingungen erachtet man weithin das alltägliche Führungsverhalten der Unternehmensspitze und der betrieblichen Führungskräfte als entscheidende Komponenten für nachhaltige Erfolge bei den Bestrebungen, mitunternehmerisches Verhalten bei möglichst vielen Beschäftigten zu erreichen. Diese Feststellung schließt nicht aus, dass *Wunderer* nach einer ausführlichen Darstellung eines umfassenden Konzepts für den Transformationsprozess betont: „Die erste und letzte Verantwortung für die Entwicklung unternehmeri-

---

11 Zur Transformationsgestaltung haben vor allem Wunderer und auch Kuhn wichtige Beiträge geliefert; vgl. u.a. Wunderer 1994, 1995a, 1995b, 1999, Kuhn 1967.

scher Kompetenzen und Werthaltungen – auch im Kontext der eigenverantwortlichen Beschäftigungssicherung – liegt beim Mitarbeiter selbst".[12] Daher ist es zumindest eine irritierende Formulierung bei der Aufforderung, Mitarbeiter seien zu Mitunternehmern zu machen. Mitarbeiter für ein mitunternehmerisches Engagement im Betrieb zu gewinnen, setzt voraus, sie nicht als Objekte der Unternehmensleitung zu betrachten. Die Subjektnatur der Menschen im Betrieb bedingt, die Unternehmenskultur so zu gestalten, dass möglichst viele Mitarbeiter ihren Einsatz im betrieblichen Leistungsprozess nachhaltig, selbstverantwortlich und mit Eigeninitiative – zweifelsohne aber subsidiär auch von der Unternehmensleitung und von den Führungskräften unterstützt – mitunternehmerisch erbringen können und wollen.

Literatur
Fischer, G. (1955): Partnerschaft im Betrieb, Heidelberg.
Gaugler, R. (1962): Innerbetriebliche Information als Führungsaufgabe. Hilden (2. Aufl. Hilden 1967).
Gaugler, E./Kolb, M./Ling, B. (1976): Humanisierung der Arbeitswelt und Produktivität. Mannheim. (2. Aufl. Ludwigshafen 1977).
Gaugler, E. (1996): „The Principles of Scientific Management" – Bedeutung und Nachwirkungen, in: Hax, H. (Hrsg.), Kommentarband. Düsseldorf, S. 25–47.
Gaugler, E. (1999): Mitarbeiter als Mitunternehmer. Die historischen Wurzeln eines Führungskonzepts und seine Gestaltungsperspektiven in der Gegenwart, in: Wunderer, R. (Hrsg.): Mitarbeiter als Mitunternehmer. Grundlagen, Förderinstrumente, Praxisbeispiele, Neuwied, S. 3–21.
Gaugler, E. (2008): Mitarbeiter als Mitunternehmer – eine personalpolitische Strategie, in: Wrona, Th. (Hrsg.): Strategische Managementforschung. Wiesbaden, S. 225–237.
Gaugler, E. (2011): Partnerschaft in Wirtschaft und Betrieb – Sechzig Jahre AGP, Mannheim.
Hartman, R.S. (1958): Die Partnerschaft von Kapital und Arbeit, Köln/Opladen.
Knüpffer, R. von (1975): Partnerschaft, betriebliche, in: Gaugler, E. (Hrsg.): Handwörterbuch des Personalwesens, Stuttgart, Sp. 1441–1448.
Kuhn, T. (1997): Vom Arbeitnehmer zum Mitunternehmer, in: Zeitschrift für Personalforschung, Jg. 11, Heft 2, 1997, S. 195–220.
Lamettrie, J.O. de (1748); L'homme machine. Leiden.
Reuter, E. (1994): Technologiemanagement. Strategien, Prozesse, Instrumente im integrierten Technologie-Konzern, in: Zahn, E. (Hrsg.): Technologiemanagement und Technologien für das Management, Stuttgart, S. 251–258.
Spindler, G.P. (1951): Mitunternehmertum, Lüneburg.
Spindler, G.P. (1954): Partnerschaft statt Klassenkampf. Stuttgart.
Spindler, G.P. (1957): Unternehmensführung und Partnerschaft, Hilden.
Spindler, G.P. (1964): Neue Antworten im sozialen Raum, Düsseldorf/Wien.
Spindler, G.P. (1970): Praxis der Partnerschaft, Düsseldorf/Wien.

---
12 Wunderer 1999, S. 53

Then, W. (1996): Neue Herausforderungen für ein unternehmerisches Personalmanagement, in: Deutsche Gesellschaft für Personalführung e.V. (Hrsg.): Steigerung der Wettbewerbsfähigkeit durch das Personalmanagement, Köln, S. 209–224.

Wiedemann, H. (1980): Gesellschaftsrecht. Grundlagen, Band I, München.

Wunderer, R. (1994): Der Beitrag der Mitarbeiterführung für den unternehmerischen Wandel. Ansätze zur unternehmerischen Mitarbeiterführung. In: Gomez, P. et al. (Hrsg.): Unternehmerischer Wandel. Konzepte zur organisatorischen Erneuerung. Wiesbaden, S. 229–271.

Wunderer, R. (1995a): Entwicklung von Arbeitnehmern zu Mitunternehmern, in: Elschen, R. (Hrsg.): Unternehmenssicherung und Unternehmensentwicklung, Stuttgart, S. 32–52.

Wunderer R. (1995b): Unternehmerische Mitarbeiterführung als Ansatzpunkt zur unternehmerischen Gestaltung der Personalarbeit, in: Wunderer R./Kuhn, T. (Hrsg.): Innovatives Personalmanagement. Theorie und Praxis unternehmerischer Personalarbeit, Neuwied, S. 25–42.

Wunderer, R. (Hrsg.) (1999): Mitarbeiter als Mitunternehmer. Grundlagen, Förderinstrumente, Praxisbeispiele, Neuwied.

Individuelle Unterschiede als Grundlage für die Personalentwicklung in Organisationen
Ein geändertes Paradigma für Human Resource Management

Adam Biela

Der vorliegende Beitrag beschäftigt sich mit der Notwendigkeit von Veränderungen in der HR-Philosophie und HR-Politik in Organisationen. Diese bilden die Voraussetzungen für die Entwicklung der Persönlichkeit des einzelnen Mitarbeiters in der Organisation.

Das Humankapital einer Organisation/eines Unternehmens lässt sich unter drei Aspekten betrachten, nämlich als ein psychologisches Potenzial (intellektueller Entwicklungsstand, Temperament- und Charakterdispositionen, Persönlichkeit), ein soziales und ein wirtschaftliches Potenzial.

Im zweiten Teil des Beitrags begründen wir, warum individuelle Laufbahn-Unterschiede den größten Reichtum jeder Organisation darstellen.

Im dritten Teil unserer Analyse widmen wir uns Strategien für die Personalentwicklung im Sinne der Gestaltung individueller Laufbahnen.

1. Humankapital als psychologisches, soziales und wirtschaftliches Potenzial in der Organisation

Der größte Reichtum der Organisation besteht in dem Humankapital. Dieses bezieht sich sowohl auf die Menschen, die diese Organisation ins Leben gerufen und ihr Humankapital eingebracht haben, als auch auf diejenigen, die aktuell in ihr tätig sind und sich an der Weiterentwicklung beteiligen. Diese Tatsache sollte das Management immer berücksichtigen.

Gerade bei fundamentalen Änderungen in der Organisation gilt es, mit dem Humankapital, das man als *Geist oder Leitideen der Gründungsväter (founding fatheres)* bezeichnen kann, sorgfältig umzugehen. Es handelt sich dabei um solche Werte, Prinzipien, Ziele, die als Basis für die Errichtung und die Mission der Organisation wichtig waren. Das gilt für Wirtschaftsunternehmen ebenso wie für soziale (non-profit), politische, religiöse, kulturelle oder berufsständische Organisationen. Ein Beispiel auf lokaler Ebene bietet etwa eine Stiftung für Gemeindeentwicklung, ein anderes auf – supranationaler Ebene – die Europäische Union. Im ersten Fall sprechen wir von Humankapital, das vom Stifter der lokalen Organisation eingebracht wurde. Im zweiten Fall geht es um die Väter der EU, die axiomatische Grundlagen für die jetzige Struktur Europas gelegt haben, mit starken Bezügen auf die Prinzipien der katholischen Soziallehre.

1.1 Individuelle Unterschiede als eine Grundlage für die Entwicklung des psychologischen Potenzials

Bei der Betrachtung vom Humankapital sollte man drei Perspektiven unterscheiden:

- die individuelle Ebene,
- die soziale Einbindung in der Organisation als Ganzes und
- die praktische Umsetzung in den Verhaltensweisen der Organisationsteilnehmer nach außen.

Wir beginnen mit der Form des Humankapitals, die man als *psychologisches Kapital* des Organisationsteilnehmers bezeichnet. Sie umfasst die Ressourcen des Individuums, vor allem seine intellektuelle Dispositionen, also Wahrnehmung, Denkfähigkeit, Gedächtnis, Aufmerksamkeit und Vorstellungskraft.

Psychologische Theorien haben zu verschiedenen Konzepten dieser Dispositionen und psychometrischen Instrumenten zu ihrer Messung geführt. Dabei geht es primär um die Prognose in Bezug auf das Mindestniveau der Persönlichkeitsmerkmale, die Voraussetzungen sind für den Erfolg an einem bestimmten Arbeitsplatz. Im Mittelpunkt steht das theoretische Konstrukt der Intelligenz, das verschiedene Fähigkeitskomponenten integriert. Die Messung der individuellen Unterschiede im kognitiven Bereich konzentriert sich auf Wahrnehmung, Gedächtnis, Vorstellungskraft, Aufmerksamkeit und logisches Denken.

In ähnlicher Weise lassen sich auch die Motivation und Emotion mit Hilfe psychometrischer Verfahren beurteilen. Die Diagnose psychischer Dispositionen bezieht sich vor allem auf das Temperament, den Charakter und die emotionale Intelligenz als kognitive Disposition des Menschen in Bezug auf soziale Beziehungen. Die Persönlichkeitskonzepte stellen sich als komplexes System dar, das alle psychischen Bereiche des Menschen integriert.

Diese Intelligenzarten sind verantwortlich für die Integration der jeweiligen psychischen Dispositionen. Somit handelt es sich um ein integratives Gesamtsystem, das die menschliche Persönlichkeit ausmacht.

Aus dieser Perspektive kann man über Humankapital als einem psychologischen Potenzial der einzelnen Organisationsteilnehmer im Sinne interindividueller Unterschiede sprechen.

Individuelle Unterschiede als Grundlage für die Personalentwicklung in Organisationen 31

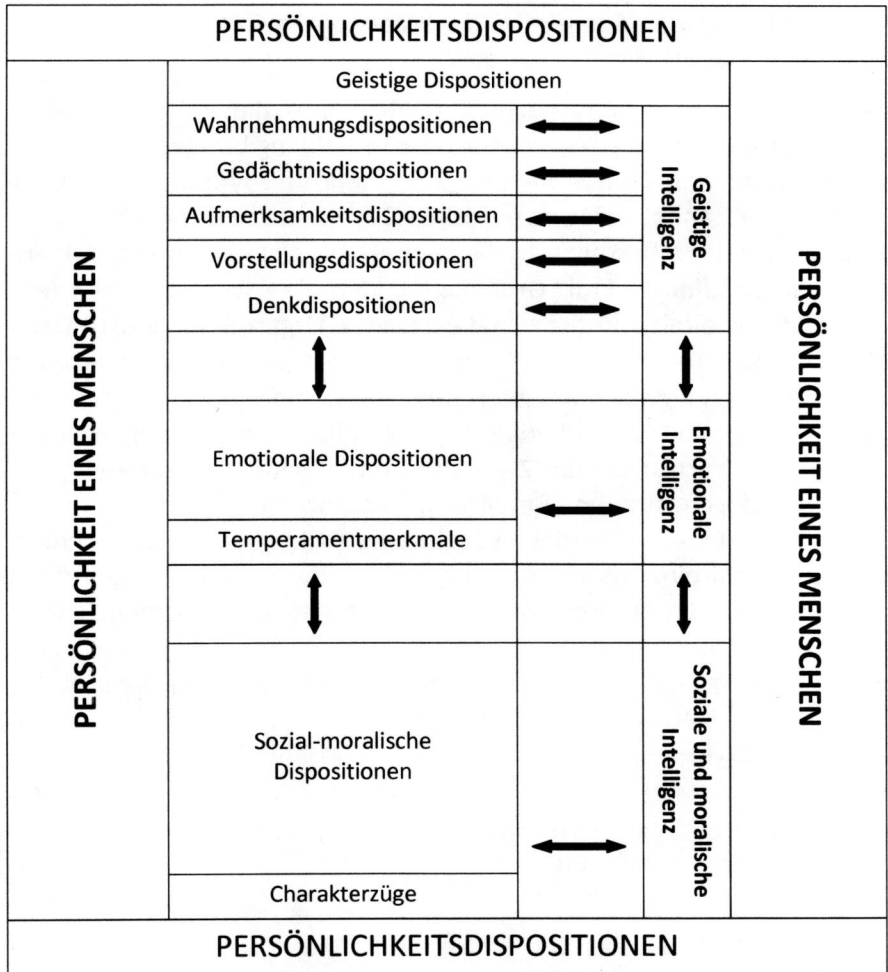

Abb. 1: System psychischer Disposition

Diese beziehen sich sowohl auf die spezifischen (z.B. Gedächtnis, logisches Denken) als auch auf die genannten integrativen Dispositionen. Grundlage für ein erfolgreiches Gesamtkonzept des Personalmanagements ist die Potenzialanalyse auf der Basis psychometrischer Untersuchungen. Denn wenn es nicht gelingt, die Persönlichkeitsprofile in rationaler Weise mit den Anforderungen der Organisation in Einklang zu bringen, kann dies zur Entwertung und Verschwendung des Humankapitals führen.

1.2 Personalmanagement als Stimulation der Potenzialentwicklung der Organisationsteilnehmer

In jeder Organisation muss das Personalmanagement die anthropologisch-psychologische Ordnung mit der Gesamtmission in Einklang bringen.

Abbildung 2 zeigt, ähnlich wie die bekannte „Bedürfnispyramide" von Maslow, den Aufbau der Kapitalressourcen in einer Organisation. Diesen kann man als „Pyramide des Human Resource Management" bezeichnen, die charakterisiert ist durch eine Stufenstruktur. Grundlage bilden die psychologischen Ressourcen des Humankapitals, auf die sich die gesamte Organisation stützt. Denn es sind die einzelnen Teilnehmer, die mit ihrem geistigen, emotionalen und motivationalen Potenzial das Funktionieren des Gesamten gewährleisten. Das entsprechende Instrument ist ein Entwicklungsplan für die individuellen Dispositionen, unter Berücksichtigung der Ziele und Umfeldbedingungen der Organisation. Dies geht jedoch nicht ohne Beteiligung des Einzelnen.

Die Investition in das Potenzial des einzelnen Organisationsteilnehmers stellt aus unserer Sicht einen Wert an sich dar. Doch die kritische Frage erhebt sich, ob damit gleichzeitig die Verbesserung der betrieblichen Effizienz garantiert ist.

Die in Abbildung 2 dargestellten Strukturen wollen dazu einen Weg weisen.

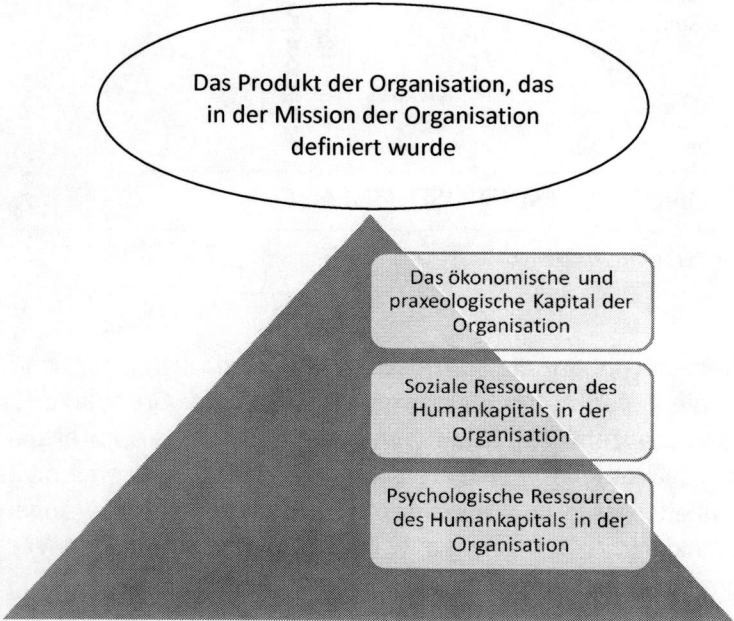

Abb. 2: Struktur und die Richtung für Personalmanagement in der Organisation

1.3 Das soziale Kapital der Organisation als eine Folge der Integration des psychologischen Kapitals

Das soziale Humankapital entsteht dadurch, dass die Beziehungen der Organisationsteilnehmer untereinander strukturiert werden. Dies kann etwa in Übereinstimmung mit den Prinzipien der Arbeitsteilung nach Durkheim (1964) geschehen, wie sie für die einzelne Organisation umgesetzt werden (Zieleniewski 1982). Dies lässt sich als zweite Stufe des Managements der psychologischen Ressourcen begreifen, indem für alle Mitarbeiter ein Klima für die optimale Entwicklung ihres Potenzials unter gleichzeitiger Steigerung der Gesamtproduktivität geschaffen wird.

Wie Abbildung 2 zeigt, umfasst die dritte Stufe des Personalmanagements die Aktualisierung des ökonomischen und psychologischen Kapitals der Organisation. Dieses Kapital setzt sich zusammen aus den finanziellen Ressourcen, dem Anlagevermögen, der technologischen und organisationalen Infrastruktur, den geschützten rechtlichen Gütern sowie dem intellektuellen Kapital – dem sogenannten Know-how.

Im Bereich von gewinnorientierten Produktions- und Dienstleistungsunternehmen lässt sich der Begriff des Kapitals im wirtschaftlichen Sinne gebrauchen. Für non-profit Organisationen schlagen wir vor, den Begriff des praxeologischen Kapitals zu verwenden, der eine breitere denotative Bedeutung hat.

T. Kotarbinski schlug bereits 1965 eine neue Disziplin „Wissens Praxeologie" vor, als eine Wissenschaft von einer guten Arbeit, die verstanden wird, als Wissen über effizientes und kostenbewusstes Handeln. Um das praxeologische oder ökonomische Kapital zu sichern und für die Organisationsziele zu nutzen, müssen die sozialen Ressourcen wirtschaftlich in die Herstellung von Produkten oder Dienstleistungen einbezogen werden. Mit anderen Worten, Mitglieder der Organisation (seien es Industrie- oder Dienstleistungsbetriebe, Bildungseinrichtungen oder karitative und kirchliche Organisationen) müssen motiviert werden, ihre jeweiligen Talente und Kompetenzen funktionsbezogen einzubringen. Dies charakterisiert die dritte Stufe des Personalmanagements.

Maslow ging bei seiner Bedürfnispyramide davon aus, dass zuerst die biologischen und wirtschaftlichen Grundbedürfnisse zu befriedigen sind. Erst danach kommen die sozialen Bedürfnisse und ganz oben das Verlangen nach Selbstverwirklichung.

In der von uns vertretenen Hierarchie der Prozesse der Personalführung betonen wir eine andere Abfolge der Managementschritte. Die Basis der Pyramide (siehe Abb. 2) bildet das Management der individuellen Ressourcen der Mitarbeiter.

Damit bewegt sich aus unserer Sicht das Bedürfnis nach Selbstverwirklichung von der Spitze (bei Maslow) quasi „nach unten" und gehört zu den grundlegenden Momenten. Dies erscheint etwas paradox, spiegelt jedoch unsere Auffassung wider, dass eine Personalpolitik nur dann längerfristig erfolgreich ist, wenn sie sich voll auf die Subjektivität der Organisationsteilnehmer bezieht. Dazu muss sie das individuelle Bedürfnis nach Selbstverwirklichung, vor allem die Entwicklung der geistigen Ressourcen und der Persönlichkeit, befriedigen. Der erfolgreichste Mitarbeiter ist eine Person, die das Gefühl hat, sich in der Organisation fachlich und persönlich weiter zu entwickeln.

Erst auf der Endstufe des Personalmanagements stehen die ökonomischen Aspekte und die Organisation des sozialen Kapitals im Mittelpunkt, ganz im Gegensatz zu den Maslow'schen Gedanken, die die Befriedigung materieller (ökonomischer) Bedürfnisse als Grundlage sehen. Aber dabei muss bedacht werden, dass es bei Maslow um Individuen geht, während sich die Hierarchie im Bereich Personalmanagement auf das Verhältnis von Human-Kapital und dem Kapital aus ökonomischer Perspektive im Sinne von Produktionsmitteln bezieht.

2. Personalpolitik als Unterstützung und Simulation individueller Laufbahnen in der Organisation

Voraussetzung erfolgreicher Personalpolitik ist die Sichtweise des Mitarbeiters als Subjekt und nicht primär als Produktionsfaktor. Vor diesem Hintergrund nehmen wir im Folgenden Bezug auf das wieder beachtete Konzept von Wojciech Jastrzębowski (1857) – dem „Vater" der Ergonomie – und aktualisieren es.

Nach einer allgemeinen Einführung geben wir konkrete Empfehlungen für die Umsetzung im Sinne des Managements individueller Laufbahnen in Organisationen.

2.1 Der Mensch als ein Subjekt für die Organisation

Die Subjektivität des menschlichen Handelns wird derzeit von den Autoren betont, die Managementwissenschaften in der geisteswissenschaftlichen, neobehavioristischen, neopsychoanalytischen und kognitiven Richtung repräsentieren. Die theoretische und praktische Bedeutung der allgemeinen These von der Subjektivität des Handelns legt spezifische Interpretationen je nach Anwendungsbereichen nahe, so auch in der Personalpolitik von Unternehmen.

Die ontologische Kategorie der Subjektivität ist aber zu unterscheiden von dem individuellen Gefühl, ein Subjekt in der Organisation zu sein. Dieses Gefühl ist verbunden mit der Wahrnehmung bestimmter Rollen, der Personalpolitik, der Laufbahnentwicklung, der Gestaltung sozialer Beziehungen etc. (Biela/Loboda 1987).

Gleichzeitig ist hervorzuheben, dass auch hinsichtlich Personalmanagern und anderen Führungskräften von zweiteiliger Subjektivität auszugehen ist. Denn auch Führungskräfte möchten sich als Person verwirklichen und gleichzeitig müssen sie die Voraussetzungen schaffen, dass sich die Mitarbeiter ebenfalls in ihrem Subjektivitätsgefühl gestärkt sehen. Wirksame Führung wird daher nur derjenige ausüben können, der ein gefestigtes Selbstgefühl aufweist (Biela 2001).

2.2 Dimensionen der menschlichen Arbeit nach dem ergonomischen Konzept von Wojciech Jastrzębowski

In seiner Wissenschaft von der Arbeit hat der Gründer der Ergonomie W. Jastrzębowski (1857) vier Dimensionen formuliert, die von einem Betrieb geschaffen werden müssen, um die Arbeit als menschlich bezeichnen zu können. Diese Dimensionen lassen sich aus unserer Sicht auf das Individuum in einer Arbeitsorganisation übertragen.

Die *praxeologische Dimension* betrifft eine gut organisierte Arbeit und eine hohe fachliche Qualifikation. Dieses zusammen bezeichnet Jastrzębowski als „guten Job". So kann sich individuelle Professionalität nur entwickeln bei entsprechenden Bedingungen, aber Umgekehrtes gilt auch: Bei gleichen Umfeldbedingungen kann es zu völlig unterschiedlichem individuellen Leistungsverhalten kommen. Diese Dimension der gegenseitigen Bedingtheit bezeichnete Kotarbiński (1965) als praxeologisch und legte in seiner Abhandlung über den „guten Job" eine umfassende Charakterisierung dazu vor.

Nach Jastrzębowski wird die Arbeit wesentlich effizienter und für den Menschen zufriedenstellender, wenn sie um eine *ästhetische Dimension* bereichert wird. Damit ist gemeint, dass die Arbeit sowohl dem Stelleninhaber als auch den wichtigen Anderen (Kollegen, Vorgesetzten, Kunden) „gefällt". Diese Wertschätzung oder Vorliebe können sowohl der Tätigkeit selbst als auch deren Ergebnis gelten. Jastrzębowski zeigt auf, dass diese Eigenschaften in vollem Ausmaß auf das kindliche Spiel zutreffen, weswegen es auch oft schwierig ist, es zu unterbrechen. In ähnlicher Weise sollte jede Arbeit bis zu einem gewissen Ausmaß spielerische Elemente enthalten, die auf ästhetischer Basis beruhen.

Mit der *intellektuellen Dimension* meint der Gründer der Ergonomie die geistige Herausforderung durch die Arbeit. Wenn die Tätigkeit überhaupt keinen Raum für geistiges Engagement – sei es für Planung oder Ausführung – lässt, wird sie dem Menschen als denkendem Wesen nicht gerecht, sondern erniedrigen ihn. Humanisierung der Arbeitswelt heißt deshalb auch, das Bedürfnis des Menschen nach intellektuellem Engagement am Arbeitsplatz zu berücksichtigen.

Die *moralische Dimension der Arbeit* meint die Orientierung am Wohl Anderer. Menschengerechte Arbeit bedeutet nach Jastrzębowski, wenn sie die Möglichkeit gibt, sie in Gedanken und Hingabe an das Gemeinwohl zur eigenen Zufriedenheit auszuführen. Dieser idealistische Ansatz charakterisiert mehr als die anderen genannten Bereiche die menschliche Dimension der Arbeitsgestaltung.

Zusammenfassend kann man sagen, dass sich die Effektivität der Arbeit aus der Multiplikation aller vier genannten Dimensionen ergibt.

2.3 Individuelle Laufbahnentwicklung als ureigenstes Interesse der Personalpolitik

Sowohl das Prinzip der Subjektivität der Teilnahme an der Organisation als auch die Dimensionen der Arbeit nach Jastrzębowski kann man als allgemeine Rahmen für die Entwicklung des Humankapitals betrachten. Die individuelle Laufbahnentwicklung muss sich jedoch nach den persönlichen Möglichkeiten und den jeweiligen Umgebungsvariablen ausrichten. Doch die Förderung des individuellen Humankapitals und die Effektivität der Gesamtorganisation stehen in enger Korrelation zueinander. Von daher muss die Laufbahnentwicklung als zentrales Anliegen der Personalpolitik betrachtet werden. Und das bedeutet die Bereitstellung von Beratung und Konsultation, die primär die Aufgabe der Erstellung eines Laufbahnplans unter Berücksichtigung der individuellen Möglichkeiten und Umfeldbedingungen haben. Damit verbunden sind die Weiterentwicklung der Fachkompetenz, die Persönlichkeitsentwicklung und die Orientierung am Wohl Anderer als soziale Verantwortung.

Indem das Management solche Prioritäten für die Personalpolitik setzt, muss es gleichzeitig eine Beteiligung der Mitarbeiter zumindest in den Tätigkeitsbereichen zulassen, in denen die individuelle Laufbahnentwicklung eine signifikante Effektivitätssteigerung erwarten lässt.

Literatur

Biela, A. (2001), *[Dimensionen der Management-Entscheidungen] Wymiary decyzji menedżerskich*. Lublin, Towarzystwo Naukowe Katolickiego Uniwersytetu Lubelskiego.

Biela, A./Łoboda, M. (1987), [Subjektivität als eine psychologische Dimension der Humanisierung der Arbeitswelt. Ein *psychologischer Überblick.]* Poczucie podmiotowości jako psychologiczny wskaźnik humanizacji pracy. *Przegląd Psychologiczny*, 30, 817–839.

Durkheim, E. (1964), *The Division of Labor Society*. New York, Free Press.

Kotarbiński, T. (1965), *[Abhandlung über die gute Arbeit] Traktat o dobrej robocie*. Wrocław – Warszawa, Zakład Narodowy im. Ossolińskich

Zieleniewski, J. (1982), *[Organisation von Gruppen] Organizacja zespołów ludzkich*, Warszawa, Państwowe Wydawnictwo Naukowe

Personalmanagement im Spannungsfeld von Individualisierung und Persönlichkeitsentwicklung

Peter Mudra

1. Wandel als kontinuierliche Anforderung

Die Veränderung der Erwerbsarbeit hat ebenso wie der Wandel der Gesellschaft insgesamt über die letzten Jahrzehnte eine nachhaltige Bedeutung für den Umgang mit den Mitarbeitern in den Unternehmen und damit für die sog. Personalarbeit erlangt.

„Man hat Arbeitskräfte gerufen und es kamen Menschen", so formuliert Max Frisch (1965, S. V) und impliziert damit eine Erwartung an die Verantwortlichen, ein mögliches Verständnis von „Personal" als ein „unter Verwertungsabsicht zusammengefasstes Arbeitsvermögen" (Neuberger 1994, S. 3) zu überwinden. Die von Drumm (1995, S. 7) formulierte Perspektive, welche Personal „als Träger von Leistungen, Bedürfnissen und nicht zuletzt von Werten" interpretiert, kommt dieser Intention sicherlich näher.

In den Entwicklungslinien betrieblicher Personalarbeit spiegelt sich dieser Veränderungsprozess wider. Obgleich die Personalarbeit in den Unternehmen keineswegs gleichförmig vollzogen wird und sich in der Praxis Unterschiede in ihrer Ausprägung feststellen lassen, werden in der wissenschaftlichen Literatur folgende Entwicklungsstufen der Personalarbeit kategorisiert (vgl. z.B. Wunderer/Kuhn 1993, S. 189f.):

- Bürokratisierungsphase,
- Institutionalisierungsphase,
- Humanisierungsphase,
- Ökonomisierungsphase,
- Consultingphase.

Seit den 1990er Jahren lassen sich als Ansätze der Personalarbeit auch identifizieren: Entre- und Intrapreneuring, Kundenorientierung, Wertorientierung, Humanvermögen- bzw. Humankapitalbezug sowie Human Resources Management als strategischer Partner (Mudra 2011, S. 140).

Wenn sich in Wissenschaft und Praxis auch unterschiedliche Begrifflichkeiten für die Behandlung mit dem Faktor Personal finden lassen, die von „Personalwesen" über „Personalarbeit" und „Personalmanagement" bis zu „Human Resources Management" reichen, besteht überwiegend Einvernehmen darüber, dass eine moderne personalbezogene Handlungsperspektive Planungs-, Steuerungs- und Kontrollaspekte ebenso wie die Betonung der Verantwortung und deren Delegation für ökonomische und soziale Erfordernisse beinhalten sollte. Und hierbei ist die besondere strategische Bedeutung als Querschnittsaufgabe in Organisationen zu betonen.

Für den Begriff „Personalmanagement" lässt sich in Deutschland daher eine deutliche Präferenz feststellen (vgl. z.B. Berthel 2000), die im Kontext des Umgangs mit Personal eine Ambivalenz von Management als Funktion mit einzelnen Teilfunktionen einerseits und als Institution, die alle Personen mit personalbezogenen Managementaufgaben umfasst, andererseits beinhaltet.

Hinsichtlich der Frage, was sich im Bereich des Personalmanagements in Zukunft als wichtige Thematik identifizieren lässt, gibt die weithin beachtete Studie „Creating people advantage: How to address HR challenges worldwide through 2015" einen interessanten Einblick. In der von der Boston Consulting Group (BCG) und dem Weltverband der Vereinigungen für Personalführung (WFPMA) durchgeführten Online-Erhebung in 83 Ländern wurden 4.700 Personalverantwortliche und andere Führungskräfte nach den für sie wichtigsten künftigen Herausforderungen für das Personalmanagement befragt. Im Anschluss wurden vertiefende Interviews mit mehr als 200 Führungskräften durchgeführt.

Es ließen sich acht zentrale Zukunftsthemen für den Personalmanagementbereich identifizieren, die in die folgenden drei strategischen Kategorien unterteilt wurden (Boston Consulting Group 2008, S. 2ff.):

- Entwicklung und Bindung der besten Mitarbeiter:
  - Herausforderungen im Zusammenhang mit Talentmanagement,
  - Verbesserung der Leadership-Qualitäten,
  - Work-Life-Balance.
- Vorbereitung auf Veränderungen:
  - Demografie- und Change Management,
  - die Transformation der Unternehmenskultur,
  - das Management der Globalisierung.
- Schaffen der Voraussetzungen in der Organisation:
  - Entwicklung des Unternehmens zur „Lernenden Organisation",
  - Entwicklung von Human Resources Management zum strategischen Partner.

Eine Reihe der aufgezeigten Handlungsfelder verweist mehr oder minder explizit auf das Erfordernis einer stärkeren Mitarbeiterfokussierung. Diese sind es, die man im Interesse der Zukunftsfähigkeit binden und bei Veränderungsprozessen einbinden möchte. Dass damit letztlich eine Fokussierung des/der einzelnen Mitarbeiters/in und dessen bzw. deren Entwicklung einhergeht, wird für den Teilbereich der Personalentwicklung schon seit längerem als wichtige Voraussetzung für einen Paradigmenwechsel angesehen (vgl. Mudra 2004, S. 3).

So gilt es mit Blick auf die in der Arbeitswelt feststellbare Steigerung von Veränderungsdynamik und Komplexität Grundlagen für die Personalentwicklung zu schaffen, die im Kontext einer deutlichen Verstärkung der (Mit-)Gestaltungserfordernisse und Dynamik des Wandels einem umfassenden Lern- und Veränderungsverständnis Rechnung tragen. Dass diese Perspektive insbesondere auch auf das verhaltenswissenschaftliche Repertoire des Personalmanagements abstellt, soll an dieser Stelle mit Hinweis auf die Relevanz von „Pädagogisch-psychologischen Motivationskernen für die Personalentwicklung" (vgl. Mudra 2010, S. 35ff.) nur erwähnt werden.

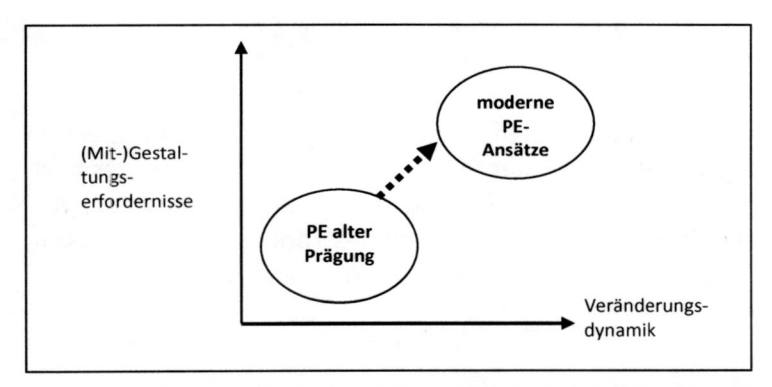

Abb. 1: Paradigmenwechsel in der Personalentwicklung (Mudra 2004, S. 3)

2. Individualisierung – mehr als ein Postulat

Für die wissenschaftliche Betrachtung der angesprochenen Fokussierung des Personalmanagements auf den/die Mitarbeiter/in als Individuum lassen sich in der Literatur Grundlagen finden, die ein entsprechendes Basisverständnis des Personalmanagements transportieren.

Was spricht dafür, im Rahmen der Personalwirtschaftslehre den einzelnen Mitarbeiter und nicht das Arbeitskollektiv als wichtigen Ausgangspunkt des Handelns anzusehen?

Bei anderen wissenschaftlichen Disziplinen, deren Erkenntnisse die Personalwirtschaftslehre selektiv und bewusst nutzt, besteht geradezu eine inhaltliche Fixierung in Richtung des Menschen, z.B. bei der Psychologie. Auch für die Pädagogik stellt das Individuum Mensch grundsätzlich den Ausgangspunkt dar. Insofern ist die „pädagogische Frage" jene nach den Möglichkeiten, die Kräfte des einzelnen Individuums emporzubilden (vgl. Arnold 1990, S. 17).

Für die Personalwirtschaftslehre lässt sich unter Berücksichtigung der gemachten Ausführungen feststellen, dass personalbezogene Arrangements in den Unternehmen nicht alleine auf die (kurzfristig eher problemlos einsetzbaren) Fähigkeiten, sondern auch auf die (vor allem auch in mittel- und langfristiger Perspektive) relevanten Werthaltungen und Bedürfnisse der damit konfrontierten Mitarbeiter zugeschnitten sein müssen. Und genau dies ist der Anspruch, den Individualisierung im Sinne eines Grundkonzeptes der Personalwirtschaft geltend macht.

> „Wir können die menschliche Vielfältigkeit (oder um es anders auszudrücken, die individuelle Einzigartigkeit) nicht einfach ignorieren unabhängig davon, ob wir sie verwaltungsmäßig handlich oder von der Konzeption her leicht begreiflich finden" (Gellermann 1973, S. 207).

Wenn man die Individualisierung zu einem grundlegenden Anliegen bzw. einem Gestaltungsziel der Personalwirtschaftslehre erklärt, so dokumentiert dies auch ein Verständnis, nach der eine mit einem konstruktiv-kritischen Anspruch versehene Personalwirtschaftslehre nicht nur Gegebenes zum Inhalt haben kann, sondern sich auch zu Konturen des Möglichen äußern sollte (vgl. Schanz 2000, S. 184).

2.1 Begründungsansätze für eine individualorientierte Perspektive

In der Literatur lassen sich eine Reihe von Begründungsansätzen für die Ausrichtung auf die Individualität als eine wichtige Gestaltungsgrundlage der Personalwirtschaftslehre (PWL) finden. Diese werden in Übersicht 1 stichwortartig beschrieben.

> „Um der Natur des Menschen freien Spielraum zu geben, ist es wesentlich, dass es verschiedenen Menschen erlaubt sein sollte, verschiedene Leben zu führen." (Mill 1969, S. 77)

Personalwirtschaftliche Individualisierung kann als ethischer Imperativ angesehen werden, da sie dem Freiheitsbedürfnis des Menschen Rechnung trägt. Hieraus ergibt sich die Notwendigkeit, bestimmte Strukturen und programmatische Angebote für die betriebliche Personalarbeit bereitzustellen, welche letztlich dem Leitbild einer individualisierten Organisation, die der Differenziertheit ihrer Mitglieder angemessen Rechnung trägt, folgt.

Übersicht 1:   Begründungsansätze für eine an der Individualität ausgerichteten PWL (vgl. Schanz 2000, S. 184ff.)

Begründungsansätze für eine an der Individualität ausgerichteten PWL	
Ansatz	**Beschreibung**
genetisch begründete Individualität	Menschen unterscheiden sich immer hinsichtlich ihrer genetischen Prägung (sieht man mal von eineiigen Zwillingen ab), d.h. die individuelle Einzigartigkeit eines jeden Menschen macht sich an einer ungeheuer großen Menge von Erbgutstückchen fest.
neuronal begründete Individualität	Das menschliche Gehirn stellt ein ausgesprochen umweltoffenes Organ dar und wird über die persönliche Entwicklungsgeschichte des betreffenden Menschen zu einem einmaligen, also individuellen Organ. Ein bestimmter Teil des Gehirns – das Stirnhirn – ist für das Erleben von Individualität maßgeblich zuständig.
Freiheit als Sekundärbedürfnis	Anthropologisch gesehen, ist der Mensch von Natur aus mit dem Streben ausgestattet, seine Individualität zu erleben. Dies bedeutet, dass man von der Existenz eines Freiheitsbedürfnisses auszugehen hat. Dieses Bedürfnis ist allerdings in der Rangfolge der Bedürfnisse hinter den Primärbedürfnissen als sog. Sekundärbedürfnis eingeordnet.
kulturspezifische Prägung des Freiheitsbedürfnisses	Das Freiheitsbedürfnis der Menschen wird sehr stark auch von den gesellschaftlichen Werten und damit kulturellen Bestimmungsfaktoren beeinflusst. So lassen sich kulturbedingte Einflüsse auf die Intensität bzw. Prägung des Freiheitsbedürfnisses zum Beispiel mit Blick auf den ostasiatischen Raum und seine kulturspezifischen Eigenheiten verdeutlichen.
Freiheitssicherung als Leitvorstellung	Die Sicherung der Freiheit gilt bei unterschiedlichen Weltanschauungen – und dies ist eine der wenigen Gemeinsamkeiten – als Zielvorstellung. „Nicht nur der Liberalismus und natürlich der Anarchismus, sondern auch der Sozialismus in seinen verschiedenen Schattierungen kommt ohne ein grundsätzliches Bekenntnis zur Freiheit nicht aus. Auch Verfechter konservativer Auffassungen pflegen darauf hinzuweisen, dass sie die Freiheit bewahren oder die Freiheit früherer Zeiten wieder herstellen wollen (Albert 1978, S. 156).
Freiheit in der Arbeitswelt	Die Arbeitswelt ist für viele Menschen ein Stück weit durch die Erfahrung von Zwängen gekennzeichnet, also dem Gegenteil von individueller Freiheit. Dies hängt damit zusammen, dass das Unternehmensgeschehen in hohem Maße von Strukturen geprägt wird, die den individuellen Verhaltensspielraum mehr oder weniger stark einschränken. Individualisierungsinitiativen können hier einer manchmal resignativen bis fatalistischen Grundhaltung bei den Mitarbeitern entgegenwirken, indem sie individuelle Spielräume für selbstbestimmtes Entscheiden sichern und erweitern.

2.2 Ansatzpunkte für ein Individualisierungsprogramm

Schanz (2000, S. 191) beschreibt unter Berücksichtigung der Tatsache, dass sich die Leistungsfähigkeit und Leistungsbereitschaft der Mitarbeiter naturgemäß unterscheiden, Grundzüge eines personalwirtschaftlichen Individualisierungsprogramms. Dieses basiert auf der Schaffung alternativer institutioneller Arrangements für die Mitarbeiter und der Einräumung von selbstbestimmten Entscheidungen hinsichtlich der Auswahl der entsprechenden Angebote.

Derartige auf Individualität und Selbstauswahl abzielende Arrangements kommen vor allem in Frage für:

- Entgeltregelungen,
- Entwicklungs- und Karrieresysteme,
- Arbeitszeitregelungen,
- Tätigkeiten/funktionsbezogene Aufgabenbündel,
- soziale Beziehungen,
- Personalführung.

Als Beispiel sei hier die Entwicklung im Bereich der Arbeitszeitregelungen angesprochen. Während in vielen Unternehmen im kaufmännischen Bereich noch bis weit in die 1980er Jahre starre Arbeitszeitvorgaben (Anwesenheit von x bis y Uhr) bestanden, ist man heute vielfach bei der Regelung einer so genannten „Vertrauensarbeitszeit" angelangt, die dem einzelnen Mitarbeiter ein außerordentlich hohes Maß an Freiheit und Flexibilität – und damit Individualität – zugesteht.

2.3 Kulturrelevanz der Individualisierung

Abschließend soll der Blick noch auf die kulturprägende Bedeutung derartiger Individualisierungsbemühungen gerichtet werden. Ein Selbstverständnis, das Individualität als etwas Positives auffasst, wirkt sich idealtypisch auch auf das Verhalten innerhalb der Organisation sowie die (Weiter-)Entwicklung der Organisation selbst aus. Eine Unternehmenskultur, die eine Kultur des Unterschieds mit aufnimmt – was beispielsweise in dem „Managing-Diversity-Ansatz" (vgl. Mudra 2005) zum Ausdruck kommt –, unterstreicht in besonderer Weise den Wert der Individualität für das Unternehmen und die Zusammenarbeit der dort tätigen Menschen.

Individualität hat als wertebezogener Orientierungsmaßstab gerade für die in der heutigen (post-)modernen Gesellschaft lebenden Menschen eine zunehmende Bedeutung bekommen (vgl. Beck 1986, S. 205f.), wodurch die Individualisierungsidee gerade in den Unternehmen noch an Schubkraft gewinnen könnte.

3. Persönlichkeitsentwicklung als Wachstumsstrategie

„Nur der Mensch bleibt bis in sein Alter ein Werdender."
(Lorenz 1954, S. 239)

Der Begriff „Persönlichkeit" stellt sich in der Psychologie mit Blick auf die Vielzahl an Definitionen als indifferent dar. Den meisten Begriffsbestimmungen ist allerdings gemeinsam, dass mit dem Begriff Persönlichkeit die Einzigartigkeit und die über die Zeit und Situation hinweg gegebene relative Stabilität von Strukturen und Prozessen, mit denen das Verhalten von Individuen beschrieben, erklärt und vorhergesagt werden soll, angesprochen wird (vgl. Raab/Unger 2001, S. 149).

Nach Auffassung von Semmer/Schardt (1982, S. 84) ist Persönlichkeit die jeweils gegebene „individuelle Ganzheit einer Person" und „zeichnet sich wesentlich dadurch aus, was sie kann – ihre Kompetenzen, und was sie will – ihre Motivationen".

Persönlichkeitstheorien versuchen in diesem Zusammenhang die Struktur und Entwicklung der Persönlichkeit zu beschreiben und zu erklären. Es gibt eine Vielzahl an psychologischen Persönlichkeitstheorien, wobei die eigenschaftsorientierten Ansätze gerade im Kontext der Personalwirtschaftslehre eine große Beachtung gefunden haben.

Hierbei wird davon ausgegangen, dass das Verhalten des Menschen auf zuordenbare Eigenschaften zurückgeführt werden kann, die ihn in der „Gesamtarchitektur" einzigartig und von anderen unterscheidbar machen.

Als Beispiel sei die Theorie von Eyseneck (1990, S. 244ff.) angeführt, bei der folgende Kategorien zur Charakterisierung von Persönlichkeitseigenschaften vorgegeben werden:

- Ausmaß der Innen- bzw. Außenorientierung einer Person (Extraversion),
- Ausmaß der emotionalen Stabilität bzw. Labilität einer Person (Neurotizismus),
- Ausmaß von rücksichtsvollen (freundlichen) bzw. rücksichtslosen (aggressiven) Verhaltensmustern einer Person (Psychotizismus).

Eine weitere bedeutende Gruppe der Persönlichkeitstheorien stellen die interaktionistischen Ansätze dar. Bei ihnen steht das menschliche Verhalten unter Berücksichtigung einer bestehenden Wechselwirkung zwischen Personen und Umwelt im Mittelpunkt der Betrachtung.

Die Gliederung der Persönlichkeit lässt sich demnach in folgende drei Segmente unterteilen (ebd.):

- die intellektuelle Struktur (oder auch: Werkzeugfunktion), durch welche die Art und Weise des Denkens, die intellektuellen Leistungen bestimmt werden;
- die energetische Struktur (oder auch: Antriebsfunktion), durch welche die Art und Weise des Erlebens und Handelns bestimmt wird;
- die Orientierungs- oder Wertestruktur (oder auch: Steuerungsfunktion), durch welche die Selbstkontrolle und Ausrichtung des Verhaltens nach Maßstäben erfolgt.

Zusammenfassend ist zu betonen, dass die Entwicklung der Persönlichkeit als „ein sehr komplexes Geschehen" (Olbrich 1984, S. 23) angesehen werden kann und sich hierbei im Rahmen der menschlichen Biografie unter anderem als (relativ) geordneter Ablauf, bei dem die zeitliche Abfolge zumindest ansatzweise erkennbar ist, wahrnehmen lässt. Dies macht den engen Zusammenhang zwischen der persönlichkeits- und entwicklungspsychologischen Perspektive deutlich.

Persönlichkeitsentwicklung ist durchaus kein naturwüchsiger, ablaufsicherer Prozess wie es etwa das Wachstum der Pflanzen und Tiere oder das körperliche Wachstum des Menschen ist (vgl. Schwarte 2002, S. 17).

Für das Personalmanagement kommt der Berücksichtigung der mitarbeiterbezogenen Persönlichkeitsentwicklung gerade mit Blick auf das bereits angesprochene zunehmende Erfordernis einer Mitgestaltung von Veränderungsprozessen in den Unternehmen ein immer stärkerer Stellenwert zu. Hierbei rückt auch die mit der wachsenden Eigenverantwortung einhergehende Selbstentwicklung des einzelnen Mitarbeiters in den Blickpunkt.

4. Förderung der Selbstentwicklung als konzeptionelle Ausrichtung einer individual- und persönlichkeitsorientierten Personalarbeit

Vor dem Hintergrund der Globalisierung von Produktions- und Kommunikationsprozessen, der Beschleunigung wirtschaftlicher und gesellschaftlicher Veränderungen sowie der zunehmenden Pluralisierung von Lebensformen gewinnen Aspekte der Eigenverantwortung und planvollen Organisation als wesentliche Elemente einer individuellen Lebensführung zunehmend an Bedeutung; normative Außensteuerungen und Zeittafeln, die individuellen Lebensabläufen Struktur und dem Einzelnen eine gewisse Orientierungssicherheit hinsichtlich möglicher und wahrscheinlicher Lebensabläufe gegeben haben, verlieren zunehmend als Entwicklungsregulative an Einfluss (Brandtstädter 2001, S. 20).

Der Lebenslauf ist unter den Bedingungen der Moderne zunehmend zu einem „reflexiven Projekt" geworden (ebd.), weshalb einer bewussten Selbstentwicklung des Individuums – als Gestalter seiner lebenslangen Entwicklung – in den geänderten Kontexten eine besondere Rolle zukommt.

> „Eine der wesentlichen Voraussetzungen dafür, dass Selbstentwicklung in der Arbeitswelt funktioniert, ist eine gewisse Autonomie der Mitarbeiter" (Gomez/Naujocks 1992, S. 193).

In einem breiten Ansatz führt Sticher-Gil (1994, S. 86f.) folgende Merkmale für die Selbstentwicklung (im Sinne eines „Daseins im Werden") an:

1. Selbstentwicklung ist Aktivität, Tätigkeit und als solche nur in Beziehungen, d.h. im Medium des Mitseins möglich. Die Unterstützung, Herausforderung und der Widerstand der Umwelt ist für die Selbstentwicklung notwendige Bedingung.
2. Die Entwicklung des Selbst ist ein Prozess, der sich in aufeinander aufbauende, qualitativ unterscheidbare Stufen untergliedern lässt.
3. Die Selbstentwicklung bewegt sich auf ein (ideales) Ziel hin; das kann als die Verwirklichung der im Menschen angelegten Möglichkeiten beschrieben werden.
4. Der Mensch ist darauf angelegt – bzw. es wird eine Tendenz angenommen –, sich auf dieses Ziel hinzubewegen.
5. Der Prozess Selbstentwicklung verläuft nicht „automatisch" als Bewegung von einer Stufe zur nächsten, sondern ist durch Krisen (Phasen der Instabilität, des Ungleichgewichts, der Verzweiflung) unterbrochen. Jede Krise birgt in sich die Gefahr des Scheiterns, aber auch des Wachstums.

Das menschliche Dasein, so betont auch Oerter (1999, S. 37), wird bestimmt und in Bewegung gehalten durch den Antrieb, bestimmte Ziele zu erreichen. Dieses Prinzip des zielgerichteten Handelns prägt die menschliche Entwicklung bereits ab dem ersten Lebensjahr. Es wird zur bewussten und zentralen Ausrichtung von Entwicklung im Jugendalter und bestimmt das weitere Erwachsenenalter mit.

Nachhaltige Selbstentwicklung schließt seitens des Individuums ein hinreichendes Maß an Eigenaktivität und (sich entwickelnder) Selbstständigkeit ein, was das Augenmerk auf die Selbstgestaltung bzw. Selbstgestaltungsfähigkeit lenkt.

Nicht nur der Kontext beeinflusst die Person, sondern die Person kann auch den Kontext verändern und gestalten. Dadurch verschafft sich die Person ein Feedback aus der Umwelt, das die eigene Entwicklung wiederum beeinflusst. In der Literatur finden sich unterschiedliche Möglichkeiten der Selbstgestaltung von Entwicklung, welche von dem Feedback der Umgebung auf besondere Fähigkeiten und Merkmale bis zur Selbstdurchsetzung von Zielen – allen Hindernissen zum Trotz – reichen (vgl. Oerter 1999, S. 39).

Mögliche Strategien zur Selbstgestaltung der Entwicklung könnten sein:

- Suche nach passenden Umweltbedingungen,
- Umgestaltung der Umwelt (im Rahmen der eigenen Möglichkeiten),
- Nutzung von gebotenen (oder „erarbeiteten") Entwicklungschancen allgemeiner oder individueller Art.

Ein Ansatz mit dem der Selbstgestaltungsintention im Sinne einer instrumentellen Unterstützung Rechnung getragen wird, ist das sog. Selbstmanagement. Das Selbstmanagement kann zur Standortbestimmung einer einzelnen Person, Zielfindung ihrer Selbstverwirklichung und konkreten Maßnahmenplanungen für ihre berufliche/persönliche Entwicklung dienen. Aus Sicht der Unternehmen wird Selbstmanagement häufig auf die Fähigkeiten eines Mitarbeiters bezogen, das eigene Verhalten so steuern zu können, dass die Arbeitsaufgaben effizient erfüllt werden.

Wesentliche Inhaltsbereiche von Selbstmanagement sind:

- Lernmanagement,
- Zeitmanagement,
- Umfeldanalyse,
- Sinnfindung/Selbsterfahrung/-reflexion,
- Selbstpositionierung/Selbstbehauptung,
- Konfliktbewältigung,
- Stressmanagement.

Selbst- bzw. Persönlichkeitsentwicklung setzt – wie bereits angeführt – an dem Austausch des Individuums mit der Umwelt an. Für die Entwicklung (bzw. Entstehung) von Persönlichkeit mit ihren jeweiligen Merkmalen und Fähigkeiten ist, wie Bauer (1997, S. 61) betont, eine „Auseinandersetzung mit Aufgaben" unabdingbar.

Welche konkrete Bedeutung die Erwerbsarbeit für die Entwicklung der Persönlichkeit hat, geht aus der nachfolgenden Auflistung relevanter Aspekte hervor (vgl. Faulstich 1998, S. 65f.):

- Teilhabe an der gesellschaftlichen Form in der Auseinandersetzung mit der Natur;
- aktive Teilnahme an der Produktion gesellschaftlich nützlicher Güter bzw. Aktivitäten;
- Entfaltung der Kompetenzen einer Person in der Arbeitstätigkeit;
- Inanspruchnahme eines großen Teils der Lebenszeit;
- Vorgabe der Strukturen der Lebenszeit in Tagen, Wochen, Jahren;
- Zuweisung von Einkommensmöglichkeiten;

- Einschätzung des Prestiges und sozialen Status' einer Person;
- Ermöglichung von sozialen Interaktionen in der Arbeitssituation;
- Entstehung eines Systems von Normen und Werten innerhalb der Arbeit.

Eine persönlichkeitsfördernde Personalarbeit sollte diesen Aspekten Rechnung tragen und nimmt unter anderem folgende Punkte auf (Volpert/Dunckel 1997, S. 792f.):

- Erweiterung der Handlungsspielräume,
- Durchschaubarkeit und Veränderbarkeit der Arbeitsbedingungen,
- Abbau von Behinderungen in der Arbeitstätigkeit,
- Ermöglichen körperlicher Aktivitäten,
- Ermöglichen sinnlicher Erfahrbarkeit,
- Bezugnahme zu sozialen Bedingungen,
- Kooperation und unmittelbarer zwischenmenschlicher Kontakt.

5. Individualisierung und Persönlichkeitsentwicklung versus ökonomischer Fokussierung des Personalmanagements

Der Personalwirtschaft werden als einer betriebswirtschaftlichen Teildisziplin traditionell ein Sachziel und zwei Formalziele zugeordnet (vgl. z.B. Bisani 1980, S. 21).

Das Sachziel umfasst die Bereitstellung der erforderlichen Kapazitäten zur Erreichung des Organisationszieles in quantitativer Hinsicht und in qualitativer Hinsicht (nach Leistungsfähigkeit und Leistungsbereitschaft) zur rechten Zeit und am rechten Ort.

Das ökonomisch ausgerichtete Formalziel umfasst die Berücksichtigung von Wirtschaftlichkeit und Rentabilität als Beurteilungskriterium für die Effizienz personalwirtschaftlicher Maßnahmen, wogegen das sozial ausgerichtete Formalziel die Berücksichtigung der menschlichen Erwartungen (wie Sicherheit, Zufriedenheit, Entwicklungsmöglichkeiten etc.) als Voraussetzungen für den sozialen Bestand des Betriebes fokussiert.

Diese klassische Zielstruktur der Personalarbeit erscheint vor dem Hintergrund der heutigen gesellschaftlichen, arbeitsorganisatorischen und arbeitsmarktbezogenen, aber auch ökonomischen Gegebenheiten zu kurz zu greifen. Eine Personalarbeit, die zukunftsrelevante Steuerungsansätze im Sinne eines Managementansatzes aufnehmen und in die personalbezogene Handlungsperspektive des Unternehmens einbinden will, bedarf einer Fokussierung auf die Individualität und Persönlichkeit des/der Mitarbeiters/in. Die Gründe hierfür wurden in den vorherigen Kapiteln angeführt.

Die Spielräume des Personalmanagements, eine systematische Förderung der Selbstentwicklung der Mitarbeiter in die Personalstrategie und -politik aufnehmen zu können, hängen nicht allein von der erforderlichen Überzeugungsarbeit ab. In Zeiten, in denen der sich abzeichnende oder sogar bereits eingetretene Fachkräftemangel in Deutschland signifikante Reflexe in vielen Chefetagen hinterlässt, dürfte das Bewusstsein für das Beschreiten neuer Wege durchaus groß sein. Neben der Überzeugungsfähigkeit bedarf ein stärker individualorientierter Ansatz vor allem der Sicherung der Wirksamkeit, soweit sich diese darstellen und nachweisen lässt. Eine Wirksamkeit hinsichtlich der partizipativen Einbindung der Mitarbeiter, die durch die Bereitstellung geeigneter Maßnahmen sowie die Erreichung von Glaubwürdigkeit und einer daraus resultierenden konkreten Mitwirkung zum Ausdruck kommt, ist zweifellos von Bedeutung. Die Wirksamkeit bezüglich der sichtbaren Effekte im Kontext von Wertschöpfungsbeiträgen oder Stärkung der Wettbewerbsposition wird allerdings in einem vorrangig ökonomisch getriebenen Handlungsfeld deutlich im Vordergrund stehen. Wenn es gelingt, aus dem weiten Feld des betrieblichen Controlling geeignete Dokumentations-, Mess- und Steuerungsinstrumente heranzuziehen bzw. in modifizierter Form zu adaptieren, dürfte die nachhaltige Akzeptanz für eine inhaltliche Öffnung des Personalmanagements eine reelle Chance in vielen Unternehmen haben.

Eine häufig sehr enge ökonomische Fokussierung des Personalmanagements könnte zugunsten einer breiteren Ausrichtung, die in konsequenter Weise eine Individualorientierung und damit einhergehende Persönlichkeitsentwicklung in konkreten Aktivitäten und Programmen sichtbar und erfolgreich macht, in den Hintergrund treten.

Literatur

Albert, H.: Traktat über rationale Praxis. Tübingen 1978
Arnold, R.: Betriebspädagogik. Berlin 1990
Bauer, H.G.: Die Triade der Berufsentwicklung. In: Girmes, R. (Hrsg.): Studium, Berufsentwicklung, Persönlichkeitsentwicklung. Ansätze zu einem biografieorientierten Hochschulstudium. Münster 1997, S. 53–66
Berthel, J.: Personal-Management. Grundzüge für Konzeptionen betrieblicher Personalarbeit. Stuttgart 2000
Bisani, F.: Personalwesen. Grundlagen, Organisation, Planung. Wiesbaden 1980
Brandtstädter, J.: Entwicklung, Intentionalität, Handeln. Stuttgart 2001
Beck, U.: Risikogesellschaft. Auf dem Weg in eine andere Moderne. Frankfurt 1986
Drumm, H.-J.: Personalwirtschaftslehre. Berlin 1995
Eyseneck, H.: Biological dimensions of personality. In: Pervin, L. (Ed.): Handbook of personality theory and research. New York 1990, S. 244–276

Faulstich, P.: Strategien der betrieblichen Weiterbildung. Kompetenz und Organisation. München 1999

Frisch, M.: Vorwort. In: Seiler, A.J.: Siamo Italiani. Gespräch mit italienischen Arbeitern in der Schweiz. 1965, S. V

Gellermann, S.: Motivation und Leistung. Düsseldorf 1973

Gomez, P./Naujocks, H.: Förderung der Leistungsbereitschaft der Mitarbeiter durch die Organisation – Autonomie als Leitidee. In: Lattmann, Ch./Probst, G./Tapernoux, F. (Hrsg.): Die Förderung der Leistungsbereitschaft des Mitarbeiters als Aufgabe der Unternehmensführung. Heidelberg 1992, S. 193–214

Lorenz, K.: Psychologie und Stammesgeschichte. In: Heberer, G. (Hrsg.): Die Evolution der Organismen. Jena 1954, S. 131–172

Mill, J.S.: Über Freiheit. Frankfurt 1969

Mudra, P.: Personalentwicklung. Integrative Gestaltung betrieblicher Lern- und Veränderungsprozesse. München 2004

Mudra, P.: Managing Diversity – mehr als ein Integrationsprogramm. In: oscar-newsletter Nr. 09/2005, www.oscar.de/trends-newsletter.php

Mudra. P.: Pädagogisch-psychologische Motivationstheorien als Grundlage der Personalentwicklung. In: Bröckermann, R./Müller-Vorbrüggen, M. (Hrsg.): Handbuch Personalentwicklung. Die Praxis der Personalbildung, Personalförderung und Arbeitsstrukturierung. Stuttgart 2010, S. 23–41

Mudra, P.: HR Brand: Kennzeichen und Wirkungsverstärker moderner Personalarbeit. In: Esser, M./Schelenz, B. (Hrsg.): Erfolgsfaktor HR Brand. Den Personalbereich und seine Leistungen als Marke managen. Erlangen 2011, S. 140–142

Neuberger, O.: Personalentwicklung. Stuttgart 1994

Oerter, R.: Menschliche Entwicklung und ihre Gestaltbarkeit – Beiträge aus der Entwicklungspsychologie. In: Sonntag, K. (Hrsg.): Personalentwicklung in Organisationen. Psychologische Grundlagen, Methoden und Strategien. Göttingen 1999, S. 33–50

Olbrich, E.: Entwicklung der Persönlichkeit I. In: Kugelmann, W.F./Toman, W. (Hrsg.): Studienmaterialien FIM-Psychologie. Erlangen 1984, S. 1–49

Raab, G.; Unger, F.: Marktpsychologie. Grundlagen und Anwendung. Wiesbaden 2001

Schanz, G.: Personalwirtschaftslehre. Lebendige Arbeit in verhaltenswissenschaftlicher Perspektive. München 2000

Schwarte, J.: Der werdende Mensch. Persönlichkeitsentwicklung und Gesellschaft heute. Wiesbaden 2002

Semmer, N./Schardt, L.: Qualifikation und berufliche Entfaltung bei der Arbeit. In: Zimmermann, L. (Hrsg.): Humane Arbeit – Leitfaden für Arbeitnehmer. Reinbek 1982, S. 73–150

The Boston Consulting Group & World Federation of Personnel Management Associations (Eds.). Creating people advantage: How to address HR challenges worldwide through 2015. Boston 2008

Stichler-Gil, B.: Selbstentwicklung im Pädagogikstudium. Theoretische Überlegungen und Leitperspektiven. Frankfurt 1994

Volpert, W./Dunckel, H.: Konzepte der Arbeitsgestaltung. In: Luczak, H./Volpert, W. (Hrsg.): Handbuch Arbeitswissenschaft. Stuttgart 1997, S. 791–795

Wunderer, R./Kuhn, Th.: Unternehmerisches Personalmanagement. Konzepte, Prognosen und Strategien für das Jahr 2000. Frankfurt am Main 1993

Zum Wandel der Erwerbsformen –
Folgen für die Arbeitswelt der Zukunft

Franz Egle, Michael Stops

1. Einleitung

Grenzüberschreitende Interaktionen wie der weltweite Austausch von Informationen, Gütern und Kapital werden im Zuge der Globalisierung immer stärker ausgeweitet und dies wirkt sich auch auf den Arbeitsmarkt aus.[1]

Einerseits hat die Globalisierung Produktivitätsgewinne und damit auch eine allgemeine Verbesserung der Lebensstandards in den entwickelten Gesellschaften erbracht. Andererseits nimmt die Möglichkeit der Vorhersagbarkeit ökonomischer und sozialer Entwicklungen in einer sich immer schneller verändernden Weltwirtschaft rapide ab. Insbesondere Arbeitgeber und Betriebe haben deshalb ein Interesse daran, ihre Kapital- und Beschäftigungsstrukturen möglichst flexibel zu halten.

Zudem sinkt tendenziell die Lebensdauer von Arbeitsplätzen im Zuge der sich beschleunigenden technischen Entwicklung und aus demografischen Gründen werden die Menschen zukünftig deutlich länger erwerbstätig sein. Zur größeren Unsicherheit kommt damit hinzu, dass sich eine Erwerbsperson im Laufe ihres Berufslebens mehrmals neu orientieren muss. Flexibilität, Mobilität und eine verstärkte selbstbestimmte Berufstätigkeit werden zwangsläufig an Bedeutung gewinnen.

Im Folgenden soll möglichen bereits jetzt erkennbaren Flexibilisierungstendenzen in der Arbeitswelt nachgegangen werden. Hierzu stellen wir deskriptive Befunde und Trends zum Wandel verschiedener Erwerbsformen vor.

In einem zweiten Schritt überlegen wir, welche Folgen für die Arbeitswelt aus der quantitativen Entwicklung dieser Erwerbsformen und der Lohnentwicklungen ableitbar sind.

Schließlich benennen wir Handlungsempfehlungen für die Erwerbspersonen insbesondere hinsichtlich ihrer Kompetenzentwicklung und für die betriebliche Personalpolitik, insbesondere für die Personalgewinnung und Personalentwicklung.

---

1 Vgl. hierzu auch Blossfeld et al. 2008.

2. Empirische Befunde und Trends zu den Entwicklungen der Erwerbsformen

Zunächst einmal sei das so genannte Normalarbeitsverhältnis betrachtet. Dieses ist unbefristet, weist eine Arbeitszeit auf, die der üblichen vollen Wochenarbeitszeit entspricht und ist sozialversicherungspflichtig[2]. Bellmann et al. 2009, S. 379 ergänzen, dass im Normalarbeitsverhältnis der Arbeitnehmer an die Weisungen des Arbeitgebers gebunden ist. Beschäftigungen, die diese Merkmale nicht aufweisen werden demgegenüber häufig als „atypisch" bezeichnet (Statistisches Bundesamt 2008). Sie sind gekennzeichnet durch eine Flexibilisierung bzw. Lockerung hinsichtlich ihrer Dauer, der Arbeitszeit, des Arbeitsortes, der Bindung an den Arbeitgeber oder auch der Sozialversicherungspflicht. Hierzu gehören insbesondere Beschäftigungen in Teilzeit mit Arbeitszeiten, die weniger als der Hälfte der üblichen vollen Wochenarbeitszeit entsprechen, in befristeten Arbeitsverhältnissen, in Zeitarbeit oder in geringfügiger Beschäftigung. Selbständigkeit wird häufig im Zusammenhang mit der geförderten Selbständigkeit nach dem SGB III (Gründungszuschuss) als ein Weg aus der Arbeitslosigkeit hinzugezählt (Keller/Seifert 2007). Zudem betrachten wir hier – als alternative Erwerbsformen zum Normalarbeitsverhältnis – die (ungeförderte) Beschäftigung in Selbständigkeit und als mithelfender Familienangehöriger sowie die Beschäftigung im Niedriglohnbereich. Dabei wird die Beschäftigung nach „OECD-Standard" dann zum Niedriglohnbereich gezählt, wenn das Arbeitsentgelt, das für diese Beschäftigung erzielt werden kann, unterhalb von zwei Dritteln des Medianarbeitsentgeltes aller Vollzeitbeschäftigten liegt (Kalina/Weinkopf 2009).

Das Normalarbeitsverhältnis ist unter den abhängigen Erwerbsformen mit einem Anteil von rund 75 Prozent im Jahr 2008 noch deutlich weit verbreitet. Jedoch ist der Anteil seit 1997 um etwa acht Prozentpunkte gesunken.[3] Und obwohl die Zahl der Erwerbstätigen in den Jahren von 1994 bis 2008 nur leicht zugenommen hat, haben die atypischen Erwerbsformen deutlich zugenommen (Abbildung 1).

---

[2] Die Definition ist an Statistisches Bundesamt 2008, S. 6 angelehnt, jedoch zählen diese auch Beschäftigungen in Teilzeit dazu, wenn die Arbeitszeit mindestens der Hälfte der üblichen vollen Wochenarbeitszeit entspricht.

[3] Quelle: Statistisches Bundesamt 2009, S. 8; das Normalarbeitsverhältnis ist hier definiert als unbefristetes Arbeitsverhältnis mit einer Arbeitszeit, die mindestens der Hälfte der üblichen vollen Wochenarbeitszeit entspricht.

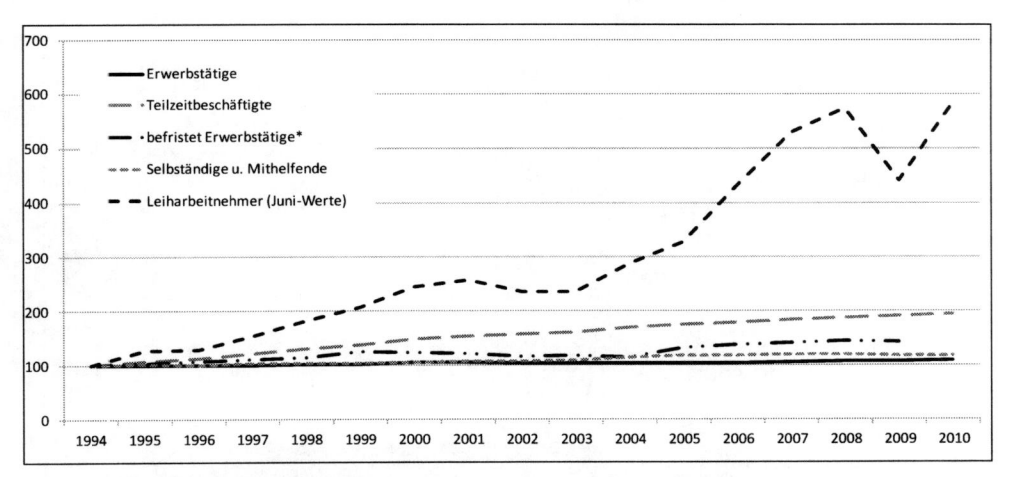

Abb. 1: Indizierte Entwicklung der Erwerbsformen (Index 1994 = 100)
Anmerkungen: Die dargestellten Erwerbsformen können nicht trennscharf abgebildet werden, so gibt es bspw. befristete Teilzeitbeschäftigung. Quelle: IAB, Statistisches Bundesamt-Mikrozensus, eigene Berechnungen, Darstellung angelehnt an Dietz/Walwei (im Erscheinen)

Insbesondere die Zeitarbeit[4] wies sehr hohe Wachstumsraten bis zum Jahr 2008 auf. Dass die Zeitarbeit zu Beginn des letzten Aufschwungs als auch in der aktuellen Krise zurückging, erklärt sich damit, dass sie stark konjunkturreagibel ist. Dies zeigt sich auch für das Jahr 2010, in dem sich die Wirtschaft wieder erholte und ebenso die Zeitarbeit. Zeitarbeit bietet den Betrieben den Vorzug, dass sie Arbeitnehmerinnen und Arbeitnehmer zeitlich begrenzt beschäftigen können, die wiederum bei einer Zeitarbeitsfirma in der Regel unbefristet angestellt sind. Für die Auswahl und die Bereitstellung der Arbeitskräfte zur richtigen Zeit am richtigen Ort ist die Verleihfirma verantwortlich, so dass die Betriebe Rekrutierungskosten sparen. In wirtschaftlich angespannten Situationen können die Betriebe im Vergleich zu fest angestellten Arbeitskräften relativ problemlos von den Zeitarbeitnehmern trennen, so dass die einzelnen Betriebe eine bessere Kapitalauslastung erreichen, was insgesamt zu Effizienzsteigerungen führen kann (Dietz/Walwei 2010).

Abbildung 2 kann man entnehmen, dass die Wachstumsraten der „atypischen Erwerbsformen" auf relativ niedrigen Niveaus aufsetzen, wobei Teilzeitbeschäftigung das höchste Niveau aufweist. Dabei reichen die Arbeitszeiten von denen bei geringfügigen Beschäftigungen bis hin zur Hälfte der regelmäßigen wöchentlichen Arbeitszeit bei Vollzeit. Außerdem kann Teilzeitarbeit mit anderen Beschäftigungsformen kombiniert sein, also bspw. mit unbefristeter und befristeter Beschäftigung oder Zeitarbeit.

---

4 Ein synonymer Begriff zur Zeitarbeit ist Leiharbeit.

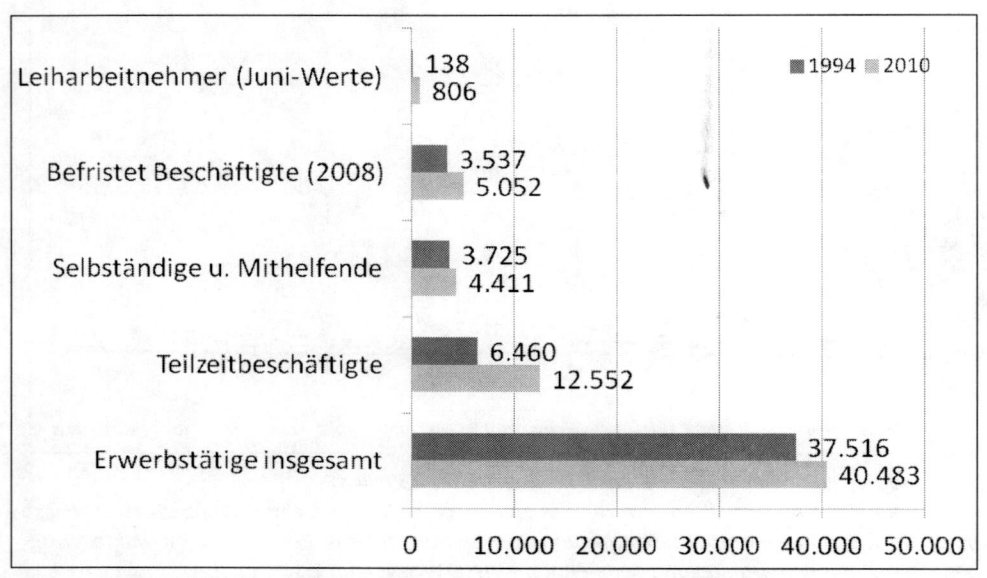

Erwerbsform	1994	2010
Leiharbeitnehmer (Juni-Werte)	138	806
Befristet Beschäftigte (2008)	3.537	5.052
Selbständige u. Mithelfende	3.725	4.411
Teilzeitbeschäftigte	6.460	12.552
Erwerbstätige insgesamt	37.516	40.483

Abb. 2: Erwerbsformen im Vergleich – absolute Zahlen für 1994 und 2008 bzw. 2009 – in Tausend

Anmerkungen: Die dargestellten Erwerbsformen können nicht trennscharf abgebildet werden, so gibt es bspw. befristete Teilzeitbeschäftigung. Quelle: IAB, Statistik der Bundesagentur für Arbeit, Statistisches Bundesamt-Mikrozensus, eigene Berechnungen.

Auch wenn das Niveau der befristeten Beschäftigung relativ niedrig ist, sind befristete Neueinstellungen mittlerweile vielfach Normalität. Nahezu jede zweite Neueinstellung (47 Prozent) erfolgt über einen befristeten Arbeitsvertrag und 45 Prozent dieser befristeten Beschäftigungsverhältnisse werden nach einem Jahr in unbefristete Arbeitsverhältnisse umgewandelt (IAB 24.03.2010). Von Befristungen sind vor allem Berufseinsteiger betroffen, darunter auch viele Akademiker (Hohendanner/Gerner 2010). Für Befristungen kann es unterschiedliche Gründe geben, die dann auch unterschiedliche Implikationen haben. So geht die Abdeckung kurzfristiger Bedarfe mit einem höheren Risiko einer kurzen Beschäftigungsdauer einher, während die Nutzung befristeter Verträge als verlängerte Probezeit eine höhere Übernahmewahrscheinlichkeit impliziert.

Nicht ganz so hohe Steigerungsraten weist die Zahl der Selbständigen und mithelfenden Familienangehörigen auf (Abbildung 2). Laut Brixy et al. 2011 betrug 2010 die Rate der gesamten neuen unternehmerischen Aktivität in Deutschland 4,2 Prozent und unterscheidet sich damit nicht signifikant von den Vorjahren. Jedoch ist die Rate im internationalen Vergleich relativ gering.

Mit Blick auf den Lohn lässt sich feststellen dass es im Winter 2010 rund 4,9 Millionen ausschließlich geringfügig entlohnte Beschäftigte gab. Hinzu kommen etwa 2,5 Millionen Personen, die eine geringfügig entlohnte Beschäftigte im Nebenjob ausüben. Insgesamt wurden damit ca. 7,4 Millionen geringfügige Beschäftigungen gezählt (Abbildung 3).

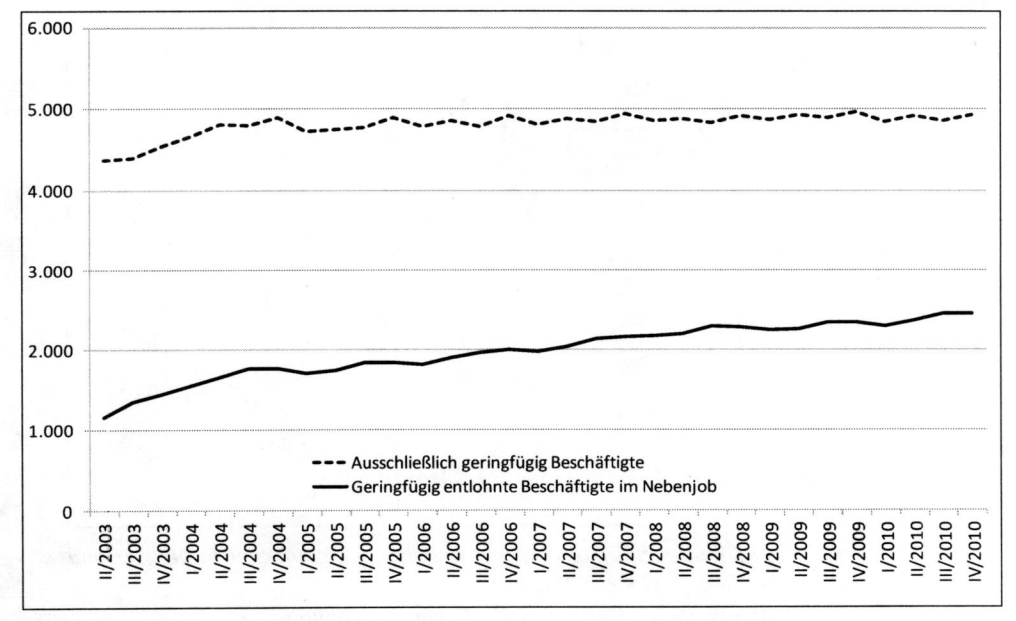

Abb. 3: *Entwicklung der geringfügig entlohnten Beschäftigung 30. Juni 1999 bis 31. Oktober 2009 – in Tausend*
Quelle: Statistik der Bundesagentur für Arbeit 2010

Der Anteil der Niedriglohnbeschäftigten an allen abhängig Beschäftigten in Deutschland ist von 1995 bis 2008 von etwa 15 Prozent auf 21 Prozent gewachsen (Abbildung 4).

Das erzielbare Einkommen aus atypischer Beschäftigung liegt besonders häufig im Niedriglohnbereich (vgl. Kalina/Weinkopf 2008, 2010; Statistisches Bundesamt 2009). Fast die Hälfte der atypisch Beschäftigten im Jahr 2006 bezog einen Lohn unterhalb der Niedriglohngrenze (Statistisches Bundesamt 2009, S. 15). Für Zeitarbeit weist Jahn 2010 deutliche Lohnunterschiede zu vergleichbaren nicht in der Zeitarbeit beschäftigten Personen unter Berücksichtigung verfügbarer erwerbsbiografischer, betriebs- und soziodemografischer Merkmale nach. Lohndifferentiale dürften auch generell von diesen Merkmalen und nicht allein von den unterschiedlichen Erwerbsformen abhängen – auch das

Normalarbeitsverhältnis schützt nicht in jedem Fall vor Niedriglohn: Ein Neuntel der Beschäftigten im Normalarbeitsverhältnis im Jahr 2006 war davon betroffen (Statistisches Bundesamt 2009, S. 17).

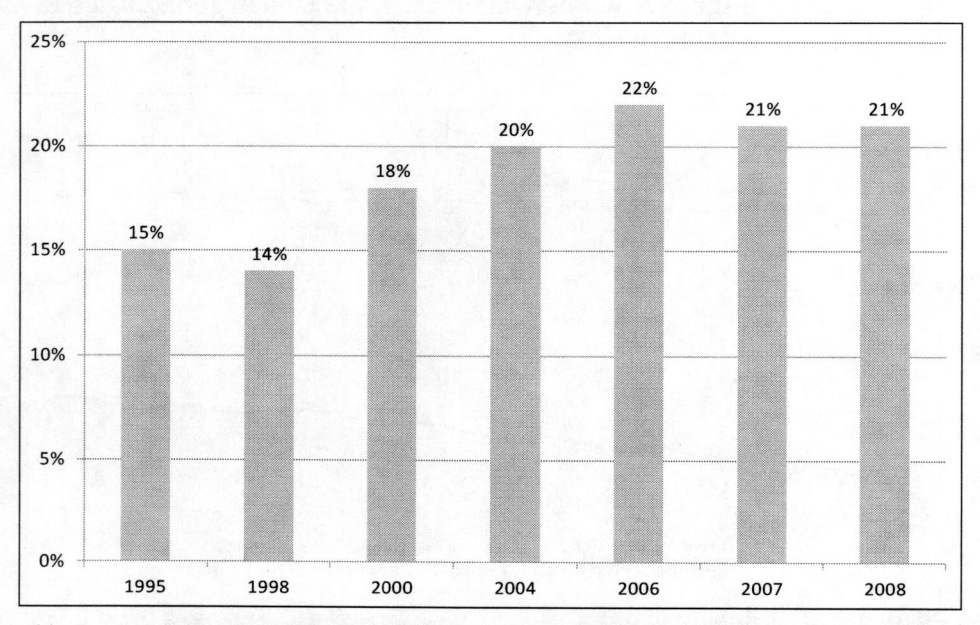

Abb. 4: *Anteil der Niedriglohnbeschäftigten an allen abhängig Beschäftigten in Deutschland (inklusive Teilzeit und Minijobs, in Prozent)*
Quelle: Kalina/Weinkopf 2008, 2009, 2010, eigene Darstellung

Nach den vorliegenden Befunden ist das Normalarbeitsverhältnis immer noch am weitesten verbreitet. Gleichwohl ist sein Anteil zurückgegangen und die Verbreitung der atypischen Erwerbsformen hat zugenommen. Auch sind diese häufiger mit niedrigen Löhnen verbunden.

3. Folgen für die Arbeitswelt

3.1 Erwerbspersonen

Erwerbstätige sind nicht ausschließlich unfreiwillig atypisch beschäftigt. So gibt es Teilzeitpräferenzen zur Vereinbarkeit von Familie und Beruf – auch unabhängig vom Angebot der Kinderbetreuung. Geringfügige Beschäftigungsverhältnisse können durch Schüler, Studenten, Rentner oder Partner in einem Haushalt mit einem gut entlohnten Normalarbeitsverhältnis ausgeübt werden.

Atypische Erwerbsformen könnten zudem einen Übergang in Normalbeschäftigung oder in höhere Einkommenssegmente ermöglichen. Die bisher spärlich vorhandenen Befunde hierzu deuten jedoch darauf hin, dass diese Übergänge insgesamt recht selten gelingen, aber insbesondere in der Zeitarbeit immer noch häufiger bei (zuvor) langzeitarbeitslosen Personen (Lehmer/Ziegler 2010). Für den Niedriglohnbereich gilt dagegen, dass es von Arbeitslosigkeit eher bedrohten Personengruppen wie älteren Arbeitnehmern und Geringqualifizierten aber auch Frauen eher seltener als jüngeren und besser ausgebildeten Personen gelingt, aus dem Niedriglohnbereich „aufzusteigen" (Schank et al. 2008).

Eine gewisse Zahl von Personen zieht die Selbstständigkeit gegenüber jeglicher Form der abhängigen Beschäftigung vor (vgl. so anekdotisch Ramge 2010), allerdings wird in Deutschland im Vergleich zu anderen Ländern nach Brixy et al. 2010, S. 18 „[...] zu häufig aus Mangel an Erwerbsalternativen und zu selten mit dem Ziel des Ausnutzens einer Marktchance gegründet[...]". Die Autoren betonen aber auch, dass Personen, die sich wegen mangelnder Alternativen selbständig machen wollen, nicht die „schlechteren" Gründer sind. Wenn sie damit eine ökonomisch tragfähige Geschäftsidee realisieren, was dem „klassischen" Motiv zur Unternehmensgründung entspricht, gelingen die Gründungen besonders oft.

Dennoch – aus Sicht der Betroffenen geht es häufig nicht um die Wahl zwischen den Alternativen Normalarbeit und atypische Beschäftigung bzw. Niedriglohnarbeit und besser bezahlte Tätigkeit. Vielmehr erscheint die atypische Beschäftigung als die noch bessere Alternative zu Arbeitslosigkeit, denn die negativen individuellen Wirkungen längerer Arbeitslosigkeit können zumindest gemindert werden. Hierzu gehören neben dem Verlust von allgemeinem und (betriebs-)spezifischem Humankapital auch ein abnehmendes Selbstwertgefühl oder die zunehmende Verstärkung von Alltagsproblemen (finanzielle Sorgen, Zukunftsängste, soziale Stigmatisierung) und damit verbunden die Verschlechterung der seelischen und physischen Gesundheit (Achatz et al. 2009).

Aus betrieblicher Sicht ermöglichen atypische Erwerbsformen einen flexibleren Einsatz der Arbeitskräfte. Die Kehrseite dieser Flexibilität ist eine steigende individuelle Unsicherheit aufgrund begrenzter Beschäftigungsperspektiven und des verfügbaren Erwerbseinkommens.

Eine von der „Initiative Neue Qualität der Arbeit" durchgeführte repräsentative Befragung von abhängig und selbständig Beschäftigten hat ergeben, dass der überwiegende Teil der Befragten Abweichungen von den Konditionen des Normalarbeitsverhältnisses als nicht wünschenswert erachtet (Fuchs 2006). Dies betrifft insbesondere befristete Arbeitsverhältnisse, die Beschäftigung in Zeitarbeit und das Einkommen (Abbildung 5).

Giesecke 2009 zeigt für befristete Arbeitsverhältnisse und Zeitarbeit, dass diese negativere Auswirkungen hinsichtlich der erzielbaren Löhne und des Arbeitslosigkeitsrisikos haben als Teilzeitbeschäftigung. Damit erkläre sich auch, dass am Arbeitsmarkt wettbewerbsschwächere Personengruppen eher befristet beschäftigt sind.

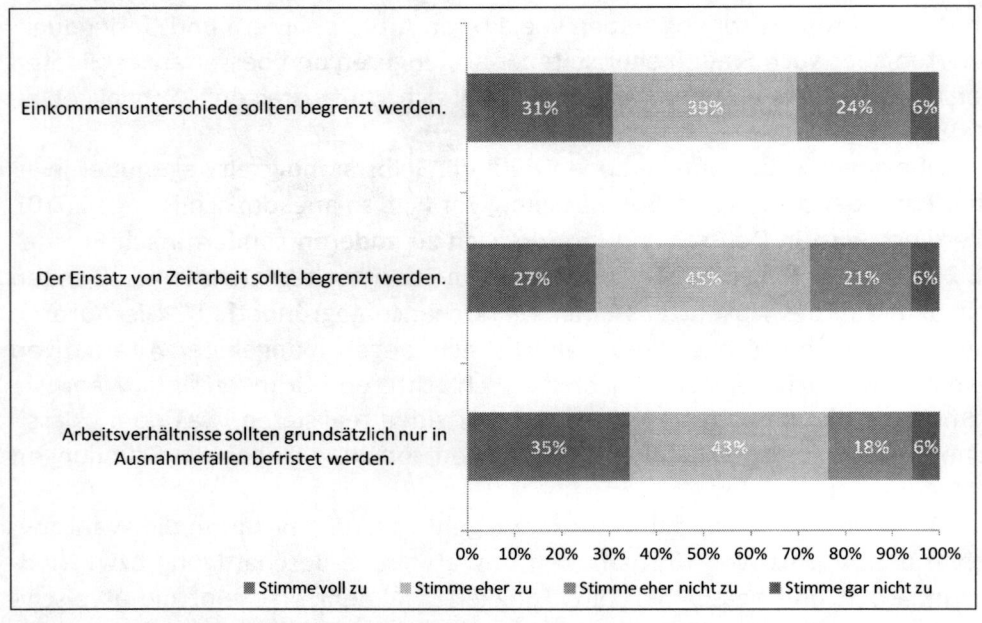

Abb. 5: Beurteilung verschiedener Abweichungen von den Konditionen des Normalarbeitsverhältnisses; Quelle: Fuchs 2006, S. 15, eigene Darstellung

Die Betroffenen müssen relativ häufig Beschäftigungswechsel und das parallele Ausführen von Tätigkeiten bewältigen. Die Suche nach einer neuen Beschäftigung bzw. nach neuen Mitarbeitern ist wiederum mit Kosten verbunden, da Informationen ausgetauscht und zeitliche, räumliche oder auch qualifikatorische Barrieren überwunden werden müssen (Stops 2007, S. 358). Außerdem setzt dies sowohl auf der betrieblichen als auch auf der Seite der Arbeitnehmer bestimmte Kompetenzen voraus.

Die Arbeitnehmer müssen über eine ausgeprägte Organisationskompetenz verfügen, um die Tätigkeitswechsel und das Ausführen paralleler Tätigkeiten zu bewältigen. Um die qualifikatorischen Barrieren zu überwinden, ist zudem Lernkompetenz von entscheidender Bedeutung, hier geht es um die immer wieder nötige Erhaltung oder Aneignung von allgemeinem bzw. betriebsspezifischem Wissen, Fertigkeiten und Fähigkeiten. Je schneller der Strukturwandel in der Wirtschaft fortschreitet, desto kürzer sind die Halbwertzeiten des in der beruflichen Ausbildung erworbenen Wissens. Faktisch bedeutet dies, dass es keinen idealtypischen Erwerbslebenslauf – der insbesondere durch eine mehr oder minder strikt getrennte Ausbildungs- und Erwerbsphase gekennzeichnet war – mehr gibt. Das Risiko steigt, dass bestimmte Ausbildungsinhalte im Erwerbsleben gar nicht verwertet werden können (Szydlik 2008, S. 15).

Lebenslanges und selbstorganisiertes Lernen gewinnt also an Bedeutung, jedoch wird insbesondere die richtige Wahl der Aus- und Weiterbildungsinhalte erfolgskritisch für die Stabilität des Erwerbslebens sein. Egle und Bens 2004, S. 84ff. empfehlen, dass Erwerbspersonen sich bereits zu Beginn des Erwerbslebens daran orientieren, eine große Spannweite an Schlüsselqualifikationen zu erwerben (vgl. Abbildung 6).

Abb. 6: Schlüsselkompetenzen
Quelle: Eigene Darstellung in Anlehnung an Egle/Bens 2004, S. 86

Ziel der Aus- und Weiterbildungsbemühungen sollte es dabei sein, im Bereich der „harten" Kompetenzen möglichst umfangreiches spezielles Wissen auf einem oder wenigen Themengebieten und ein breites Grundlagenwissen auf angrenzenden Themengebieten zu erwerben. Im Bereich der sozialen Kompetenzen als Teil der „weichen" Kompetenzen empfehlen die Autoren die Entwicklung der Fähigkeit, sowohl mit einem Team erfolgreich Aufgaben zu erfüllen als auch in der Lage zu sein, individuelle Beiträge zu erbringen und insbesondere eigenverantwortlich innerhalb und außerhalb der derzeitigen Beschäftigung zu agieren (vgl. „Qualifikationskompass" in Abbildung 7).

Letzteres – der „Pioniergeist" – scheint in Deutschland noch recht gering ausgeprägt zu sein. Ein Indikator dafür ist bspw. das Existenzgründungsverhalten. Im internationalen Vergleich ist die Zahl der Existenzgründungen in Deutschland sehr klein, auch wenn die Neugründungen im Jahr 2009 im Vergleich zu den Vorjahren wieder zugenommen haben, was unter anderem durch die Wirtschafts- und Finanzkrise bedingt war (Brixy et al. 2010, Kohn et al. 2010).

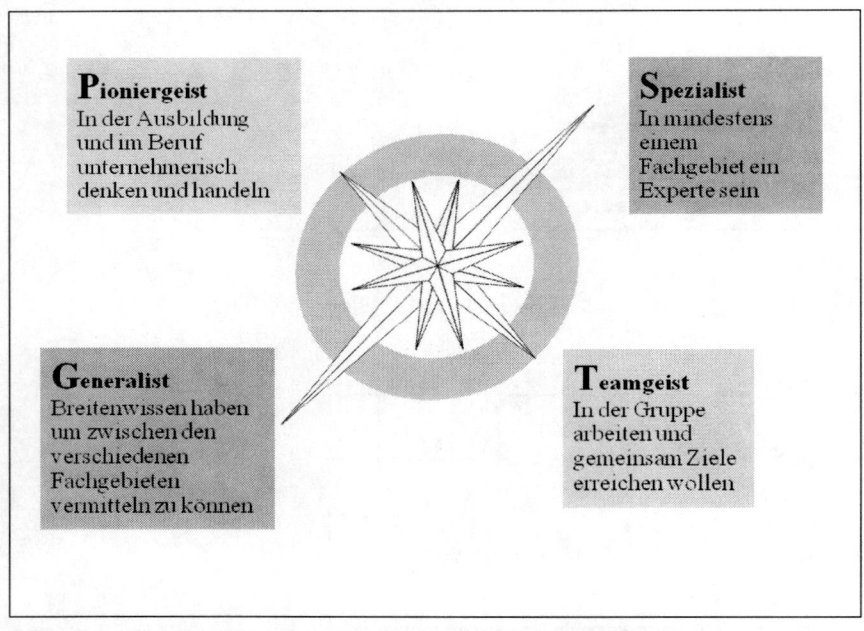

Abb. 7: Qualifikationskompass für den Arbeitsmarkt der Zukunft
Quelle: Eigene Darstellung

Abbildung 8 gibt die Ergebnisse einer internationalen Studie wieder, die der Frage nachging, warum Personen eine abhängige Beschäftigung gegenüber der Selbständigkeit präferieren würden (The Gallup Organization 2010). Die verschiedenen Gründe lassen sich einteilen in solche, die sich auf die Vorzüge der abhängigen Beschäftigung beziehen und solche die als Hinderungsgründe für die Existenzgründung im engeren Sinn gesehen werden können. Auch hier wird deutlich, dass in Deutschland insbesondere bestimmte durch das deutsche

Zum Wandel der Erwerbsformen

Normalarbeitsverhältnis geprägte Aspekte der Beschäftigung präferiert werden. Hierzu gehören ein regelmäßiges und festes Einkommen, Stabilität des Beschäftigungsverhältnisses, feste Arbeitszeiten sowie die Absicherung durch die (gesetzliche) Sozialversicherung.

Bei den Hinderungsgründen für die Selbständigkeit im engeren Sinn sind es insbesondere die Furcht davor, die Entscheidung für die Selbstständigkeit nicht einfach zurücknehmen zu können sowie die Unsicherheit über die rechtlichen und sozialen Konsequenzen beim Scheitern der Unternehmensgründung.

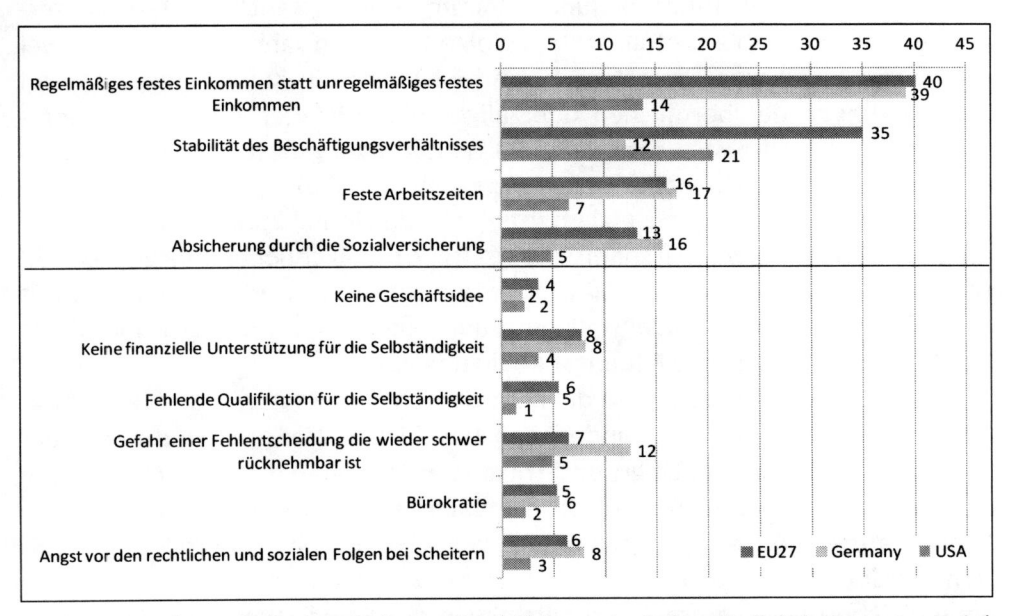

Abb. 8: Gründe, weshalb eine abhängige Beschäftigung der Selbstständigkeit vorgezogen wird (jeweiliger Anteil der Nennungen in Prozent)
Quelle: The Gallup Organization 2010, eigene Darstellung.

Ansatzpunkte für die Förderung von Unternehmensgründungen finden sich insbesondere bei den Hinderungsgründen im engeren Sinn, vereinzelt werden bereits Bildungsangebote zur Unternehmensgründung gemacht, die die Informationsbedarfe decken und damit auch die Unsicherheiten abbauen. Brixy et al. 2009 befinden dennoch, dass insgesamt die gründungsbezogene Aus- oder Weiterbildung – innerhalb und außerhalb der Schule – im internationalen Vergleich vernachlässigt wird. Eine frühzeitige Auseinandersetzung mit der Möglichkeit der Selbständigkeit ist sinnvoll, denn die Entscheidung zur Selbstständigkeit fällt in der Regel bereits in jungen Jahren. Der Bildungsbedarf lässt sich mittelfristig nur über die Vermittlung entsprechender Inhalte an Schulen und

Hochschulen vermindern (so Brixy et al. 2010a, Schliessmann 2004). Dennoch – selbst wenn die Qualifikations- und Beratungsangebote flächendeckend vorhanden sind, ist nicht davon auszugehen, dass der Gang in die Selbständigkeit für jedermann in Frage kommt.

Und es bleibt dabei – Qualifikation schützt am ehesten vor Risiken im Erwerbsleben. Reinberg und Hummel 2007 zeigen, dass Höherqualifizierte seltener von Arbeitslosigkeit betroffen sind als Geringqualifizierte. Umso alarmierender ist es, dass bisher nur ein kleiner Teil der Erwerbspersonen an beruflicher oder allgemeiner Weiterbildung teilnimmt – dem „Berichtssystem Weiterbildung" (von Rosenbladt et al. 2008) zufolge haben im Jahr 2007 nur gut zwei Fünftel der Bevölkerung zwischen 19 und 64 Jahren an Kursen oder anderen Veranstaltungen der beruflichen oder allgemeinen Weiterbildung teilgenommen. Bedenklich stimmt zudem, dass die Weiterbildungsbeteiligung gerade bei Personen mit Hauptschulabschluss im Vergleich zu höheren allgemeinen Schulabschlüssen am niedrigsten ist, sie beträgt gerade einmal 29 Prozent, wohingegen die Beteiligung der Personen mit Abitur bzw. Fachhochschulreife bei 60 Prozent liegt. Neben Geringqualifizierten weisen insbesondere Personen mit Migrationshintergrund, Frauen mit betreuungsbedürftigen Kindern und ältere Arbeitnehmer eine geringe Bildungsbeteiligung auf.

Bender et al. 2010 berichten dabei, dass nicht nur Kosten- oder Zeitrestriktionen die Menschen daran hindern, an beruflicher Weiterbildung teilzunehmen, sondern vielmehr auch grundsätzliche Einstellungen eine gewichtige Rolle spielen. So meinen insbesondere Geringqualifizierte und Ältere, dass ihre Qualifikation ausreiche und sie deshalb auch keine berufliche Weiterbildung benötigen würden. Hier sind die die Arbeitnehmervertretungen, aber auch die Betriebe gleichermaßen gefragt, die Einstellung der Belegschaft gegenüber Weiterbildung zum Positiven hin zu verändern.

3.2 Betriebliche Personalpolitik

Die Betriebe haben die Möglichkeit, ihre Beschäftigung insbesondere mit Zeitarbeit und Befristungen extern und mit Teilzeitmodellen intern zu flexibilisieren. Die so mögliche Dynamisierung der Tätigkeits- und Beschäftigungsveränderungen ist jedoch nicht folgen- bzw. kostenlos. Denn Beschäftigungserträge sind nur garantiert, wenn die Motivation und die Loyalität der Beschäftigten erhalten werden kann. Wenn die Betriebe selbst keine stabilen und in jedem Fall die Existenz ausreichend absichernden Arbeitsverhältnisse anbieten können, müssen sie für alternative Anreize sorgen (vgl. hier und im Folgenden Szydlik 2008, S. 13). Denkbar wäre, dass die Betriebe zwar keine „erwerbslebenslange" Betriebszugehörigkeit anbieten, sondern vielmehr eine „erwerbslebenslange" Beschäftigungsfähigkeit. Doch dies ist nicht unproblematisch: Betriebe haben zwar einen Anreiz, ihren Beschäftigten betriebsspezifische Inhalte, Fertigkeiten und Fähigkeiten zu vermitteln, damit diese die vorgesehenen Aufgaben ausführen können. Jedoch wird es kaum in ihrem Interesse liegen, die Kosten zum Erhalt bzw. den Aufbau von allgemeinen, also bspw. die bereits erwähnten „weichen" Kompetenzen zu tragen, da diese mit positiven externen Effekten für die Beschäftigten selbst und andere Betriebe verbunden sind. Denn Beschäftigte könnten von sich aus die Dauer der Betriebszugehörigkeit verkürzen, um in einem anderen Betrieb eine attraktivere Stelle anzutreten. Und diese Betriebe würden davon profitieren, dass sie die Kosten für die Qualifikation nicht aufbringen müssten.

Insbesondere der sich in den nächsten Jahren noch verstärkende Fachkräftebedarf in bestimmten Berufssegmenten (bspw. in den Gesundheits- oder MINT[5]-Berufen) wird eine veränderte Einstellung des Personalmanagements gegenüber seinen Mitarbeitern und insbesondere die Entwicklung neuer Instrumente zur Personalerhaltung erfordern. Die Erwerbstätigen werden nicht mehr nur als „abhängig" Beschäftigte und „Objekt" der betrieblichen Personalpolitik behandelt. Dies zieht sich durch alle Funktionen des betrieblichen Personalmanagements. Bei der Personalgewinnung sollte berücksichtigt werden, dass der Schlüssel für hohe Produktivität darin liegt, dass die Passung neben Fertigkeiten und Wissen auch zwischen individuellen Talenten und dem Arbeitsplatz zu finden ist. Nach Buckingham 2005 lassen sich drei Arten von Talenten unterscheiden und es gilt, diese bei der Rekrutierung zu ergründen:

- Motivlage;
- Spezifische Denk- und Handlungsstrukturen;
- Sozialverhalten.

Die veränderte Einstellung gegenüber den eigenen Mitarbeitern im Personalmanagement setzt sich fort bei der Personalentwicklung: Danach ist es nicht die Aufgabe des Personalmanagements, Mitarbeiter/innen zu helfen, ihre Schwächen zu überwinden. Vielmehr sollten sie sollten darauf achten, wie sie die Stärken ihrer Belegschaft entwickeln und wo die vorhandenen Fähigkeiten einer Person im Unternehmen effektiv eingesetzt werden können.

Doch wie sieht es mit der Weiterbildungsbeteiligung der Betriebe aus? Nach Bechmann et al. 2010 ist der Anteil der Betriebe, die ihren Belegschaften Weiterbildungsangebote unterbreiten, seit 2002 von 36 Prozent auf 49 Prozent im Jahr 2008 zunächst gestiegen. Im Jahr 2009 ging der der Anteil – auch bedingt durch die Wirtschafts- und Finanzkrise – auf 45 Prozent zurück. Das heißt

---

5 Mathematik, Informatik, Naturwissenschaft, Technik

aber auch, dass bisher nicht einmal die Hälfte aller Betriebe aktiv Weiterbildung angeboten hat. Im Allgemeinen weisen dabei größere Unternehmen eine höhere Weiterbildungsaktivität gegenüber kleinen und mittleren Unternehmen auf. Die Gründe sind vielfältig – gerade in wirtschaftlich angespannten Zeiten dürfte es Betrieben schwer fallen, die mit der Weiterbildung verbundenen Aufwendungen zu tragen. Denn die Entscheidung, Weiterbildung anzubieten, ist auch immer eine Entscheidung unter Unsicherheit, insbesondere weil die Erträge der Weiterbildungsinvestition nur schwer abschätzbar sind: So gibt es Risiken und Chancen, welche die Betriebe abwägen müssen. Erwähnt wurde bereits das Risiko, dass die Beschäftigten den Betrieb nach erfolgter Qualifikation zu zeitig verlassen könnten, sei dies betriebsbedingt aufgrund einer unerwartet eingetretenen Verschlechterung der Auftragslage oder auch weil die nun weitergebildeten Personen mit einem anderen Arbeitgeber bessere Konditionen aushandeln können.

Es ergibt sich aber auch die Chance, dass Loyalität und Motivation der Belegschaft durch das Angebot von Weiterbildung gefördert werden kann. Dieses Argument wird in einer wirtschaftlich angespannten Situation noch verstärkt: Der Betrieb sendet mit dem Angebot von Weiterbildung ein positives Signal an die Belegschaft, nämlich dass er an einer Weiterbeschäftigung interessiert ist.

Tab. 1: Die häufigsten Lohnnebenleistungen in der Schweiz nach Unternehmensgröße

Nr.	10–250 Mitarbeiter Lohnnebenleistungen in 45 Prozent der Unternehmen	> 250 Mitarbeiter Lohnnebenleistungen in 82 Prozent der Unternehmen
1	Auto für Privatgebrauch	Beteiligung an der Sozialversicherung
2	Mobiltelefon für Privatgebrauch	Auto für Privatgebrauch
3	Beteiligung Zweite Säule	Unentgeltliche/verbilligte Produkte
4	Unentgeltliche/verbilligte Produkte	Mobiltelefon für Privatgebrauch
5	Reka Checks[6]	Vaterschaftsurlaub
6	Bahnabo	Reka Checks
7	Vaterschaftsurlaub	Sportzentren/Vergnügungsanlagen

Quelle: JobScout24 2009

Weitere Probleme bei der Entscheidung für Weiterbildungsangebote bereitet häufig die zeitliche Abstimmung der Weiterbildungsmaßnahmen mit den

---

[6] Reka Checks sind vergleichbar mit dem deutschen Urlaubsgeld, allerdings ist diese Art von „Ferienhilfe" für wirtschaftlich schwache Familien ausgerichtet und bietet alleinerziehenden Müttern und Vätern spezielle Ferienangebote.

betrieblichen Produktionsprozessen. Die Unternehmen sind auf flexible Bildungsangebote angewiesen. Diese sollten den Arbeitsablauf so gering wie möglich beeinträchtigen, in Zeiten mit erheblichem Arbeitsausfall wie in der Wirtschaftskrise ist dies möglicherweise noch einfacher, denn die Weiterbildungsmaßnahmen könnten die entstandenen zeitlichen Lücken füllen.

Die oben beschriebene Gefahr, dass eine Investition in die überbetrieblich einsetzbaren Fähigkeiten mit positiven externen Effekten verbunden ist und Beschäftigte leichter und schneller eine attraktivere Stelle bei einem anderen Unternehmen antreten und damit ein Verlust der Humankapitalinvestition eintritt, kann mit *Profit-Sharing-* und *Fringe-Benefits*-Konzepten (letztere werden auch als Lohnnebenleistungen bezeichnet) zumindest verringert werden. Eine attraktive Form des „Profit-Sharing" stellen Gewinnbeteiligungsmodelle, z.B. durch Ausgabe von Belegschaftsaktien, dar. *Fringe Benefits* sind freiwillige Leistungen des Arbeitgebers, die er zusätzlich zum Lohn oder Gehalt erbringt.

Tabelle 1 benennt die häufigsten *Fringe Benefits* in der Schweiz nach Angaben eines größeren Internetportals für Stellenangebote. Gerber et al. 2008 zeigen auf der Grundlage des „Schweizer Human-Relations-Barometer", dass diese Lohnnebenleistungen generell positive Effekte auf die Arbeitseinstellung der Mitarbeitenden haben. Dies wirkt sich auch auf die Betriebstreue aus.

4. Fazit

Tendenziell führt der sich immer stärker beschleunigende Globalisierungsprozess dazu, dass Unternehmen mit einer zunehmenden Unsicherheit bei der Bildung ihrer Erwartungen über die Entwicklung auf den Beschaffungs- und Absatzmärkten konfrontiert sind. Die Folge ist, dass sie ihre Kapital- und Beschäftigungsstrukturen möglichst flexibel halten wollen, um für alle Unwägbarkeiten gerüstet zu sein. So ist seit einigen Jahren auf der Beschäftigtenseite ein Trend zur Abkehr vom Normalarbeitsverhältnis zu beobachten. Befristete und Teilzeitbeschäftigung sowie Zeitarbeit sind immer stärker verbreitet. Somit nimmt die Unsicherheit auch auf individueller Seite immer weiter zu. Diese Entwicklung kann besser bewältigt werden, wenn die Erwerbspersonen sich darüber bewusst sind, dass sie für ihre eigene „Beschäftigungsfähigkeit" stetig eigenständig und eigeninitiativ Vorsorge treffen müssen. Deutsche Arbeitnehmer sind dafür noch nicht durchgehend gut gerüstet. Schulen und Hochschulen sollten sich stärker um die Förderung und Entwicklung von Fähigkeiten wie Eigenständigkeit und Initiativkraft bemühen. Hinzu kommen die Fähigkeit und die Bereitschaft zum Lebenslangen Lernen. Dabei müssen die Bildungseinrichtungen klären, wie sich das vorhandene Qualifikationspotenzial von bisher eher weiterbildungsfernen Personengruppen wie geringfügig Beschäftigten, Geringqualifizierten oder älteren Arbeitnehmern ausschöpfen lässt. Und damit wäre es grundsätzlich wichtig zu wissen, ob die genannten Gruppen über die notwendigen Voraussetzungen für lebenslanges Lernen verfügen. Auch ist noch ein Stück weit offen, wie sich sicherstellen lässt, dass gut qualifizierte Erwachsene auch nach Abschluss ihrer Erstausbildung weiterlernen und wie sie dazu befähigt werden, sich flexibel auf neue Technologien und die sich wandelnden Anforderungen im Berufsleben einzustellen – auch jenseits des unmittelbaren betrieblichen Bedarfs. Und schließlich ist zu überlegen, wie lebenslanges Lernen gesellschaftlich so organisiert werden kann, dass alle Bevölkerungsgruppen erreicht und die verschiedenen Organisationen der Erwachsenenbildung in den Prozess eingebunden werden.

Die Unternehmen sollten bei der Rekrutierung künftig stärker auf langfristige Eignungskriterien, also generell übertragbare Fähigkeiten und Talente achten. Die Personalentwicklung sollte zu einem „Talentmanagement" weiterentwickelt werden, das zum Ziel hat, die Beschäftigungsfähigkeit seiner Belegschaft – auch in einer veränderten Betriebsstruktur – zu erhalten. Dabei entsteht das Risiko, dass qualifizierte Beschäftigte abwandern könnten, weil andere Arbeitgeber attraktivere Gegenleistungen bieten. Ertragsbeteiligungsmodelle könnten dieses Risiko verringern.

Generell ist bei der Beteiligung deutscher Betriebe an Weiterbildung noch deutlich Luft nach oben. Aber auch die Angebote der betrieblichen Weiterbildung könnten optimiert werden, so dass sie inhaltlich aber auch zeitstrukturell besser an die Bedarfe der Unternehmen angepasst sind. Hochschulen bzw. andere Träger der betrieblichen Weiterbildung und Unternehmen sollten stärker kooperieren. Dadurch würde einerseits der Wissenstransfer in die Praxis beschleunigt und andererseits das Einbringen von Erfahrungen in Lehre und Ausbildung intensiviert.

Literatur

Achatz, Juliane/Dornette, Johanna/Popp, Sandra/Promberger, Markus/Rauch, Angela/Schels, Brigitte et al. (2009): Lebenszusammenhänge erwerbsfähiger Hilfebedürftiger im Kontext der Grundsicherungsreform. In: Möller Joachim/Walwei, Ulrich (Hrsg.): IAB-Handbuch Arbeitsmarkt 2009. Bielefeld: W. Bertelsmann Verlag (IAB-Bibliothek, 314), S. 203–235.

Bechmann, Sebastian/Dahms, Vera/Fischer, Agnes/Frei, Marek/Leber, Ute (2010): 20 Jahre Deutsche Einheit – Ein Vergleich der west- und ostdeutschen Betriebslandschaft im Krisenjahr 2009 – Ergebnisse des IAB-Betriebspanels 2009. Institut für Arbeitsmarkt- und Berufsforschung. Nürnberg. (IAB-Forschungsbericht, 6).

Bellmann, Lutz/Fischer, Gabriele/Hohendanner, Christian (2009): Betriebliche Dynamik und Flexibilität auf dem deutschen Arbeitsmarkt. In: Möller Joachim/Walwei, Ulrich (Hrsg.):

IAB-Handbuch Arbeitsmarkt 2009. Bielefeld: W. Bertelsmann Verlag (IAB-Bibliothek, 314), S. 359–401.

Bender, Stefan/Fertig, Michael/Huber, Martina (22.06.2010): Kenne mer nit, bruche mer nit, fott domet? Gründe für die Nicht-Teilnahme an beruflicher Weiterbildung. Veranstaltung vom 22.06.2010. Nürnberg. Veranstalter: IAB und BA. Online verfügbar unter http://doku.iab.de/veranstaltungen/2010/WtP_2010_bender.pdf.

Blossfeld, Hans-Peter/Hofäcker, Dirk/Hofmeister, Heather/Kurz, Karin (2008): Globalisierung, Flexibilisierung und der Wandel von Lebensläufen in modernen Gesellschaften. In: Szydlik, Marc (Hrsg.): Flexibilisierung. Folgen für Arbeit und Familie. 1. Aufl. Wiesbaden: VS Verlag für Sozialwissenschaften (Sozialstrukturanalyse), S. 23–46.

Brixy, Udo/Hundt, Christian/Sternberg, Rolf/Stüber, Heiko (2009): Unternehmensgründungen im internationalen Vergleich: Deutschland – eine Gründungswüste? In: IAB-Kurzbericht, H. 15.

Brixy, Udo/Hundt, Christian/Sternberg, Rolf (2010): Global Entrepreneurship Monitor – Unternehmensgründungen im internationalen Vergleich. Länderbericht Deutschland 2009. Global Entrepreneurship Research Association (GERA). Hannover, Nürnbeg. Online verfügbar unter www.iab.de, zuletzt geprüft am 12.06.2010.

Brixy, Udo/Hundt, Christian/Sternberg, Rolf/Vorderwülbecke, Arne (2011): Global Entrepreneurship Monitor. Unternehmensgründungen im weltweiten Vergleich. Länderbericht Deutschland 2010. Sonderthema: Gründungen durch Migranten. Hannover, 45 S. Buckingham, Marcus (2005): First, break all the rules. London: Pocket Books.

Dietz, Martin; Walwei, Ulrich (2010): Mehr Beschäftigung um jeden Preis? In: K. Kaudelka & G. Kilger (Hrsg.), Die Arbeitswelt von morgen. Wie wollen wir leben und arbeiten?, (Sozialtheorie), Bielefeld: transcript, S. 57-87. Egle, Franz/Bens, Walter (2004): Talentmarketing. Strategien für Job-Search Selbstvermarktung und Fallmanagement. 2., überarb. und erw. Aufl. Wiesbaden: Gabler.

Fuchs, Tatjana (2006): Was ist gute Arbeit? Anforderungen aus der Sicht von Erwerbstätigen. 2. Aufl. Bremerhaven: Wirtschaftsverlag NW (INQA-Bericht, 19).

Gerber, Marius/Tschopp, Cécile/Brunner, Dorothea (2008): Gezielte Gestaltung lohnt sich. (Persorama, 3). Online verfügbar unter http://www.oat.ethz.ch/news/Persorama_September08.pdf?lng=de&wl=2, zuletzt geprüft am 28. Juli 2010.

Giesecke, Johannes (2009): Socio-economic risks of atypical employment relationships – evidence from the German labour market. In: European Sociological Review, Jg. 25, H. 6, S. 629–646.

Hohendanner, Christian/Gerner, Hans-Dieter (2010): Die Übernahme befristet Beschäftigter im Kontext betrieblicher Personalpolitik. In: Soziale Welt, Jg. 61, H. 1, S. 27–50.

IAB: IAB-Aktuell. Anteil der befristeten Neueinstellungen an allen Neueinstellungen, Anteil der Übernahmen an allen Abgängen aus befristeter Beschäftigung. Pressemitteilung vom 24.03.2010. Nürnberg. Online verfügbar unter www.iab.de, zuletzt geprüft am 11.06.2010.

Jahn, Elke J. (2010): Reassessing the pay gap for temps in Germany. In: Jahrbücher für Nationalökonomie und Statistik, Jg. 230, H. 2, S. 208–233.

JobScout24 (Hrsg.) (2009): Fringe Benefits – das i-Tüpfelchen auf dem Lohn. Online verfügbar unter http://www.topjobs.ch/JS24Web/Public/ContentArticle.aspx?lng=de&wl=2&cmsaid=2788, zuletzt geprüft am 31.07.2010.

Kalina, Thorsten/Weinkopf, Claudia (2008): Weitere Zunahme der Niedriglohnbeschäftigung: 2006 bereits rund 6,5 Millionen Beschäftigte betroffen. Institut Arbeit und Qualifikation.

Essen. (IAQ-Report, 01-2008). Online verfügbar unter http://www.iaq.uni-due.de/iaq-report/, zuletzt geprüft am 12.06.2010.

Kalina, Thorsten/Weinkopf, Claudia (2009): Niedriglohnbeschäftigung 2007 weiter gestiegen – zunehmende Bedeutung von Niedrigstlöhnen. Institut Arbeit und Qualifikation. Essen. (IAQ-Report, 05-2009). Online verfügbar unter http://www.iaq.uni-due.de/iaq-report/, zuletzt geprüft am 12.06.2010.

Kalina, Thorsten/Weinkopf, Claudia (2010): Niedriglohnbeschäftigung 2008: Stagnation auf hohem Niveau – Lohnspektrum franst nach unten aus. Institut Arbeit und Qualifikation. Essen. (IAQ-Report, 6). Online verfügbar unter http://www.iaq.uni-due.de/iaq-report/, zuletzt geprüft am 2.8.2010.

Keller, Berndt/Seifert, Hartmut (2007): Atypische Beschäftigungsverhältnisse. Flexibilität, soziale Sicherheit und Prekarität. In: Keller, Berndt/Seifert. Hartmut (Hrsg.): Atypische Beschäftigung – Flexibilisierung und soziale Risiken. Berlin: edition sigma (Forschung aus der Hans-Böckler-Stiftung, 81).

Kohn, Karsten/Spengler, Hannes/Ullrich, Katrin (2010): KfW-Gründungsmonitor 2010. Herausgegeben von KfW Bankengruppe. Frankfurt am Main.

Lehmer, Florian/Ziegler, Kerstin (2010): Brückenfunktion der Zeitarbeit: Zumindest ein schmaler Steg. In: IAB-Kurzbericht, H. 13.

Ramge, Thomas (2010): Ausbruch aus der Matrix. In: brand eins, H. 4, S. 96–101. Online verfügbar unter www.brandeins.de, zuletzt geprüft am 12.06.2010.

Reinberg, Alexander/Hummel, Markus (2007): Schwierige Fortschreibung: Der Trend bleibt – Geringqualifizierte sind häufiger arbeitslos, H. 18.

Rosenbladt, Bernhard von/Bilger, Frauke/Gnahs, Dieter (2008): Weiterbildungsverhalten in Deutschland. Bielefeld: Bertelsmann (Theorie und Praxis der Erwachsenenbildung).

Schank, Thorsten/Schnabel, Claus/Stephani, Jens/Bender, Stefan (2008): Niedriglohnbeschäftigung: Sackgasse oder Chance zum Aufstieg? In: IAB-Kurzbericht, H. 8.

Schliessmann, Christoph Philipp (2004): Unternehmer aus Leidenschaft. Kann man Entrepreneurship lernen? Antworten aus Theorie und Praxis. Frankfurt am Main: Redline Wirtschaft.

Statistik der Bundesagentur für Arbeit (Hrsg.) (2010): Geringfügig entlohnte Beschäftigte in Deutschland. Zeitreihen ab 1999. Nürnberg. Online verfügbar unter www.pub.arbeitsagentur.de, zuletzt geprüft am 11.06.2010.

Statistisches Bundesamt (Hrsg.) (2008): Atypische Beschäftigung auf dem deutschen Arbeitsmarkt. Wiesbaden. Online verfügbar unter www.destatis.de, zuletzt geprüft am 11.06.2010.

Statistisches Bundesamt (Hrsg.) (2009): Niedrigeinkommen und Erwerbstätigkeit. Wiesbaden. Online verfügbar unter www.destatis.de, zuletzt geprüft am 12.06.2010.

Stops, Michael (2007): Berufe als Informationsgrundlage für die Personalvermittlung? In: Egle, Franz/Nagy, Michael (Hrsg.): Arbeitsmarktintegration. Profiling – Arbeitsvermittlung – Fallmanagement. 2. Aufl., Wiesbaden: Gabler.

Szydlik, Marc (2008): Flexibilisierung und die Folgen. In: Szydlik, Marc (Hrsg.): Flexibilisierung. Folgen für Arbeit und Familie. 1. Aufl. Wiesbaden: VS Verlag für Sozialwissenschaften (Sozialstrukturanalyse), S. 7–22.

The Gallup Organization (Mai 2010): Entrepreneurship in the EU and beyond. A survey in the EU, EFTA countries, Croatia, Turkey, the US, Japan, South Korea and China. (Flash EB Series, 283).

„Plug and Play" ist out. Wie können wissensintensive Unternehmen attraktiver für Fachkräfte werden?

Johannes Grill

> „Die deutsche Volkswirtschaft leidet unter einem Engpass: Die Zahl von Männern und Frauen, die in ihrem jeweiligen Tätigkeitsbereich uneingeschränkt gute Arbeit leisten, ist zu klein. Dieser Engpass behindert Wachstum und Beschäftigung."
> (Meinhard Miegel 2005, 143)

Pioniere, die wie Peter Drucker (1991) vorausgesagt haben, dass das in Menschen inkorporierte Wissen zur wichtigsten Ressource wird und sogar das Kapital in seiner Vorrangstellung ablöst, haben Recht behalten. Den Verantwortlichen in der Wirtschaft wurde dies zuletzt in dem Konjunkturfrühling vor der Finanzkrise wieder schmerzhaft vor Augen geführt: Für weiteres Wachstum fehlt(e) es nicht an Geld, aber an fähigen und motivierten Fachkräften. Der dahinter stehende strukturelle Mangel, den Miegel im obigen Zitat auf den Punkt bringt, wird sich angesichts der demografischen Entwicklung weiter verschärfen und man muss kein Prophet sein, um vorauszusagen, dass es immer schwieriger werden wird, die benötigten Fachkräfte zu finden. Genau passende Bewerber, die rasch eine anspruchsvolle Tätigkeit nutzenstiftend aufnehmen können, wird es immer weniger geben. Es liegt daher auf der Hand, dass die Plug & Play-Strategie durch Suchen und Einstellen entstehende Bedarfe relativ zeitnah zu befriedigen, immer weniger funktionieren wird, zumal der Ausweg über Abwerbung durch höhere Bezahlung ökonomisch limitiert ist. Welche Strategie sollen wissensintensive Unternehmen einschlagen? Wie können sie attraktiver für Fachkräfte werden? Diese Fragestellung ist hochkomplex. Im hier zur Verfügung stehenden Rahmen können schrittweise nur einige Orientierungslinien skizziert werden, anhand derer eine Beantwortung angedeutet werden kann: (1) Anhaltspunkte für eine Bestandsaufnahme, welche Befähigungen schon heute und zukünftig verstärkt verlangt werden, bietet die vom Bundesministerium für Bildung und Forschung in Auftrag gegebene Studie über das Rekrutierungsverhalten wissensintensiver Unternehmen. (2) In dieser und anderen Studien mehren sich die Anzeichen dafür, dass insbesondere wissensintensive Fachkräfte vermehrt unternehmerische Kompetenzen entwickeln sollten. (3) Vielfach in der Arbeitswelt beobachtbare Entgrenzungs- und Flexibilisierungsstrategien haben Auswirkungen auf den Alltag der Fachkräfte. Diese stellen traditionelle Formen der Lebensführung in Frage und provozieren neue, die nicht ohne tiefer greifende Lernprozesse errungen werden können. (4) Eine große Zahl von Unternehmen ist schon seit geraumer Zeit dynamischen Umwelten ausgesetzt. Ein an der Evolution orientiertes Management hat hierfür pädagogisch anschlussfähige Strategien zur Bewältigung entwickelt, die bildungstheoretisch auf Fachkräfte transferiert werden können. (5) Welche Schlussfolgerungen können daraus für wissensintensive Unternehmen gezogen werden, wie sie ihre Attraktivität für Fachkräfte erhöhen können? Im Ausblick (6) wird kurz auf die Situation von kleinen und mittleren Unternehmen (KMU) und deren Fachkräften eingegangen.

1. Rekrutierungsverhalten wissensintensiver Unternehmen

Aus der Studie von Jasper, Jürgenhake, Schmidt, Bode und Horn (2009) sticht hervor, dass wissensintensive Unternehmen immer mehr hochqualifizierte Mitarbeiter nachfragen, um ihre ständig steigenden, oft sehr spezifischen Anforderungen abdecken zu können. Diese Zunahme an Variabilität und Spezifizität ist von den Protagonisten der Wissensgesellschaft ebenfalls vorausgesehen worden (Pfiffner/Stadelmann 1998, 81ff.). Um am Markt bestehen zu können, sind Unternehmen mit wissensintensiven Tätigkeiten wie Automobilzulieferer starkem Innovations- und Effizienzdruck ausgesetzt. Es wächst zum einen der Bedarf an Spezialisten, zum anderen an Fachkräften mit Querschnittswissen, die unterschiedliche Bearbeitungsprozesse handhaben können, aber auch in der Lage sind, Bestehendes in Frage zu stellen. Hierzu muss beispielsweise ein Maschinenbauer fachübergreifend Wissen über Einkauf und Vertrieb erwerben. Ungebrochen steht spezifische Fachkompetenz hoch im Kurs. Verstärkt werden methodische Kompetenzen nachgefragt. Es geht um die personelle Disposition, fachliche Probleme selbstorganisiert zu lösen, wobei eigenes Wissen und das anderer auf die Lösung von Problemen gerichtet werden muss und kreative Gestaltungsspielräume genutzt werden sollen. Befähigungen zur Kooperationsarbeit und zum Projektmanagement werden vorausgesetzt. Räumlich, zeitlich und inhaltlich entgrenzte Arbeit muss kommunikativ – auch interkulturell – verbunden werden, Konflikte müssen gelöst, die Zusammenarbeit sichergestellt werden, immer öfter ohne die Hilfe von Vorgesetzten in strukturübergreifenden Tätigkeiten. Es müssen parallel mehrere Rollen ausgefüllt, Routine- und hoch spannende Tätigkeiten gleichzeitig bewältigt werden. Mit einem Wort: Die Ansprüche wissensintensiver Aufgaben nehmen weiter stark zu. Gesucht werden vor allem Spezialisten, die Theoriewissen und Erfahrungswissen anspruchsvoll verknüpfen können, um daraus Innovationen antreiben zu können. Die Globalisierung verlangt zudem Mehrsprachigkeit, interkulturelle Kompetenz, Beratungs- und Lehrkompetenz sowie Mobilität. An Bedeutung gewinnt nicht nur die fachliche Passfähigkeit, sondern auch die soziale. Die persönliche Passung an die Unternehmenskultur ist im Zweifel wichtiger als fachliche.

Wenn auch in einzelnen Konstellationen Unterschiede bestehen mögen, ist ein Trend zur Ausgewogenheit von Kompetenzen erkennbar: fachliche, methodische, soziale und personale sind gleichrangig hoch ausgeprägt gefordert. Darüber hinaus sehen sich wissensintensive Fachkräfte immer öfter Situationen ausgesetzt, in denen sie wesentlich auf sich gestellt sind, nicht ohne Risiko eigene Ideen entwickeln und in die Tat umsetzen müssen. Auch wenn die Studie von Jaspers et al. nicht explizit folgenden Schluss zieht, ist angesichts der aufgeführten Anforderungsmerkmale unverkennbar gegeben, dass zu den bekannten Fähigkeiten kompetenzklassenergänzend bzw. -übergreifend *unternehmerische Kompetenz* entwickelt werden muss, wie das von der EU empfohlen und aus anderen Studien nahegelegt wird.

2. Unternehmerische Kompetenz

Die Europäische Union verfolgt seit den 1990er Jahren eine Beschäftigungs- und Bildungs-Politik, die auf Lebenslanges Lernen abzielt. Angestrebt werden individuelles „Knowledge and know-how throughout life" (COM 1993, ibid. 6) und EU-weit eine „Learning Society" (COM 1995). Zentrale Bedeutung für lebenslanges Lernen erlangen Schlüsselkompetenzen. Eine davon ist als *„Unternehmerische Kompetenz"* definiert. Sie umfasst die „Fähigkeit, Ideen in die Tat umzusetzen. Dies erfordert Kreativität, Innovation und Risikobereitschaft sowie die Fähigkeit, Projekte zu planen und durchzuführen, um bestimmte Ziele zu erreichen ..." Es geht darum „Chancen für persönliche, berufliche und/oder gewerbliche Tätigkeiten zu erkennen, einschließlich der ‚größeren Zusammenhänge', in denen Menschen leben und arbeiten, sowie um ein umfassendes Verständnis der Funktionsweise der Wirtschaft und der Chancen und Herausforderungen, mit denen Arbeitgeber ... konfrontiert sind." Gefordert ist „aktives Projektmanagement" sowie die „Einschätzung der eigenen Stärken und Schwächen sowie die Bewertung von Risiken und die Bereitschaft, gegebenenfalls Risiken einzugehen. Eine unternehmerische Einstellung ist gekennzeichnet durch Initiative, vorausschauendes Aktivwerden, Unabhängigkeit und Innovation ... Dazu gehört auch die Motivation und Entschlossenheit, Ziele zu erreichen ..." (EU 2006, S. 20 des Anhangs), und zwar nicht nur effizienzsteigernd, sondern auch in hohem Maße effektivitätserhöhend durch Priorisierung richtiger Ziele. Unabhängig von Bestrebungen der Europäischen Union haben Günter Voß und Mitarbeiter (Voß 1998; Voß/Pongratz 1998; Voß/Egbringhoff 2004) in industriesoziologischen Studien festgestellt, dass aufgrund der „Flexibilisierung" und „Entgrenzung" der „gesellschaftlichen Verfassung von Arbeitskraft anstelle des bisherigen Arbeitnehmers vermehrt ein individualisierter ‚Arbeitskraftunternehmer'" folgt (Voß 1998, 473). Dieser zeichnet sich durch drei Kernkompetenzen aus: *„Selbstkontrolle"* („verstärkte selbständige Planung, Steuerung und Überwachung der eigenen Tätigkeit"), *„Selbstökonomisierung"* („zunehmende aktiv zweckgerichtet ‚Produktion' und ‚Vermarktung' der eigenen Fähigkeiten und Leistungen") und *„Selbst-Rationalisierung"* („wachsende bewusste Durchorganisation von Alltag und Lebensverlauf und Tendenz zur Verbetrieblichung der eigenen Lebensführung"). Bei der Charakterisierung orientierten sich Voß et al. an Arbeitnehmern mit ebenso hoch ausgeprägten wie nachgefragten Kompetenzen, die dem von Drucker (1991) geprägten Begriff des Wissensarbeiters (Knowledger-Workers) ähneln. Drucker ging davon aus, dass Wissensarbeiter ihr Know-how weitgehend transferieren können. Wissensintensive Fachkräfte entsprechen bei näherer Betrachtung nur bedingt dem Wissensarbeiter im Sinne von Drucker bzw. dem Arbeitskraftunternehmer. Kritiker wie Gerst (2005) bemängeln, dass Arbeitnehmer mit unternehmerischen Funktionen, beispielsweise in der Projektorganisation, zwar das Kriterium der Selbstkontrolle hoch ausgeprägt haben, aber auf eine Selbstökonomisierung durch Vermarktung der Fähigkeiten außerhalb der Unternehmen verzichten, weil das intern gewonnene Know-how extern nur bedingt genutzt werden kann. In der Tat schränkt das immer spezifischer werdende Know-how der Unternehmen einen Transfer nach außen ein und umgekehrt. Zum einen ist unternehmensspezifisches Wissen kontextgebunden und nur bedingt generalisierbar. Eine Generalisierbarkeit wird vom Management oft eher gehemmt, weil es durch den dadurch möglichen Know-how-Abfluss die Wettbewerbsfähigkeit der vertretenen Unternehmen gefährdet sieht. Zum anderen stellt sich generell das Problem, wie von außen kommendes Wissen in spezifisches intern nutzenstiftendes transformiert werden kann. Wie die oben zitierte Studie des BMBF (Jasper et al. 2009) belegt, wird der Transfer von außen noch weiter eingeschränkt. Produzenten, z.B. in der Automobilzuliefererindustrie, gehen vermehrt davon aus, dass sie versierte und erfahrene Fachkräfte passgenau immer weniger aufgrund der stetig wachsenden spezifischen Anforderungen, aber auch aufgrund der demografischen Entwicklung, auf dem Arbeitsmarkt finden werden: „Sie wählen daher zunehmend Bewerber aus, die Grundanforderungen mitbringen und erwarten lassen, dass sie nach geeigneten internen Qualifizierungen zu idealen Mitarbeitern geformt werden können. Auf diese, an Potenzialen orientierte Einstellungsstrategie, trifft man (...) vor allem bei Herstellern wissensintensiver Produkte sowie bei großen und mittleren Unternehmen" (Jasper et al., ebd., 6).

3. Adäquate Lebensführung für Wissensfachkräfte

Untersuchungen haben nach Voß (1998, 481) drei wesentliche Formen der Alltagsgestaltung vorgefunden: die „traditionelle Lebensführung", die „strategische Lebensführung" und die „situative, auf Offenheit und Flexibilität beruhende Alltagsform". Traditionell ist eine Lebensführung dann, wenn der Beruf an einem Arbeitgeber festgemacht ist, mit dem man sich arrangiert hat, um sicher und regelmäßig leben zu können. Die strategische Lebensführung zielt auf eine aktive, systematische Verwirklichung von eigenen Lebensvorstellungen und die Beherrschung von Rahmenbedingungen durch methodische Lebensoptimierung. Wie das traditionelle geht dieses Lebensmodell letztlich von stabilen Arbeitsbedingungen aus, hat aber aufgrund der aktiv betriebenen Planung und Vorausschau bessere Voraussetzungen, Änderungen rechtzeitig zu erkennen und gegenzusteuern. Im dritten Lebensbewältigungsmodell dominieren ad hoc-Entscheidungen und Durchlavieren. Feste Einordnungen und Einbindungen sind hier nicht gegeben. Eine hohe Zeitsouveränität wird durch eine hoch-flexible Vermengung von ‚Arbeit' und ‚Leben' erkauft, wozu personale Stabilität und anspruchsvolle Gestaltungsleistungen unerlässlich sind. Voß bringt es auf den Punkt, indem er die einzelnen Stile mit Schlagwörtern versieht: traditionell mit „Alltags-Routine", methodisch mit „Alltags-Organisation" und situativ mit „Alltags-Kunst". Der strategische Typus vertritt eine voluntaristische Position, die auf eine absolute Machbarkeit setzt. Diese ist angesichts der sozio-ökonomischen Komplexität und Dynamik nicht gegeben. Aber auch die Gegenposition, dass alle Kräfte im Markt determiniert sind und ständige Anpassungsleistungen zwingend sind, entspricht nicht der Realität, da es immer wieder gelingt, unvorhergesehen Neues zu bringen.

Es spricht daher vieles für eine gemäßigt voluntaristische Position, die im Konzept der geplanten Evolution (siehe Abb. 1) von einer eingeschränkten Machbarkeit ausgeht und grundlegende Ideen über eine konzeptionelle Gesamtsicht (individuelles Leitbild der Fachkraft) schrittweise umsetzt und dabei auf ständige Lernbemühungen setzt, um notwendige Korrekturen und Anpassungen vorzunehmen (analog hierzu Kirsch 2001, 567ff.).

```
┌─────────────────────────────────────────────┐
│         ┌─────────────────────────┐         │
│         │   Neue Ideen und Werte  │         │
│         └─────────────────────────┘         │
│              ↓      ↓      ↓                │
│         ┌─────────────────────────┐         │
│         │ Konzeptionelle Gesamtsicht│       │
│         │ (Individuelles Leitbild) │        │
│         └─────────────────────────┘         │
│           ↕      ↕      ↕                   │
│        ┌─────┐ ┌─────┐ ┌─────┐              │
│        │ 1.  │→│ 2.  │→│ 3.  │→ usw.        │
│        │Schritt│ │Schritt│ │Schritt│        │
│        └─────┘ └─────┘ └─────┘              │
│           ↕      ↕      ↕                   │
│         ┌─────────────────────────┐         │
│         │    Akute Ereignisse     │         │
│         └─────────────────────────┘         │
│  Quelle: frei nach Kirsch (2001), 568       │
└─────────────────────────────────────────────┘
```

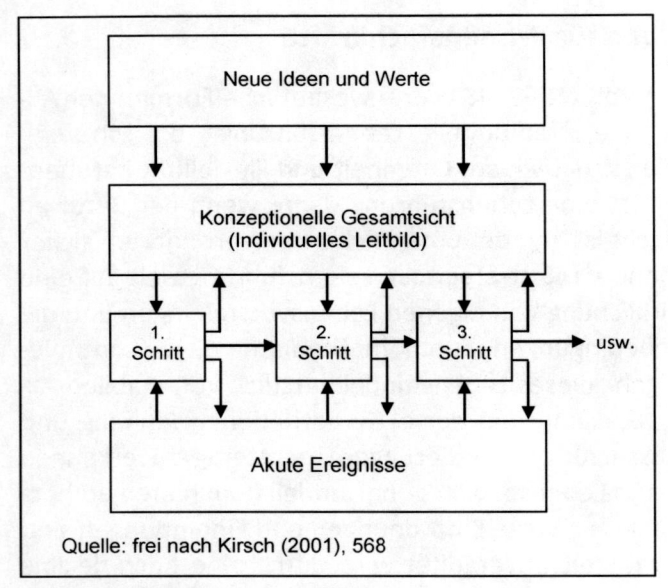

Abb. 1: Konzept der geplanten Evolution

Übertragen auf wissensintensive Fachkräfte bedeutet dies, dass weder eine strikte Alltagsorganisation eines veralteten strategischen Typus noch alleine die Kunst im Durchwursteln (Muddling Through) des situativ offenen Typus als erstrebenswerte strategische Grundeinstellung gelten kann. Vielmehr geht es im Sinne der geplanten Evolution um einen ausgewogenen Einsatz von extern verlangten und intern vorhandenen bzw. sich entwickelnden Fähigkeiten, wobei neben selbstverständlichen fachlichen Kompetenzen besonders grundlegende Persönlichkeitskompetenzen gefordert sind, wie sie Gegenstand klassischer Bildungspositionen waren. Ausgangspunkt ist die individuelle Persönlichkeit, für die es gilt, ein Leitbild im obigen Sinne zu entwickeln. Fachkräfte, die den skizzierten Typen folgen, sind zur Steigerung ihrer eigenen Leistungsfähigkeit herausgefordert, tiefergreifendes, die eigene Identität hinterfragendes Lernen zu vollbringen. Nicht mehr adäquate Verhaltensmuster müssen dabei auf den Prüfstand. Die Erarbeitung und inkrementale Umsetzung eines individuellen Leitbilds als einer konzeptionellen Sicht der eigenen beruflichen und privaten Identität kann helfen, aus den Fixierungen und Einseitigkeiten obiger Typen herauszufinden. Die Herausforderung für Fachkräfte besteht darin, dass sie beruflich kompetente Experten sind, aber in Bezug auf ihre eigene Entwicklung oft wie Laien wirken und sich ihre diesbezügliche Inkompetenz nur schwer eingestehen können (vgl. Pfiffner/Stadelmann 1998, 392). Um nachhaltig auch in Zukunft beschäftigungsfähig sein zu können, müssen Fachkräfte über Fähigkeiten verfügen, die über die jeweils aktuelle berufliche Handlungskompetenz hinausgehen, um für künftige Herausforderungen vorbereitet zu sein. Bildungstheoretisch wird dabei folgender Bezugsrahmen zugrundegelegt, der sich an das strategische Capability-Management von Unternehmen anlehnt.

4. Bildungstheoretischer Bezugsrahmen

Bildungstheoretisch lässt sich anhand der Dimensionen ‚Anwendungsspezifizität' und ‚Oberflächen-/Tiefenstruktur' (nach Chomskys Einteilung von Performanz und Potential) eine Zuordnung von spezieller und allgemeiner Bildung vornehmen (zur Herleitung siehe Frey/Grill 2011). In Abbildung 2 ist die disziplinübergreifende Klassifikation von Fähigkeiten nach Kirsch (2001, 393ff.) dargestellt, dessen Ansatz sich als Bezugsrahmen sowohl im pädagogischen als auch im organisationspädagogischen Kontext bereits als anschlussfähig erwiesen hat (Behrmann 2003, 159ff.; Geißler 1994, 153ff. u. 2000, 42f.; Petersen 1997, 199ff. u. 2003, 221ff.).

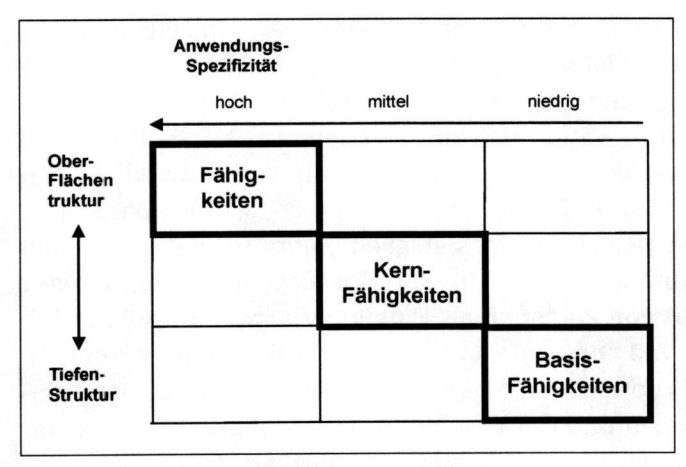

Abb. 2: Klassifikation von Fähigkeiten nach Kirsch
Quelle: Grill (2008), 238

Sie unterscheidet Fähigkeiten erster, zweiter und dritter Ordnung. Fähigkeiten erster Ordnung zeigen sich in Stärken und Schwächen, mit konkreten Aufgabenstellungen und Gegebenheiten umgehen zu können: z.B. eine hochspezifisch nachgefragte Job description zu erfüllen. Fähigkeiten 2. Ordnung ermöglichen einen Transfer des Könnens und Wissens in neue oder sich verändernde Tätigkeiten. Diese ermöglichen einen hohen Wertbeitrag zu einer Vielzahl von Tätigkeiten im Sinne von Fähigkeiten 1. Ordnung. Solche Kernfähigkeiten haben eine Ähnlichkeit zu den hier nicht näher ausgeführten Schlüsselqualifikationen von Reetz (1999, 39), der diese mit „Erschließungsfähigkeit" oder – bildkräftiger – als „Schlüsselfähigkeit" charakterisiert. In der Ausbildung richtet sich diese auf die „Generierung von verwertbaren Verhaltensweisen (Qualifikationen)". Nach Kirsch sind Kernfähigkeiten treibende Kräfte der Entwicklung. Bezogen auf Individuen sind dies zum einen individuelle Wertüberzeugungen, die durch Sinnmodelle (siehe Abb. 3 in folgendem Abschnitt) ausdrückbar sind und zum anderen Interessen, die nach Krapp (2004,165) situationsübergreifend und langfristig zentral zur Persönlichkeitsbildung beitragen. Interessen, die als besonders bedeutsam und wertvoll eingestuft werden und eine emotional positive Erlebnisqualität besitzen, stellen lebenslang Antriebskräfte zur Entfaltung individueller Potentiale an. Diese sind als intrinsische Motivation nach Ryan und Deci (2000) dann gegeben, wenn folgende psychologische Grundbedürfnisse erfüllt sind: Individuen müssen im Erlernen und Ausformen ihrer Potentiale autonom positive Erfahrungen ihrer Kompetenz machen und eine Erfüllung ihres Bestrebens nach sozialer Eingebundenheit erleben können (ausführlich hierzu Frey/Grill 2011). In Organisationen entsteht eine wert- und zielorientierte Selbststeuerung und Selbstmotivation von Mitarbeitern durch Identifikation mit den Werten und Zielen der Organisation. Diese ist Voraussetzung und Grundlage für intrinsische Motivation (Wunderer/Küppers 2003, 57ff.). Kirsch (2001, 395ff.) charakterisiert diejenigen Fähigkeiten, die zur Entwicklung und Entfaltung von Fähigkeiten 1. und 2. Ordnung erforderlich sind, als Basisfähigkeiten. Diese bestehen aus der „Handlungsfähigkeit", der „Lernfähigkeit" und der „Responsiveness (Empfänglichkeit)." In der Oberflächenstruktur erweist sich die Handlungsfähigkeit von Personen als Handlungskompetenz, die fachliche, methodische, soziale und personale Kompetenzen aufgabenbezogen bündelt. Sie zeigt sich in der Problemlösefähigkeit akuter Themen unter Heranziehung notwendiger Ressourcen und der Gewinnung der Akzeptanz von Betroffenen. In der Tiefenstruktur bedeutet Handlungsfähigkeit darüber hinaus, durch leitbildkonformes Handeln zum Erhalt und Aufbau eigener Kernfähigkeiten beizutragen. Von zentraler Bedeutung für Wissensfachkräfte ist die Basisfähigkeit der Lernfähigkeit. Diese wird ebenso wie die weitere Basisfähigkeit Responsiveness in einem bestimmten Umfang als der Handlungskompetenz zugehörig vorausgesetzt. Beide genannten Basisfähigkeiten reichen jedoch darüber hinaus. Bei der Lernfähigkeit kommt dies dadurch zum Ausdruck, dass sie neben Anpassungslernen auch Erschließungs- und Identitätslernen umfasst (vgl. Geißler 2000, 50ff. sowie Abschnitt 5). Lernen bezieht sich nicht nur auf die Aneignung neuer Kenntnisse und Fertigkeiten, sondern ist zugleich ständige

Reflexion des eigenen Handelns, Empfangens und des Lernens selbst. Lernen bewirkt eine Rationalisierung der Lebenswelt, indem implizites Wissen expliziert, Unbewusstes bewusst gemacht wird. Solches Lernen bezieht nicht nur nützlich-zweckrationale, sondern auch sittlich-wertrationale Themen im Sinne von Geißler ein. Wesentliche Lernimpulse können durch die Responsiveness als der Empfänglichkeit gegenüber den Bedürfnissen und Werten Betroffener und Beteiligter ausgelöst werden. In sozialen Bezügen ist dabei insbesondere „kommunikative Sensibilität" gefordert. Im Umgang mit Material, technischen Anlagen, Maschinen usw. geht es um „technische Sensibilität" (Baethge 2004, 16). Lernfähigkeit zeichnet sich auch dadurch aus, dass durch Responsiveness gewonnenes implizites Wissen externalisiert wird, um es mit anderen teilen zu können. Gesteigert wird die Lernfähigkeit, wenn sie durch Empfänglichkeit Neues, bislang nicht zu Verortendes aufgreift, daraus neues Wissen generiert und über die Handlungsfähigkeit nutzbar macht. Im Zusammenwirken der drei Basisfähigkeiten vollzieht sich unternehmerische Kompetenz. Damit aus Basisfähigkeiten Kernfähigkeiten erwachsen, aus denen wiederum neue Angebote zur spezifischen Aufgabenbewältigung entspringen, muss Bildung umfassend sein. Institutionalisierte Bildung wie Allgemeinbildung, schulische Ausbildung, Hochschul- und Weiterbildung genügen hierzu alleine nicht. Diese können nur explizites Wissen vermitteln. Erst im Handeln in konkreten Arbeitsprozessen wird das in institutionalisierter Bildung erworbene explizite Wissen um implizites Wissen angereichert. Beide Wissensformen zusammen sind Voraussetzung, um Aufgaben tatsächlich bewältigen zu können. Nicht in der beruflichen Qualifikation, sondern im Können erzeigt sich Kompetenz. D.h., dass die oben genannten Fähigkeiten nur dann zur Entfaltung kommen können, wenn Gelegenheit zu förderlicher Berufsarbeit gegeben ist (vgl. Bergmann 2000).

5. Attraktivität für Wissensarbeiter

Die Frage, wie ein Unternehmen attraktiv für wissensintensive Fachkräfte werden bzw. wie bestehende Attraktivität ausgebaut werden kann, findet eine erste Antwort darin, hierfür geeignete Berufsarbeit anzubieten. Das Arbeits- und Führungssystem muss so gestaltet sein, dass solche Fachkräfte darin gedeihen können. Zu den Fähigkeiten in den Personen müssen komplementäre Fähigkeiten der Unternehmen hinzukommen. Notwendig ist ein Konzept, das auf Steigerung der Kompetenz im Umgang mit Problemen und auf Innovation setzt, die von den Mitarbeitern ausgeht und auf diese abgestimmt ist. Es geht um eine tiefgreifende Integration der Fähigkeiten der agierenden Personen, der Organisation, der eingesetzten Technologien und des Managements (Grill 2008, 260ff.

u. 370ff.). Im Umkehrschluss ergibt sich, dass ohne entsprechend aufgestellte Unternehmen die notwendigen personalen Fähigkeiten gar nicht entstehen können. Die Kernfähigkeiten von Unternehmen können nicht ohne entsprechende Kernfähigkeiten der Fachkräfte aufgebaut und ausgeweitet werden. Beide bedingen einander. Aus diesem Grund erscheint die Plug & Play-Strategie für den Kernbereich wissensintensiver Unternehmen generell als nicht empfehlenswert. Für diese geht es darum, sich so zu entwickeln, dass sich ihre Fachkräfte optimal entwickeln können. Die Unternehmens- und Personalentwicklung sind also miteinander verschränkt. Nach Kirsch (2001, 402ff.) können Unternehmen Fähigkeiten entfalten, mit deren Hilfe sie besser gerüstet sind, ihren Herausforderungen zu begegnen. Dabei hat sich gezeigt, dass die Bewältigung umso besser gelingt, je höher das zugrundeliegende Sinnmodell der Unternehmung ausgebildet ist. Sinnmodelle sind Sichtweisen, anhand deren „Probleme definiert, Situationen beschrieben, Lösungen gesucht werden usw., sie sind in der Kultur der Organisation verankert und können als Inbegriff der in der Unternehmenspraxis vorhandenen Annahmen, Denkweisen und Vorstellungen aufgefasst werden" (Kirsch, ebd., 404). Die Höherentwicklung der Sinnmodelle nach Kirsch sind in Abbildung 3 dargestellt. Hier werden nur die drei Grundtypen erwähnt: Das „Instrumentalmodell" dient überwiegend der Durchsetzung der Interessen primärer Nutznießer; beim „Überlebens- oder Bestandsmodell" geht es um das Fortleben der Organisation; beim „Fortschrittsmodell" steht im Fokus, einen Fortschritt in der Befriedigung der Bedürfnisse und Interessen direkt und indirekt Betroffener zu erreichen. Das Fortschrittsmodell kann den Interessen und Werten der Fachkräfte am umfassendsten nachkommen. Es bietet die Grundlage für eine größtmögliche Identifikation und Entfaltung intrinsischer Motivation. Die zweite Antwort auf obige Frage besteht in der Empfehlung, sich nach dem Fortschrittsmodell auszurichten. Dies ist nicht ohne umfassende Lernbemühungen möglich. In diesem Prozess kommt es nach Geißler (2000, 50f.) zu qualitativ unterschiedlichen Lernprozessen mit differenter Tiefenwirkung (Abb. 3 linke Spalte).

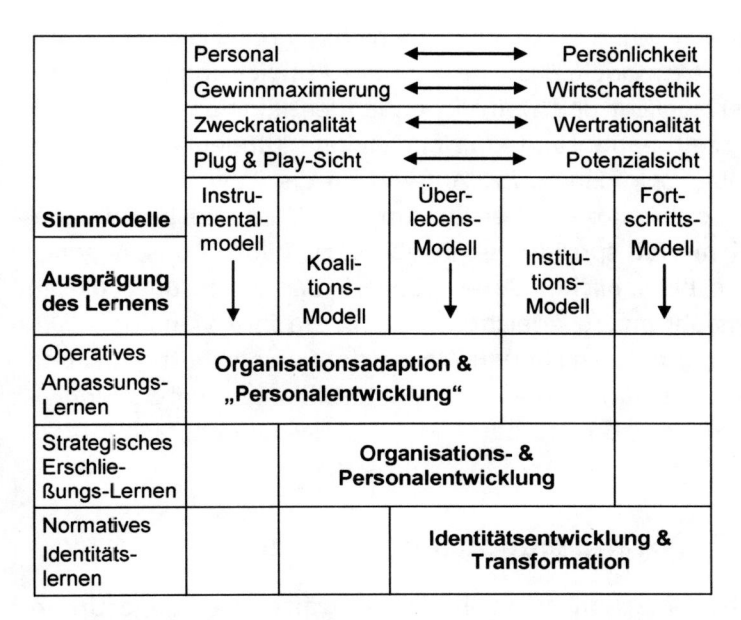

Sinnmodelle	Personal ↔ Persönlichkeit				
	Gewinnmaximierung ↔ Wirtschaftsethik				
	Zweckrationalität ↔ Wertrationalität				
	Plug & Play-Sicht ↔ Potenzialsicht				
	Instrumentalmodell ↓	Koalitions-Modell ↓	Überlebens-Modell ↓	Institutions-Modell ↓	Fortschritts-Modell ↓
Ausprägung des Lernens					
Operatives Anpassungs-Lernen	Organisationsadaption & „Personalentwicklung"				
Strategisches Erschließungs-Lernen		Organisations- & Personalentwicklung			
Normatives Identitätslernen			Identitätsentwicklung & Transformation		

Abb. 3: Ausprägungen des Lernens im didaktischen Strukturgitter
Quelle: Verändertes Strukturgitter nach Geißler (1994), 162

Ohne dass eine Strategie infrage gestellt wird, kommt es häufig zu Lernprozessen dergestalt, dass die gewählten Mittel zur Erreichung der aus der Strategie abgeleiteten operativen Ziele („operatives Anpassungslernen") angepasst werden müssen. Im Hinblick auf die Tiefenwirkung kommt es hier nur zu Korrekturen an der Oberfläche. Aufgrund gegenläufiger Trends im Umfeld müssen unter Umständen Strategien – tiefergreifend unterhalb der Oberfläche – als Zielvorgaben angepasst werden, oder es müssen generell alternative Optionen hierzu entwickelt werden („strategisches Erschließungslernen"). Wird die konzeptionelle Gesamtsicht infragegestellt oder kommt es zu einer Fortentwicklung derselben, dann handelt es sich um Lernprozesse in der Tiefenstruktur, die eine Identitätsveränderung beinhalten („normatives Identitätslernen"). In Abhängigkeit vom Sinnmodell und der Ausprägung des Lernens werden erst die Entwicklungsprozesse möglich, die den Weg zu einer wirklich kompetenten Unternehmung ebnen. Im Instrumentalmodell ist das Interesse daran nur insoweit gegeben, wie es der Profitmaximierung dient. Der meist kostspielige Aufbau von Fähigkeiten steht häufig im Gegensatz zu kurzfristigen Ausbeutungsinteressen. Vorgenommene Entwicklungen in der Organisation und beim Personal bleiben oberflächlich. Im Überlebensmodell ist die Einsicht des Aufbaus von Fähigkeiten schon größer, weil das Fortleben in einem Zusammenhang mit wachsenden Fähigkeiten gesehen wird. Eine nachhaltige Potenzialorientierung bewirkt erst das Fortschrittsmodell, das eine optimale Entwicklung von Organisation und Personen ermöglicht und weitreichende Identifikationsanker eröffnet. Gesellschaftliche Legitimation und eine nachhaltige Kundenbindung können am stärksten gegeben sein. Eine *dritte Antwort* für die Frage nach der Attraktivität besteht darin, sich mit der Lebensführung von Wissensarbeitern auseinanderzusetzen und hierfür spezifische Angebote zu bilden. Das Angebot entwicklungsfördernder betrieblicher Arbeit bedarf der Ergänzung, diesen Fachkräften die Lebensführung zu erleichtern, damit sie ihre vielfältigen Bildungsbestrebungen auch umsetzen können. Neben der Personalbetreuung und -entwicklung sind dies z.B. zusätzliche externe Weiterbildungsangebote, individuell gelagerte Arbeitszeiten und Freizeitausgleich (vgl. Jasper et al. 2009, 14).

6. KMUs und deren Fachkräfte brauchen Unterstützung

Große Unternehmen bieten schon heute ihren Fachkräften vielfältige Unterstützung z.B. durch Lernberatung und vielfältige Weiterbildungsangebote. Sie haben es generell leichter, die notwendigen Fachkräfte zu finden, als die KMUs (Jasper et al.). Fachkräfte brauchen professionellen Rat bei der Entwicklung ihres individuellen Leitbilds zur beruflichen und persönlichen Entwicklung. Hier sind unabhängige Begleiter notwendig, die auf die individuelle Bildungsbiografie eingehen und das Lernen fördern können. Darüber hinaus müssen sie auch Bescheid wissen, welche Kompetenzen in einzelnen Branchen gefragt sind und wie diese am besten entfaltet werden können. Zum anderen wäre es für Fachkräfte, die sich verändern wollen und Schwächen in der Selbstvermarktung haben, eine große Hilfe, wenn sie einen Agenten beauftragen könnten, der ihr Kompetenz- und Werteprofil genau kennt und in der Lage ist, dieses interessierten Nachfragern zu offerieren. Umgekehrt verfügen viele KMUs nicht über die Professionalität, um bestehende Kompetenzprofile zu erheben und strategieabhängig künftige zu generieren. Oft fehlt die professionelle Begleitung bei Personalentwicklungsmaßnahmen. Hier wäre eine spezielle Arbeitgeberberatung sinnvoll. Bei all den Schwächen, die KMUs häufig in der Personalarbeit aufweisen (vgl. Grill 2005), haben sie auch Chancen. Ihr Sinnmodell ist oft weiter entwickelt als das großer börsennotierter Aktiengesellschaften, die zwar über hoch professionelle Personalabteilungen verfügen, aber letztlich dem Instrumentalmodell verhaftet bleiben. Im Zweifel wiegt dort die Steigerung des Börsenkurses mehr als das langfristige Personalentwicklungspotential, das dafür kurzerhand freigesetzt wird. Viele KMUs folgen immer noch dem Bestandsmodell (vgl. Grill 2008). Sie sind mehr an langfristigen Engagements interessiert. Im Wettbewerb haben sie gute Chancen, vor allem solche Fachkräfte anzusprechen, die Werte verfolgen, die im Bestandsmodell und noch besser im Fortschrittsmodell dauerhaft zum Tragen kommen können. Das Motto des Kapitalismus amerikanischer Prägung „‚Nichts Langfristiges' desorientiert auf lange Sicht jedes Handeln, löst die Bindungen von Vertrauen und Verpflichtung und untergräbt die wichtigsten Elemente der Selbstachtung" (Sennett 2008, 38). Das Bedürfnis der Menschen, auch der Fachkräfte, nach Stabilität ist nach wie vor hoch ausgeprägt. Um Wissensfachkräfte, die wie früher Söldner immer gerade dorthin gehen, wo sie am meisten Vorteile erringen können, sollten sich KMUs wenig kümmern. Stattdessen sollten sie mehr auf ‚Wissens-Bauern' setzen und ihnen dauerhaft fruchtbares Arbeitsland verschaffen. Geschichtlich – das wusste auch Nicolò Machiavelli – waren die Bauern treuer und letztlich schlagkräftiger, wie die Schweizerschlachten belegen (vgl. Pümpin 1992, 51).

Literatur

Baethge, M. (2004). Ordnung der Arbeit – Ordnung des Wissens. Wandel und Widersprüche im betrieblichen Umgang mit Humanressourcen. In SOFI-Mitteilungen, 32, S. 7–32.

Behrmann, D. (2003). Personal- und Organisationsentwicklung als Professionalisierungsstrategie in der Erwachsenenbildung. Herausforderungen am Beispiel „Selbstgesteuertes Lernen". In: Behrmann, D./Schwarz, B. (Hrsg.), Selbstgesteuertes Lernen. Herausforderungen an die Weiterbildungsorganisation. Bielefeld: wbv, S. 143–193

Bergmann, B. (2000). Arbeitsimmanente Kompetenzentwicklung. In Bergmann, B. (Hrsg.), Kompetenzentwicklung und Berufsarbeit. Münster: Waxmann, S. 11–39

COM (1993). Growth, Competiveness, Employment. The Challenges and ways forward into the 21st Century. White Paper, Brussels: COM/93/700FINAL (5.12.1993).

COM (1995). White Paper on Education and Training: Teaching and Learning. Towards the Learning Society, Brussels: COM/95/590FINAL (29.11.1995).

Drucker, P. (1991). The New Productivity Challenge. Harvard Business Review, November-December, p. 69–79.

EU (2006). Empfehlung des Europäischen Parlaments und des Rates vom 18. Dezember 2006 zu Schlüsselkompetenzen für lebensbegleitendes Lernen. Amtsblatt L 394 vom 30.12.2006.

Frey, A./Grill, J. (2011). Der Arbeitnehmer der Zukunft als Arbeits*unter*nehmer. Landau: Verlag Empirische Pädagogik.

Geißler, H. (1994). Grundlagen des Organisationslernens. Weinheim: Deutscher Studien Verlag.

Geißler, H. (2000). Organisationspädagogik. München: Vahlen.

Gerst, D. (2005). „Arbeitskraftunternehmer" – Leitbild der neoliberalen Arbeitsgesellschaft? In Forum Wissenschaft, 1. http://www.bdwi/forum/archiv/97626.html (Stand 20.5.2010).

Grill, J. (2005). Die Personalarbeit mittelständischer Unternehmen. Anmerkungen zu einer Untersuchung in Rheinland-Pfalz. In Empirische Pädagogik, 19 (3), S. 304–322.

Grill, J. (2008). Die strategische Bedeutung des Human Capital und seine Bewertung. Ein Bezugsrahmen zur Evaluation ambitionierter mittlerer Unternehmen. Frankfurt: Peter Lang.
Kirsch, W. (1997). Wegweiser zur Konstruktion einer evolutionären Theorie der strategischen Führung. Herrsching: Verlag Barbara Kirsch.
Kirsch, W. (2001). Die Führung von Unternehmen. Herrsching: Verlag Barbara Kirsch.
Krapp, A. (2004). Interesse und Lernen. Überlegungen zur erkenntnisleitenden Funktion theoretischer Rahmenkonzeptionen. In Wosnitza, M./Frey, A./Jäger, R. (Hrsg.), Lernprozess, Lernumgebung und Lerndiagnostik. Landau: Verlag Empirische Pädagogik, S. 156–172
Jasper, G./Jürgenhake, U./Schmidt, S./Bode, S./Horn, J. (2009). Untersuchung zum Rekrutierungsverhalten von Unternehmen mit wissensintensiven Dienstleistungen und Unternehmen mit wissensintensiven Tätigkeitsfeldern. Band 5. Reihe Berufsbildungsforschung. Bundesministerium für Bildung und Forschung (Hrsg.). Berlin.
Miegel, M. (2005). Die deformierte Gesellschaft. Wie die Deutschen ihre Wirklichkeit verdrängen. Berlin: Ullstein.
Petersen, J. (1997). Die gebildete Unternehmung. Frankfurt: Peter Lang.
Petersen, J. (2003). Dialogisches Management. Frankfurt: Peter Lang.
Pfiffner, M./Stadelmann, P. (1998). Wissen wirksam machen. Wie Kopfarbeiter produktiv werden. Bern: Haupt.
Pümpin, C. (1992). Strategische Erfolgspositionen. Methodik der dynamischen strategischen Unternehmensführung. Bern: Haupt.
Reetz, L. (1999). Zum Zusammenhang von Schlüsselqualifikationen – Kompetenz – Bildung. In Tamm, T. (Hrsg.), Professionalisierung kaufmännischer Berufsbildung. Beiträge zur Öffnung der Wirtschaftspädagogik. Frankfurt: Peter Lang, S. 32–51
Ryan, R./Deci, E. (2000). Self-Determination Theory and the Facilitation of Intrinsic Motivation, Social Development and Well-Being. In American Psychologist, Vol. 55, No. 1, p. 68–78.
Sennet, R. (2008). Der flexible Mensch. Berlin: Berliner Taschenbuch Verlag.
Voß, G. (1998). Die Entgrenzung von Arbeit und Arbeitskraft. Eine subjektorientierte Interpretation des Wandels der Arbeit. In Mitteilungen aus der Arbeitsmarkt- und Berufsforschung, 31 (3), S. 473–487.
Voß, G./Egbringhoff, J. (2004). Der Arbeitskraftunternehmer. Ein neuer Basistypus von Arbeitskraft stellt neue Anforderungen an die Betriebe und an die Beratung. In Zeitschrift Supervision, 3.
Voß, G./Pongratz, H. (1998). Der Arbeitskraftunternehmer. Eine Grundform der Ware Arbeitskraft? In Kölner Zeitschrift für Soziologie und Sozialpsychologie, 50 (1), 131–158.
Wunderer, R./Küpers, W. (2003). Demotivation – Remotivation. Neuwied: Luchterhand.

Berufspersönlichkeit im Spannungsfeld altersgerechter Personalentwicklung

Simone Fröhlich

1. Einleitung und Problemstellung

Die Erwerbstätigkeit in Deutschland verändert ihr Gesicht. Die real existierenden Erwerbsformen sind zunehmend nicht der Kategorie Normalarbeitsverhältnis zuzuordnen. Stattdessen hat eine Pluralisierung Einzug gehalten, deren Tempo von den beteiligten arbeitsmarktpolitischen Akteuren mit Erstaunen zur Kenntnis genommen wird (Statistisches Bundesamt 2009, S. 7). Zur neuen Vielfalt in der Arbeitswelt gehören befristete und geringfügige Beschäftigungsverhältnisse, Teilzeitbeschäftigung und Zeitarbeitsverhältnisse sowie vielgestaltige Formen der Selbständigkeit. Während des damit verbundenen Aufbrechens der tradierten Erwerbsbiografien ist der einzelne Beschäftigte zur Anpassung an die Arbeitswirklichkeit gezwungen und die Entstehung neuer Berufspersönlichkeiten wird beobachtet. Dies sind Entwicklungstendenzen, die in Zusammenhang mit dem demografischen Wandel von den Akteuren bewältigt werden müssen. Multiple Berufspersönlichkeiten wie Multijobber und Projektworker begleiten die Entwicklung alternder Belegschaften. Neben der Notwendigkeit, Handlungsstrategien auf individueller Ebene zu entwickeln, wird auch die Personalentwicklung der Unternehmen darauf ausgerichtet werden müssen. Bereits jetzt zur Verfügung stehende Personalentwicklungsinstrumente der Unternehmen werden von diesen hinsichtlich ihrer Eignung für eine altersgerechte Personalentwicklung analysiert und in Strategien übergeführt. Doch während hierbei in aller Regel von Arbeitnehmern eines Normalarbeitsverhältnisses ausgegangen wird, bleibt ein Drittel der Erwerbstätigen von diesen Handlungsansätzen unberührt.

Mit dem vorliegenden Beitrag soll dargestellt werden, inwiefern sich Erwerbstätige atypischer Erwerbsformen mit ihrer individuellen Berufspersönlichkeit im Spannungsfeld der praktizierten alters-gerechten Personalentwicklung befinden.

Ist altersgerechte Personalentwicklung der Unternehmen überhaupt auch für atypische Erwerbsformen anwendbar? Entbehren die Wechselwirkungen zwischen Berufsverlaufsmustern in atypischer Beschäftigung und der Persönlichkeitsentwicklung den Einsatz von altersgerechter Personalentwicklung? Diese Fragen stehen im Zentrum der Betrachtung und sollen durch die Auseinandersetzung mit den atypischen Erwerbsformen in Zeiten demografischer Umwälzungen leiten.

Neben der Darstellung der demografische Situation und der prognostizierten Entwicklung werden insbesondere die Erwerbsformen jetziger und künftiger älterer Erwerbstätiger betrachtet. Zudem soll eine Annäherung an die Begrifflichkeit des Alters, die eine Darstellung des Leistungsvermögens und -spektrums Älterer wie auch die Lernfähigkeit beinhaltet, erfolgen. Die Grundzüge altersgerechter Personalentwicklung und die Betrachtung der Berufspersönlichkeit atypischer Erwerbsformen bilden in ihrer Darstellung die Basis für die Auseinandersetzung mit den o.g. Fragestellungen.

2. Betrachtung der demografischen Grundlagen

Die Entwicklung der Einwohnerzahl wie auch die Struktur der deutschen Bevölkerung wird sich in eklatanter Art und Weise verändern. Dabei sind die vorliegenden Erkenntnisse nicht neu:

> „Dieser Prozess begann in Europa in der zweiten Hälfte des 19. Jahrhunderts –
> dauert also bereits 150 Jahre an – und wird im Verlauf des 21. Jahrhunderts alle
> Länder dieser Welt in unterschiedlichem Ausmaß betreffen" (Bundesinstitut für Bevölkerungsforschung 2004, S. 9).

Die prognostizierte Entwicklung in Deutschland wird dabei von verschiedenen Komponenten beeinflusst. Nach Angaben des Statistischen Bundesamtes wird sich die Einwohnerzahl Deutschlands von derzeit 82,5 Mio. bis zum Jahre 2050 auf 75 Mio. reduzieren. Eine Grundannahme dieser Projektion ist, dass die durchschnittliche Geburtenhäufigkeit bei 1,4 Kindern pro Frau liegen wird (Statistisches Bundesamt, 2003). Dieser, historisch betrachtet, geringe Wert ist ein wesentlicher Grund für die Schrumpfung der deutschen Bevölkerung. Für den Erhalt der Einwohnerzahl wäre derzeit eine Geburtenhäufigkeit von 2,08 erforderlich (Bundesinstitut für Bevölkerungsforschung 2004, S. 19).

Kontextuell wichtig ist aber auch die Betrachtung des Anteils der Frauen, die keine Kinder geboren haben. Betrug er im Jahrgang der 1955 geborenen Frauen 19,2%, liegt er im Jahrgang der 1967 geborenen Frauen bei 28,6%. Als Ursache für diese Entwicklung wird einerseits die Verfolgung beruflicher Karrieren und auf der anderen Seite die Zugehörigkeit zum Milieu der konkurrierenden Optionen mit einem relativ niedrigen Einkommen angesehen (Bundesinstitut für Bevölkerungsforschung 2004, S. 26/27).

Diese Gründe stehen in komplexen gesellschaftlichen Zusammenhängen und sind daher nicht kurzfristig zu beseitigen, womit die Entwicklung der Geburtenzahlen in absehbarer Zeit auf niedrigem Niveau verharren wird.

Weiterhin ist die Komponente der Lebenserwartung für die demografische Entwicklung bedeutsam. Für den Zeitraum 2002/2004 wird die durchschnittliche Lebenserwartung darin geborener Jungen mit 75,89 Jahren angegeben und betrug für den Zeitraum 2000/2002 75,38 Jahre (Statistisches Bundesamt Deutschland 2005). Diese Zahlen belegen, dass hier bereits eine Entwicklung verläuft, die für das Land große Bedeutung haben wird. In der erwähnten Projektion des Statistischen Bundesamtes wird für das Jahr 2050 eine Lebenserwartung für geborene Jungen von 81,1 Jahren und für geborene Mädchen von 86,6 Jahren angenommen (Statistisches Bundesamt Deutschland 2003). Unter Berücksichtigung der dargestellten Geburtenentwicklung wird sich somit die Bildung einer völlig veränderten Altersstruktur vollziehen. Die Zahl der unter 20-Jährigen wird von aktuell 17 Millionen (21% der Bevölkerung) auf 12 Millionen im Jahr 2050 (16%) zurückgehen. Die Gruppe der mindestens 60-Jährigen wird mehr als doppelt so groß sein (28 Millionen bzw. 37%) (ebd., S. 1). Die Bevölkerung Deutschlands würde dann von Menschen geprägt werden, die sich nach heute vorherrschendem Verständnis aus der aktiven beruflichen und gesellschaftlichen Phase zurückzuziehen haben.

Die Migration ist die dritte Komponente, welche die Entwicklung der Bevölkerung maßgeblich bestimmt. Nachfolgend wird ausschließlich die internationale Migration betrachtet. Im Jahr 2002 lebten in Deutschland 7,3 Millionen Ausländer. Das entsprach einem Anteil an der Gesamtbevölkerung von 8,9% (Bundesinstitut für Bevölkerungsforschung 2004, S. 47). Der Wanderungssaldo betrug 188.272 Personen im Jahre 2001. Auf diesem Niveau bewegt sich auch die der betrachteten Projektion. Aufgrund der sich schnell und unvorhersehbar ändernden politischen und wirtschaftlichen Verhältnisse, die das Ausmaß der Migrationen beeinflussen, kann die zukünftige Entwicklung nur schwer eingeschätzt werden. Das Bundesinstitut für Bevölkerungsforschung kommt jedoch zu dem Ergebnis, dass Zuwanderung in jedem Fall den Alterungsprozess nicht stoppen, sondern lediglich abfedern kann (ebd., S. 47).

Die aufgezeigt prognostizierte Entwicklung der Bevölkerung Deutschlands wird unter anderem auch den Arbeitsmarkt nachhaltig beeinflussen. Infolge eines quantitativen Bevölkerungsrückganges und der geänderten Altersstruktur ist künftig von einem geringeren Erwerbspersonenpotenzial auszugehen. Dieses Arbeitskräfteangebot umfasst neben den Erwerbstätigen und Arbeitslosen auch die „Stille Reserve" (Brinkmann/Klauder/Reyher/Thon 1987, S. 388). „Die Entwicklung des Erwerbspersonenpotenzials lässt sich in die Einflussfaktoren Demografie, Verhalten (Erwerbsquoten) und Migration zerlegen" (Fuchs/Dörfler 2005, S. 2).

Das Institut für Arbeitsmarkt- und Berufsforschung kommt nach Auswertung dieser Komponenten in verschiedenen Szenarien zu dem Schluss, dass das Erwerbspersonenpotential ab etwa 2010/2015 trotz hoher Zuwanderung und steigender Erwerbsbeteiligung von Frauen quantitativ sinken und sich in seiner

Struktur auf den Schwerpunkt der Altersgruppe der 50- bis 64-Jährigen verlagern wird (ebd., S. 1). Entscheidend für die Betrachtung des künftigen Arbeitskräfteangebotes sind die Gruppen der 50-Jährigen und älter sowie die der Berufseinsteiger, der 15- bis 29-Jährigen. Die Gruppe der Erwerbspersonen jüngeren und mittleren Alters lag 2004 bei knapp 10 Millionen und wird 2050 nur noch 7 Millionen umfassen (ebd., S. 3).

Damit stehen dem Arbeitsmarkt potentiell nicht wie bislang gewohnt ausreichend Nachwuchskräfte zur Verfügung.

Gleichzeitig gilt es dabei zu beachten, wie sich infolge von Globalisierung und Tertiarisierung die Nachfrage nach den verschiedenen Qualifikationsniveaus in Deutschland entwickeln wird. Infolge des Strukturwandels werden die Anforderungen an das Qualifikationsniveau steigen und insbesondere Hochqualifizierte auf dem Arbeitsmarkt begünstigt sein (Bullinger/Buck/Schmidt 2003, S. 98). Andererseits ist jedoch derzeit die Zahl der Ausbildungslosen in der Gruppe der 25- bis 34-jährigen Hauptschulabsolventen höher als in der vergleichbaren Gruppe der 55- bis 64-Jährigen (Solga 2002). Demnach ist es trotz der Bildungsoffensive einem Teil der potentiellen Berufseinsteiger nicht gelungen, die erste Schwelle zu bewältigen. Vor dem Hintergrund, dass sich das Vorbildungsniveau für nahezu alle Berufe nach oben verschoben hat, bleibt diesem Personenkreis eine fachbezogene Berufsbildung weitgehend versagt. Sofern diese durch Stigmatisierung verfestigte Gruppenkomposition nicht aufgelöst werden kann und die Entwicklung anhält, werden dem Arbeitsmarkt künftig wichtige Fachkräfteressourcen und damit Innovationspotential vorenthalten.

Somit nimmt tendenziell die Wahrscheinlichkeit qualifikatorischer und regionaler Ungleichgewichte auf dem Arbeitsmarkt zu, ohne dass ein genereller Mangel an Arbeitskräften eintreten wird (Kistler/Hilpert 2001, S. 7).

3. Entwicklung der Beschäftigungsformen

3.1 Normalarbeitsverhältnisse und atypische Beschäftigung

Untersuchungen des Statistischen Bundesamtes zeigen, dass das sog. Normalarbeitsverhältnis auf dem deutschen Arbeitsmarkt rückläufig ist. Dieses ist durch eine unbefristete Vollzeit- oder Teilzeittätigkeit im Umfang von mindestens der Hälfte der vollen Wochenarbeitszeit, die in die sozialen Sicherungssysteme integriert ist und die Identität von Arbeits- und Beschäftigungsverhältnis erfüllt, gekennzeichnet. Stattdessen treten verstärkt atypische Beschäftigungen auf, die durch mindestens ein abweichendes Merkmal vom Normalarbeitsverhältnis charakterisiert sind: Befristung, Teilzeitbeschäftigung bis zu 20 Stunden wöchentlicher Arbeitszeit, Zeitarbeitsverhältnisse und geringfügige Beschäftigung. Hinzu kommen Formen der Selbständigkeit wie Freiberufler, Vertreter, Existenzgründer, sog. Scheinselbständige und andere Selbständige, die keine Angestellten haben (Statistisches Bundesamt 2009, S. 5). Von 1998 bis 2008 sank der Anteil der Erwerbstätigen in Normalarbeitsverhältnissen von 72,6% auf 66,0%. Dabei nahmen die dargestellten atypischen Beschäftigungsverhältnisse um 46,2 % und die der Solo-Selbständigen um 27,8% zu.

Die Ursache für die Zunahme ist verschiedenen Aspekten geschuldet. Die Zunahme der Teilzeitbeschäftigung basiert in erster Linie auf dem Anstieg der Frauenerwerbstätigkeit (Keller/Seifert 2009). Waren 1998 noch 3,54 Mio. Beschäftigte in Teilzeit beschäftigt, stieg die Zahl bis 2008 auf 4,9 Mio. In diesem Jahr lag der Anteil der teilzeitbeschäftigten Frauen an allen erwerbstätigen Frauen bei 26,8% (Statistisches Bundesamt 2009, S. 8). Die Einführung der sog. Mini-Jobs und die Reform der Arbeitnehmerüberlassung bewirkte eine Zunahme beider Erwerbsformen. Während 1998 die Zahl der Zeitarbeitnehmer noch nicht im Mikrozensus erfasst wurde, waren 10 Jahre später 610.000 Beschäftigte im Bereich der Arbeitnehmerüberlassung zu verzeichnen. Der Umfang der geringfügig Beschäftigten nahm um 1,03 Mio. Beschäftigte zu. Atypische Beschäftigung ist vor allem bei den 15- bis 24-Jährigen anzutreffen (37,3%), während bei allen anderen Altersgruppen von 25 bis 65 der Anteil bei Werten von rund 20% liegt (ebd., S. 12).

3.2 Die Situation Älterer auf dem deutschen Arbeitsmarkt

In Verbindung mit der Ableitung der obligatorischen Implementierung altersgerechter Personalentwicklung in deutschen Unternehmen ist eine Betrachtung der derzeitigen Situation erforderlich. Die Basis dafür bildet eine genaue Zuordnung zum Personenkreis der Älteren. Die Zuordnung erfolgt auf der Grundlage branchen-, unternehmensspezifischer und gesellschaftlicher Faktoren und ist daher sozial geprägt und nicht einem fixen Alter zuzuordnen (Seitz 2004, S. 9).

Während die Organisation für wirtschaftliche Entwicklung und Zusammenarbeit (OECD) diejenigen Mitarbeiter als ältere Arbeitnehmer bezeichnet, die in der zweiten Hälfte des Berufslebens stehen, das Rentenalter noch nicht erreicht haben, gesund und arbeitsfähig sind, soll diesem Beitrag die im Unternehmensalltag überwiegend gebräuchliche Zuordnung der über 50-Jährigen zugrunde gelegt werden (ebd., S. 9).

International betrachtet ist die Erwerbstätigkeit Älterer auf dem deutschen Arbeitsmarkt relativ niedrig. Während hierzulande im Jahre 2000 nur 40% der 55- bis 64-Jährigen in einem Beschäftigungsverhältnis standen, waren es in den

USA, Japan und anderen europäischen Staaten deutlich über 50% (Boockmann/ Zwick 2004, S. 53).

Bedingt durch die niedrigschwelligen gesetzlichen Regelungen zur Altersteilzeit und Vorruhestand war die Personalpolitik vieler Unternehmen von einer altersselektiven Einstellungspolitik und insgesamt defizitären Wahrnehmung älterer Beschäftigter geprägt. Kurzfristige Personalentscheidungen gingen und gehen zu Lasten Älterer, bei Einstellungen und internen Stellenbesetzungen wird nach Altersgruppenzugehörigkeit selektiert sowie ebenso bei der Entscheidung über die Teilnahme an Fort- und Weiterbildungen (Seitz 2004, S. 10).

Dabei stellt das Institut für Arbeitsmarkt- und Berufsforschung in Nürnberg in seinem Betriebspanel 2004 fest, das prinzipielle Vorbehalte gegenüber älteren Arbeitnehmern nur bei einem geringen Teil der Betriebe existieren. So hätten nur 4% überhaupt eine altersspezifische Stellenausschreibung vorgenommen, aber trotzdem nur 12% einen Älteren eingestellt (Bellmann 2004, S. 2f.).

In der Betrachtung der Jahre 1996 bis 2006 hat sich jedoch eine Wandlung auf dem Arbeitsmarkt vollzogen. So stiegen die Erwerbsquoten der Alterskohorten 55 bis 59 von 65,5% auf 75,8 % und die der Alterskohorte 60 bis 64 von 17,1% auf 31,9%. Diese Steigerung wurde von der Ausweitung atypischer Beschäftigungsformen ausgelöst. So stieg beispielsweise die Anzahl der geringfügig Beschäftigten nach den Quartalsberichten der Bundesknappschaft in den Alterskohorten 50 bis 55 und 56 bis 60 vom Dezember 2003 bis zum 1. Quartal 2010 um 42,3% bzw. 48,1% (Bundesknappschaft-Minijob-Zentrale 2003, S. 15 und 1. Quartal 2010, S. 22).

Mit zunehmendem Alter steigt auch der Anteil der 55- bis 64-Jährigen an den Selbständigen, und diese Erwerbsform erreicht in der genannten Alterskohorte den höchsten Anteil (Statistisches Bundesamt 2009, S. 10).

Diese Zahlen belegen, dass zunehmend ältere Erwerbspersonen nicht mehr in der Beschäftigungsform des Normalarbeitsverhältnisses anzutreffen sind.

4. Berufspersönlichkeit

Die dargestellten Änderungen der beruflichen Rahmenbedingungen und die Aussichten der einsetzenden gesellschaftlichen Umwälzungen durch die demografische Entwicklung sind faktisch schon im Alltag vieler Beschäftigter angekommen. Daher ist eine Annäherung an die Auswirkungen auf die Berufspersönlichkeit der in diesen Formen erwerbstätigen Personen erforderlich.

Die Persönlichkeit wird als die Gesamtheit der regelmäßigen Reaktionen im Erleben und Verhalten eines Menschen gesehen (Greif/Holling/Nicholson 1997, S. 245). Diese wird nicht allein im Kindesalter geprägt, sondern insbesondere die beruflichen Erfahrungen im mittleren und späten Erwachsenenalter rufen Veränderungen der Persönlichkeit hervor. Berücksichtigt man, wie vielfältig die Berufsverläufe der Einzelnen gestaltet sind und wie differenziert die persönlichen Ereignisse in Form von Krankheit, Geburten von Kindern, Scheidung u.Ä. die Gestaltung der beruflichen Laufbahnen beeinflusst, wird klar, dass die Persönlichkeitsentwicklung sehr differenziert verläuft.

Unter Berücksichtigung des vorherrschenden Verständnisses, dass Personen eine aktive Auseinandersetzung mit ihrer Arbeitsumwelt vornehmen und diese Auseinandersetzung ihre Persönlichkeitsmerkmale beeinflusst (Hoff 2002, S. 2), soll die Betrachtung der Berufspersönlichkeit an Erwerbstätigen in atypischen Beschäftigungen erfolgen.

Die betrachteten Erwerbsformen wie befristete und geringfügige Beschäftigungen, Teilzeitbeschäftigung und Zeitarbeit sind auf veränderte Organisationsformen in den Unternehmen zurückzuführen, um infolge globalen Wettbewerbs als Instrumente zur Senkung von Kosten und zur Produktionsflexibilität eingesetzt zu werden. In allen betrachteten Erwerbsformen haben Autonomie und Selbstverantwortung, häufig in Verbindung mit flexiblen Arbeitszeiten, zugenommen. Viele müssen auch nicht mehr ein stabiles Leistungsprofil abrufen, da sie infolge von zeit- und projektbezogener Beschäftigung nicht nur berufsbezogen eingesetzt werden. Gleichzeitig sind gesicherte Einkommenszeiträume nicht mehr gegeben und auch die Höhe des erzielten Einkommens ist nicht planbar. Insbesondere Solo-Selbständige übernehmen die Verantwortung für Zeitpunkt, Dauer und Ort der Produkt- bzw. Dienstleistungserbringung (ebd., S. 7). So sind Beschäftigte dieser Erwerbsformen sog. Arbeitskraftunternehmer, die eine autonome Kontrolle ausüben, ihre Arbeitskraft unternehmerisch einsetzen und daraus resultierend ihre gesamte Lebensgestaltung rational organisieren. Infolge dieser gestiegenen Autonomie ist der Einzelne einem höheren Konkurrenzdruck und den damit verbundenen Belastungen ausgesetzt (ebd., S. 10).

Medienberichte über die multiplen Berufspersönlichkeiten tragen jedoch häufig den Tenor vom freiheitlich orientierten Unternehmer, der aus ideellem Anspruch heraus die Freiräume der Selbstverantwortung nutzt und für den Arbeit Freizeitwert zur Entwicklung der eigenen Persönlichkeit hat. Unumstritten sind die Ansprüche an die Arbeit und die eigene Arbeitszufriedenheit gestiegen, doch rangiert die Arbeitsplatzsicherheit über alle regionalen, Geschlechter- und Bildungsgruppen hinweg vor den Kriterien „interessante" und „unabhängige" Arbeit (Braun/Scholz 2008, S. 140): So kann bislang eine Anpassung der Persönlichkeit an die bestehende Arbeitswelt als Automatismus anhand vorliegender Untersuchungen ausgeschlossen werden (Greif/Holling/Nicholson 1997, S. 51).

Nach vorliegenden Untersuchungen ziehen aber erzwungene Autonomie in Verbindung mit Unsicherheiten und Belastungen weitere Diskontinuität in der Berufsbiografie nach sich. Da aber die atypisch Erwerbstätigen so facettenreich am Arbeitsmarkt agieren und die Bedingungskonstellationen unterschiedliche Anpassung erfordern, ist das Ausmaß der Auswirkungen auf die Berufspersönlichkeit unterschiedlich hoch. Grundlegend kann jedoch festgehalten werden, dass alle Erwerbstätigen atypischer Beschäftigungsformen über Autonomiekompetenz verfügen, subjektive Potentiale eigenständig identifizieren und entfalten sowie Aus- und Weiterbildung eigenständig initiieren (Hoff 2002, S. 11f.).

Die Analyse vorliegender Forschungsergebnisse zur beruflichen Entwicklung bzw. Sozialisation lassen derzeit jedoch nicht eine messbare Aussage zu den Einflüssen von Arbeitsmerkmalen der neuen Erwerbsformen auf die Persönlichkeit zu und werden aufgrund der Komplexität der Thematik auch künftig nicht erwartet. Vorliegende Studien betrachten einzelne Merkmalsbereiche der Persönlichkeit, aber nicht in Bezug auf atypische Erwerbsformen.

Berücksichtigt man jedoch das Konzept der dynamischen Stabilität, das davon ausgeht, dass Personen mit spezifischen Merkmalen sich den passenden beruflichen Bezugsrahmen suchen und damit ihre Persönlichkeitsmerkmale festigen, dann lässt sich daraus schlussfolgern, dass ein Teil der in atypischen Erwerbsformen Tätigen aufgrund der unfreiwilligen Ausübung beruflich eine erzwungene Autonomie praktiziert. Unter der Annahme, dass Arbeitsautonomie die Selbstkompetenz steigert und diese ihrerseits bei unveränderten Persönlichkeitsmerkmalen die Arbeitsautonomie, wäre von einer erfolgreichen Bewältigung der beruflichen Tätigkeit auszugehen (ebd., S. 22f.). Doch lässt sich bislang daraus nicht die langfristig erfolgreiche Ausübung atypischer Erwerbsformen bis ins Alter ableiten.

5. Betrachtung zum Alter

5.1 Darstellung von Definitionsansätzen

Dem Begriff Alter ist keine eindeutige Definition zuzuordnen und es gibt verschiedene Blickwinkel in der Betrachtung und Abgrenzung. Aus soziologischer Perspektive erfolgt die traditionelle Zuordnung in kalendarischer Hinsicht unter Bezugnahme auf die Gesetze zu den Sozialversicherungssystemen. Danach wird der Beginn des Alters mit dem Ausscheiden aus dem Berufsleben gleichgesetzt (Zukunftsinitiative Rheinland-Pfalz (ZIRP) e.V., 2006). Die althergebrachten Zuschreibungen der letzten hundert Jahre decken sich aber schon aufgrund der stetig steigenden Lebenserwartung immer weniger mit der Realität. So zeigt auch die aktuelle Diskussion zur Erhöhung des Renteneinstiegsalters auf 67 Jahre, dass die Suche nach Kriterien zur Einschätzung und Beurteilung von Alter in Hinblick auf die Veränderungsprozesse in der Bevölkerungsentwicklung hält (Puhlmann 2001, S. 10). Auf der Grundlage der Zuordnung des Altersbegriffs basiert auch die Abgrenzung der Gruppe der älteren Arbeitnehmer. Die Organisation für wirtschaftliche Zusammenarbeit und Entwicklung (OECD) ordnet dieser Gruppe Personen zu, die sich in der zweiten Hälfte ihres Erwerbslebens befinden (Nienhüser 2002, S. 65). Da sowohl der Eintritt in das Berufsleben als auch der Austritt branchen- und ausbildungsspezifisch variieren, ist über diese Definition keine generelle Zuordnung möglich

Aus sozialpolitischer Sicht zählen Personen zu den älteren Arbeitnehmern, die wegen ihres Alters mit einem überdurchschnittlichen Arbeitsmarktrisiko konfrontiert sind. Die Bundesagentur für Arbeit bezeichnet in ihren Statistiken in der Regel Menschen ab dem 55. Lebensjahr als „älter" (Promberger/Bender 2006, S. 133).

Der Altersbegriff und damit die Zuordnung zur Gruppe der älteren Arbeitnehmer beruht, abgesehen von der kalendarischen Perspektive, auf einem defizitären Konzept, nach dem Alter mit Minderung und Abbau der Leistungsfähigkeit gleichgesetzt wird. Diese Sichtweise verändert sich jedoch unter dem Eindruck des individuellen Alterungsprozesses und die Zuordnung der Begrifflichkeit Alter erfolgt in Abhängigkeit vom individuell erreichten Alter einem höheren Lebensalter (Zukunftsinitiative Rheinland-Pfalz (ZIRP) e.V., 2006).

Vor diesem Hintergrund und der Änderung der Bevölkerungsstruktur bleibt nicht nur festzustellen, dass die begrifflichen Zuordnungen des Alters relationale Konstrukte darstellen, sondern kontextuell auch eine Neudefinition des Erwerbspersonenpotentials dringend geboten erscheint (Kistler/Mendius 2002, S. 36).

5.2 Leistungsfähigkeit im Alter

5.2.1 Die physische Leistungsfähigkeit

Die biologischen Veränderungen des menschlichen Körpers sind von genetischen und äußeren Faktoren abhängig. Das Resultat dieser Einflüsse wird in Relation zu Personen gesetzt, die sich in einem früheren Prozessabschnitt befinden, gesetzt und die Befunde werden miteinander verglichen. „Alte seien defizitäre Junge" (Hacker 2003, S. 3); ein Defizit ist allgemein das Ergebnis des vorgenommenen Vergleichs. Die biologischen Vorgänge rufen verschiedene Einschränkungen in der Wahrnehmung (nachlassende Sehschärfe, geringeres Hörvermögen, ein eingeschränktes Gesichtsfeld, nachlassender Tastsinn) und eine abnehmende Motorik und Muskelkraft hervor (Seitz 2004, S. 11).

Tatsächlich bestehen aber gravierendere Unterschiede im physischen Leistungsvermögen innerhalb einer Altersgruppe als zwischen verschiedenen Altersgruppen (Behrend 2002, S. 20).

Ursache dafür ist der Vorgang des arbeitsinduzierten Alterns, der in Abhängigkeit von den vorherrschenden Arbeitsbedingungen den biologischen Alterungsprozess beschleunigen oder verzögern kann (Hacker 2003, S. 2).

Bei physisch belastungsintensiven Tätigkeiten, die mit dem Heben und Tragen schwerer Lasten, mit Zwangshaltungen oder mit hoher Lärm-, Staub- sowie Hitzebelastung verbunden sind, kann der Alterungsprozess der dort Beschäftigten schneller voranschreiten als bei einer diesen Einflüssen nicht ausgesetzten, kalendarisch gleichaltrigen Altersgruppe. In Hinblick auf den Prozess der Tertiarisierung, in dessen Verlauf die Zahl der körperlich stark beanspruchenden Tätigkeiten rückläufig ist, während komplementär die psychischen Leistungsanforderungen steigen, ist die Betrachtung der kognitiven Leistungsfähigkeit unerlässlich.

5.2.2 Die kognitive Leistungsfähigkeit

Der kognitiven Leistungsfähigkeit ist die Intelligenz subaltern. Sie umfasst einen Komplex verschiedener Leistungen und Dispositionen und kann nach dem Zwei-Komponenten-Modell Catells in die kristalline und die fluide Intelligenz unter-schieden werden (Deutsches Zentrum für Altersfragen 2006, S. 10).

Die fluide Intelligenz umfasst die biologische Komponente der kognitiven Leistungsfähigkeit, zu denen u. a. Reaktionsmechanismen, das episodische Gedächtnis und das Aufmerksamkeitsvermögen zählen. Im Laufe des Alterungsprozesses tritt im Bereich der fluiden Intelligenz eine Verschlechterung ein. Die kristalline Intelligenz als kultureller Dimension der intellektuellen Entwicklung, zu der das prozedurale Gedächtnis, die soziale Intelligenz und erworbene Fähigkeiten zählen, bleibt hingegen stabil oder erhöht sich sogar (ebd., S. 10). In der Gesamtbeurteilung der kognitiven Leistungsfähigkeit wirken die altersstabilen und altersvariablen Anteile und kompensieren defizitäre Entwicklungen (Hacker 2003, S. 6). Hinsichtlich dieses „brisanten Paradoxons der Altersforschung" ist eine differentielle Betrachtung der beruflichen Anforderungen erforderlich. So sind lediglich bei Arbeiten mit stark wissensbasiertem Bezug positive Trends in Zusammenhang mit dem Alterungsprozess zu identifizieren (Schaper 2005, S. 9). Daraus kann auch in Bezug auf die kognitive Leistungsfähigkeit das Konzept des arbeitsinduzierten Alterns bestätigt werden.

Insgesamt lässt sich feststellen, dass der defizitäre Ansatz überholt ist und nach dem Differenzmodell davon auszugehen ist, dass die individuelle Leistungsfähigkeit im Alter sowohl von personalen Variablen als auch von exogenen sozialen Einflüssen abhängig ist (Stöckl/Spevacek/Straka 2001, S. 94). Faktoren wie Schul- und Berufsausbildung, Motivation und Training bestimmen die berufliche Leistungsfähigkeit im Alter wesentlich (Seitz 2004, S. 10).

5.2.3 Das Erfahrungswissen

Die Leistungsfähigkeit wird derzeit um die Dimension des Erfahrungswissens konkretisiert. Im Falle einer Abnahme der Leistungsfähigkeit besitzt sie kompensatorischen Charakter und ist für die Erfüllung komplexer Aufgabenstellungen, für Entscheidungsprozesse allgemein und Führungstätigkeiten speziell unabdingbar (Behrend 2002, S. 20).

Der Besitz, der in Erfahrungswissen enthaltenen Komponenten wie fachliche, methodische und soziale Kompetenzen, Lebenserfahrung „evaluierende" Fähigkeiten und ein gefestigtes Selbstbild wird zwar generell mit älteren Personen verknüpft, tendenziell ist der Ausprägungsgrad jedoch von anderen personalen Aspekten abhängig (ebd., S. 21). Sofern das Erfahrungswissen einen prägenden Charakter für die Arbeitsweise eines Einzelnen darstellt, spricht man vom erfahrungsgeleiteten Arbeiten. Es handelt sich dabei um einen „ganzheitlichen Handlungsmodus, bei dem sämtliche Potentiale und Ressourcen des menschlichen Arbeitsvermögens genutzt werden" (Krenn 2001, S. 13).

Die Umsetzung fachlicher Kompetenz in verschiedenen Arbeitssituationen wird mit Erfahrungswissen nachhaltig gefördert, da intensiv und souverän Ausnahmesituationen bewältigt werden können und unvollständige Informationen in Bezug zur eigenen Intuition als Entscheidungsgrundlage ausreichen. Das Erfahrungswissen kann damit auch einen hohen Stellenwert für atypisch ältere Beschäftigte haben.

5.3 Faktoren zum Erhalt der beruflichen Leistungsfähigkeit im Alter

Die biologische Leistungsfähigkeit nimmt mit fortschreitendem Alter ab, wobei diese Reduktion mittels der von der Arbeit aus-gehenden Anregungen in ihrem Umfang beeinflussbar ist und zudem steigen die Möglichkeiten zur Kompensation über die Intelligenz. Wenn es demnach nicht die biologische Leistungsfähigkeit ist, die die berufliche Leistungsfähigkeit nachhaltig reduziert, müssen weitere Facetten betrachtet werden.

Zu den Komponenten des arbeitsinduzierten Alterns gehören neben dem biologischen Alterungsprozess das Veralten der Qualifikation und die eintretende Entmutigung (Behrens 2001, S. 17).

Die berufliche Qualifikation wird von zwei Formen ihres Erwerbs geprägt. Die fachliche Qualifikation wird in unternehmensexternen Institutionen erlangt und von deren Absolventen fortlaufend in Form aktuellen Wissens in die Unternehmen integriert. Informell qualifizieren die Unternehmen im Rahmen der täglichen Arbeit durch Anwendungs- und Erfahrungswissen (Promberger/Bender 2006, S. 135). Veraltende Qualifikationen führen zu „Eingrenzungen" und sogenannten „Sackgassen-Karrieren", in denen ein Verharren negative Auswirkungen auf die berufliche Leistungsfähigkeit hat.

Die Skizzierung der Weiterbildungs-Komponente zeigt die Grenzen der Einflussnahme für Beschäftigte in atypischen Erwerbsformen an. Adäquat dem arbeits-induzierten Alterungsprozesses zu begegnen liegt in der Eigenverantwortung des atypischen Erwerbstätigen und bildet einen weiteren Bestandteil seiner autonomen Verantwortung als unternehmerischer Berufspersönlichkeit. Von einer Berufspersönlichkeit, die es gewohnt ist, autonom zu agieren und über ein entsprechendes Selbstkonzept verfügt, kann vermutet werden, dass sie die berufliche Leistungsfähigkeit länger aufrechterhalten wird.

6. Altersgerechte Personalentwicklung

6.1 Grundzüge altersgerechter Personalentwicklung

Im Rahmen der Ausrichtung der Personalentwicklung an der Zielgruppe der älteren Arbeitnehmer sieht sich der Personalentwickler einer recht heterogenen Mitarbeitergruppe gegenüber, da, wie dargestellt, das individuelle Leistungsspektrum innerhalb einer Alterskohorte sehr voneinander abweicht.

> „Eine altersgerechte Personalentwicklung erfordert daher eine individuelle Gestaltung von Entwicklungsmaßnahmen, die sowohl auf die Förderung von Stärken, den Erhalt von Leistungs- und Lernfähigkeit als die Berücksichtigung von Leistungseinschränkungen älterer Mitarbeiter ausgerichtet ist" (Schaper 2005, Folie 27).

Das Prinzip der individuellen Gestaltung leitet sich aus der heterogenen Struktur der kalendarisch der gleichen Alterskohorte zugehörigen Beschäftigten ab. Diese sind jedoch in Abhängigkeit von Position, Vorbildung, Geschlecht, Lebenskonzept und anderen Faktoren in differenzierten Ausgangspositionen (Schemme 2001, S. 5). Dieses Kriterium zur Abgrenzung altersgerechter Personalentwicklung ist von grundlegender Bedeutung, da es konträr zur traditionellen Praxis einzuordnen ist. Diese besteht bislang aus dem Einsatz auf so genannten Nischenarbeitsplätzen, aus starren innerbetrieblichen Karriereverläufen in mittleren Positionen und dem polarisierten Einsatz älterer Arbeitnehmer in traditionell geprägten Arbeitsbereichen (Krenn 2001, S. 43).

Da davon auszugehen ist, dass zukünftig die sozialen Disparitäten zwischen den unterschiedlichen Gruppen älterer Arbeitnehmer zunehmen werden (Frerichs 2002, S. 57), erwächst die aktuelle Anforderung an die Personalentwicklung bei deren altersgerechter Ausrichtung diesem Umstand Rechnung zu tragen. Das Prinzip der Förderung der Stärken wird in der Regel damit erfüllt, dass vordergründig reaktiv das vorhandene Erfahrungspotential erschlossen wird. Zu den entsprechenden Maßnahmen gehören die Förderung des intergenerativen Dialogs, die Installation adäquater Arbeitsbeziehungen und Aktivitäten zur Herbeiführung eines Einstellungswandels gegenüber Älteren (Schemme 2001, S. 6).

Prägnant ist für eine altersgerechte Personalentwicklung ebenso die Förderung des Erhalts der Leistungs- und Lernfähigkeit. Dieses Kriterium findet sich reaktiv bei speziellen Weiterbildungsmaßnahmen für ältere Beschäftigte oder einem Arbeitsplatzwechsel. Proaktive Maßnahmen der Personalentwicklung sind dagegen solche mit gesundheitsförderndem Charakter oder die Durchführung von Arbeitsplatzanalysen.

Parallel findet sich in diesem Kontext auch das Kriterium der Berücksichtigung der vorhandenen Leistungseinschränkungen. Auch unter Berücksichtigung aller dargelegten Kriterien zur Bewertung des altersgerechten Bezugs von Personalentwicklung ist diese sehr unternehmensspezifisch orientiert und kann damit eine Vielzahl konventioneller Instrumente nutzen, die in ihrer Anwendung an dem individuellen Adressatenkreis auszurichten sind.

6.2 Instrumente altersgerechter Personalentwicklung

Seit mehreren Jahren werden Personalentwicklungsinstrumente hinsichtlich ihres Potentials für einen gezielten Einsatz altersgerechter Personalentwicklung in Unternehmen und Organisationen erprobt und evaluiert. Daraus haben sich eine große Anzahl geeigneter Tools ergeben, die sich vom Grundansatz folgenden Handlungsfeldern zuordnen lassen:

- Einstellung von Mitarbeitern,
- Qualifizierung und lernförderliche Arbeitsorganisation,
- Personalentwicklungsplanung,
- Gesundheitsmanagement und altersgerechter Einsatz des Personals,
- Wissenstransfer,
- Arbeitszeitgestaltung,
- Etablierung alterssensibler Unternehmenskultur

(Bertelsmann Stiftung 2005, S. 160ff.).

Die einzelnen Maßnahmen beziehen sich überwiegend auf Arbeitnehmer in unbefristeten Beschäftigungsverhältnissen.

Ansätze zum Bezug der identifizierten Instrumente auf Erwerbstätige in atypischen Erwerbsformen sind wie folgt dargestellt möglich:

- Gezielte Stellenausschreibungen für Ältere können auf in befristeter Form angeboten werden.
- Eine lernförderliche Arbeitsorganisation durch organisierte Wechsel zwischen einer begrenzten Anzahl von Arbeitsfeldern ist z.B. auch für Zeitarbeitnehmer denkbar.
- Ebenso ist Training „on the job" eine Form beruflichen Lernens, die Beschäftigte atypischer Erwerbsformen regelmäßig praktizieren.
- Eine Einbindung in flexible Arbeitszeitgestaltungsmodelle ist ebenso für Teilzeitbeschäftigte, befristete und geringfügig Beschäftigte wie für Zeitarbeitnehmer grundsätzlich möglich.
- Aufgrund der jeweiligen Rahmenbedingung der Erwerbsformen sind jedoch in der Ausgestaltung deutliche Grenzen erkennbar.

7. Fazit

Im Ergebnis kann grundsätzlich festgehalten werden, dass in der Personalentwicklung die Notwendigkeit der Nutzung altersgerechter Instrumente infolge der dargestellten demografischen Entwicklung erkannt worden ist.

Die Hinwendung zur Dimension des lebenslangen Lernens kann durch die Anpassung bereits vorhandener Personalentwicklungsinstrumente auf die Situation der Älteren eingeleitet werden (Seitz 2004, S. 13).

Jedoch sind die Randbelegschaften wie Zeitarbeitnehmer, befristet und geringfügig Beschäftigte größtenteils sowie Solo-Selbständige generell von diesen unternehmensbezogenen Maßnahmen ausgeschlossen. Wie dargestellt, sind partiell altersgerechte Personalentwicklungsinstrumente anwendbar, aber es bleibt die Aufgabe, langfristig zu beobachten, ob und wie bei manifestierter Überalterung des Erwerbspersonenpotentials die Beschäftigten atypischer Erwerbsformen in die Personalentwicklung von Unternehmen einbezogen werden müssen.

Zur Einschätzung, in welchem Ausmaß Wechselwirkungen zwischen den Modalitäten atypischer Erwerbsformen und deren Berufspersönlichkeiten bestehen, sind gezielte sozialwissenschaftliche Untersuchungen wünschenswert. In Anbetracht der verhältnismäßig kurzfristigen Entwicklung der atypischen Erwerbsformen liegen derzeit noch keine einschlägigen Studien über die Auswirkungen von Arbeitseinflüssen darauf vor. Die Erkenntnisse zu Auswirkungen von Arbeitseinflüssen auf die Persönlichkeit Beschäftigter legen eine Vermutung günstiger Anpassung atypisch Erwerbstätiger im Rahmen altersgerechter

Erwerbstätigkeit nah, aber die gezielte Betrachtung steht bislang aus. Erst dann kann die Einschätzung erfolgen, ob aus unternehmerischer und volkswirtschaftlicher Perspektive ein Verzicht altersgerechter Personalentwicklung für die Erwerbstätigengruppen der atypischen Erwerbsformen gerechtfertigt wäre.

Literatur

Behrend, C. (2002): Erwerbsarbeit Älterer im Wandel – demographische Herausforderungen und Veränderungen der Arbeitsgesellschaft. In: Behrend, C. (Hrsg.): Chancen für die Erwerbsarbeit im Alter. Betriebliche Personalpolitik und ältere Erwerbstätige, Opladen

Behrens, J. (2001): Was uns vorzeitig „alt aussehen" lässt. Arbeits- und Laufbahngestaltung-Voraussetzung für eine länger andauernde Erwerbstätigkeit. In: Aus Politik und Zeitgeschichte B3-4/2001, Berlin

Bellmann, L. (2004): Betriebspanel, Institut für Arbeitsmarkt- und Berufsforschung, Nürnberg

Bertelsmann Stiftung, Bundesvereinigung der Deutschen Arbeitgeberverbände [Hrsg.] (2005): Erfolgreich mit älteren Arbeitnehmern. Strategien und Beispiel für die betriebliche Praxis

Boockmann, B./Zwick, T. (2004): Betriebliche Determinanten der Beschäftigung älterer Arbeitnehmer. In: Zeitschrift für Arbeitsmarktforschung 1/2004, Nürnberg

Braun, M./Scholz, E. (2008): Einstellungen zur Arbeit und Arbeitszufriedenheit In: Auszug aus dem Datenreport 2008 des Statistischen Bundesamtes

Brinkmann, C./Klauder, W./Reyher, L./Thon, M. (1987): Methodische und inhaltliche Aspekte der Stillen Reserve. In: Mitteilungen aus Arbeitsmarkt- und Berufsforschung 4/87

Bullinger, H.-J./Buck, H./Schmidt, S.L. (2003): Die Arbeitswelt von morgen. Alternde Belegschaften und Wissensintensivierung. In: DSWR 4/2003, Stuttgart

Bundesinstitut für Bevölkerungsforschung (Hrsg.) (2004): Sonderheft 2: Bevölkerung. Fakten – Trends – Ursachen – Erwartungen. Die wichtigsten Fragen. 2., überarb. Auflage, Wiesbaden

Bundesknappschaft-Minijob-Zentrale (Hrsg.): Aktuelle Entwicklungen im Bereich der geringfügigen Beschäftigung Dezember 2003 und 1.Quartal 2010

Deutsches Zentrum für Altersfragen: Intelligenz
URL:http://www.dza.de/download/06_Intelligenz.pdf, [Stand 2006-05-30]

Frerichs, F. (2002): Zur betrieblichen Beschäftigungssituation älterer Arbeitnehmer. In: Behrend, C. (Hrsg.): Chancen für die Erwerbsarbeit im Alter. Betriebliche Personalpolitik und ältere Erwerbstätige, Opladen

Fuchs, J./Dörfler, K. (2005): Demografische Effekte sind nicht mehr zu bremsen. In: IAB- Kurzbericht Nr.11/2005, Nürnberg

Greif, S./Holling, H./Nicholson, N. (1997): Arbeits- und Organisationspsychologie. Internationales Handbuch in Schlüsselbegriffen

Hacker, W. (2003): Leistungsfähigkeit und Alter.
URL:http://doku.iab.de/grauepap/2003/lauf_hacker_vortrag.pdf, [Stand 2006-05-29]

Hentze, J./Kammel, A./Lindert, K. (1997): Personalführungslehre. 3. Auflage. Stuttgart-Wien

Hoff, Ernst-H. (2002): Arbeit und berufliche Entwicklung. In: Bericht Nr.20 aus dem Bereich der Arbeit und Entwicklung am Institut für Arbeits-, Organisations- und Gesundheitspsychol.

Keller, B./Seifert, H. (2009): Atypische Beschäftigungsverhältnisse: Formen, Verbreitung, soziale Folgen. In: Aus Politik und Zeitgeschichte (APuZ 27/2009)

Kistler, E./Mendius, H.G. (Hrsg.) (2002): Demographischer Strukturbruch und Arbeitsmarktentwicklung – Probleme, Fragen , erste Antworten, SAMF-Jahrestagung 2001, Stuttgart

Krenn, M. (2001): Erfahrungswissen als Ressource für altersgerechten Personaleinsatz. Neue Wege zu höherer Beschäftigungssicherheit für ältere ArbeitnehmerInnen. FORBA-Forschungsbericht 4/2001, Wien,
URL:http://www.demotrans.de/document/FORBAFB01-4-14654.pdf, [Stand 2006-05-19]

Nienhüser, W. (2002): Alternde Belegschaften – betriebliche Ressource oder Belastung? In : Behrend, C. (Hrsg.): Chancen für die Erwerbsarbeit im Alter. Betriebliche Personalpolitik und ältere Erwerbstätige, Opladen

Promberger, M./Bender, S. (2006): Altern und Erwerbsarbeit. Zu wenig Ältere in deutschen Betrieben? In: arbeit und beruf 5/2006, Nürnberg

Puhlmann, A. (2001): Weiterbildung Älterer – ein Faktor gesellschaftlicher und betrieblicher Entwicklung. In: Schemme, D. (Hrsg.): Qualifizierung, Personal- und Organisationsentwicklung mit älteren Mitarbeiterinnen und Mitarbeitern. Probleme und Lösungsansätze Bundesinstitut für Berufsbildung, Bonn, Bielefeld

Schaper, N. (2005): Arbeitsbezogene Lernumgebungen auch für Ältere?
URL:http://groups.uni-paderborn.de/psychologie/scha-vortrag-lernumgebungen.pdf, [Stand 2006-05-20]

Schemme, D. (2001): Qualifizierung, Personal- und Organisationsentwicklung mit älteren Mitarbeiterinnen und Mitarbeitern. In: Schemme, D. (Hrsg.): Qualifizierung, Personal- und Organisationsentwicklung mit älteren Mitarbeiterinnen und Mitarbeitern. Probleme und Lösungsansätze, Bundesinstitut für Berufsbildung, Bonn, Bielefeld

Seitz, C. (2004): Qualifizierung älterer Mitarbeiter. Lebenslanges Lernen ein Selbstverständnis. In: Zeitschrift für Berufsbildung. Wirtschaft und Berufserziehung 11/04

Solga, H. (2002):Ausbildungslose und ihre Ausgrenzung. Selbständige Nachwuchsgruppe „Ausbildungslosigkeit: Bedingungen und Folgen mangelnder Berufsausbildung", Working paper 4/2002, Berlin

Statistisches Bundesamt Deutschland (2009): Niedrigeinkommen und Erwerbstätigkeit. Begleitmaterial zum Pressegespräch am 19.08.09 in Frankfurt am Main

Statistisches Bundesamt Deutschland (2005): Durchschnittliche weitere Lebenserwartung.
URL:http://www.destatis.de/basis/d/bevoe/bevoetab3.php, Stand: 2006-05-15]

Statistisches Bundesamt Deutschland (2003): Pressemitteilung vom 06.06.2003.Im Jahr 2050 wird jeder Dritte in Deutschland 60 Jahre oder älter sein.
URL:http:///www.destatis.de/presse/deutsch/pm2003/p2300022.htm, [Stand 2006-05-15]

Stöckl, M./Spevacek, G./Straka, G. (2001): Altersgerechte Didaktik. In: Schemme, D. (Hrsg.): Qualifizierung, Personal- und Organisationsentwicklung mit älteren Mitarbeiterinnen und Mitarbeitern. Probleme und Lösungsansätze, Bundesinstitut für Berufsbildung, Bonn, Bielefeld

Zukunftsinitiative Rheinland-Pfalz (ZIRP) e.V. (2006): Zukunftsradar 2030.
URL:http://www.zukunftsradar2030.de/images/pdf/Marktchancen/Altersbegriff.pdf, [Stand 2006-05-29]

Theorien der beruflichen Entwicklung und Beratung in ihrer Bedeutung für HRM

Bernd-Joachim Ertelt, Andreas Frey

1. Einleitung

Mit Blick auf den demografischen Wandel und das generell geringere Arbeitskräfteangebot sowie einen wachsenden Bedarf an gut ausgebildeten Menschen sieht der Wirtschaftspsychologe A. Nußbaum (2011) die Notwendigkeit eines Paradigmenwechsels in der Unternehmenskultur. Denn am Arbeitsmarkt wird nach seiner Auffassung ein Rollentausch stattfinden.

> „Nicht mehr die Unternehmen entscheiden, wer eingestellt wird, sondern die Bewerber selbst entscheiden, bei welchem Unternehmen sie sich engagieren wollen."

Daher müssen sie zur Sicherung nachhaltigen Erfolgs in Zukunft

> „... schon heute den Menschen in den Mittelpunkt ihres Denkens und Handelns stellen, und entsprechend ihr Verhältnis zu den Mitarbeitern grundsätzlich neu definieren."

In welche Richtung dies konkret gehen könnte, deuten Ergebnisse einer Studie des Instituts der Deutschen Wirtschaft (2010) zu Erfolgsindikatoren in der Personalpolitik an. Danach unterscheiden sich erfolgreiche Unternehmen von weniger erfolgreichen vor allem dadurch, dass erstere auf die Eigenverantwortung der Mitarbeiter vertrauen, jährliche Mitarbeitergespräche führen, eine familienfreundliche und chancengerechte Personalpolitik praktizieren, die Arbeitszufriedenheit durch Führungskräfte fördern, leistungsorientierte Vergütungsformen nutzen, Mitarbeiter hierarchieübergreifend an Strategiesitzungen teilnehmen lassen, regelmäßig Mitarbeiterzufriedenheit bzw. -kritik erheben und Teilnahme an innerbetrieblichen Arbeitskreisen fördern.

Sicher sind die Gedanken, das Individuum stärker in den Mittelpunkt der Personalwirtschaft zu stellen, nicht neu, wie die Entwicklungen des Menschenbildes in den Modellen des Personalmanagements zeigen (siehe auch die Beiträge in diesem Band) (vgl. auch Dincher 2007, S. 52ff.).

Doch offenbar besteht in der Praxis ein Bedarf nach weiterer Konkretisierung dieser Forderung, wie der Schlüsselhinweis einer Personalentwicklerin eines international operierenden Unternehmens bei einer Diskussion mit Studierenden der Universität Mannheim im Rahmen einer Exkursion bereits vor fünf Jahren zeigte. Dieser bezog sich auf das Problem des Verlusts wichtiger Leistungsträger, dem mit den bisherigen Methoden nur schwer zu begegnen sei. Deshalb erhoffe man sich von Konzepten der beruflichen Laufbahnberatung wirksame Anregungen für einen Perspektivenwechsel, weil hier doch die Persönlichkeit und nicht der Leistungsbeitrag des Einzelnen oberste Priorität genieße.

Im Folgenden soll der Frage nachgegangen werden, inwieweit ausgewählte grundlegende Konzepte der beruflichen Laufbahnentwicklung (Objekttheorien) spezifische Beiträge zu Fragestellungen im HR leisten und welche Aufgaben qualifizierte Berufsberatende darin übernehmen könnten. Dabei lässt sich in Bezug auf die Mehrheit der objekttheoretischen Ansätze eine starke Ausrichtung auf die inhaltliche Dimension des Berufs und weniger auf die Statusdimension konstatieren. Weitgehend ausgeblendet bleibt auch, dass die meisten Menschen ihre Tätigkeit in einer betrieblichen Umgebung ausüben, in der sich die idealtypische Form des „Berufs", wie er häufig in den Medien der Berufsberatung behandelt wird, nur sehr bedingt wiederfindet.

Eine weitere Einschränkung bei der Übertragung berufsbezogener Objekttheorien auf HR resultiert aus der Schwerpunktsetzung auf den Vorgang der Berufswahl, als der ersten Phase in der Laufbahnentwicklung. Dem könnte man allerdings entgegenhalten, dass sich diese Phase durch die zunehmende Flexibilisierung der Beschäftigungsformen in den letzten Jahrzehnten im individuellen Arbeitsleben durchaus wiederholen kann.

2. Darstellung ausgewählter Objekttheorien der Berufsentwicklung

Es ist davon auszugehen, dass sich diejenigen, die im HR professionell mit der beruflichen Entwicklung der Mitarbeiter befasst sind, implizit oder explizit von Theorien oder Verhaltensmodellen leiten lassen. Dabei gehen Gefahren sowohl von einer rigiden Typenbildung oder modischen Ansätzen als auch von einem unsystematischen Eklektizismus aus. Unter der Voraussetzung einer Strukturähnlichkeit zwischen subjektiven Theorien und wissenschaftlichen Theorien stellt sich die Frage des Praxisbezugs in zweierlei Hinsicht (vgl. Hofer 1996, S. 8):

1. Ausgehend von einer konkreten Aufgabe im HR: Welche wissenschaftlichen Ansätze können zur Lösung herangezogen werden?
2. Ausgehend von bestimmten Theorien: Unter welchen Voraussetzungen gewinnen sie Handlungsrelevanz in der HR-Praxis?

zu 1.: In einer gegebenen Problemsituation stellen Theorien *Normwissen* zur Strukturierung und Klassifizierung sowie zur Definition der zu erreichenden Zielzustände bereit.

Diagnostisches Wissen erlaubt die genaue Bestimmung der Eingangssituation, um darauf Interventionen aufbauen zu können (treatment-vorbereitende Diagnostik) und die Feststellung der Interventionswirkungen sowie des Ausmaßes der Zielerreichung (summarische Evaluation).

Das *Objektwissen* dient der genauen Problemeingrenzung und Ursachenklärung, während *operatives Wissen* die Kenntnis von Handlungswegen und der Wirksamkeit zur Problemlösung umfasst. Für die Herausarbeitung von Alternativen und deren Bewertung als mögliche „Lösungsräume" wird vom Personalentwickler *differenziertes Wissen* in Bezug auf Förderungsmöglichkeit, Organisationsentwicklung und innerbetrieblichen bzw. außerbetrieblichen Arbeitsmarkt verlangt.

zu 2.: In Bezug auf die Handlungsrelevanz der Berufsentwicklungstheorien für die HR-Praxis ist eher Skepsis angebracht. Folgende Gründe dürften dafür – analog zur allgemeinen Beratungspraxis – verantwortlich sein (vgl. Hofer/Papastefanou 1996, S. 52ff.):

- das von der Wissenschaft bereitgestellte Wissen wird als zu unzulänglich und lückenhaft angesehen;
- Forschungsergebnisse werden oft als trivial bezeichnet, besonders wenn dieses Wissen eigenen Überzeugungen widerspricht;
- wissenschaftliche Erkenntnisse werden unsachgemäß umgesetzt, vor allem wegen unzureichender Ausbildung in diesem Bereich;
- letztlich können sich Probleme aus der Inkongruenz von Theoriesprache und Praxissprache ergeben.

In den letzten 50 Jahren haben international die vornehmlich in den USA entwickelten „großen fünf" Ansätze der Berufswahl und Laufbahnentwicklung die Forschung und Praxis der beruflichen Beratung bestimmt (vgl. Leung 2008, S. 115ff.). Dabei ist nicht zu verkennen, dass diese Ansätze primär die wirtschaftlichen, kulturellen und sozialen Bedingungen Nordamerikas reflektieren, also der kritischen Diskussion beim Transfer in andere Länder bedürfen (vgl. Savickas et al. 2011, S. 33). Darüber hinaus bieten diese fünf Theorien durch ihre psychologische Ausrichtung nur eine bestimmte Sichtweise der beruflichen Laufbahnentwicklung.

3. Nicht-psychologische Theorien

Die sog. nicht-psychologischen Theorien umfassen nach Crites (1969, S. 79ff.) die „Zufallstheorie", die „ökonomischen Theorien" sowie die „kulturellen und soziologischen Theorien" der beruflichen Wahlvorgänge.

Die *Zufallstheorie* stellt Menschen in den Mittelpunkt, die ihre berufliche Wahl als das Ergebnis von Zufällen und Chancen erklären. Chancen sind für sie zufällige, ungeplante, unvorhergesehene Ereignisse. Eine neuere Variante dieser Auffassung findet sich in den von J. Krumboltz postulierten „Happenstances" (siehe Kapitel 4.7 in diesem Beitrag).

Während die Zufallstheorie beim Individuum ansetzt und die Gelegenheitsfaktoren (Chancen) in ihrer Wirkung auf die individuelle Berufswahl untersucht, beginnen die *ökonomischen Ansätze* mit einer Betrachtung der Verteilung der Arbeitskräfte auf unterschiedliche Berufe in einer Volkswirtschaft. Sie wollen erklären, warum sich diese Berufe nach individueller Wahl und Einmündung unterscheiden. Unter der Voraussetzung vollkommener Freiheit der Berufswahl würde der Mensch sich dem Beruf zuwenden, der ihm den größten Vorteil bringt. Mit diesem „Netto-Vorteil" ist das beste Einkommen gemeint. So stellte sich, gemäß dem klassischen ökonomischen Prinzip, die Berufsverteilung auf dem internen und externen Arbeitsmarkt als eine Funktion von Angebot und Nachfrage dar, die sich widerspiegeln in den Einkommensunterschieden zwischen den Berufen. Doch diese Annahmen wurden in der Realität kaum bestätigt.

Bei den *kulturellen und soziologischen Theorien* der beruflichen Wahlen steht der Einfluss der Kultur und Gesellschaft sowie deren Ziele und Normen auf das Individuum im Mittelpunkt. Zu den kulturellen Variablen zählen „westliche" Orientierung des freien Unternehmertums. „Östliche" (mittlerer und ferner Osten) Auffassungen kennen keine freie Berufswahl, die Karriere des Sohnes wird vom Vater geplant, Frauen haben keinen Beruf. Die „euroasiatische" Orientierung betont die Kongruenz von Eignung und Neigung sowie die Flexibilität durch Qualifizierung.

Daneben spielen noch die Einflüsse der Subkultur, der Religion und die familiale Sozialisation eine wesentliche Rolle bei der Prägung des Individuums.

Sicherlich haben diese nicht-psychologischen Modelle beruflichen Verhaltens durchaus ihre Berechtigung, doch sehen wir sie in dem hier zur Diskussion stehenden thematischen Kontext eher von peripherer Bedeutung.

Im Folgenden sollen daher sieben psychologisch orientierte Ansätze, die in Bezug auf die individuelle Berufsentwicklung als grundlegend gelten, im Mittelpunkt stehen (vgl. Savickas/Lent 1994, S. 3ff.; Brown 1996, S. 513f.).

4. Psychologisch orientierte Theorien

4.1 Der persönlichkeitstypologische Ansatz

Dieser Ansatz hat seine Wurzeln in der Idee von Parsons einer möglichst optimalen Zuordnung von Menschen und Berufstätigkeiten, wie er sie in seinem

Buch „Choosing a Vocation" (1909) formulierte. Drei Annahmen charakterisieren diesen Ansatz:

1. Aufgrund spezifischer, psychischer Charakteristika ist jeder Mensch für einen bestimmten Typ von Berufstätigkeit am besten geeignet.
2. Die Menschen in den verschiedenen Berufen weisen unterschiedliche psychische Charakteristika auf.
3. Berufliche Bewährung und Zufriedenheit variieren direkt mit dem Ausmaß der Übereinstimmung zwischen den persönlichen Charakteristika des Berufstätigen und den Berufsanforderungen.

Standen bei dem Ziel eines optimalen „matching men and jobs" bis zu den 1930er Jahren die Tätigkeitsanforderungen im Mittelpunkt des Forschungsinteresses, so vollzog sich ab den 1940er Jahren, vornehmlich in den USA, die stärkere Betonung der individuellen Merkmalsausprägungen, was zu einer Vorliebe für die differenzielle Psychologie und Testanwendung führte.

Wesentlich dabei war die Anwendung der Faktorenanalyse bei der Testkonstruktion und Evaluation der Erfolgskriterien, so dass die Zahl an unabhängigen Persönlichkeitsmerkmalen (traits) in den Bereichen Fähigkeiten (inkl. allgemeine Intelligenz, Spezialbegabungen, berufliche Fertigkeiten), Berufsinteressen und Charaktereigenschaften auf 10 bis 20 begrenzt werden konnte.

Seit den 1940er Jahren sind also die Begriffe ‚trait' und ‚factor' im Namen dieser theoretischen Orientierung untrennbar miteinander verbunden. Heute findet sich die Trait-and-Factor-Auffassung in einer Reihe von methodischen Ansätzen in der beruflichen Laufbahnberatung. Der wohl bekannteste hierzu ist bis heute der persönlichkeitspsychologische Ansatz von John Holland.

Mit seiner Theorie möchte Holland (1997) Antworten auf drei grundsätzliche Fragestellungen geben:

a. Welche Charakteristika der Person und des Umfeldes sind verantwortlich für zufriedenstellende Berufsentscheidungen, hohes Engagement und Leistungsbereitschaft im Beruf?
b. Welche Charakteristika der Person und des Umfeldes sind verantwortlich für Stabilität oder Wandel im Berufsleben eines Menschen?
c. Welches sind die wirksamsten Hilfsmethoden bei beruflichen Problemen?

Die Theorie richtet sich vor allem auf die Hilfestellung in Fragen der Berufswahl, des Berufswechsels und der beruflichen Zufriedenheit von Menschen aller Altersstufen und, in geringerem Maße, auf das Bildungs- und Sozialverhalten sowie die Persönlichkeitsentwicklung.

Vier Annahmen charakterisieren den Kern dieses Ansatzes:

1. In unserer westlich orientierten Industriekultur lassen sich die meisten Menschen einem von sechs Persönlichkeitstypen zuordnen: dem *realistischen*, dem *erforschenden*, dem *künstlerischen*, dem *sozialen*, dem *unternehmerischen* oder dem *konventionellen* Typus. Diese Typen repräsentieren Modellvorstellungen mit Hilfe derer die Bestimmung des individuellen Persönlichkeitsprofils einer konkreten Person und vor allem deren Problembewältigungsstrategien vorgenommen werden können.
2. Auch das beruflich-soziale Umfeld lässt sich modellhaft in die genannten sechs Typen einteilen. Jede dieser Umwelten wird dominiert von Menschen des entsprechenden Persönlichkeitstypus.
3. Die Menschen suchen sich diejenigen Umfeldbedingungen, die es ihnen erlauben, ihre Fähigkeiten und Fertigkeiten anzuwenden, ihre Einstellungen und Interessen wiederzufinden sowie entsprechende Rollen zu übernehmen.
4. Das Verhalten wird bestimmt von der Interaktion zwischen Persönlichkeit und Umwelt. Kenntnisse der Persönlichkeit und des Lebensbereiches ermöglichen im Prinzip die Vorhersage in Bezug auf Berufswahl, Berufswechsel, Bildungs- und Sozialverhalten.

Diese vier grundlegenden Annahmen werden ergänzt durch sekundäre Aussagen, die die Anwendung auf konkrete Situationen verbessern sollen.

Besonders aussagefähig im Zusammenhang mit HR-Aufgaben sind die Konstrukte „Identität" und „Kongruenz". Identität einer Person bedeutet, dass der einzelne eine klare und stabile Vorstellung der eigenen Ziele, Interessen und Eignungen besitzt. *Identität* des beruflichen Umfeldes meint organisatorische Klarheit, Stabilität und Integration von Zielen, Aufgaben und Belohnungen.

Von *Kongruenz* spricht man, wenn eine Person in der Umgebung tätig ist, die seinem Typus entspricht. Ursachen für Unzufriedenheit, mangelnde Leistung oder Arbeitsmotivation und Gedanken des Arbeitsplatzwechsels liegen danach in der mangelnden „Passung" (Inkongruenz) von Person und sozialem Umfeld.

Das Beziehungsgeflecht der Typen stellt Holland als hexagonales Modell dar, in dem der Grad an Ähnlichkeit zwischen diesen durch Korrelationskoeffizienten verdeutlicht wird.

Für die Bestimmung des Persönlichkeitstypus eines Menschen und die Zuordnung zu den entsprechenden Umwelten wurde im Laufe der Jahre eine Reihe von Instrumenten entwickelt. Das bekannteste ist sicherlich das „Self-Directed-Search" (SDS) (deutsche Adaption und Weiterentwicklung unter dem Namen EXPLORIX, Bern/Göttingen: Huber).

Man sollte sich bei der Anwendung des Ansatzes von Holland jedoch immer vor Augen halten, dass es sich um Idealtypen von Menschen und Berufsumgebungen handelt. Darauf wies schon Eduard Spranger (1950, S. 114ff.), einer der geistigen Väter der Typologie von Holland, hin (Holland 1997, S. 6). Spranger hatte bereits 1928 sechs „ideale Grundtypen der Individualität" entwickelt: 1. der „theoretische Mensch", 2. der „ökonomische Mensch", 3. der „ästhetische Mensch", 4. der „soziale Mensch", 5. der „Machtmensch" und 6. der „religiöse Mensch".

4.2 Berufslaufbahn als lebenslanger Entwicklungsprozess

In Anbetracht der sich rasch verändernden Berufs- und Arbeitswelt gewinnen Laufbahnansätze, die lebenslanges Lernen favorisieren, an Bedeutung (siehe auch Schlossberg, in: Herr/Cramer (2004), S. 234).

Die entwicklungsbezogene Betrachtungsweise, wie sie vor allem von Donald P. Super geprägt wurde, vereint die beruflichen Lebensräume und Rollen. Wie auf einem Regenbogen (,Life-Career Rainbow') reihen sich die Lebensstadien ,Wachstum' (Kindheit bis 14 Jahre), ,Erkundung und Erprobung' (Adoleszenz bis 25 Jahre), ,Etablierung' (25–45 Jahre), ,Erhaltung des Erreichten' (45–65 Jahre), ,Abbau und Rückzug' (über 65 Jahre) auf.

Tab. 1: Entwicklungsaufgaben nach Lebensstufen und Lebensräumen nach Super

Lebensstufe	Adoleszenz 14–25 Jahre	Frühes Erwachsenenalter 25–45 Jahre	Mittleres Erwachsenenalter 45–65 Jahre	Spätes Erwachsenenalter über 65 Jahre
Wachstum	Entwicklung eines realistischen Selbst-Konzepts	Lernen, sich mit anderen zu arrangieren	Akzeptieren eigener Begrenzungen	Entwickeln nicht-berufsbezogener Rollen
Exploration	Kennenlernen der erweiterten Handlungsmöglichkeiten	Herausfinden der Möglichkeit zur Ausübung der gewünschten Berufstätigkeit	Neue berufliche Herausforderungen erkennen	Einen angemessenen Lebensbereich für das Alter finden
Etablierung	In den gewählten Beruf einmünden	In der beruflichen Position auf Dauer Fuß fassen	Neue Kompetenzen entwickeln	Dinge verwirklichen, die man schon immer vorhatte
Aufrechterhaltung	Kritische Überprüfung der aktuellen Berufswahlen	Sicherung der beruflichen Position	Halten der Berufsposition im Wettbewerb	Sich zurückziehen auf das, was Freude macht
Rückzug, Abbau	Weniger Zeit für Hobbies aufwenden	Sportliche Aktivitäten einschränken	Sich auf das Wesentliche konzentrieren	Arbeitszeit reduzieren

(Weiterführende Literatur: Super 1994; Super/Savickas/Super 1996; Bußhoff 2001; Brown 2007; Sickendiek 2007)

Abhängig von diesen Lebensstadien geschehen Veränderungen in und zwischen den Rollen als Kind, Schüler, Auszubildender/Studierender, Privatperson, Berufstätiger, Bürger, Familienmitglied. Je nach Phase in der Lebensspanne stellen sich durch die spezifischen Rollen-Interaktionen andere Herausforderungen. Bei den Übergängen oder der Bewältigung von besonderen Laufbahnereignissen sind diese Stadien (Wachstum, Exploration, Etablierung, Aufrechterhaltung, Rückzug) quasi als ‚Minizyklus' jeweils neu zu durchlaufen.

In Tabelle 1 sind die Entwicklungsaufgaben in Längsschnitt- und Querschnitts-perspektive (Verknüpfung von Maxizyklus und Minizyklus) tabellarisch dargestellt werden (vgl. Super/Savickas/Super 1996, S. 136; Super 1994, S. 232).

Um den Prozess der Übernahme von Rollen, speziell der Berufsrolle, beschreiben zu können, führt D. P. Super die Konstrukte ‚berufliche Identität' und ‚berufliches Selbstkonzept' ein. *Berufliche Identität* meint die objektivierte Sicht eines Menschen auf seine beruflichen Ziele, Interessen und Begabungen. Das *berufliche Selbstkonzept* umfasst seine persönliche Wertschätzung der wahrgenommenen Fähigkeiten, Interessen und Werte.

Eine gute ‚Passung' von beruflicher Identität und beruflichem Selbstkonzept zieht Berufserfolg, Zufriedenheit und Laufbahnstabilität nach sich. Der Laufbahnerfolg hängt von der Bereitschaft und Fähigkeit des Individuums ab, diese Zuordnung im Sinne der jeweiligen Entwicklungsaufgaben aktiv zu bewältigen. Dies wird als ‚Berufsreife' bezeichnet, auf deren Entwicklung man durch positiv verstärkende Begleitung der Interaktion zwischen Begabungen und Anforderungen des beruflich-sozialen Umfeldes und der probeweisen Übernahme beruflicher Rollen Einfluss nehmen kann. Hierbei tragen die wichtigen Bezugspersonen eine besondere Verantwortung. Das Ausmaß individueller Zufriedenheit in Ausbildung und Arbeitswelt verhält sich proportional zur Möglichkeit des Einzelnen, sein berufliches Selbstkonzept einbringen zu können.

4.3 Berufsentwicklung aus konstruktivistischer Sicht

M. L. Savickas (2002, S. 149ff.) führt den Ansatz von D.P. Super weiter und bezieht sich dabei auf dessen Aussage, dass die Theorie des Selbstkonzepts besser als Theorie persönlicher Konstrukte zu benennen sei. Das bedeutet, dass die individuelle Berufsentwicklung weniger von inneren Reifeprozessen als vielmehr von Anpassungen an Umgebungsbedingungen bestimmt wird: Berufslaufbahnen entfalten sich nicht, sie werden konstruiert.

Die konstruktivistische Theorie besteht aus den folgenden 16 Merksätzen:

1. Gesellschaftliche und institutionelle Strukturen formen den individuellen Lebenslauf durch soziale Rollenanforderungen.
2. Die Berufsrolle ist für die Persönlichkeitsprägung der meisten Menschen von zentraler Bedeutung.
3. Das individuelle berufliche Verhaltensmuster (Statusaspiration, Tätigkeitsdauer, Mobilität) wird bestimmt durch den sozioökonomischen Status der Eltern, die Bildung, die Begabungen, das Selbstkonzept und Nutzung der gebotenen Möglichkeiten.
4. Die Menschen unterscheiden sich in ihren berufsbezogenen Charakteristika, ihren Fähigkeiten, Persönlichkeitsmerkmalen und Selbstkonzepten.
5. Jeder Beruf verlangt spezifische Charakteristika, allerdings mit genügend individuellen Entfaltungsmöglichkeiten.
6. Die Menschen eignen sich für eine Vielzahl von Berufen.
7. Berufserfolg hängt ab vom Ausmaß, in dem der Einzelne adäquate Entfaltungsmöglichkeiten für seine wichtigsten berufsbezogenen Charakterzüge findet.
8. Die Berufszufriedenheit ist proportional zum Ausmaß, in dem das tätigkeitsbezogene Selbstkonzept umgesetzt werden kann.
9. Der Prozess der Laufbahn-Konstruktion besteht im Wesentlichen aus der Entwicklung und Umsetzung des beruflichen Selbstkonzepts in den Berufsrollen. Das Selbstkonzept entwickelt sich durch Interaktion der Begabungen, physischen Bedingungen, Möglichkeiten zur Beobachtung und Ausübung verschiedener Rollen sowie dem Ausmaß, in dem die Ergebnisse dieses Rollenverhaltens die Zustimmung wichtiger Bezugspersonen finden.
10. Obgleich sich das berufliche Selbstkonzept zunehmend festigt, unterliegt es – ebenso wie die beruflichen Präferenzen – im Zeitablauf Änderungen, je nach den Erfahrungen in den verschiedenen Lebenskontexten.
11. Der Prozess des beruflichen Wandels lässt sich charakterisieren mit dem Maxizyklus der Lebensphasen: Wachstum, Exploration, Etablierung, Erhaltung, Rückzug.
12. Der Minizyklus aus Wachstum, Exploration, Etablierung, Erhaltung, Rückzug vollzieht sich beim Übergang von einer beruflichen Lebensphase in die nächste.
13. Berufsreife ist ein psycho-soziales Konstrukt zur Charakterisierung des individuellen beruflichen Entwicklungsstandes auf dem Kontinuum der beruflichen Lebensstufen.

14. Berufliche Anpassungsfähigkeit ist ein psychologisches Konstrukt zur Charakterisierung der individuellen Bereitschaft und Fähigkeit zur Bewältigung gegenwärtiger und zukünftiger beruflicher Entwicklungsaufgaben.
15. Die Laufbahn-Konstruktion wird ausgelöst durch berufliche Entwicklungsaufgaben und bestimmt durch die Antworten auf diese Aufgaben.
16. Die Laufbahn-Konstruktion kann in jeder Lebensphase durch geeignete Darstellung der Entwicklungsaufgaben, Übungen zur Stärkung der Anpassungsfähigkeit und Hilfen bei der Bewertung des Selbst-Konzepts gefördert werden.

Die Merksätze 1–3 beziehen sich auf die Rahmenbedingungen der Entwicklung, die Merksätze 4–10 auf das berufliche Selbst-Konzept und die Merksätze 11–16 auf die Entwicklungsaufgaben als Bindeglied der Laufbahn-Konstruktion (vgl. Savickas 2002, S. 157ff.; Brown 2007, S. 73f., 77, 444; Niles/Harris-Bowlsbey 2005, S. 33ff.; 321ff.; Herr/Cramer/Niles 2004, S. 68f., 164ff., 232f.).

Die aktuelle wissenschaftliche Diskussion im Bereich der konstruktivistischen Auffassungen wird bereichert durch den Ansatz „Life designing", der die Theorien der Selbstkonstruktion („self-constructing") und der Laufbahnkonstruktion („career construction") verbindet (vgl. Savickas et al. 2009; Guichard 2005).

Fünf Annahmen charakterisieren diesen „life-design"-Ansatz der Berufsberatung:

1. Die im ersten Drittel des 20. Jahrhunderts entwickelten und bis heute vorherrschenden sog. „matching-Modelle" mit dem Ziel der optimalen Zuordnung von Mensch und Beruf auf der Basis differenzierter Testverfahren („Trait-and Factor") sind nun obsolet. Berufliche Identität ist vielmehr ein komplexer dynamischer Vorgang der gegenseitigen Anpassung von Individuum und seinem Ökosystem. Berufliche Identität formt sich durch Selbstorganisation der vielfältigen Erfahrungen im täglichen Leben.
2. Die Berufsberatung muss sich im Bereich der Berufsinformation von den immer differenzierteren Beschreibungen einzelner Berufe hin zur Vermittlung von Informationsstrategien entwickeln. Zum einen ändern sich die Berufe und Arbeitsbedingungen immer rascher, zum anderen besteht eher die Gefahr eines „information-overload" als des Mangels an Informationen. Geboten ist nun die stärkere Ausrichtung an den Entscheidungsheuristiken der Ratsuchenden.

Wichtige Voraussetzung für erfolgreiche Beratung in diesem Sinne ist die Fähigkeit zur systemischen Betrachtung der komplexen, interaktiven und dynamischen Prozesse zwischen Individuum und seinen Bezugspersonen bzw. Bezugssystemen (vgl. auch Schiersmann u.a. 2008, 15ff.).

3. Es ist paradox, dass man in der Laufbahnberatung noch immer von einfachen Kausalmodellen ausgeht, obgleich die Praxis anderes lehrt. So muss das aus der Medizin abgeleitete Vorgehen „Diagnose – Indikation – Verschreibung" ersetzt werden durch iterative Strategien der Problemlösung. Ratsuchende und Berater sollten dabei über einen längeren Interaktionszeitraum die Dynamik des Life designing gestalten, unter Einbeziehung der Bezugssysteme des Klienten.
4. Die bisherigen Methoden und Instrumente der Berufsberatung zwingen den Berater, die subjektiven Realitätswahrnehmungen ihrer Klienten in eine Fachsprache zu übersetzen, die von diesen nicht verstanden wird. Aber anstatt dieser abstrakten und invarianten gesellschaftlichen oder statistischen Normen sollte nun das sprachliche und persönlich relevante Bezugssystem des Ratsuchenden genutzt werden.
Die Berufsmodelle und Beratungsmethoden müssen sich ausrichten an der sich permanent weiterentwickelnden Rekonstruktion des Klienten in seiner subjektiven und komplexen Realität.
5. Stärker als in der Vergangenheit müssen die Evaluationsverfahren für die Wirksamkeit der Beratung den komplexen Bedingungen angepasst werden. Hierzu sind verstärkt multivariate und prozessorientierte Methoden einzusetzen. Die Hauptkritik richtet sich gegenwärtig auf den Mangel an empirisch abgesicherten Studien zur Effizienz der Berufsberatung.

Als grundlegende Rahmenbedingungen für die Life-designing Beratung betonen die Autoren

- die lebensbegleitende Funktion (life-long);
- den holistischen Ansatz, der die Selbst-Konstruktion in allen Rollenbezügen berücksichtigt, nicht nur den der Berufsrolle;
- die Einbeziehung des gesamten Lebensumfeldes des Klienten (contextual);
- den präventiven Charakter durch Aufarbeitung der bisherigen Lebensgeschichte des Klienten.

Erst diese Voraussetzungen ermöglichen die Realisierung der zentralen Ziele der Life-designing Beratung:

1. Stärkung der Anpassungsfähigkeit des Klienten an die wechselnden Entwicklungserfordernisse („Adaptability").
2. Bezug auf die bisherige und gegenwärtige Biografie und Selbst-Konstruktion des Klienten („Narratability").
3. Stärkung der Eigenaktivität des Klienten in Bezug auf die Entwicklung neuer Dimensionen der Persönlichkeit, z.B. Selbstwirksamkeitsüberzeugung („Activity").

4. Bewusstmachen der individuellen Gestaltungsvorgänge und Entscheidungen im Leben des Klienten, damit diese Zusammenhänge für künftige Selbst-Konstruktionen nutzbar werden („Intentionality").

4.4 Berufliche Entscheidungsfindung als sozialer Lernprozess

Die Anwendung der Theorie des sozialen Lernens auf Berufswahlprozesse durch J. D. Krumboltz ist eine Erweiterung der allgemeinen Verhaltenstheorie des sozialen Lernens, wie sie im Wesentlichen von Bandura formuliert wurde.

Es wird postuliert, dass die Präferenzen in Bezug auf Ausbildung und Beruf der Ausdruck von verallgemeinerten Selbstbeobachtungen hinsichtlich der Interessen, Wertvorstellungen und Problemlösefähigkeiten sind, die auf unterschiedlichen Lernerfahrungen beruhen.

Vier Faktorengruppen beeinflussen das Entscheidungsverhalten in Bezug auf Berufswahl und Berufslaufbahn:

1. *Genetische Ausstattung* und besondere Begabungen sind Bestimmungsgrößen, die in Bildung und Beruf Handlungsräume eröffnen oder eingrenzen. Dazu zählen ethnische Herkunft, Geschlecht, körperliche Merkmale. Spezielle Fähigkeiten, wie Musikalität, künstlerische Darstellungsfähigkeit, sportliches Talent, sind das Ergebnis der Interaktion von Begabung und Umwelterfahrung.
2. *Umweltbedingungen und -ereignisse* umfassen die Verfügbarkeit von Bildungs- und Ausbildungsmöglichkeiten, von Arbeitsplätzen, Allokationsmechanismen, Lohnsystemen in verschiedenen Berufen, Arbeitsgesetze, Technologische Entwicklungen, gesellschaftlich-politische Umwälzungen und Einflüsse der engeren Umgebung, vor allem Bildungserfahrungen in der Familie und der Peer-Group.
3. Es wird postuliert, dass die individuellen *Lernerfahrungen* zur Wahl eines jeweils spezifischen Berufsweges führen. Diese Lernerfahrungen lassen sich in zwei Hauptkategorien einteilen (vgl. Mitchell/Krumboltz 1994, S. 159ff.; 1996, S. 234ff.): Von ‚instrumentellen Lernerfahrungen' spricht man, wenn der Mensch für eine bestimmte Verhaltensweise positiv verstärkt wird und er dadurch zur Wiederholung dieser Verhaltensweise neigt. Nach mehrfacher erfolgreicher Wiederholung erhält das Verhalten einen Eigenwert, so dass die externe Verstärkung nicht mehr erforderlich ist, um es dauerhaft zu zeigen. Zu ‚assoziativen Lernerfahrungen' kommt es, wenn der Mensch, ein ursprünglich affektneutrales Ereignis mit einem emotional beladenen Ereignis verbunden erlebt. So können etwa Präferenzen oder Ablehnungen gegenüber bestimmten Berufen durch direktes Erleben von verstärkenden

oder bestrafenden Ereignissen im Zusammenhang mit diesen Berufen geprägt werden. Lernen geschieht aber auch durch ‚mittelbare oder stellvertretende Erfahrungen', etwa durch Beobachtung oder Informationsaufnahme über Medien. Die Ausübung von beobachteten Verhaltensweisen hängt von der Einschätzung der zu erwartenden Belohnung durch das für den Menschen wichtige Umfeld ab.

4. *Fähigkeiten zum Lösen von Problemen und Aufgaben* bilden sich im Zusammenspiel von Lernerfahrungen, genetischer Ausstattung, speziellen Begabungen und Umfeldeinflüssen. Sie umfassen Arbeitsgewohnheiten, subjektive Arbeitsstandards, Entscheidungsregeln. Es handelt sich allgemein um kognitive und praktische Fähigkeiten und emotionale Voraussetzungen für die Bewältigung von Umfeldereignissen.

Die Interaktion dieser vier Einflussfaktoren führen zu generalisierten Überzeugungen über die eigene Person (Selbstbild) und über die Berufs- und Arbeitswelt (Umweltbild). Diese wirken sich wiederum darauf aus, wie das Erlernen neuer Fähigkeiten, das Setzen von Zielen und das Handeln geschehen.

Generalisierte Selbstbeobachtungen entstehen aus dem Vergleich des eigenen Verhaltens und seiner Ergebnisse mit den persönlichen Wertvorstellungen oder/und den Einstellungen bzw. Fähigkeiten anderer. Aufgrund der Folgerungen aus diesem Vergleich (Lernerfahrungen) nimmt der Mensch Verallgemeinerungen über seine Fähigkeit, Aufgaben und Probleme zu lösen (Aufgabenwirksamkeit), seine Interessen (z.B. „ich tue dies gerne ...") und seine Wertvorstellungen (z.B. „anderen zu helfen ist mir wichtiger als viel Geld zu verdienen ..."), vor.

Generalisierungen über das Lebensumfeld sind Ergebnisse von Lernerfahrungen, die der Mensch hinsichtlich ganz bestimmter Umweltausschnitte gemacht hat. So könnte etwa eine solche Verallgemeinerung hinsichtlich der Einmündungsmöglichkeit in einen bestimmten Beruf lauten: „Man muss eben die richtigen Beziehungen haben oder zu einer ganz bestimmten Gruppe gehören, um dort reinzukommen!".

Für berufliche Handlungsfähigkeit von zentraler Bedeutung sind die Lernerfahrungen im Bereich der *Entscheidungs- und Problemlösungsfähigkeiten*. Dazu zählen (1) das Erkennen der Bedeutung einer Entscheidungssituation, (2) die angemessene Definition der Aufgabe, (3) die kritische Analyse der Generalisierungen des Selbst und des betreffenden Umweltsegments, (4) die Prüfung eines breiten Spektrums an Alternativen, (5) die Sammlung der dafür notwendigen Informationen, (6) die Feststellung, welche der Informationsquellen dafür zuverlässig, repräsentativ und wichtig sind, und (7) die Fähigkeit, den Problemlösungsprozess gemäß dieser sechs Stufen zu planen und realisieren.

Das berufliche Handeln eines Menschen wird lebenslang bestimmt von seinen Lernerfahrungen, Generalisierungen und den daraus entwickelten Fähigkeiten (vgl. auch Subich/Taylor 1994, S. 167ff.; Bußhoff 1998, S. 29ff.).

Die „social learning theory of career decision making" (SLTCDM) unterstreicht auch, dass berufliche Entscheidungen beeinflusst werden durch komplexe Umgebungsfaktoren, z.B. den Arbeitsmarkt, die sich der Kontrolle des Einzelnen entziehen.

Nach Krumboltz (vgl. Niles/Harris-Bowlsbey 2005, S. 75f.) wählen Menschen einen bestimmten Beruf, wenn

1. sie bei den Aufgaben erfolgreich sind, die für ähnlich mit denen gehalten werden, wie sie durch die Berufsinhaber zu bewältigen sind,
2. sie wahrnehmen, dass von ihnen geschätzte Berufsvertreter für ihre Tätigkeit positiv verstärkt wurden,
3. wichtige Bezugspersonen (z.B. ein guter Freund oder Verwandter) die Vorteile und das gute Image der Tätigkeit herausstellen.

Andererseits werden solche Berufe abgelehnt, für die sich die genannten Bedingungen in ihr Gegenteil verkehren.

Im Jahre 1996 entwickelte Krumboltz eine Lerntheorie der Berufsberatung (learning theory of career counselling, LTCC) zur Unterstützung der Beratungspraxis bei der Bewältigung von vier aktuellen Trends in der Arbeitswelt (vgl. Mitchell/Krumboltz 1996, S. 250ff.):

1. Die Ratsuchenden müssen neue berufliche Möglichkeiten erschließen, Interessen entwickeln und ihre Fähigkeiten stetig erweitern. Sie können sich nicht auf Routine-Verhaltensweisen verlassen.
2. Der Berater muss den Ratsuchenden Fertigkeiten zur Stressbewältigung und Entwicklungsstrategien für eine sich ständig verändernde Arbeitswelt vermitteln.
3. Die Ratsuchenden sind zum aktiven Handeln anzuleiten; es reicht nicht, eine Diagnose zu erstellen. Viele Ratsuchende brauchen eine nachgehende Betreuung durch den Berater, auch nach der Einmündung in einen Beruf oder eine Tätigkeit.
4. Berufsberater müssen bei allen beruflichen Herausforderungen und Problemen eine zentrale Rolle spielen, nicht nur bei der Berufserstwahl, sondern auch bei Burnout-Syndrom, Unterbeschäftigung, Kooperation am Arbeitsplatz, Haltung der Familie zum Beruf und mangelnder Selbst-Wirksamkeit in Bezug auf die Berufstätigkeit.

4.5 Theorie der Arbeitsangepasstheit

Die Begründer der Theorie der Arbeitsangepasstheit, Dawis/Lofquist/Weis (1968), postulieren, dass das Individuum bestimmte biologische und psychische Bedürfnisse hat, die nach seinen Erwartungen durch die Berufsarbeit erfüllt werden. Gleichzeitig verfügt der Mensch über Fähigkeiten zur Erfüllung bestimmter Berufsanforderungen. Die ‚Arbeitspersönlichkeit' umfasst also sowohl die Bedürfnisse als auch die Fähigkeiten.

Wird ein Berufsinhaber den Anforderungen eines Arbeitsplatzes gerecht, kommt es zur Verstärkung, was zur Arbeitszufriedenheit und zur erneuten positiven Beurteilung des Arbeitsverhaltens durch Vorgesetzte führt. Wandeln sich die Arbeitsanforderungen und kann der einzelne dadurch keine angemessenen Leistungen mehr erzielen, erfolgt negative Rückmeldung bis hin zur Entlassung, wenn eine rechtzeitige Anpassung nicht gelingt. Bevor es aber zu einer Anpassung kommt, muss der Berufstätige ein gewisses Maß an Nicht-Entsprechung ertragen. Wie viel Nicht-Entsprechung er toleriert ehe er eine Anpassung vornimmt, definiert seine *Flexibilität*.

Aktives Anpassungsverhalten konzentriert sich auf Änderungen der Arbeitsumgebung und ihrer Verstärkermechanismen. Bei reaktivem Verhalten versucht sich der Mensch so zu ändern, dass er besser den Anforderungen gerecht wird.

Die sich mit der Zeit herausbildenden Verhaltenstendenzen in Bezug auf solche Angleichungserfordernisse charakterisieren den Anpassungsstil eines Menschen. Wirksame beraterische Hilfe bei der Laufbahnplanung ist ohne Kenntnis der diesen Stil prägenden Faktoren, nämlich Flexibilität, Aktivität oder Reaktivität und Ausdauer (perseverance) gerade bei schwierigen Anpassungsvorgängen nicht möglich.

Die Theorie der Arbeitsangepasstheit lässt sich mit folgenden *ausgewählten Merksätzen* (aus der Sicht des Individuums) charakterisieren (vgl. Dawis 1996, S. 89ff.):

I. Arbeitsangepasstheit zeigt sich in jeder Phase durch eine Entsprechung von Arbeitszufriedenheit und zufriedenstellendem Arbeits- und Leistungsverhalten.

II. Befriedigendes Arbeits- und Leistungsverhalten wird bestimmt von der Entsprechung der individuellen Fähigkeiten und den Anforderungen am Arbeitsplatz.

IIa. Die Kenntnis der Fähigkeiten und des beruflichen Leistungsverhaltens eines Menschen erlaubt Schlussfolgerungen auf die Anforderungen der Arbeitsumgebung.

IIb. Die Kenntnis der Anforderungen am Arbeitsplatz und des Arbeits- und Leistungsverhaltens des Mitarbeiters lassen Rückschlüsse auf dessen Fähigkeiten zu.
III. Die Arbeitszufriedenheit hängt mit der Verstärkung der Wertvorstellungen des Mitarbeiters durch sein Arbeitsumfeld zusammen.
IIIa. Die Kenntnis der Verstärkungen am Arbeitsplatz des Mitarbeiters und seiner Arbeitszufriedenheit erlauben Rückschlüsse auf sein individuelles Wertsystem.
IIIb. Die Kenntnis des individuellen Wertsystems und der Arbeitszufriedenheit erlauben Rückschlüsse auf die Verstärkungsmechanismen am Arbeitsplatz.
VIII. Die Dauer der Beschäftigung hängt positiv zusammen mit Arbeitszufriedenheit und befriedigendem Arbeits- und Leistungsverhalten.
XIII. Die Wahrscheinlichkeit von Anpassungsnotwendigkeiten in der Arbeitsumgebung ist negativ bezogen auf das Arbeits- und Leistungsverhalten des Mitarbeiters.
XIV. Die Notwendigkeit einer individuellen Arbeitsanpassung wirkt negativ auf die Arbeitszufriedenheit.

Die Theorie der Arbeitsangepasstheit hat zur Entwicklung einer Reihe von Instrumenten zur Messung der Berufszufriedenheit und des Arbeits- und Leistungsverhaltens geführt. Bedeutung gewinnt dieser Ansatz, der sich im Gegensatz zu anderen Theorien nicht nur auf das Individuum sondern auch auf dessen Berufs- und Arbeitsumgebung bezieht, vor allem hinsichtlich lebenslanger Laufbahnberatung von Berufstätigen. Und zwar sowohl in der öffentlichen oder privaten Berufsberatung als auch im betrieblichen Personal-Management.

(Weiterführende Literatur: Brown 1994, S. 32ff.; Dawis 1994, S. 33ff.; Dawis 1996, S. 75ff.; Rounds/Hesketh 1994, S. 177ff.; Brown 2003, S. 29ff.).

4.6 Konzept der „proteischen Berufslaufbahn" (protean career) nach Douglas T. Hall

Dieses Konzept der sich an die verschiedenen Herausforderungen oder Bedrohungen in der Berufslaufbahn anpassenden Menschen wurde von D.T. Hall bereits 1976 konzipiert. Er verwendete dazu den Mythos des griechischen Meeresgottes Proteus, der alle möglichen Gestalten und Formen annahm, um auf bedrohliche Ereignisse optimal reagieren zu können. In einem ersten Zugriff verdeutlichte Hall (1976) die Unterschiede zwischen einer traditionellen Laufbahn in Organisationen und der Proteischen Laufbahn.

Tab. 2: Elemente in der proteischen Laufbahn

Aspekte	proteische Laufbahn	Traditionelle Laufbahnmuster in Organisationen
Wer steht im Mittelpunkt?	Individuum	Organisation
Zentrale Werte	Freiheit, persönliche Weiterentwicklung	Weiterkommen, Aufstiegsmöglichkeiten
Ausmaß der Mobilität	hoch	Niedrig
Erfolgskriterien	Psychischer Erfolg	Position, Bezahlung
Hauptsächliche Einstellungen	Arbeitszufriedenheit, professionelle Selbstverpflichtung	Organisationsbezogene Verpflichtung

In neueren Arbeiten (Briscoe/Hall 2006, S. 8f.) wird die proteische Berufslaufbahn definiert als eine Laufbahn, in der das Individuum (1) sich an einem eigenständigen Wertsystem orientiert und daraus die Maßstäbe für Erfolg gewinnt, (2) die Fähigkeit hat, selbstgesteuert den neuen Herausforderungen in Arbeit und Kompetenzentwicklung zu begegnen.

Die Ausprägung der beiden Komponenten „value driven" und „self-directed in career management" in hoch und niedrig bzw. schwächer und stärker lassen vier grundlegende Kategorisierungen zu:

„*Abhängig*" (dependent) ist ein Mensch, der in der Berufstätigkeit unfähig ist, Prioritäten zu setzen oder die eigene Laufbahn selbständig zu gestalten. Er ist auf beiden Dimensionen schwach.

„*Reaktiv*" (reactive) ist ein Mensch, der zwar seine Laufbahn eigenständig gestalten kann, es mangelt ihm jedoch an der Ausrichtung am eigenständigen Wertsystem. Letztlich gelingt dadurch kein zufriedenstellendes Berufsleben.

„*Rigide*" (rigid) nennt man den Typus, der zwar von eigenen Werten angetrieben ist, jedoch zu keiner selbstgelenkten Aktion fähig ist. Es kommt zu keiner zufriedenstellenden Bewältigung der beruflichen Herausforderungen.

„*Proteisch*" (protean) ist ein Mensch, der auf beiden Komponenten hohe Ausprägungen aufweist und daher sich und andere zu einem aktiven Verhalten gegenüber Kompetenzentwicklung und beruflichen Transformationsprozessen bewegen kann.

Das Konzept des proteischen Verhaltens gewinnt in einer Zeit des Übergangs von langfristig gesicherten Arbeitsverhältnissen zu immer kurzfristigeren Vertragsgestaltungen und Organisationsentwicklungen zunehmende Bedeutung. In einer Studie zur Organisationsentwicklung konnten Hall/Moss (1998) eine klare Abkehr von dem bisherigen „psychologischen Vertrag" (psychological contract), d.h. den ungeschriebenen gegenseitigen Erwartungen von Arbeitgebern und Arbeitnehmern, feststellen.

Das Ergebnis zeigt, dass zwischen dem Organisationswandel und der Wahrnehmung seiner vollen Tragweite durch den Mitarbeiter ein „time lag" besteht. Zuerst hält man die neuen Entwicklungen für nicht wesentlich oder zumindest ungewiss. Als nächstes wird zwar das Ausmaß der Veränderungen erkannt, aber die persönlichen Konsequenzen nicht akzeptiert. Schließlich findet man sich in der neuen Arbeitsumgebung zurecht, auch wenn sie der Einzelne nicht mag.

Letztlich konstatieren die Autoren, dass es ungefähr sieben Jahre dauert, bis die Organisationen und die Mitarbeiter ihre Anpassung im Sinne eines neuen psychologischen Arbeitsvertrags erfolgreich abschließen.

Diese Ergebnisse werden durch eine neuere Untersuchung in Deutschland von D. Hecker (2010) relativiert:

> „Der psychologische Vertrag beschreibt die gegenseitigen Erwartungen und Verpflichtungen, die über den juristischen Arbeitsvertrag hinausgehen …, und definiert sich über die Wahrnehmung des Individuums, das im Gegenzug für sein Engagement für die Organisation die in sie gesetzten Erwartungen des Individuums erfüllt" (Hecker 2010, S. 19f.).

Standen beim traditionellen Kontrakt Sicherheit des Arbeitsplatzes, lebenslange Beschäftigung, interner Aufstieg, gegenseitige Loyalität und Identifikation sowie Spezialisierung im Mittelpunkt, so werden heute die Eigenverantwortung für die Beschäftigung, eigenständige Kompetenzerweiterung, Flexibilität und Ambiguitätstoleranz sowie Zielorientierung im Mittelpunkt (vgl. Reader/Grote 2001, in: Hecker 2010, S. 22f.). Gleichwohl behält der psychologische Vertrag auch bei geänderten Inhalten (Merkmalen) seine Bedeutung für Arbeitszufriedenheit, „Commitment" (hohe persönliche Übereinstimmung mit den Zielen und Werten der Organisation, Anstrengungsbereitschaft und Wunsch, im Betrieb zu bleiben) und das Beanspruchungserleben („subjektiv wahrgenommene emotionale und kognitive Beanspruchung im Arbeitskontext durch erlebtes Ungleichgewicht zwischen persönlichen Ressourcen und alltäglichen Belastungen") (vgl. Hecker 2010, S. 196f.).

Die Organisation kann durch ihre Kontrollmechanismen, personalpolitischen Programme, ihre Unternehmenskultur (Wertekanon, Kommunikation, Corporate Identity) und die Signale der obersten Führungskräfte Einfluss nehmen auf die subjektive Ausgestaltung und Wahrnehmung psychologischer Verträge. Dagegen lassen sich die Anreizsysteme in einem Betrieb im Sinne einer Erwartungshaltung der Organisation an die Beschäftigten interpretieren (vgl. Hecker 2010, S. 205).

Geht man also im Sinne von Rousseau (2004) von der Bedeutung wirksamer psychologischer Verträge für den Einzelnen und den Betrieb aus, so stellt sich die kritische Frage an die Ansätze der Laufbahnentwicklung, wieweit die Dimensionen psychologischer Verträge darin Berücksichtigung finden.

Im Anschluss an McLean-Parks/Kidder/Gallagher (1998) benennt Hecker (2010, S. 33f.) folgende Kernelemente zur Beschreibung psychologischer Verträge: Der „sozio-emotionale Fokus" erfasst die Bedeutung sozio-emotionaler Aspekte im Verhältnis zu wirtschaftlichen Aspekten in der Arbeitsbeziehung; „Greifbarkeit" meint die vom Mitarbeiter wahrgenommene Spezifik, Klarheit und Konkretheit der Beziehung und seiner Rolle darin; „Veränderbarkeit" bezeichnet das Ausmaß, in dem die einmal festgelegten Bedingungen und Rollen Bestand haben; die „Breite" charakterisiert den Umfang des psychologischen Vertrags in Bezug auf die verschiedenen Lebensbereiche und das Privatleben einer Person; unter „Einzigartigkeit" wird das Ausmaß an individuell wahrgenommener Ersetzbarkeit verstanden; die „Freiwilligkeit" ergibt sich aus den Wahlmöglichkeiten eines Mitarbeiters bei der Ausgestaltung seiner Beziehung zur Organisation; die Wahrnehmung des „Zeitrahmens" bezieht sich darauf, ob die Beziehung als kurzfristig oder langfristig angelegt erlebt wird; das Merkmal „multiple Beziehungen" ist besonders bei flexiblen Beschäftigungsverhältnissen von Bedeutung, wenn das Individuum Austauschbeziehungen zu mehr als einer Organisation unterhält.

Entgegen mancher Annahmen in der Literatur zeigen die Ergebnisse der Studie von Hecker (2010), dass weder die Dauer der Bindung eines Arbeitnehmers an eine Organisation noch instabile oder multiple Zugehörigkeiten signifikante Veränderungen in Bezug auf die genannten Kernmerkmale psychologischer Verträge haben. Diese Ergebnisse sind in unserem Kontext deshalb wichtig, weil damit die Bedeutung psychologischer Verträge auch in Zeiten abnehmender „Normalarbeitsverhältnisse" unterstrichen wird.

Eng verwandt mit dem Ansatz der proteischen Laufbahn ist das Konzept der physische und psychische Begrenzungen überschreitenden beruflichen Mobilität („boundaryless career concept") (Sullivan/Arthur 2006; Briscoe/Hall 2006).

Dieses im Wesentlichen von Arthur/Rousseau (1996) formulierte Konzept beschreibt das Gegenteil der „organisationalen Karriere" im Sinne der Bindung an eine einzige Organisation, eines fest definierten Laufbahnmusters mit vertikaler Ausrichtung und Stabilität.

Merkmale der „boundaryless career" sind Unterstützung durch außerbetriebliche Netzwerke, Einfluss des „work-life-balance" und die subjektive Interpretation der Berufslaufbahn. Dieser Laufbahntypus ähnelt dem später noch angesprochenen „Arbeitunternehmer" oder „Arbeitskraftunternehmer".

4.7 Laufbahnentscheidungen als kognitiver Informationsprozess

Die Theorien der beruflichen Laufbahnentwicklung und Berufswahl gehen in der Regel nicht auf die eigentlichen Prozesse bei der Entscheidung ein. Auf diesen Aspekt zielen die entscheidungstheoretischen Ansätze, bei denen zwischen normativen und deskriptiven Modellen zu unterscheiden ist. Erstere erklären, wie man Entscheidungen treffen sollte, letztere untersuchen, wie das individuelle Entscheidungsverhalten *tatsächlich abläuft* (vgl. Brown 1994, S. 427).

Der im Folgenden vorgestellte Ansatz ist eklektisch und gehört eher zu den deskriptiven Ansätzen (vgl. Ertelt 1992, S. 90ff.; Ertelt/Schulz 1997, S. 223ff.; Ertelt/Schulz 2008, S. 245ff; Peterson/Sampson/Reardon/Lenz 1996, S. 423ff.).

Individuelle Entscheidungs- und Problemlöseprozesse lassen sich idealtypisch einteilen in eine *Vorentscheidungsphase*, eine *Entschlussphase* und eine *Nachentscheidungsphase*, mit jeweils charakteristischen Informationsaktivitäten. Dabei interagieren jeweils drei Arten von Informationen in unterschiedlicher Weise: *Faktenwissen* umfasst Angaben über mögliche Alternativen, deren ‚Befriedigungsangebote' sowie deren Realisierungswege und -chancen; *Wertungswissen* umfasst Kriterien, die sich aus Vorstellungen über sich selbst im Vergleich zum wahrgenommenen beruflich-sozialen Umfeld entwickelt haben; persönlich verbindliche *Problemlösungsstrategien* weisen dem Einzelnen den Weg, welche faktischen und wertenden Informationen wie miteinander zu verbinden sind.

Nur die in einer bestimmten Problemlösesituation beim Individuum wirksamen Informationen werden als *Entscheidungsprämissen* bezeichnet.

Zu den *faktischen Prämissen* zählen vor allem berufskundliches Wissen und subjektive Einschätzung von Realisierungschancen von Alternativen. *Valuative Prämissen* speisen sich aus Interessen, Motivation, selbsteingeschätzten Fähigkeiten, Einflüssen ‚wichtiger' Bezugspersonen. *Präskriptive Prämissen* umfassen subjektive bedeutsame Methoden der Problemlösung (vgl. Mitchell/Krumboltz 1996, S. 173f.): 1) Wahrnehmung der Bedeutung einer Entscheidungssituation, 2) realistische Bestimmung der notwendigen Schritte, 3) sorgfältige Prüfung bisheriger Erfahrungen in ähnlichen Situationen, 4) Entwicklung verschiedener Handlungsalternativen, 5) Sammlung von Informationen über diese Alternativen, 6) Gewichtung der Alternativen anhand der Kriterien und Aussondern unattraktiver Alternativen.

Die bei beruflichen Problemlösungen ablaufenden Prozesse wurden bereits früh aus der Sicht kognitiver Informationsverarbeitungsansätze differenziert behandelt (vgl. Ertelt/Feckler 1979; Ertelt 1982) und in der Folge mehrmals empirisch untersucht (vgl. hierzu den zusammenfassenden Artikel von Ertelt/Seidel 2001).

In ganz ähnlicher Weise charakterisieren Peterson et al. (1996, S. 444ff.) mit ihrem ‚Cognitive Information Processing Approach' (CIP) die Vorgänge bei Berufsentscheidungen (Holling et al. 2000, S. 16f.).
Abbildung 1 macht die Verbindung beider Ansätze deutlich.

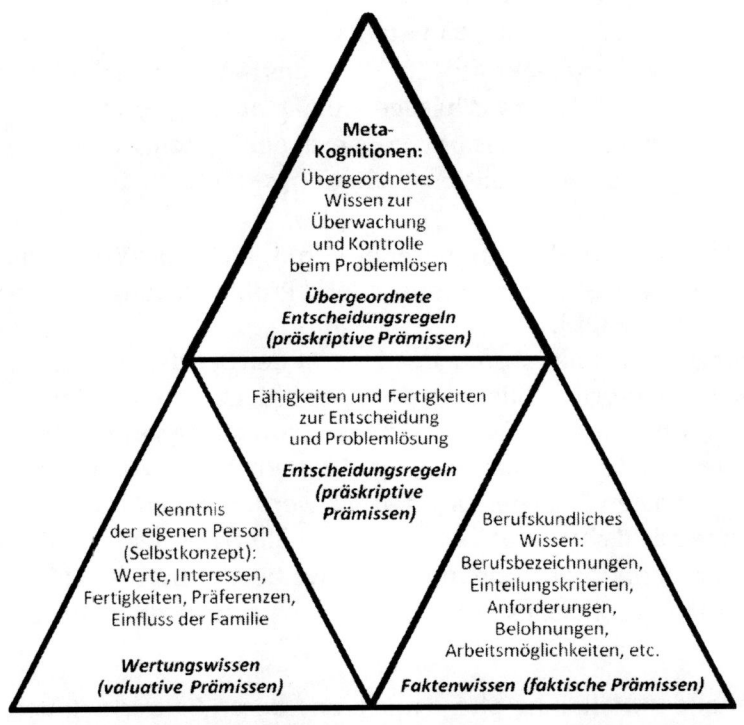

Abb. 1: Informationsbereiche bei beruflichen Entscheidungsprozessen

Die Entscheidungsfähigkeiten werden von Sampson et al. (1999, S. 5f.) als Abfolge von fünf Aktivitäten in Kreisform dargestellt:

1. Kommunikation:	Aufmerksam werden auf eine problematische Situation und Wahrnehmung der Notwendigkeit, eine Entscheidung treffen zu müssen.
2. Analyse:	Analyse der Ursachen für das Problem und Auslotung der eigenen Persönlichkeit (Verständnis des Selbst) und der möglichen Lösungsmöglichkeiten.
3. Synthese:	Entwicklung einer Reihe möglicher Handlungsalternativen (Elaboration) und anschließend Reduzierung auf einige realistische Möglichkeiten (Kristallisation).

4. Bewertung: (Evaluation)	Abwägung dieser Möglichkeiten (z.B. Wahl eines bestimmten Berufs, einer Ausbildung, eines Studiums) nach persönlichen Kosten-Nutzenerwägungen, in Bezug auf die Meinung wichtiger anderer oder der kulturellen Bezugsgruppe; Bildung einer Rangfolge und vorläufige Festlegung einer bestimmten Alternative.
5. Ausführung:	Festlegung eines Ausführungsplans mit Zwischenzielen und jeweils daraus bezogenen Aktivitäten; Durchführung dieses Planes und Vergleich der Ergebnisse mit der Ausgangssituation (1. Station ‚Kommunikation').

Die dargestellte Abfolge von Aktivitäten findet sich in ähnlicher Weise bei fast allen Modellen für individuelle Entscheidungs- und Problemlösungsprozesse (vgl. Ertelt/Schulz 1997, S. 232f.).

Zentral wichtig für das Informationsmanagement in der Berufsberatung ist jedoch die Frage, wie viele Informationen der Einzelne braucht, um eine angemessene berufliche Entscheidung treffen zu können. Darüber gehen die Meinungen auseinander, je nachdem ob man sich von der normativen Vorstellung, der Klient müsse zur rationalen Entscheidung geführt werden, leiten lässt oder ob man eher von dem tatsächlichen Problemlösungsverhalten her denkt.

Wenn man von Menschen fordert, sie müssten etwa bei der Berufswahl rational entscheiden, hätte beraterisches Informationsmanagement dafür zu sorgen, dass sie

- alle ihnen offenstehenden Handlungsalternativen und deren Beiträge zu den individuellen Zielen (‚Befriedigungsangebote') kennen
- über genügend Bewertungskriterien zur Beurteilung dieser Alternativen verfügen, so dass eine Präferenzskala nach dem (subjektiven) Nutzen entsteht, und
- immer diejenige Alternative auswählen, die in dieser Präferenzordnung von keiner anderen übertroffen wird.

Die Überforderung der individuellen Informationsaufnahme und -verarbeitungskapazität, die Reaktionen auf Informationsüberlastung (Informationsstress), individuelle Konflikte und Emotionen sowie der Einfluss von Zufällen bzw. ‚günstigen Gelegenheiten' werden bei diesen präskriptiven Modellen der Entscheidung weitgehend vernachlässigt (vgl. Ertelt 1992, S. 95; Holling 2000, S. 10, 28).

Daher eignen sich diese normativen Ansätze nur bedingt als Grundlage zukunftsbezogenen Informationsmanagements in der Laufbahnberatung, obgleich eine große Zahl nationaler und internationaler Verfahren zur Berufs- und Studienberatung noch immer darauf aufbauen (vgl. Holling 2000, S. 28).

Einer wirksamen Laufbahnberatung angemessener erscheinen die *deskriptiven Modelle* menschlicher Entscheidung, die sich am individuellen Informationsbedarf und -verhalten orientieren, den Adressaten also dort ‚abholen', wo er sich bei seinem Problemlösungsprozess gerade befindet. Daher spricht man hier auch von einem ‚nachfrageorientierten' Vorgehen, im Gegensatz zu dem ‚angebotsorientierten' Charakter präskriptiver Modelle.

Berufliche Probleme und Entscheidungen sind in der Regel komplexer Art und daher schwierig, eindeutig zu bestimmen (‚schlecht definierte Situation'). Selten gibt es eine ‚richtige' Lösung und einen eindeutig vorhersehbaren Schlusspunkt oder gar eine Lösungsgarantie für eine bestimmte Vorgehensweise.

Solche Entscheidungsprozesse gehen in der Regel einher mit starker emotionaler Betroffenheit, etwa Problemlösungsdruck, Informationsstress, Furcht vor irreversiblen Fehlentscheidungen wegen unvollständiger Information und Zweifel, ob die ausgewählte Alternative tatsächlich die richtige ist (vgl. Peterson et al. 1996, S. 428f.).

Deskriptive Modelle beschreiben das dem Menschen in schlecht definierter Entscheidungssituation eigene ‚heuristische' Verhalten: Lösungen werden durch tastendes Vorgehen und Vereinfachungsstrategien schrittweise angesteuert, nur wenige Alternativen ins Kalkül einbezogen und nur mit wenigen Kriterien bewertet, endgültig bindende Festlegungen (Entschlüsse) schiebt man möglichst lange hinaus, um neue Informationen noch berücksichtigen zu können.

Heuristiken sind vereinfachende Regeln, die von Menschen in Entscheidungsprozessen benutzt werden, um den kognitiven Aufwand der Informationsverarbeitung wesentlich zu reduzieren; solche ‚mudding through'-Strategien sind also kein zu vermeidender Unfall bei der Problemlösung sondern die Regel.

Wegmann (2005, S. 25f.) beschreibt nach einer Literaturrecherche solche Heuristiken, die sich anhand folgender Merkmale voneinander unterscheiden lassen: 1. Such-Regeln für Alternativen und/oder deren Attribute, 2. Stopp-Regeln für die Einstellung der Suche und 3. Entscheidungs-Regeln für die Wahl einer Alternative (vgl. auch: Ertelt/Ruppert 2011).

Die Qualität eines nachfrageorientierten Beratungs- und Informationssystems hängt nun davon ab, wie gut es sich an die individuellen kognitiv-affektiven individuellen Informationsverarbeitungsprozesse angleichen, d.h. sie simulieren kann. In diesem Sinne sind Vorstellungen, wie etwa der oben beschriebene Lösungs-Kreislauf von Peterson et al. oder die Phasen- und Stufengliederungen diagnostische Instrumente zur Ermittlung des individuellen Standes im Entscheidungsprozess äußerst hilfreich, um die jeweils hilfreichen Informationen zu vermitteln. Steht ein Mensch vor einer existenziell relevanten *Problemsituation*, so benötigt er Informationen zur Definition der für ihn neuen Situation, zur Art des geforderten Entschlusses, zu Nachteilen bei Nichtentscheidung, zum Vorgehen und zum erwarteten Informationsaufwand.

Tab. 3: Ausgewählte Heuristiken

Beispiele für Heuristiken	1. Such-Regel	2. Stopp-Regel	3. Entscheidungs-Regel
Inkrementalismus	Suche nach Alternativen, die nur wenig vom Ausgangszustand abweichen;	Suche wird abgebrochen, wenn eine Alternative gefunden ist, die eine Verbesserung der Ausgangssituation darstellt;	Entscheidung zugunsten einer Alternative, die nur wenig von der Ausgangssituation abweicht, aber eine Verbesserung darstellt;
‚Take the best'-Heuristik	Suche nach einem Attribut, das die stärkste Entscheidungskraft besitzt;	Suche wird beendet, sobald ein Attribut gefunden ist, in dem sich die Alternativen unterscheiden;	Entscheidung zugunsten der Alternative mit dem höheren Wert auf dem gewählten Attribut;
‚Satisfizierung'	Such-Regel nach dem Zufallsprinzip;	Suche wird eingestellt, sobald eine Alternative dem ‚Satisfizierungsniveau' entspricht;	Entscheidung zugunsten der ersten Alternative, die dem ‚Satisfizierungsniveau' entspricht;
‚Minimalist'-Heuristik	Zufallssuche nach einem relevanten Attribut, in welchem sich die Alternativen unterscheiden;	Suche wird beendet, sobald ein Attribut gefunden ist, in welchem sich die Alternativen unterscheiden;	Entscheidung zugunsten der bekannten Alternative. Falls keine oder beide bekannt, Entscheidung zugunsten der Alternative mit dem höheren Wert auf dem gewählten Attribut;

Danach sind Hilfen zur *Generierung von Handlungsalternativen* bereitzustellen, wobei es weniger auf eine möglichst große Zahl sondern vielmehr auf eine exemplarische Auswahl ankommt.

Auf der Stufe der *Bewertung von Handlungswegen* bedarf es Informationen zur Bewusstmachung relevanter Wertungskriterien, mit Hilfe derer die Instrumentalität einer Alternative für die individuellen Ziele eingeschätzt werden können.

In der *Entschlussphase* mit persönlich verbindlicher Festlegung auf eine Alternative (commitment) benötigt der einzelne Informationen, die ihm über die eigene Entscheidungsfähigkeit, Auswahl- und Festlegungskonflikte, Verlustängste, Realisierungschancen Auskunft geben.

Zur Bewältigung der für die *Nachentscheidungsphase* charakteristischen Dissonanzerlebnisse sind beschreibende, bestärkende und interpretierende Informationen zu vermitteln. Besonders wichtig, etwa in einer neuen Ausbildungsstelle oder Arbeitsstelle sind beraterische Erklärungshilfen bei Zweifeln oder Misserfolgen, damit nicht vorschnelle Reaktionen die erfolgreiche Umsetzung eines Entschlusses unterlaufen.

Die auf diesen Prämissen aufbauende Informationsstrukturelle Methodik (ISM) bezieht sich auf die beraterische Begleitung der gesamten Berufslaufbahn eines Menschen. Im Mittelpunkt stehen dabei das Entscheidungs- und Problemlösungsverhalten in den beruflichen Transitions- und Entwicklungsphasen, nicht nur reaktiv sondern auch proaktiv (vgl. Ertelt/Schulz 2008).

Die Ergebnisse einer kasuistischen narrativen Pilotstudie (Wegmann 2005) zeigen, dass die einfachsten Entscheidungsstrategien, etwa „Durchwursteln" oder ähnliche Formen des Inkrementalismus, mit Abstand am häufigsten vorkommen. Von den insgesamt 31 zuordenbaren Strategien war lediglich bei einer Entscheidung die Tendenz zur Optimierungsstrategie, also zum rationalen Verhalten, erkennbar.

Keiner der Befragten verwendete über alle Entscheidungen ihrer beruflichen Laufbahn hinweg das gleiche, sondern in der Regel drei bis vier verschiedene Verhaltensmuster. Eine bestimmte Regel lässt sich jedoch bei den Veränderungen der Strategien über die Zeit hinweg nicht erkennen.

Bei der beruflichen Entscheidungsfindung zeigten sich folgende Kriterien als besonders relevant (nach Häufigkeit der Nennung geordnet):

1. Vorqualifizierung oder ausschlaggebende vorherige Erfahrungen,
2. Wunsch, Geld zu verdienen oder den Lebensunterhalt zu sichern,
3. Einfluss der Familie,
4. Freizeitgestaltung,
5. Interesse oder Freude an der jeweiligen Tätigkeit,
6. örtliche Nähe der Ausbildungs- oder Arbeitsstelle oder des Studienortes,
7. Einfluss von Freunden,
8. innerer Wunsch oder lang gehegter Traum.

Wegmann (2005, S. 109) zieht aufgrund der Untersuchungsergebnisse den hypothetischen Schluss, dass mit zunehmendem Alter die Bereitschaft steigt, radikalere Brüche und größere Anstrengungen in Kauf zu nehmen, um einen Berufswunsch zu realisieren. Mit zunehmender Erfahrung und persönlicher Reife tendieren die beruflichen Entscheidungsfaktoren weg von extrinsischen hin zu intrinsischen Motivationen.

Für die Berufsberatung besonders wichtig sind die Verhaltensweisen an den von außen gesetzten Entscheidungszeitpunkten. Die Interviews zeigen, dass die befragten Personen auf diese Transitionen trotz ihrer Vorhersehbarkeit nicht vorbereitet schienen, denn die Entscheidungen waren geprägt von großer Unsicherheit und leichter Beeinflussbarkeit.

In methodisch ähnlichen Studien (Trisoglio-Wanka 2008; Wresch 2008) deutet sich an, dass zu Beginn der Berufslaufbahn, also bei der Berufserstwahl, die Satisfizierungsstrategie überwiegt und bei der Mehrheit der Befragten auf Nachahmung von sozialen Vorbildern (vor allem Eltern) nach dem Muster ‚one-reason-decision-making' hinausläuft.

Im weiteren Verlauf der Berufslaufbahn, wenn erst einmal ein zufrieden stellender Weg eingeschlagen ist, zeigen sich inkrementelle Strategien: Die Befragten entscheiden sich für Optionen, die sie sukzessive ihren eigentlichen Zielen näher bringen.

Insgesamt fanden sich bislang starke Hinweise auf Verhaltensweisen im Sinne des „Happenstance Approach" von Krumboltz (2003; vgl. auch Mitchell/Levin/Krumboltz (1999); Krumboltz/Lewin (2004).

Dieser Ansatz betont die Nutzung ungeplanter günstiger Ereignisse und will dem Einzelnen helfen, das Ziel eines zufrieden stellenden Lebens anzusteuern, anstatt sich auf rationale Entscheidungen zu konzentrieren.

Die darauf aufbauende Beratung empfiehlt folgende fünf Schritte:

1. Verdeutliche dem Ratsuchenden, dass bei Berufswahl und -entwicklung Zufälle eine normale und notwendige Erscheinung sind.
2. Unterstütze die Ratsuchenden bei der Identifikation dessen, was ihr berufliches Leben bereichern könnte.
3. Nutze positive Erfahrungen der Ratsuchenden mit ungeplanten Ereignissen als Basis für Handlungsempfehlungen.
4. Unterstütze die Ratsuchenden in Zukunft, günstige Zufälle zu erkennen und zu nutzen.
5. Befähige die Ratsuchenden, solche Auffassungen und externe Hindernisse zu identifizieren, die die Umsetzung konstruktiver Handlungsweisen behindern.

Vor dem Hintergrund dieser Ergebnisse erscheint es in Anbetracht der wachsenden Bedeutung der Beratung in Bildung, Beruf und Beschäftigung zentral wichtig, dass die rational orientierten Theorien bei der Weiterentwicklung der Beratungswissenschaft relativiert werden (vgl. auch Schiersmann 2007, S. 150ff.)

5. Kritische Reflexion des Beitrags beruflicher Objekttheorien für HR

5.1 Kritische Analyse der Annahmen zu Trends der Berufstätigkeit

In diesem Kontext betrachten wir HR im Sinne der weiteren Begrifflichkeit von Personalentwicklung mit den drei Aufgabenfeldern „Bildung", „Förderung" und „Organisationsentwicklung" (vgl. Frey, T.R. 2007, S. 58ff.; vgl. auch Becker 2009; Dincher 2007).

„Bildung" umfasst sowohl die Berufsausbildung als auch die Weiterbildung, zur „Förderung" zählen die Auswahl, Einführung und Einarbeitung neuer Mitarbeiter, Work-Life-Balance-Ansätze und das Retentionsmanagement.

Die „Organisationsentwicklung" kann nicht der Personalentwicklung subsumiert werden, wohl aber ist der menschliche Faktor entscheidend, auch für das Change Management (vgl. Becker 2009, S. 603ff.). Dies wird besonders deutlich herausgearbeitet von Schiersmann/Thiel (2010), die sehr differenziert die Herausforderungen in den verschiedenen Aufgabenfeldern der Organisationsentwicklung in personenbezogene Methoden umsetzen. Diese umfassen Gruppenverfahren bei den Startszenarien, Projektarbeit als Kern organisationaler Veränderungsprozesse, Teamentwicklung, Prozessmanagement, Wissensorganisation und Kompetenzentwicklung, Coaching, Moderation und Mediation bei Widerständen gegen Veränderungen.

Bei der Analyse der Literatur zu HR und Organisationsentwicklung fällt auf, dass die Schnittmenge mit den operativen Theorien der Berufsberatung besonders groß ist. Dies betrifft vor allem die Kommunikations- und Beratungsmethoden, die Gestaltung des Mitarbeitergesprächs, Coaching, Mentoring, Supervision, Personalführung und Konfliktmanagement, aber auch „Storytelling" als narrative Managementmethode (vgl. Frenzel u.a. 2006; vgl. auch Ivey 1998; Rosenberger 2002; Becker 2009; vgl. auch Gysbers/Heppner/Johnston 2009).

Dagegen finden sich kaum direkte Bezüge zwischen den oben dargestellten Objekttheorien bzw. Laufbahnkonzepten und HR. Indirekte Hinweise gibt es vor allem bei der Behandlung organisationsnaher „Karrieretypologien" etwa in Verbindung mit Nachfolgeplanung (vgl. Becker 2009, S. 519ff.). In den Arbeiten von Schlossberg (1978, 1986), besonders aber von Herr u.a. (2004) wird deutlich, welche Möglichkeiten diese Ansätze für eine am Individuum ausgerichtete Personalentwicklung bieten.

Einschränkend ist jedoch festzustellen, dass – mit wenigen Ausnahmen, wie z.B. „Work adjustment" oder dem Konzept der „proteischen Laufbahn" – die exemplarisch behandelten sog. psychologischen Objekttheorien sehr stark vom „Beruf" und der „beruflichen" Entwicklung des Individuums her denken. Die Sichtweise des Menschen als Organisationsteilnehmer steht dagegen weniger im Fokus der Theoriebildung.

Dabei ist es bemerkenswert, dass die Orientierung am Berufsgedanken eher dem Berufskonzept im deutschsprachigen Raum entgegenkommt als dem britischen bzw. angelsächsischen Employability-Konzept.

Frey/Grill (2011, S. 79f.) fassen dies im Anschluss an Kraus (2008) wie folgt zusammen:

> „In Deutschland spielt ... das Berufskonzept eine viel größere Rolle. Berufliche Arbeit wird nicht nur im Zusammenhang mit Beschäftigtsein gesehen. Sie stellt auch eine wesentliche Quelle persönlicher Zufriedenheit und der Entwicklung der eigenen Identität dar, die idealiter in einer lebenslangen Beschäftigung gesehen wird, ...".

Employability wird aus dieser Sicht eher als Ergänzung zum Berufskonzept begriffen. Für die Beschäftigungsform hat das zur Folge, dass „ ... das deutsche System ... eher auf Organisation und auf die Treue zu ihr (aufbaut), während das englische sich viel stärker auf den (Arbeits-)Markt ausrichtet" (Harney/vom Hau 2008, zit. in: Frey/Grill 2011, S. 80).

Diese Auffassung von Employability, die scheinbar eine notwendige Konsequenz der Veränderungen in der Arbeitswelt ist, macht sich offensichtlich auch die Berufsbildungspolitik der EU zu eigen: „In Deutschland wird über eine duale Ausbildung neben der fachlichen Qualifizierung für eine beruflich orientierte Erwerbstätigkeit in der Wirtschaft auch auf die Persönlichkeits- und die Identitätsentwicklung sowie die Sozialisierungs- und die Allokationsfunktion der Jugendlichen abgezielt. Ein entsprechend ganzheitlicher Ansatz von Berufsbildung ist in den gesetzlichen Grundlagen und in dem ausgedrückten Bildungsverständnis der europäischen Berufsbildungspolitik nicht zu finden" (Baron 2008, S. 210). Und so kann die auf EU-Ebene favorisierte Modularisierung der Berufsbildung (nach dem Singularisierungskonzept), die sich wesentlich am britischen System der National Qualification (NQV) orientiert, als

> „... kontraproduktiv und konfliktreich für die duale Ausbildung in Deutschland bezeichnet werden" (Baron 2008, S. 211).

Doch vor allem unter dem Eindruck alarmierend hoher und noch steigender Jugendarbeitslosigkeit in fast allen EU-Ländern (mit Ausnahme von Österreich, Niederlande und Deutschland) deutet sich hier ein Wandel an, der sich besonders ablesen lässt an der neuen Wachstumsstrategie „Europa 2020" (Europäischer Rat, Juni 2010), der EU-Initiative „Jugend in Bewegung" und dem „Kommuniqué von Brügge" (vgl. Fabian 2011, S. 11ff.; Diekmann 2010, S. 16). In der darin zum Ausdruck gebrachten Aufwertung der Berufsausbildung kann man eine Stärkung des deutschen dualen Systems sehen. Eine Konsequenz wäre nach Diekmann (2010, S. 16), in Verbindung mit den EU Mobilitätsinstrumenten darauf zu achten,

> „... der Validierung von nicht formalem und informellem Lernen nicht einen höheren Stellenwert einzuräumen als dem gezielten und geregelten Lernerwerb".

Unterstrichen wird diese Auffassung durch die Stellungnahme des Hauptausschusses des Bundesinstituts für Berufsbildung (BIBB) zur „European Taxonomy of Skills, Competences and Occupations" (ESCO). Hier wird

> „... mit Nachdruck (drauf hingewiesen), dass die hohen Flexibilitätspotenziale ganzheitlicher, am Berufskonzept ausgerichteter Berufsbildungssysteme die Arbeitsvermittlung in stärkerem Maße erleichtern können als die Beschränkungen auf Matching-Verfahren".

Die in der Berufsausbildung in Deutschland vermittelten Qualifikationen stellen „Qualifikationsbündel" dar, die die Integration in einen Betrieb viel einfacher machen

> „... als in Arbeitsmärkten, die sich nicht auf Berufsfachlichkeit stützen können".

Es wird daher vor unkalkulierbaren Folgen für das duale Berufsbildungssystem, das umfassende berufliche Handlungsfähigkeit zum Ziel hat, gewarnt. Der Hauptausschuss des BIBB hält es

> „... aus bildungspolitischer Sicht für eine falsche Weichenstellung, wenn moderne Beruflichkeit" durch ein europaweit geltendes Verständnis von ‚Detailqualifikationen' ersetzt würde" (Bundesanzeiger Nr. 69 vom 05. Mai 2011).

Die Frage, wieweit die berufsberaterisch orientierten Theorien bzw. Ansätze der individuellen Berufswahl und Laufbahngestaltung innovative Beiträge für die Personalentwicklung in Organisationen liefern können, hängt wesentlich davon ab, welche Charakteristika die Arbeitswelt heute aufweist. Egle/Bens (2004, S. 234ff.) sehen auf der Basis einer Literaturanalyse eindeutige Belege für die „Entgrenzung beruflich organisierter Arbeit" mit einer „Individualisierung der Berufsbiografie", einer Erosion der Nomalarbeitsverhältnisse, häufigem Arbeitgeber- und Berufswechsel, Wechsel in Arbeitslosigkeit, Wechsel von Wirtschaftszweig bzw. Branche und Status. Im Anschluss an Brater (1998, S. 24) wird das Ende „des tradierten Verhältnisses von Beruf und Biografie" konstatiert: „Im Hinblick auf die Erwerbsarbeit zerfällt das Berufskonzept in seine einzelnen Elemente, berufliche Entwicklung und Karriere werden Puzzle. Dass Berufe als soziale Schablonen für die Nutzung von Arbeitsfähigkeiten ihre Bedeutung verlieren, wird vielfach prognostiziert" (Egle/Bens 2004, S. 238).

Um die Herausforderungen durch diese Entgrenzung bewältigen zu können, bedarf es des neuen Typus des „Arbeitskraftunternehmers" oder „Arbeitunternehmers", der Kompetenzen zur „aktiven Biografisierung", „sozialen Networkkonstruktion", „kontinuierlichen Selbstvermarktung", „Selbstmotivierung" und „Selbstorganisation" sowie zur „Ichstabilisierung" besitzt. Frey/ Grill (2011, S. 84ff.) sehen die Unterschiede zu dem bisher vorherrschenden Typus des Arbeitnehmers darin, dass der Arbeitunternehmer mehr Risiko übernehmen und Verantwortung tragen muss, neue Anforderungen eher wahrnehmen und kreativ verwirklichen muss sowie eine erweiterte „Selbst-Ökonomisierung" der Arbeitskraft mit verstärkter Selbst-Kontrolle auch über das Zweckrationale hinaus zu zeigen hat und ein inneres Leitbild entwickeln muss, dessen Kern Leistungsbereitschaft in einer Gesamtkonzeption, die auch den Umgang mit einer „Verbetrieblichung des Lebens" einschließt, ist.

Es wird deutlich, dass der Typus des Arbeitunternehmers bzw. Arbeitskraftunternehmers sehr stark mit dem Konzept der Employability verbunden ist und dem Berufskonzept kontradiktorisch gegenübersteht. Nach Kraus (2008, S. 69ff.) orientieren sich die Human Resource Development-Abteilungen internationaler Konzerne an dem englischen Modell der Employability und drängen das deutsche Berufsverständnis zurück. Als Konsequenz dürfte der Ansatz des Arbeitunternehmers wachsende Bedeutung auch für die Wirtschaft und die Berufsbildung erhalten (vgl. Frey/Grill 2011, S. 80f.).

Die dargestellten Auffassungen über die Entwicklungen der Arbeitswelt werden jedoch durch neuere Untersuchungen nicht eindeutig gestützt. Zwar erbrachte etwa eine Langzeitstudie in den USA (2002), dass Erwerbstätige bis zum 36. Lebensjahr ihre Arbeitsstelle seit ihrem 16. Lebensjahr durchschnittlich 9,6-mal wechselten. Savickas u.a. (2009, S. 242) schließen daraus:

> „If people change their jobs almost every two years on average, the unique choice of a single occupation for life becomes more of a myth than reality".

Versteht man „Job" jedoch als Arbeitsstelle mit vergleichsweise einfachen Teilaufgaben, die schnell zu erlernen sind, und die keine stabile Identifikation entstehen lässt (vgl. Baron 2008, S. 112), so wird deutlich, dass es sich nicht um eine echte Alternative zu einem Beruf im Sinne der oben behandelten Objekttheorien handeln kann.

Eine Studie des Instituts für Arbeitsmarkt- und Berufsforschung (IAB) prüft die Hypothese, dass stabile Erwerbskarrieren in entwickelten Volkswirtschaften allmählich von der Regel zur Ausnahme werden (vgl. Rhein 2010). In einem

Vergleich der Beschäftigungsdynamik in ausgewählten europäischen Ländern seit den 1990er Jahren wird eindeutig gezeigt, dass

„von einem allgemeinen europäischen Trend hin zu einem ‚Turbo-Arbeitsmarkt' ... nicht gesprochen werden (kann)" (Rhein 2010, S. 5).

Zwar bestehen zum Teil deutliche Unterschiede zwischen den Ländern hinsichtlich der durchschnittlichen Dauer der Betriebszugehörigkeit von Arbeitnehmern (Dänemark und Großbritannien mit relativ kurzer Betriebszugehörigkeit, dagegen Deutschland, Frankreich, Italien mit relativ niedriger Fluktuationsrate), doch ein allgemeiner Abwärtstrend ist seit 1992 nicht zu beobachten.

Noch deutlicher in Bezug auf die These der „Entberuflichung" und den raschen Berufswechsel in Deutschland in den letzten 30 Jahren wird eine andere Studie des IAB (vgl. Seibert 2007, S. 6): Zwar gibt es im Berufssegment des dualen Systems berufsspezifische Wechselrisiken, doch bleiben berufliche Strukturen für den Berufseinstieg prägend.

„Von einer ‚Entberuflichung' kann – zumindest an der zweiten Schwelle – nicht die Rede sein".

Vor diesem Hintergrund gilt es, die oft pauschal übernommenen Thesen über den schnellen Wandel in den Beschäftigungsverhältnissen und die abnehmende Bedeutung des Berufsgedankens sowie die daraus abgeleitete Charakterisierung einer „Patchwork-Karriere" auf individueller Ebene gerade für den Fachkräftesektor im KMU-Bereich kritisch zu überdenken. Und bei genauer Analyse entpuppt sich mancher „Berufswechsel" als ganz normaler Wechsel des Arbeitsplatzes oder eine Spezialisierung, ohne Aufgabe zentraler Berufscharakteristika. Eine systematische Erforschung der aktiven und passiven Substitutionspotenziale von Berufen sowie diskriminanzanalytische Untersuchungen der Kongruenz ihrer Anforderungen bzw. Kompetenzen wären daher ein wichtiger Beitrag für eine realitätsnahe Einschätzung der Arbeitswelt (vgl. Seidel 1997; vgl. Seibert 2007, S. 6).

5.2 Laufbahntheorien in Aufgabenfeldern der Personalentwicklung

Abschließend sollen mögliche Anwendungen der dargestellten Objekttheorien in ausgewählten Bereichen der Personalentwicklung diskutiert werden.

Zu den wesentlichen Charakteristika einer zukunftsbezogenen Personalentwicklung zählt Diekmann (2011, S. 18) die Orientierung an den Lebensphasen:

„Die Lebensphasen-orientierte Personalentwicklung avanciert zum bedeutendsten Modell moderner Personalentwicklung, da hiermit zielgenauer Fördermaßnahmen geplant und gesteuert werden können".

Diese Feststellung wird auch durch eine frühere Studie in mittelständischen Betrieben gestützt, die ergab, dass dort die auf den entwicklungsbezogenen Laufbahnansätzen beruhende Personalarbeit eine dominierende Rolle spielt (vgl. Wütherich 2000, S. 101ff.).

Der ebenfalls von Diekmann (2011, S. 18) als zukunftswichtig genannte „flexecurity-Ansatz", der gleichermaßen die vom Arbeitnehmer geforderte Flexibilität mit individuell gewünschter Arbeitsplatzsicherheit in Einklang bringt, deutet stark auf das Modell des „Life designing" und den darin enthaltenen „Work-Life-Balance"-Ansatz hin. Außerdem ergeben sich hier enge Verbindungen zum „psychologischen Vertrag".

Betrachten wir die Personalförderung als künftigen Schwerpunkt in der Personalentwicklung, so lassen sich sechs Aufgabenbereiche (vgl. Frey, T.R. 2007, S. 63ff.) in Beziehung zu ausgewählten Laufbahnkonzepten setzen. Ergänzt wird die Darstellung (in Tabelle 4) um Arbeitsfelder der Organisationsentwicklung (Tabelle 5).

Natürlich kann es sich hier nur um eine sehr grobe Zuordnung handeln, die einer weiteren Diskussion mit der Praxis bedarf.

Tab. 4: Beiträge der Laufbahnkonzepte zu Aufgaben der Personalförderung

Arbeitsebenen der Förderung (vgl. Frey, T.R. 2007, S. 63ff.)	Ausgewählte Laufbahnkonzepte							
	1 Persönl. typol. Trait&Factor	2 Lebenslanger Entw. Prozess	3 Konstruktivistische Sicht	4 Berufl.Entsch. als soz. Lernprozess	5 Work-Adjustment	6 Protean Career	7 ISM	8 Abstimmung mit Psych. Vertrag
1. Auswahl von Mitarbeitern	X				X			X
2. Einführung, Einarbeitung, Integration neuer Mitarbeiter (vgl. auch Felser 2010)	X				X			X
3. Potenzial/ Laufbahnplanung		X	X		X	X		X
4. Teamentwicklung				X	X	X	X	
5. Work-Life-Balance-Ansätze		X	X			X		X
6. Retentionsmanagement, Personalfreistellung		X	X					X
Personal-Transfer-Management (vgl. auch Dincher 2007, S. 241 ff.)						X Selbständigkeit		

Tab. 5: Beiträge der Laufbahnkonzepte zu Aufgaben der Organisationsentwicklung

Ausgesuchte Bereiche der Organisations- entwicklung (vgl. Schiersmann/Thiel 2010)	Ausgewählte Laufbahnkonzepte							
	1 Persönl. typol. Trait&Factor	2 Lebenslanger Entw. Prozess	3 Konstruk- tivistische Sicht	4 Berufl. Entscheidung als soz. Lernprozess	5 Work- Adjustment	6 Protean Career	7 ISM	8 Abstimmung mit Psych. Vertrag
(a) OE als Förderung von Problemlöse- und Selbstorganisations- prozessen	X						X	
(b) Wissensorganisation und Kompetenz- entwicklung	X		X		X		X	

In der Organisationsentwicklung sehen wir einen wesentlichen Beitrag der Berufsberatung in Zukunft in Bezug auf die Optimierung des Wissensmanagements in Unternehmen. Seit langem ist bekannt, dass das Informationsangebot in allen Bereichen unserer Gesellschaft schneller wächst als die Informationsnachfrage, und daraus die Gefahr eines „information overload" resultiert. Die Optimierung des Wissensmanagements in Organisation als phasenorientierter Prozess (vgl. Schiersmann/Thiel 2009, S. 363ff.) ist nur durch Umwandlung der bislang stark angebotsorientierten in eher nachfrageorientierte Systeme, die von den Charakteristika der Nutzer her denken, vorstellbar (vgl. Ruppert/Ertelt 2011).

Abschließend sollen mögliche Dienstleistungen der professionellen Laufbahnberatung in Betrieben im Anschluss an Bernes/Magnusson (in: Herr et al. 2004, S. 498) aufgeführt werden.

Laufbahnplanung: Individualberatung, Assessment Centers, Workshops zur Laufbahnplanung, Verweis an externe Beratungs- und Informationseinrichtungen, Mentoren-Programme, Weiterbildung für Personalentwicklung, Supervision bei Mitarbeitergesprächen, Vermittlung von „Career Management Skills", Personalbedarfsplanung, Demografieberatung.

„Career Management": Personalentwicklung durch Aus- und Weiterbildung, Rekrutierungsprozesse, Personalinformationssysteme, Stellenbeschreibung und Evaluation der Arbeitsleistung, Programme zum Job Rotation, Flexibilisierung der Arbeitsbedingungen, Neuorientierung der Berufslaufbahn.

Lebensplanung: Individuelle finanzielle Fragen, Ehe- und Familienberatung, Suchthilfe, Vorbereitung des Ausscheidens aus dem Arbeitsleben, Training interpersoneller Fertigkeiten, Zeit- und Stress-Management, Ernährungsfragen, Gesundheitsvorsorge.

Schon Anfang der achtziger Jahre hatten Leibowitz und Schlossberg (in: Herr et al., S. 494f.) die Bandbreite möglicher Rollen und Funktionen von Laufbahnberatern in Betrieben herausgestellt: Communicator, Counselor, Appraiser, Coach, Mentor, Advisor, Broker, Referral Agent, Advocate (vgl. auch Plant 2008, S. 265f.).

6. Schlussbemerkungen

In Bezug auf die grundlegende Frage, welchen Beitrag ausgewählte Objekttheorien der Berufswahl- und Laufbahnentwicklung im Sinne einer verstärkten Beachtung der individuellen Berufspersönlichkeit im HR leisten könnte, wird das Augenmerk zuerst auf Diskrepanzen in der Bewertung der Bedeutung des „Berufs" für das Individuum zu richten sein. Das in die Personalpolitik internationaler Konzerne sich offenbar immer stärker durchsetzende Employability-Verständnis (vgl. Frey/Grill 2011, S. 80f.) mit der Betonung des arbeitsmarktnahen Kompetenzgedankens, würde somit eher der Entwicklung einer emanzipatorischen Berufspersönlichkeit entgegen stehen. Zu empfehlen wäre daher, vor allem mit Blick auf die KMU auf der Basis der Berufs- und Wirtschaftspädagogik eine fachliche Diskussion über das Verhältnis von Berufskonzept und Kompetenzmanagement zu intensivieren (vgl. Diekmann 2011, S. 21).

Eine kritische Auseinandersetzung mit den auf Employability und damit auf individuelle „Arbeitsmarktgängigkeit" ausgerichteten Ansätze erscheint schon deshalb geboten, weil in manchen Strukturierungsmodellen von Arbeitskräften schichttypische Betrachtungsweisen aufscheinen (vgl. Frey/Grill 2011, S. 81ff.). Handy (1994, in: Herr et al. 2004, S. 490) schlug in Anbetracht der sich wandelnden Beschäftigungsstrukturen eine Einteilung in drei konzentrische Kreise vor:

Zum *innersten Kreis* zählen die unverzichtbaren Mitarbeiter für die zentral wichtigen Aufgaben in einer Organisation. Ihnen werden langfristige Arbeitsverträge, exzellente Bezahlung, Sozialleistungen und Weiterbildungen geboten.

Zum *mittleren Kreis* gehören die Mitarbeiter auf Zeit, die für spezifische Tätigkeiten und Saisonarbeiten eingestellt werden. Oft haben sie mehrere Teilzeit-Jobs nebeneinander und können keine langfristige Identifikation mit einem Betrieb aufbauen.

Den *äußeren Ring* bilden Tätigkeiten, die in Form von Unterverträgen oder im „Outsourcing" vergeben werden. Beispiele sind Sicherheitsdienste, Beratung, Marketing oder juristische Dienstleistungen. Dazu zählen aber auch die Leih-Arbeitnehmer.

Alle drei Gruppen benötigen eine Laufbahnplanung, Unterstützung bei der Einschätzung ihrer Kompetenz und der Wahl entsprechender Qualifizierungsmaßnahmen, also Leistungen, die in der Regel nur Mitarbeiter des inneren Kreises von ihren Arbeitgebern erwarten können. Doch mehr und mehr müssen auch sie, wie die anderen Gruppen, Eigenverantwortung für die Kompetenzentwicklung übernehmen und sich flexibel zeigen.

Savickas u.a. (2011, S. 36) nehmen eine ähnliche Gruppierung vor. Sie unterscheiden in „Kern-Mitarbeiter", „peripher Beschäftigte" und Menschen in „marginalen Tätigkeitsverhältnissen". Erstere besitzen Dauerarbeitsplätze, müssen aber lernen, ihre Kompetenzen weiter zu entwickeln, um auch auf einem zunehmend offeneren Arbeitsmarkt zu bestehen. Peripher Beschäftigte müssen mit den vielfältigen Übergängen im Laufe ihres Erwerbslebens umgehen und berufliche Entscheidungen so treffen, dass ihre Beschäftigungsfähigkeit erhalten bleibt. Im Falle marginaler Tätigkeitsverhältnisse bedeutet das, sich manchmal sehr kurzfristig – orientiert an den Arbeitsmöglichkeiten des nächsten Tages – entscheiden zu müssen. Dieses lässt sich auch häufig als Strategie des „Durchwurstelns" (Muddling Through) charakterisieren (vgl. auch Frey/Grill 2011, S. 83).

Für die berufsberaterische Unterstützung der Personalentwicklung ist es wichtig, dass

> „solche postmodernen Konzeptionalisierung von Laufbahnen und Berufsentscheidungen ... regelmäßige Reflexion über das Selbst und das Umfeld, Offenheit für Feedback und die Vorstellungskraft für andere mögliche Zustände des Selbst erfordern" (Savickas et al. 2011, S. 36).

Dabei wird das Selbstkonzept durch die Erfahrungen der Menschen in ihren verschiedenen Umfeldern konstruiert, d. h. es reorganisiert sich laufend. Es ist also von einer umgebungsabhängigen Dynamik der beruflichen Interessen und Persönlichkeitswahrnehmung auszugehen.

Als Fazit ist festzuhalten, dass sich aus der Sicht der behandelten Objekttheorien eine Reihe direkter Bezüge auf die Personalförderung ergeben.

Dies zeigt sich etwa bei den offenkundigen Parallelen zwischen dem Ansatz der „proteischen Berufslaufbahn" und dem „Arbeitunternehmer". Zwar bleiben nach Frey/Grill (2011, S. 93) für diesen Typus auf dem Arbeitsmarkt nur ein Potenzial von etwa 10 %, doch werden sich Charakteristika auch für weitere Beschäftigungsgruppen mehr und mehr durchsetzen (vgl. Egle/Bens 2004, S. 238ff.).

Wie bereits erwähnt, spielt die an den Lebensphasen orientierte Personalentwicklung eine immer größere Rolle. Dabei ist es naheliegend, sich von den entwicklungsbezogenen und konstruktivistischen Ansätzen her leiten zu lassen.

Bei der Personalbeschaffung, der Auswahl der Mitarbeiter und Personalbeurteilung steht die Bestimmung des Eignungsprofils anhand des Vergleichs von Anforderungsprofil und Fähigkeitsprofil des Mitarbeiters im Mittelpunkt (vgl. Dincher 2007, S. 120). Diese Aufgaben orientieren sich nach wie vor stark an der Vorstellung der „optimalen Passung", wie er vom traditionellen Trait & Factor-Ansatz vertreten wird.

Für das Coaching und Mentoring spielen sicherlich die Ansätze, die soziales Lernen bei beruflichem Verhalten betonen, eine Rolle.

Das Retentionsmanagement kann ohne die entwicklungsbezogenen Vorstellungen, besonders dem „Life-designing-Ansatz", kaum wirksam erfolgen.

Bei allen Aufgaben, die mit individuellen Entscheidungsprozessen und Problemlösungen verbunden sind, vor allem im Zusammenhang mit der Organisationsentwicklung, wird die Informationsstrukturelle Methodik (ISM) bedeutsam. Für die Optimierung des Wissensmanagements im Sinne nachfrageorientierter und damit vom Nutzer her gedachten Ausrichtung, kommen wesentliche Anregungen ebenfalls von der ISM.

Geht es um das Management von Konflikten, die Mediation oder Integration neuer Mitarbeiter können die Vorstellungen des „Work Adjustment" wichtige Hilfen geben.

Wie bereits mehrfach angesprochen, baut die Mehrzahl der Objekttheorien zur Laufbahnberatung auf der Berufsvorstellung auf, wobei „Beruf" zum Teil nicht klar von Arbeitsplatz (Job) auf der einen Seite und dem Berufskonzept auf der anderen Seite abgegrenzt wird. Es sei nochmals betont, dass aus unserer Sicht ein realistischer emanzipatorischer Anspruch der Personalentwicklung nur dann zu realisieren ist, wenn das Recht auf einen „Beruf" für alle Gruppen von Arbeitnehmern anerkannt wird.

Stärker als bisher sollte sich die Forschung im Bereich beruflicher Objekttheorien mit dem „Psychologischen Vertrag" beschäftigen. Dieses Konstrukt ist geeignet, die oft aufscheinende künstliche Trennung zwischen Beruflichkeit und Arbeitsplatz (Job) zu überwinden.

Literatur

Arthur M.B./Rousseau, D.M. (1996): The boundaryless career: A new employment principle for a new organizational era: Oxford University Press.
Baron, S.C. (2008): Das Duale Ausbildungssystem unter dem Einfluss der EU-Berufsbildungspolitik. Saarbrücken: VDM Verlag.
Becker, M. (2009): Personalentwicklung – Bildung, Förderung und Organisationsentwicklung in Theorie und Praxis. Stuttgart: Schäffer-Poeschel.
Brater, M. (1998): Beruf und Biographie. Esslingen: Gesundheitspflege Initiativ.
Briscoe, J.P./Hall, D.T. (2006): The interplay of boundaryless and protean careers: Combinations and implications. J. of Vocational Behavior 69 (2006), S. 4–18.

Brown, D. (2007): Career Information, Career Counseling and Career Development. Boston/N.Y: Pearson, 9. Auflage.
Brown, D. (1994): Trait- und Factor Theory. In: Brown, D. et al. (2002). San Francisco: Jossey-Bass, S. 17–41.
Brown, D. (1996): Status of Career Development Theories. In: Brown, D. et al. (2002). San Francisco: Jossey-Bass, S. 513–524.
Brown, D. (2003): Career Information, Career Counseling and Career Development. Boston Pearson.
Brown, D. et al. (2002): Career Choice and Development, 4. Auflage, San Francisco: Jossey-Bass.
Bundesanzeiger Nr. 69 vom 5. Mai 2011
Bußhoff, L. (1998): Berufsberatung als Unterstützung von Übergängen in der beruflichen Entwicklung. In: Zihlmann, R. (Hrsg.): Berufswahl in Theorie und Praxis, Zürich: sabe, S. 9–84.
Crites, J. O. (1969): Vocational Psychology – The Study of Vocational Behavior and Development. N. Y.: McGraw-Hill.
Dawis, R.V. (1994): The Theory of Work Adjustment as Convergent Theory. In: Savickas, M.L./Lent, R.W. (1994), S. 33–43.
Dawis, R.V. (1996): The Theory of Work Adjustment and Person – Environment – Correspondence counselling. In: Brown, D. et al. (2002), S. 75–120.
Dawis, R.V./Lofquist, L.H./Weis, D.J. (1968): A theory of work adjustment (revision). Minnesota Studies in Vocational Rehabilitation (No. XXIII), 1–14. Minneapolis: University of Minneapolis.
Diekmann, K. (2011): Das Kompetenzmanagement – Ein Modell mit Zukunft. Wirtschaft und Berufserziehung, 2/2011, S. 18–21.
Diekmann, K. (2010): Permanente Bewegung – Kommentar zur EU-Mitteilung. Bildung für Europa, Nr. 14/2010, S. 16.
Dincher, R. (2007): Personalwirtschaft. Neuhofen: Forschungsstelle für Betriebsführung, 3. Auflage.
Egle, F./Bens, W. (2004): Talentmarketing – Strategien für Job-Search, Selbstvermarktung und Fallmanagement. Wiesbaden: Gabler.
Ertelt, B.-J. (1982): Lernbedingungen für einen entscheidungsorientierten Berufswahlunterricht. In: Seidel, G. (Hrsg.): Orientierungen zum pädagogischen Handeln. Göttingen/Toronto: Hogrefe, S. 72–97.
Ertelt, B.-J. (1992): Entscheidungsverhalten und Berufswahl. In: Bundesanstalt für Arbeit (BA) (Hrsg.): Handbuch zur Berufswahlvorbereitung, S. 90–105.
Ertelt, B.-J./Feckler, K. (1979): Aspekte einer Intensivierung und Erweiterung von Informationsaktivitäten der AVuAB. Ibv (BA), Nr.: 5/1979 (Doku).
Ertelt, B.J./Ruppert, J.J. (2011). Heuristic Theory of Decision Making: Evidence and Implications for Career Guidance, in: Kraatz, S. Ertelt, B.J. (eds.), Professionalisation of Career Guidance: European Mobility – Chance and Challenge. Tübingen: dgvt. S. 192–206.
Ertelt, B.-J./Schulz, W.E. (1997): Beratung in Bildung und Beruf. Leonberg: Rosenberger.
Ertelt, B.-J./Schulz, W.E. (2008): Handbuch Beratungskompetenz. Leonberg: Rosenberger, 2. überarbeitete Auflage.
EU-Kommission (2000): Memorandum über Lebenslanges Lernen, Brüssel.

Fabian, B. (2011): Bildung als Schlüsselelement für „Europa 2020". Wirtschaft und Berufserziehung, 1/2011, 11–14.

Felser, G. (2010): Personalmarketing. Göttingen: Hogrefe.

Frenzel, K./Sottong, H./Müller, M. (2006): Storytelling – Das Praxisbuch. München: System und Kommunikation.

Frey, A./Grill, J. (2011): Der Arbeitnehmer der Zukunft als Arbeitunternehmer. Frankfurt: Verlag für Akademische Schriften.

Frey, T.R. (2007): Personalentwicklung in Unternehmen – ein Arbeitsfeld für Erwachsenenpädagogen. Bielefeld: Bertelsmann.

Guichard, J. (2005): Life-long self-construction. International Journal for Educational and Vocational Guidance, S. 111–112.

Gysbers, N.C./Heppner, M.J./Johnston, J.A. (2009): Career counseling: contexts, processes und techniques. Alexandria, VA: American Counseling Association, 3rd ed.

Hall, D.T. (1976): Careers in organizations. Glenview, IL: Scott, Foresman.

Hall, D.T. (2004): The protean career: A quarter-century journey. J of Vocational Behavior 65 (2004), S. 1–13.

Hall, D.T., Moss, J.E. (1998): The new protean career contract: Helping organizations and employees adapt. Organizational Dynamics, S. 22–37.

Harney, K. & Hau, M. v. (2008). Between Market and Organization: Historical and Empirical Dimensions of Vocational Education in Germany (Or: Do Firms train ‚Arbeitskraftunternehmer'?). In P. Gonon et al. (eds.), Work, education and employability (pp. 259–296). Bern: Peter Lang.

Hecker, D. (2010): Merkmale psychologischer Verträge zwischen Beschäftigten und Organisationen. Universität Erlangen-Nürnberg, Diss.

Herr, E.L./Cramer, S.H./Niles, S.G. (2004): Career Guidance and Counseling through the Lifespan, 6. Auflage, Boston, New York: Pearson.

Hofer, M. (1996): Das Verhältnis von Theorie und Praxis im psychologischen Beratungshandeln. In: Ertelt, B.-J./Hofer, M. (Hrsg.): Theorie und Praxis der Beratung, Nürnberg, Institut für Arbeitsmarkt und Berufsforschung der Bundesanstalt für Arbeit, BeitrAB 203, S. 5–40.

Hofer, M./Papastefanou, Ch. (1996): Theoriebestände für pädagogisch-psychologisches Beratungshandeln. In: Hofer, M./Wild, E./Pikowsky, B. (Hrsg.): Pädagogisch-psychologische Berufsfelder, S. 25–55.

Holland, J.L. (1997): Making Vocational Choices – A Theory of Vocational Personalities and Work Environments. 3. Auflage, Odessa/Florida: PAR.

Holling, H./Lüken, K.H./Preckel, F./Stotz, M. (2000): Berufliche Entscheidungsfindung, BeitrAB 236. Nürnberg: IAB/Bundesanstalt für Arbeit.

Institut der Deutschen Wirtschaft Köln (2011): Pressemitteilung Nr. 4 vom 19. Januar 2011: Personalpolitik – Mitarbeiter motivieren und halten. (Siehe auch „Karriere Welt" 19./21. Februar 2011, S. 5).

Ivey, A.E. (1998): Führung durch Kommunikation. Leonberg: Rosenberger.

Kraus, K. (2008): Does Employability Pit the German "Vocational Order" at Risk? An Analysis from the Perspective of Earning Oriented Pedagogy. In: P. Gonon et al. (eds.). Work, education and employability. Bern: Peter Lang, 55–82.

Krumboltz, J.D. (2003): Creating and capitalizing on happenstance in educational and vocational guidance. In: SVB/ASOSP, Internationaler AIOSP Fachkongress, Schlussbericht Bern 2003 (www.svb-asosp.ch/Kongress/Start.htm).

Krumboltz, J.D./Lewin, A.S. (2004): Luck is no accident: Making the most of happenstance in your life and career, Atascadero/CA: Impact Publishers.

Leung, S.A. (2008). The Big Five Career Theories, in: Athanason, J.A./Van Esbroeck, R. (eds.). International Handbook of Career Guidance. Springer Science+ Business Media B.V., 115–132

McLean-Parks, J., Kidder, D.L., Gallagher, D.G. (1998): Fitting Square pegs into round holes: Mapping the domain of contingent work arrangements onto the psychological contract. Journal of Organizational Behavior, 19, 673–697.

Mitchell, K.E./Levin, A.S./Krumboltz, J.D. (1999): Planned happenstance: Constructing unexpected career opportunities, Journal of Counseling and Development, 77, S. 115–124.

Mitchell, L.K./Krumboltz, J.D. (1996): Krumboltz's Learning Theory of Career Choice and Counseling. In: Brown, D. et al. (2002), S. 233–280.

Mitchell, L.K./Krumboltz, J.D. (1994): Die berufliche Entscheidungsfindung als sozialer Lernprozess: Krumboltz' Theorie In: Brown, D. et al. (2002), S. 157–210.

Niles, S.G./Harris-Bowlsbey, J.A. (2005): Career Development Interventions in the 21st Century, Upper Saddle River: Pearson.

Nußbaum, A. (2011): Auf die Führungskultur kommt es an. In: Süddeutsche Zeitung Nr. 50, S. 18.

Peterson, G.W./Sampson Jr. J.P.Reardon, R.C./Lenz, J.G. (1996): A Cognitive Information Processing Approach to Career Problem Solving and Decision Making. In: Brown, D. et al. (2002), S. 423–475.

Plant, P. (2008): On the shopfloor: Guidance in the workplace. In: Athanason, J.A./Van Esbroeck, R. (eds.), International Handbook of Career Guidance. Springer Science, 265–281.

Rhein, Th. (2001): Beschäftigungsdynamik im internationalen Vergleich – Ist Europa auf dem Weg zum „Turbo-Arbeitsmarkt"? Institut für Arbeitsmarkt- und Berufsforschung (IAB). Nürnberg: IAB-Kurzbericht 19/2000.

Rosenberger, W. (2002): Führungskräfteberatung. Leonberg: Rosenberger.

Rounds, J./Hesketh, B. (1994): The Theory of Work Adjustment: Unifying Principles and Concepts. In: Savickas, M.L./Lent, R.W. (1994), S. 177–186.

Rousseau, D.M. (2004): Psychological contracts in the workplace: Understanding the ties that motivate. Academy of Management Executive, 18 (1), 120–127.

Ruppert, J.J./Ertelt, B.J. (2011): Proposing an Emancipatory Model for Vocational Guidance. J. Career Designing: Research and Counselling. Vytautas Magnus University, Kaunas/Lithuania, 1/2011. (In Press).

Sampson, J.P./Lenz, J.G./Reardon, R.C./Peterson, G.W. (1999): A Cognitive Information Processing Approach to Employment Problem Solving and Decision Making. In: The Career Development Quarterly, Sept. 1999, S. 3–18.

Savickas, M.L. (2002): Career Construction – A Developmental Theory of Vocational Behaviour. In: Brown, D. et al. (2002), S. 149–205.

Savickas, M.L./Lent, R.W. (1994): Introduction: A Convergence Project for Career Psychology. In: Savickas, M.L./Lent, R.W. (1994), 1–6.

Savickas, M.L. et al. (2009) : Life designing: A paradigm for career construction in the 21st century. Journal of Vocational Behavior (2009), DOI: 10.1016/j.jvb.2009.04004.

Schiersmann, Chr./Bachmann, M./Dauner, A./Weber, P. (2008): Qualität und Professionalität in Bildungs- und Berufsberatung. Bielefeld: W. Bertelsmann.

Schiersmann, Chr./Thiel, H.U. (2009): Organisationsentwicklung – Prinzipien und Strategien von Veränderungsprozessen. Wiesbaden: VS Verlag.

Schiersmann, Chr./Thiel, H.U. (2010): Organisationsentwicklung – Prinzipien und Strategien von Veränderungsprozessen. Wiesbaden: VS Verlag. 2. Aufl.

Seibert, H. (2007): Berufswechsel in Deutschland – Wenn der Schuster nicht bei seinem Leisten bleibt ... Institut für Arbeitsmarkt- und Berufsforschung (IAB). Nürnberg, IAB-Kurzbericht 1/2007.

Seidel, G. (1997): Konsistenzprüfungen der Einschätzungen von betrieblichen Experten im Rahmen der IAB-Expertenbefragungen 1989 und 1993: Anforderungen im Profil. Vorläufiger Abschlussbericht (unter Mitarbeit von B.J. Ertelt). Frankfurt: DIPF (unveröffentlicht).

Spranger, E. (1950): Lebensformen, 8. Aufl., Tübingen: Neomarius.

Sickendiek, U. (2007): Theorien uns Konzepte beruflicher Beratung. In: Sickendiek, U./Nestmann, F./Engel, F./Bamler, V.: Beratung in Bildung, Beruf und Beschäftigung. Tübingen: dgvt-Verlag, S. 53–100

Subich, L.M./Taylor, K.M. (1994): Emerging Directions of Social Learning Theory. In: Savickas, M.L./Lent, R.W. (eds.). Convergence in career development theories. Palo Alto, CA: Cpp Books, S. 167–176.

Sullivan, S.E./Arthur, M.B. (2006): The evolution of the boundaryless career concept: Examining physical and psychological mobility. J. Vocational Behavior 69 , S. 19–29.

Super, D.E. (1994): Der Lebenszeit-, Lebensraumansatz der Laufbahnentwicklung. In: Brown, D./Brooks, L. (Hrsg.): Karriere-Entwicklung. Stuttgart: Klett-Cotta, S. 211–280.

Super, D.E./Savickas, M.L./Super, Ch.M. (1996): The Life-Span, Life-Space Approach to Careers. In: Brown, D./Brooks, L. & Ass. /eds.) Career choice and development (3rd ed.). San Francisco: Jossey-Bass., S. 121–178.

Trisoglio-Wanka, I. (2008): Sind die aktuellen Erkenntnisse der Entscheidungsforschung auf den beruflichen Kontext übertragbar? Eine empirische Analyse berufskundlicher Entscheidungen, Mannheim: Universität (Diplomarbeit).

Wegmann, O. (2005): Individuelle Entscheidungsstrategien in der beruflichen Laufbahn im Vergleich zu Modellvorstellungen der beruflichen Laufbahnberatung, Mannheim: Universität (Diplomarbeit).

Wresch, A. (2008): Eine empirische Analyse berufsbezogener Entscheidungen mit Implikationen für Beratungsmethodik und Beraterausbildung, Mannheim: Universität (Diplomarbeit).

Wütherich, B.M. (2000): Laufbahnberatung in mittelständischen Betrieben – Eine explorative Untersuchung über Praxis und Unterstützungsbedarf. Mannheim: Universität (Diplomarbeit).

Career Development im Wandel – Arbeitsfluktuation aus der Sicht ausgewählter Development-Theorien

Friederike Fischer

1. Einleitung

Unter Career Development versteht man die Entwicklung der Berufslaufbahn eines Menschen. Bis etwa Mitte des letzten Jahrhunderts waren berufliche Veränderungen, im Sinne von Fluktuation, im Leben eines arbeitenden Menschen noch relativ gering, denn nach einer verhältnismäßig eher kurzen Ausbildungsphase folgte der Eintritt ins Berufsleben, das sich in der Regel ohne vertiefte Weiterbildungs- oder Umschulungsmaßnahmen vollzog. Wechsel zwischen verschiedenen Unternehmen kamen eher selten vor und galten manchmal als negativ im Sinne von „unstetig". Es wurde hauptsächlich eine Aufstiegskarriere in einer großen Organisation angestrebt, die schließlich in den abgesicherten Ruhestand mündete. Es lässt sich festhalten, dass die Berufslaufbahn eines Individuums idealtypisch geprägt war durch Kontinuität, Linearität, Sicherheit, Planbarkeit und Langfristigkeit. Der Wunsch nach Kontinuität ist auch heute noch weit verbreitet (vgl. Kuhn/Göbel/Busch 2005), obwohl dieses Lebenskonzept längst nicht mehr realisierbar scheint, nachdem sich die wirtschaftliche Lage grundlegend verändert hat. Unternehmen und Organisationen sind einem raschen Wandel unterworfen, der in der ständigen Entwicklung und Verbesserung neuer Technologien begründet liegt. Dies hat für das Individuum eine instabile Umwelt zur Folge, in der die Aufgaben, Stellen, verschiedene Rollen und Positionen ebenfalls einem stetigen Wandel unterworfen sind (Doppler/Lauterburg 2000). Die weitreichenden Folgen zeigen sich in einem Vergleich: war es in den achtziger Jahren des vorigen Jahrhunderts noch ausreichend, ein guter Fachmann zu sein, der alle berufsspezifischen Vorgänge gewissenhaft abwickelte (ebda.), so muss ein erfolgreicher Mitarbeiter heute über Fach-, Methoden-, Sozial- und personale Kompetenzen verfügen (Kauffeld/Grote 2000).

Diese Charakteristika einer beruflichen Laufbahn galten lange Zeit vornehmlich für Männer, doch heute immer mehr auch für die Anforderungen an berufstätige Frauen. War die Rolle der Frau bis weit ins 20. Jahrhundert noch traditionell familienzentriert ausgerichtet, gibt es aktuell sehr differenzierte Lebensplanungsmuster für Frauen (Schuler 2001, Kap. 8). Das traditionelle Muster hat schon alleine aus dem Grunde ausgedient, dass in der heutigen Zeit die Lebenshaltungskosten einer ganzen Familie oft nicht mehr von einer Person alleine getragen werden können, sondern beide Elternteile Geld verdienen müssen. Doch auch wenn dies nicht der Fall ist, haben Frauen heute oft das Bestreben, in ihrem Beruf erfolgreich zu sein und richten ihre Lebensplanung berufszentriert aus. Eines der neuesten Muster ist nach Schuler (2001), die doppelte Lebensplanung, bei der Beruf und Familie derselbe Stellenwert zukommt und nicht eines von beidem im Vordergrund steht. Aber auch solche Lebensplanungsmuster sind nicht-normativen Einflüssen, wie beispielsweise Scheidung oder Kündigung unterworfen, mit denen jedes Individuum anders umgeht und die somit völlig verschiede Auswirkungen auf das (Berufs-)Leben haben können (ebda.).

Es lässt sich also festhalten, dass die Laufbahnen immer diskontinuierlicher werden und lebenslanges Lernen, Neuorientierungen, Umschulungen oder Berufswechsel immer mehr Lebensläufe prägen. Diese Entwicklung sah bereits Super (1994, S. 258) voraus:

> „Stabile und konventionelle Muster gelten möglicherweise sehr bald nur noch für eine kleine Zahl von hochgebildeten Menschen, und unstabile, verschiedene Laufbahnmuster [...] werden vielleicht die Regel."

Berufsentscheidungen sind folglich nicht mehr nur einmal, sondern mehrfach zu treffen und eine kontinuierliche Betreuung und Beratung von Fachleuten scheint wichtiger denn je.

2. Untersuchungen der Fluktuation

Die folgenden Ausführungen basieren auf einer Magisterarbeit an der Universität Mannheim (2008) zur Arbeitsfluktuation am Beispiel eines Unternehmens der Telekommunikation.

Ein wichtiger Indikator für eine manifeste Berufsentscheidung ist die Arbeitsfluktuation. Es gibt Branchen die von einer hohen Fluktuation geprägt sind. Im Rahmen der Magisterarbeit wurde die Erhebung in einem Callcenter durchgeführt. Bisherige Forschungsarbeiten zum Thema *Arbeitsfluktuation in der Callcenter-Branche* haben sich nicht ausreichend mit der theoretischen Einordnung und Erklärung der Ursachen für die vergleichsweise hohe Fluktuation beschäftigt. Damit manifester Fluktuation und Fluktuationsneigungen der Mitarbeiterinnen und Mitarbeiter durch die Entwicklung und den Einsatz präventiver Maßnahmen vorgebeugt werden kann und um eine hohe Arbeitszufriedenheit herbeizuführen, erscheint dies jedoch notwendig. Die vorliegende Arbeit versucht diese Forschungslücke ansatzweise zu schließen, indem auf der Basis ausgewählter Laufbahnentwicklungstheorien (Career Development Theories) Fluktuationsursachen ermittelt und erklärt werden.

Dazu erfolgte eine halbstandardisierte Befragung von 19 Mitarbeiterinnen und 14 Mitarbeitern eines Telekommunikationsdienstleisters, die als „Agentinnen" bzw. „Agenten" im Communication Center beschäftigt sind. Als theoretischer Bezugsrahmen dienten der persönlichkeitstypologische Ansatz (J. Holland), der „Life-Span Ansatz" (D. Super), die berufliche Entscheidungsfindung (J. Krumboltz), der „Work-Life-Balance Ansatz" und Herzbergs Theorie der Arbeitsmotivation (vgl. auch Brown/Brooks & Ass. 1996; Ertelt 2010; Petzold 2003).

Die Ergebnisse zeigen, dass sich nicht alle Theorien gleichermaßen für die Vorhersage von Fluktuation und deren Ursachen eignen. Es konnten jedoch signifikante Ergebnisse erzielt werden, die in Richtung einer besonderen Brauchbarkeit der persönlichkeitstypologischen Theorie von Holland und des Work-Life-Balance Ansatzes weisen.

2.1 Inhaltliche Diskussion der quantitativen Ergebnisse

Hier sollen die Ergebnisse der Untersuchung im Hinblick auf die theoretischen Modelle erörtert und interpretiert werden. Um zu erfahren inwieweit der Wunsch einen Berufswechsel vorzunehmen auch tatsächlich verwirklicht wird, war es wichtig zu klären, ob ein Zusammenhang zwischen der Fluktuationsneigung und der manifesten Fluktuation besteht. Dabei muss man bedenken, dass eine Fluktuationsneigung nicht zwangsläufig auch zu manifester Fluktuation, also einem vollzogenen Berufswechsel führt. Umgekehrt ist anzunehmen, dass jeder manifesten Fluktuation ein gewisser Grad an Fluktuationsneigung voraus geht. Auch wenn davon auszugehen ist, dass zumindest eine Tendenz zu erkennen sein sollte, zeigen die Ergebnisse, dass dem nicht so ist. Man muss also sagen, dass es selbst bei einer hohen Fluktuationsneigung nicht sicher ist, ob der Mitarbeiter wirklich das Unternehmen verlässt. Vielmehr spielen hier wahrscheinlich äußere Faktoren eine große Rolle, zum Beispiel die augenblickliche wirtschaftliche Lage, der Arbeitsmarkt oder ganz einfach das Gehalt. Besonders die Motivatoren und Hygienefaktoren im Sinne Herzbergs scheinen einen großen Einfluss auszuüben. Aus betrieblicher Sicht ist es natürlich erstrebenswert, dass der Mitarbeiter nicht den Wunsch verspürt, das Unternehmen zu verlassen, sondern ein gewisses Commitment[1] empfindet, welches ihn zu guten Arbeitsleistungen motiviert.

Eine wichtige Bedingung für die Entstehung einer solchen Bindung scheint die Arbeitsmotivation zu sein. Daher wurde davon ausgegangen, dass diese bei der Auswahl der Tätigkeit entscheidend ist. Wenn also eine Person eine Tätig-

---

1 Commitment beschreibt die Bindung von Individuen an andere Individuen, Ideen oder Objekte, wie zum Beispiel das Unternehmen in dem es tätig ist.

keit ergriffen hat, weil sie am Inhalt der Tätigkeit, dementsprechend den berufsspezifischen Aufgaben interessiert ist, und diese auch ihren Erwartungen entsprechen, so ist davon auszugehen, dass die Fluktuationsneigung und die manifeste Fluktuation gering sind. Dies wäre dann auf ein gelungenes „Matching" der Interessen mit den beruflichen Anforderungen zurückzuführen. Tatsächlich weist das Ergebnis der Untersuchung darauf hin. Es ist also wahrscheinlich, dass eine Tätigkeit beibehalten wird, wenn die Aufgaben mit den Interessen der Person zusammenpassen. Sind die äußeren Arbeitsbedingungen dann ebenfalls zufriedenstellend, wird die Person wohl weniger über einen beruflichen Wechsel nachdenken.

Um dieses „Matching" weiter zu erfassen, wurde die Passung von Individuum und Tätigkeit in Beziehung zu Arbeitszufriedenheit und Arbeitsunzufriedenheit gesetzt. Den hierzu aufgestellten Annahmen, nämlich dass eine hohe Arbeitszufriedenheit mit einer geringen Fluktuationsneigung einhergeht und umgekehrt eine Unzufriedenheit zu einer hohen Fluktuationsneigung führt, kommt ein hoher Stellenwert zu. Der Zusammenhang der Arbeitsunzufriedenheit mit der Fluktuationsneigung erwies sich als signifikant, das heißt ein Mitarbeiter, der unzufrieden mit seiner Arbeit ist, wird die nächstmögliche Chance nutzen, einen Arbeitsplatzwechsel vorzunehmen. Der Umkehrschluss, nämlich dass ein Mitarbeiter mit hoher Arbeitszufriedenheit nur eine geringe Fluktuationsneigung hat, bestätigt sich nur bedingt, was aber erklärbar ist, da auch bei einer Zufriedenheit mit der Arbeitsstelle persönliche Faktoren, wie beispielsweise ein Umzug, familiäre Gründe oder ein lukratives Arbeitsplatzangebot, zu einer arbeitnehmerinitiierten Kündigung führen können.

Auch der Einfluss des Geschlechts auf die Fluktuationsneigung wurde untersucht, da insbesondere bei dieser Thematik viel Diskussionsbedarf besteht. D. Super zufolge unterscheiden sich die Laufbahnmuster von Frauen und Männern dahingehend, dass Frauen eher ihre Prioritäten vom Beruf zum Familienleben verschieben und sie deshalb nur dann berufstätig sind, wenn es sich mit der Familie vereinbaren lässt. Dies lässt darauf schließen, dass Frauen sich weniger mit der Karriereplanung beschäftigen und ihnen dadurch nicht alle beruflichen Möglichkeiten offenstehen. Daher wäre anzunehmen, dass Frauen eine höhere Fluktuationsneigung aufweisen als Männer. Dieses lässt sich allerdings nicht signifikant bestätigen. Auch hinsichtlich der Annahmen, welche besagen dass allein lebende Männer eine höhere und allein lebende Frauen eine geringere Fluktuation haben als diejenigen, die in einer Partnerschaft oder mit der Familie leben, ergibt sich keine Signifikanz. Dem traditionellen Rollenverständnis zufolge wäre es nach D. Super einleuchtend, wenn sich die Annahmen bestätigen würden, denn Männer haben oftmals die finanzielle Verantwortung für ihre Familie inne und können daher nicht das Risiko eingehen, bei einer Unzufriedenheit mit dem Unternehmen zu kündigen. Ihre Toleranzschwelle ist daher höher als bei alleinstehenden Männern, die keine solche Verantwortung zu tragen haben. Umgekehrt wären Frauen, wie bereits ausgeführt, die sich beispielsweise um die Erziehung der Kinder kümmern, eher dazu bereit, den Job für eine Weile aufzugeben und sich dann etwas Neues zu suchen als Frauen die sich voll auf ihre Karriere konzentrieren. Gleichwohl ist nachvollziehbar, wenn sich diese Annahmen nicht bestätigen, da es diese klassische Rollenverteilung von Männern und Frauen immer seltener gibt. Vielmehr geht der Trend dahin, dass beide Partner berufstätig sind und gemeinsam die Kindererziehung und alle weiteren Aufgaben übernehmen. Ein eindeutiges und verwertbares Ergebnis der empirischen Untersuchung ist unter diesem Gesichtspunkt nicht zu erwarten.

Ein weiterer wichtiger Punkt im Rahmen dieser Untersuchung ist die Ausübungsdauer, die in Zusammenhang mit dem Alter auf die Priorisierung bestimmter Lebensbereiche schließen lässt. Betrachtet man also die Ausübungsdauer im Zusammenhang mit der Fluktuationsneigung stellt man fest, dass ein signifikanter negativer Zusammenhang besteht. Daraus lässt sich schließen, dass je länger eine Person ihre Tätigkeit ausübt, sich umso weniger vorstellen kann, diese ein Leben lang auszuüben. Interessant ist hierbei, dass sich trotz unterschiedlich langer Ausübungsdauer alle Mitarbeiter sehr einig darüber sind, dass sie die Tätigkeit nicht ein ganzes Leben lang ausüben möchten. Es scheint, dass im Grunde beinahe jede Tätigkeit und Arbeit abschreckend erscheinen, wenn man sich vorstellt, sie ein Leben lang ausüben zu müssen, selbst wenn man eigentlich Freude an der Arbeit hat. Dass diese Ansicht mit der Ausübungsdauer steigt, ist ebenfalls einleuchtend, da man zu Beginn einer neuen Tätigkeit oft eine gewisse Vorfreude verspürt und alle Aufgaben noch spannend erscheinen. Mit den Jahren nimmt diese Freude jedoch ab, die Aufgaben werden zur Routine und man kann sich immer weniger vorstellen den Rest seiner beruflichen Laufbahn so zu verbringen. Deshalb erscheint es wichtig, die individuellen Fähigkeiten und Kompetenzen, gemäß D. Supers Entwicklungsaufgaben, auszubauen. Inwieweit diese Aussagen verallgemeinerbar sind, könnte jedoch erst eine Untersuchung mit Vergleichsgruppen erweisen.

In den letzten Jahren ist das Thema Work-Life-Balance immer stärker in den Fokus der Öffentlichkeit gerückt. Deshalb sollte in dieser Untersuchung geklärt werden, ob eine hohe Balance der Lebensbereiche, welche durch eine hohe Zufriedenheit und eine ausgewogene Arbeitsbelastung bedingt ist, auch mit einer geringen manifesten Fluktuation einher geht. Tatsächlich zeigt sich ein hochsignifikanter Haupteffekt von der Arbeitsbelastung auf die Fluktuation. Somit kann diese Annahme bestätigt werden und es lässt sich für die hier erhobene Stichprobe festhalten, dass es beim Wegbrechen der Säule, die ein ausgeglichenes und belastungsfreies Arbeitsleben ausmacht, schnell zur Fluktuation kommen kann. Das könnte darauf zurückgeführt werden, dass der Mensch immer wieder versucht, sein Leben in ein Gleichgewicht zu bringen, sobald es zu einer Störung der Balance kommt. Inwieweit ein Wegbrechen einer anderen Identitätssäule Auswirkungen auf das Verhalten eines Menschen hat, lässt sich hier natürlich nicht ableiten, könnte jedoch in einer weiteren Untersuchung ermittelt werden.

Vor dem Hintergrund der Entwicklungen und Reformen in der Arbeitsmarktpolitik der letzten Jahre sollten im Rahmen dieser Arbeit auch die Motive für die Einmündung in diese Tätigkeit betrachtet werden. Es wurde untersucht, ob Mitarbeiterinnen und Mitarbeiter, welche diese Stelle annahmen, weil sie keine andere Wahl hatten und/oder der Arbeitslosigkeit entgehen wollten, tatsächlich weniger zur Fluktuation neigen als die Mitarbeiter, die frei wählen konnten. Bezüglich der Fluktuationsneigung zeigte sich zwar eine negative (!) Tendenz, diese lässt sich jedoch nicht signifikant nachweisen. Doch hinsichtlich der manifesten Fluktuation lässt sich eine negative Tendenz belegen. Dies legt nahe, dass genau das Gegenteil der Annahme der Fall ist, nämlich dass die Mitarbeiterinnen und Mitarbeiter, die keine andere Wahl hatten und der Arbeitslosigkeit entgehen wollten, viel stärker zur Fluktuation tendieren. Der Grund hierfür erscheint logisch, denn auch, wenn man davon ausgeht, dass jeder Mensch eigentlich froh ist, der Arbeitslosigkeit entkommen zu sein, empfinden Betroffene es oft anders. Sie fühlen sich dazu gezwungen, eine Tätigkeit auszuüben, die eigentlich gar nicht ihren Qualifikationen oder Interessen entspricht, müssen aber eine Arbeit aufnehmen, da sie sonst erhebliche finanzielle Einbußen erleiden. Die materielle Sicherheit spielt somit eine große Rolle. Da aufgrund der hohen Diskrepanzen weder eine aktive, noch ein reaktive Anpassung erfolgen kann, ist eine hohe Arbeitsunzufriedenheit die Folge, eine der Ursachen für Fluktuation.

2.2 Diskussion der qualitativen Ergebnisse

Im Rahmen der Untersuchung wurden die Befragten aufgefordert, Gründe für eine mögliche Kündigung zu nennen. Im Folgenden wird auf die Argumente eingegangen, welche die Mitarbeiter bei der Beantwortung dieser Frage genannt haben. Interessanterweise wurden fast alle Gründe mehrfach genannt und eine Zuordnung zu den Kategorien „Inhalt der Arbeit (oder auch Motivatoren)", „äußere Arbeitsbedingungen (auch Hygienefaktoren)" und „persönliche Gründe" war problemlos möglich. Als besonders belastend erscheint ein zu geringes Gehalt, vor allem im Hinblick auf den Unterhalt der Familie. Außerdem bestehen unterschiedliche Gehaltsstufen, die trotz genauer Festlegung für manche Mitarbeiter unfair erscheinen. Neben diesem monetären Aspekt sind außerdem die Monotonie der Arbeit und die fehlenden beruflichen Perspektiven ein Problem. Tatsächlich gibt es für die meisten nur begrenzte Aufstiegsmöglichkeiten in der Callcenter-Branche. Manchen Mitarbeitern fällt es daher schwer, Gefallen an der Arbeit zu finden, weil der Arbeitsalltag von einer gewissen Monotonie begleitet wird. Dennoch sollte man berücksichtigen, dass viele andere Tätigkeiten ebenfalls als eintönig gelten und nicht nur charakteristisch für das Berufsbild des „Communication Agent" sind. Ein Unterschied könnte jedoch sein, dass man ständig im Kontakt mit einem Gesprächspartner steht und sich deshalb keine Erholungspause gönnen kann. Das hängt weiterhin zusammen mit der spezifischen Belastung, auf welche des Öfteren hingewiesen wurde. Die Tätigkeit im Callcenter erfordert volle Konzentration und Aufmerksamkeit, zugleich steht man unter einem gewissen Erfolgsdruck, da der Kunde ein zufriedenstellendes Ergebnis erwartet und man ihn auch binden möchte. Der individuelle Erfolg am Telefon ist sehr stark mit dem Erfolg des Unternehmens gekoppelt. Mit diesem Druck kann nicht jeder Mensch umgehen. Wenn in dieser Situation ein neues Arbeitsplatzangebot unterbreitet wird, kann es schnell zur Arbeitsfluktuation kommen. Es ist auch festzuhalten, dass viele der Mitarbeiter, die im Callcenter kündigen, wieder in ihren ursprünglichen Beruf zurückkehren.

Die Mitarbeiter wurden im Fragebogen außerdem dazu aufgefordert Argumente zu finden, die für die Beibehaltung der jetzigen Arbeitsstelle sprechen. Bei der Auflistung dieser positiven Gründe spielt vor allem der soziale Aspekt des Verhältnisses der Mitarbeiter untereinander eine große Rolle. Fast 90% betonten, dass das positive Verhältnis der Kollegen untereinander ein entscheidender Faktor ist und zwei Drittel nannten die Hilfsbereitschaft untereinander als ausschlaggebenden Punkt. Für knapp die Hälfte spielt auch das Betriebsklima eine wichtige Rolle. Ein weiterer, oft genannter Aspekt war, dass man viel mit Menschen zu tun hat. Fast 60% stimmten dem zu. Es scheint also für Menschen, die im Communication Center arbeiten von enormer Wichtigkeit zu sein, ein breites soziales Netzwerk zu haben und ständig im Kontakt zu anderen Menschen zu stehen. Im Hinblick auf ihre Aufgaben ist dies jedoch auch unabdingbar.

2.3 Schlussfolgerungen im Hinblick auf die ausgewählten Theorien und Ansätze

Die Ergebnisse der vorliegenden Arbeit unterstreichen die Bedeutung der einzelnen Theorien zur Erklärung der Fluktuation. Zudem belegen sie auch die Wichtigkeit der Arbeitszufriedenheit, da sie deren zentrale Rolle im Fluktuationsgeschehen hervorheben. Dennoch ist festzuhalten, dass einige Theorien bessere Erklärungsansätze liefern, als andere, denn nicht alle Untersuchungsannahmen konnten signifikant belegt werden.

Als besonders geeignet erscheint J. Hollands persönlichkeitstypologischer Ansatz, da die „Passung" persönlicher Interessen und Tätigkeitsbereiche im Fluktuationsprozess eine signifikante Rolle spielen. Gleichwohl wäre es empfehlenswert, in einer nachfolgenden Untersuchung seine Theorie bezüglich Konsistenz, Differenzierung und Identität genauer umzusetzen. Mit Testverfahren wie dem SIT (Situativer Interessen Test), dem MVS (My Vocational Situation) oder dem SDS (Self Directed Search) wäre dies möglich. Die genannten Verfahren ermitteln, welche Interessen man hat und erfassen die Berufsidentität jedes Teilnehmers.

D. Supers Life-Span Ansatz weist für unsere Thematik sowohl weiterführende als auch weniger wichtige Aspekte auf. Bei der Untersuchung zeigte sich klar, dass im Hinblick auf die vorliegende Stichprobe, seine Ausführungen bezüglich möglichen Einflusses des Geschlechts auf die Fluktuation zum Teil veraltet erscheinen. Es sind keine Geschlechterunterschiede ersichtlich, weshalb die von D. Super angenommenen frauenspezifischen Laufbahnmuster hier kaum mehr Gültigkeit haben. Allerdings lassen sich bei unserer Studie auch keine signifikanten altersspezifischen Aussagen machen, sondern nur in Bezug auf die Ausübungsdauer der Tätigkeit. Das Alter spielt somit nur eine untergeordnete Rolle.

Wie bereits beschrieben, ist der Work-Life-Balance Ansatz ein sehr uneinheitliches Konzept. Die im Kontext dieser Studie verwendete Auffassung zeigte einen hohen Bezug zu den Faktoren Arbeitsbelastung und Arbeitszufriedenheit. Aufgrund der Ergebnisse lässt sich sagen, dass die Säulen der materiellen Sicherheit und des sozialen Netzwerks sehr bedeutsam für die Mitarbeiter des Unternehmens sind. Auch Gesundheit und Arbeitsleistung spielen eine Rolle. Somit scheint dieser Ansatz für die Vorhersage von Fluktuation sehr geeignet. Eine einheitlichere Konzeption dieses Ansatzes wäre zu Forschungszwecken allerdings von Vorteil.

Zuletzt soll noch kurz auf die Theorie der Arbeitsmotivation von Herzberg eingegangen werden. Auch wenn sie nicht zu den Berufs- bzw. Laufbahnentwicklungstheorien zählt, eignet sich diese Theorie sehr gut zur Einordnung der Fluktuationsgründe. Besonders im Hinblick auf die qualitative Auswertung ergab sich ein großer Nutzen, weil die Fluktuationsgründe F. Herzbergs Motivatoren und Hygienefaktoren zugeordnet werden konnten und somit eine gezielte Auswertung möglich war.

3. Zusammenfassung und Ausblick

Im Rahmen dieser Arbeit sollten zum einen mögliche Gründe für die Ursachen von Fluktuation ermittelt, und zum anderen die Fluktuationsbereitschaft der Mitarbeiter in der Callcenter-Branche aufgedeckt werden. Da es bisher kaum spezifische Untersuchungen zu dieser Thematik gibt, sollte die vorliegende Arbeit dazu dienen, diese Forschungslücke ansatzweise zu schließen sowie Anknüpfungspunkte für zukünftige Studien zu liefern. Die quantitativ und qualitativ erzielten Ergebnisse geben deutliche Hinweise darauf, dass vor allem die äußeren Arbeitsbedingungen für Fluktuationsprozesse ausschlaggebend sind. Diese sollten verbessert werden jedoch nicht in jedem Fall versucht werden, Fluktuation zu bekämpfen, da dies weder für den Einzelnen noch für das Unternehmen förderlich ist. Denn Arbeitsfluktuation hat nicht nur negative, sondern auch positive Auswirkungen, da jede Kündigung für Unternehmen und Individuum neue Chancen und die Möglichkeit bietet, Fehlentscheidungen zu korrigieren.

Deshalb erscheint es empfehlenswert, weiter Informationen über diese Thematik zu erheben, um den negativen Folgen durch qualifiziertes Fluktuationsmanagement entgegenzuwirken und vorzubeugen. Die positiven Effekte hingegen lassen sich verstärken, indem man sie auf beraterischer Ebene mit einbezieht.

Literatur

Brown, D./Brooks, L. & Ass. (1996): Career Choice and Development. San Francisco: Jossey-Bass

Doppler, K./Lauterburg, C. (2000): Change Management – Den Unternehmenswandel gestalten. Frankfurt/Main, New York: Campus

Ertelt, B. J. (2010): Theorien der berufsbezogenen Entwicklung. Hochschultext, Hochschule der Bundesagentur für Arbeit (HdBA), Mannheim

Fischer, F. (2008): Arbeitsfluktuation unter dem Aspekt ausgewählter Career Development Theories – dargestellt am Beispiel eines Telekommunikationsunternehmens. Magisterarbeit, Universität Mannheim

Kauffeld, S./Grote, S. (2000): Persönlichkeit und Kompetenz. In: E. Frieling/S. Kauffeld/ S. Grote/H. Bernard (Hrsg.), Flexibilität und Kompetenz: Schaffen Unternehmen kompetente und flexible Mitarbeiter? (S. 187–196). Münster: Waxmann.

Kuhn, J./Göbel, E./Busch, R. (2005): Leben, um zu arbeiten? Betriebliche Gesundheitsförderung unter biografischem Blickwinkel. Frankfurt/Main, Mabuse

Petzold, H. (1993/2003): Integrative Therapie. Paderborn: Junfermann

Schuler, H. (2001): Lehrbuch der Personalpsychologie, Göttingen: Hogrefe

Super, D. (1994): Der Lebenszeit-, Lebensraumansatz der Laufbahnentwicklung. In D. Brown/L. Brooks (Hrsg.), Karriere-Entwicklung (S. 211–280). Stuttgart: Klett-Cotta

Kompetenzentwicklung als selbstreflexiver Prozess – am Beispiel der Studierenden der dualen Hochschulausbildung bei der Heidelberger Druckmaschinen AG[1]

Daniel Tóth

1. Einleitung

Im Zeitalter immer dynamischer agierender Unternehmen werden die Bedingungen für die Unternehmen zunehmend komplexer. Durch den starken Wettbewerb muss der Mitarbeiter heute seine Ressourcen effektiv und flexibel nutzen. Möglich wird dies nur durch eigenverantwortliches und selbständiges Handeln und Lernen des Mitarbeiters. Zur Sicherung der Wettbewerbsvorteile müssen Ressourcen knapp, wertvoll und vor allem beschränkt substituierbar sein. Eine Ressource, die diese Bedingungen weitgehend erfüllt, stellt die Mitarbeiterkompetenz dar. Vor allem große und global agierende Unternehmen wie die Heidelberger Druckmaschinen AG[2] nutzen die Möglichkeiten eines Kompetenzmanagements, um – ungeachtet der damit verbundenen Komplexität – gegenwärtige und zukünftige Kompetenzen ihrer Mitarbeiter zu identifizieren und im Rahmen der Personalentwicklung effektiv zu nutzen. Aufgabe dieser Studie ist es, die Kompetenzentwicklung und die damit verbundenen selbstreflexiven Prozesse an einem praktischen Beispiel zu analysieren. Als Untersuchungsgegenstand dienen dabei die Studierenden der dualen Hochschulausbildung bei der Heidelberger Druckmaschinen AG. Untersucht wird zum einen die Notwendigkeit und Möglichkeit zur Förderung einer auf Selbstreflexion basierenden Kompetenzentwicklung. Auf der einen Seite wird der Versuch unternommen, die Theorien und Modelle der beruflichen Entwicklung sowie der Berufswahl in das Instrumentarium der Kompetenzentwicklung zu implementieren, da sich hier seit einigen Jahren ein Trend erkennen lässt, diese Theorien und Methoden vermehrt auch im betrieblichen Kontext anzuwenden.

2. Theoretischer Hintergrund/Forschungsstand

Das theoretische Gerüst dieser Studie wird aus drei Säulen gebildet. Zum einen wird die Thematik aus dem Fokus der Kompetenzforschung betrachtet. Einen weiteren theoretischen Baustein dieser Studie stellt der Forschungsstand zum

---

[1] Diplomarbeit am Lehrstuhl für Berufs- und Wirtschaftspädagogik an der Universität Mannheim 2008.
[2] im Folgenden HEIDELBERG genannt

Konstrukt der Selbstreflexion dar. Ergänzt wird dabei die berufspädagogische Betrachtung durch einen psychologischen Zugang, die Selbstregulationstheorie.

Zunächst wird das Konstrukt der Kompetenz definiert und abgegrenzt. Es werden neben einer etymologischen Beschreibung die verschiedenen wissenschaftlichen Zugänge (betriebswirtschaftlich, berufspädagogisch und psychologisch) dargestellt. Für den weiteren Verlauf der Studie wird eine Kompetenzdefinition erarbeitet, die zum größten Teil auf den Definitionen von Kauffeld, Kaufhold und Erpenbeck beruht. Im Anschluss an die Definition wird auf die Problematik der Kompetenzmessung eingegangen. Bei den Instrumenten der Kompetenzmessung orientiert sich diese Studie an die von Erpenbeck/von Rosenstiel (2003) verfasste Übersicht über mehr als 40 Verfahren zur Erfassung und Bewertung von Kompetenzen. Für die Durchführung der Studie werden dabei modifizierte Teile des Kasseler Kompetenz-Rasters (Kauffeld) sowie das Schweizerische Qualifikationshandbuch (Calonder) verwendet. Das Kompetenzraster wird verwendet, um die verschiedenen Kompetenzarten innerhalb der dualen Hochschulausbildung bei HEIDELBERG zu erfassen. Das Schweizerische Qualifikationshandbuch ist ein Instrument zur Erfassung, Bewertung und Reflexion erfolgter Handlungen mit dem Ziel, das persönliche Potential in Form eines individuellen Kompetenzportfolios zu entwickeln. Es bildet die Grundlage für das zu evaluierende Kompetenzentwicklungsinstrumentarium bei HEIDELBERG. Der Begriff „Selbstreflexion" wird als erstes aus der wirtschaftspädagogischen Perspektive dargestellt. Als Ausgangspunkt für das Konstrukt dienen die Begriffe „Reflexion" und „Selbst". Am geeignetsten erscheint eine Darstellung der Selbstreflexion im Sinne von Dilger, d.h. eine Zerlegung der Selbstreflexion in die Betrachtungsebenen Selbstreflexionssubjekt, -objekt und -prozess. Neben der berufspädagogischen Perspektive wird auch der psychologische Zugang zum Begriff der Selbstreflexion erläutert. Hier wird vor allem die Selbstregulationstheorie nach Weinert festgehalten. Winter entwickelt auf der Basis dieser Theorie das Modell des selbstregulierten Lernens, das wiederum als Basis für die Entwicklung eines webbasierten Lerntagebuchs (das Self-Monitoring Tool) genutzt wurde. Im dritten, theoretischen, Teil werden die Theorien der Berufswahl und der beruflichen Entwicklung dargestellt und daraufhin geprüft, inwiefern sie Beiträge für die selbstreflexive Kompetenzentwicklung zur Verfügung stellen. Frühere Untersuchungen auf diesem Gebiet zeigten, dass diese Theorien und Modelle zunehmend mehr im betrieblichen Umfeld eingesetzt werden. Bei den Theorien der beruflichen Entwicklung lässt sich festhalten, dass v.a. der entwicklungstheoretische Ansatz von Super wichtige Erkenntnisse für die Kompetenzentwicklung liefert. Wichtig für die Kompetenzentwicklung ist nach Super die Beachtung der rollenspezifischen Selbstwahrnehmung einer Person. Für die Studie bedeutsam sind zudem die Modelle der Berufsberatung.

Das Modell des Problemmanagements von Egan besteht aus drei Stufen und ist unter Beratern aufgrund seiner praktischen Herangehensweise sehr populär.

3. Untersuchungsgegenstand und Design

Ziel der Studie ist die Evaluation und Weiterentwicklung des Kompetenzentwicklungsinstrumentariums der dualen Hochschulausbildung bei HEIDELBERG. Bei der Kompetenzentwicklung soll der Aspekt der Selbstreflexion besonders berücksichtigt werden. Die Studie wurde bei HEIDELBERG durchgeführt, wobei für die Untersuchung eine Eingrenzung auf das duale Hochschulstudium vorgenommen wurde. HEIDELBERG bietet im Rahmen der dualen Berufsausbildung neben Berufsausbildungen (in Kooperation mit den Berufsschulen) auch die Möglichkeit, in Kooperation mit der Berufsakademie Mannheim sowie weiteren Hochschulen ein Studium zu absolvieren. Das Studium ist unterteilt in abwechselnde Theorie- und Praxissemester. In den Theoriesemestern werden fachwissenschaftliche Grundlagen vermittelt. In den Praxisphasen absolvieren die Studenten Projekte in den verschiedenen Unternehmensbereichen bei HEIDELBERG. Das Kompetenzentwicklungsinstrumentarium umfasst sowohl die theoretischen als auch die praktischen Phasen. Abbildung 1 zeigt die Instrumente der Kompetenzentwicklung in der dualen Hochschulausbildung bei HEIDELBERG.

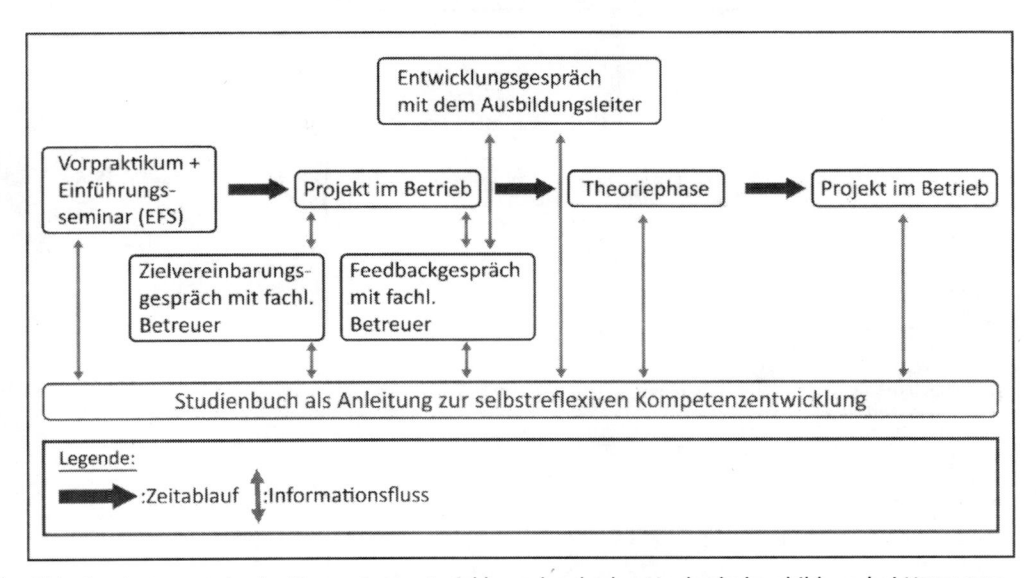

Abb. 1: Instrumente der Kompetenzentwicklung der dualen Hochschulausbildung bei HEIDELBERG

Die Studierenden absolvieren in jeder Praxisphase ein Projekt. Koordiniert wird dieses Projekt durch die Instrumente „Zielvereinbarungsgespräch" und „Feedbackgespräch". Neben diesen Instrumenten findet jedes Praxissemester ein Entwicklungsgespräch mit dem Ausbildungsleiter statt. Das Studienbuch dient der Dokumentation der Kompetenzentwicklung der Studierenden bei HEIDELBERG. Es besteht aus Leitfragen und dient als Anleitung zur Selbstreflexion. Das dargestellte Instrumentarium der Kompetenzentwicklung ist der Untersuchungsgegenstand dieser Studie. Ziel ist eine Evaluation der Instrumente. Dabei gliedert sich die Untersuchung in zwei Bereiche: Ein Bereich stellt die Anwendung der theoretischen Kenntnisse auf die Instrumente dar, d.h. es wird u.a. untersucht, inwiefern die Grundlagen des schweizerischen Qualifikationshandbuches in dem Studienbuch implementiert wurden. Zudem soll geklärt werden, in welchem Maß das Studienbuch die Studierenden zum selbstreflexiven Handeln bewegt. Schließlich wird versucht, das Instrument „Entwicklungsgespräch" mit Hilfe der Theorien und Modellen der Beratungswissenschaft zu erweitern. Die Untersuchung wurde in zwei Teile gegliedert. Abbildung 2 zeigt die Konstruktion und den Ablauf der Untersuchung.

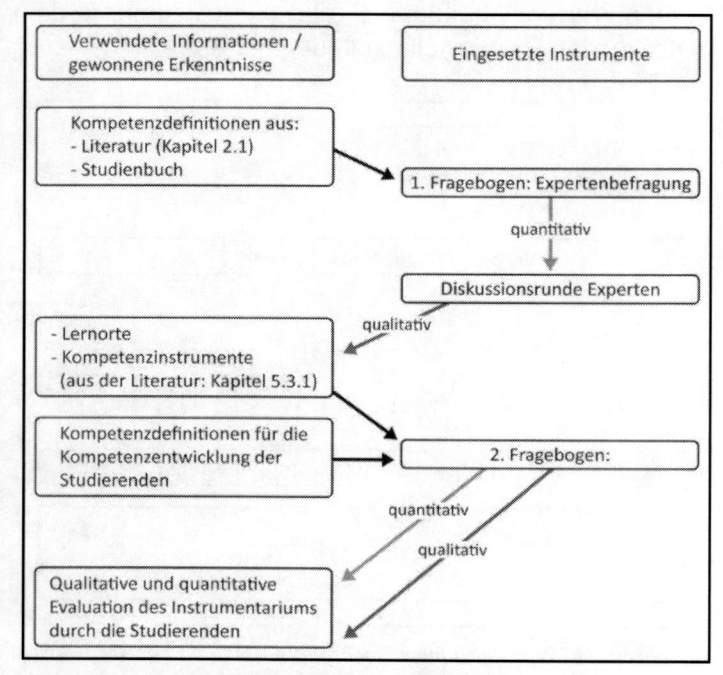

Abb. 2: Konstruktion und Ablauf der Untersuchung

Vor der Studentenbefragung (2. Fragebogen) wurde mittels einer schriftlichen Expertenbefragung (1. Fragebogen) und anschließender Diskussionsrunde eine für die Studenten geeignete Kompetenzdefinition erarbeitet. Diese war u.a. ein Element für den 2. Fragebogen. Als Ausgangspunkt für die Befragung der Studenten stand die Überlegung, dass die Studierenden und die an ihrer Ausbildung beteiligten Mitarbeiter bei HEIDELBERG das gleiche Kompetenzverständnis haben müssen. Dies ist die Voraussetzung dafür, dass die Studenten und Ausbildenden über die Kompetenzentwicklung kommunizieren und diese positiv beeinflussen können. Um ein einheitliches Kompetenzverständnis zu erreichen, wurde im ersten Schritt eine schriftliche Expertenbefragung durchgeführt. Den Befragten wurden zu jeder Kompetenzart (Fach-, Methoden-, Sozial- und Personalkompetenz) verschiedene Definitionen sowie verschiedene Elemente der Kompetenzarten vorgelegt. Die Experten sollten auf einer 5-er Skala die verschiedenen Definitionen bewerten (1= „sehr gut" bis 5 = „ungeeignet"). Zudem sollten sie für jedes Element auf einer 5-er Skala („trifft ausnahmslos zu" bis „ trifft überhaupt nicht zu") angeben, inwieweit diese der jeweiligen Kompetenzart zugehört. Schließlich sollten die Befragten jedem einzelnen Element bzw. Elementgruppen innerhalb der jeweiligen Kompetenzart eine Gewichtung in Form einer Rangfolge zuordnen. Nachdem die Befragten die einzelnen Kompetenzarten beurteilt hatten, sollten sie das Verhältnis der Kompetenzarten untereinander gewichten. In der Diskussionsrunde wurde auf der Basis der Expertenbefragung eine Kompetenzdefinition erarbeitet, die für die Kompetenzentwicklung der Studierenden geeignet ist. Im Vordergrund stand dabei das Ziel der Einfachheit, d.h. die Studierenden sollten mit der Definition arbeiten können. Das in der Diskussionsrunde erarbeitete Kompetenzverständnis der Handlungskompetenz bildete zusammen mit dem Anschreiben die Einleitung für den 2. Fragebogen. Den Studierenden wurde eine Definition der Handlungskompetenz sowie deren Aufgliederung in die Kompetenzarten Fachkompetenz, Methodenkompetenz, Sozialkompetenz und Personalkompetenz vorgestellt. Im ersten Teil der Befragung sollten die Studierenden ihre Kompetenzen einschätzen (Ist-Zustand) sowie die Soll-Zustände definieren. Dazu wurden die einzelnen Kompetenzarten in einzelne Elemente aufgeteilt. Die Bewertung des Ist- und des Soll-Zustandes erfolgte anhand einer 5-er Skala (1= „sehr gute Kompetenzausprägung", …, 3 = „normale Ausprägung", …, 5 = „Kompetenz nicht/kaum vorhanden"). Im zweiten Teil der Befragung sollten die Studenten angeben, wo sie ihrer Meinung nach die einzelnen Kompetenzen erwerben können. Die einzelnen Kompetenzarten wurden jeweils in 3 bis 9 Elemente aufgeteilt. Für jedes Element sollte angegeben werden, ob man die Kompetenz „eher allein", „eher im Betrieb (HEIDELBERG)", „eher im Studium (BA oder Hochschule)" oder „eher in privater Gruppe" erwerben kann. Um eine deutlichere

Bewertung zu erzielen, sollten die Studierenden bei jedem Element eine Rangfolge in Bezug auf den Lernort festhalten (1= „sehr geeignet" bis 4= „eher ungeeignet"). Im dritten Teil der schriftlichen Befragung wurden den Studierenden verschiedene Instrumente der Kompetenzentwicklung vorgestellt. Einige dieser Instrumente waren bereits im Einsatz (z.B. Projekte, Studienbuch), andere hingegen kannten die Studierenden nicht aus der praktischen Anwendung (z.B. Coaching durch Peers/Tutoren). Die Studierenden sollten für jedes Instrument angeben, inwieweit es jeweils für die Entwicklung der verschiedenen Kompetenzarten geeignet ist. Die Bewertung erfolgt hier zum einen quantitativ anhand einer 4–7er Skala („sehr geeignet", „eher geeignet", „weniger geeignet" und „nicht geeignet"). Auf der anderen Seite wurde jedoch auch versucht, die Ideen und Begründungen der Studierenden durch ein offenes Feld „Begründung" qualitativ zu erfassen. Zudem wurde auch eine separate Spalte „Sonstige Instrumente" bereitgestellt, so dass auch hier die Anregungen der Studenten berücksichtigt werden konnten. Die Durchführung der Untersuchung begann im November 2007. Die Expertenbefragung wurde auf die wesentlichen Experten beschränkt. Es wurden 3 Mitarbeiter befragt. Ende November fand eine Diskussionsrunde statt. Hier wurden die Ergebnisse aus der Expertenbefragung besprochen und gemeinsam eine Kompetenzdefinition für die Studierenden erarbeitet. Die Durchführung der Studierendenbefragung fand im Dezember 2007 bis Januar 2008 statt. Es wurde eine Vollerhebung der Grundgesamtheit durchgeführt, da es insgesamt nur 38 Studierende gibt. Der Fragebogen wurde Anfang Dezember 2007 per E-Mail an die Befragten verschickt.

4. Ergebnisse

Von den 38 versendeten Fragebögen wurden 34 beantwortet. Unter den Befragten waren 15 Maschinenbau-Studenten, 12 Wirtschaftsingenieurstudenten sowie 5 Studierende des Faches „Digitale Medien". Die meisten Befragten waren Studienanfänger (n=13), gefolgt von 11 Studenten aus dem 3. Semester und 6 Teilnehmer aus dem 5. Semester. Aus dem 6. Semester nahmen 2 Teilnehmer an der Befragung teil. Im ersten Teil wurden die Studierenden zur Einschätzung ihrer Handlungskompetenz befragt. Als Ergebnis ließ sich festhalten, dass die Studierenden ihre Kompetenzen normal bis überdurchschnittlich bewerteten. Die Fachkompetenzen werden relativ schlecht bewertet. Eine Erklärung dafür könnte die positive Korrelation zwischen Semesteranzahl und der Einschätzung der Kompetenzen in Zusammenhang mit der hohen Anzahl an Studienanfängern unter den Befragten sein. Auch bei der Methodenkompetenz zeigt sich ein solcher Trend. Innerhalb der Sozial- und Personalkompetenz ließen sich sowohl Elemente festhalten, bei denen sich die Studierenden ihre Kompetenzen überdurchschnittlich als auch unterdurchschnittlich einstuften. Betrachtete man den Entwicklungsbedarf (SOLL-Wert abzüglich IST-Wert), so sahen die Studierenden bei der Fachkompetenz den höchsten Entwicklungsbedarf. Sowohl bei der Sozial- als auch der Personalkompetenz zeigten sich innerhalb der Kompetenzart große Unterschiede.

Im zweiten Teil der der Befragung sollten die Studierenden angeben, welchen Lernort sie präferieren. Dabei sollten die Befragten für jede Kompetenzart angeben, ob man sie eher allein, in einer privaten Gruppe, im Betrieb oder im Rahmen des Studiums erwerben kann. Ziel der Befragung war es hier festzustellen, ob die Studierenden der Meinung sind, dass alle Kompetenzarten, d.h. auch die Personalkompetenz, im betrieblichen Kontext entwickelt werden können. Als Ergebnis konnte man feststellen, dass alle Kompetenzen im betrieblichen Kontext entwickelt werden können. Abbildung 3 zeigt exemplarisch die geeigneten Lernorte für die Personalkompetenzen.

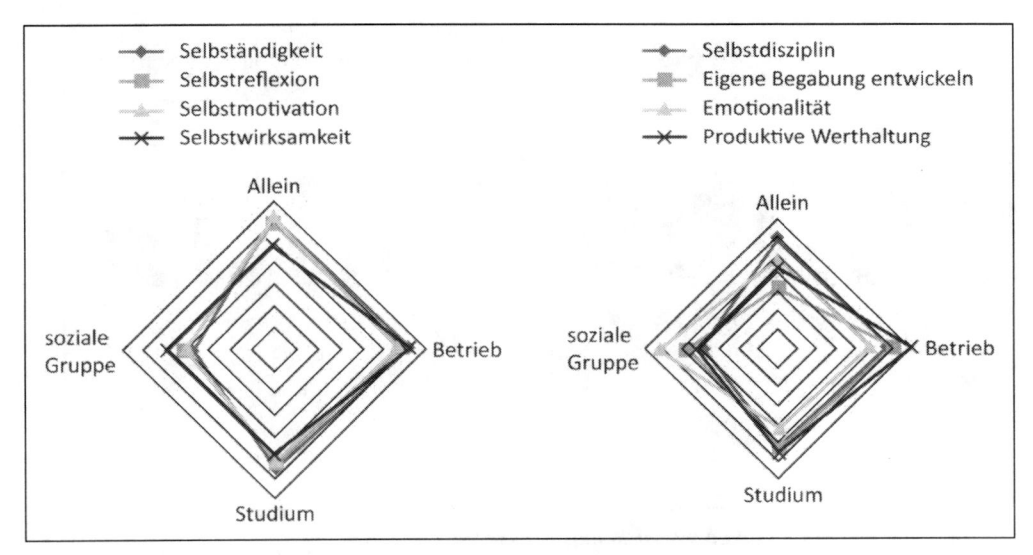

Abb. 3: Geeignete Lernorte für die Personalkompetenzen

Im dritten Teil der Befragung sollten die Studierenden die Eignung der Instrumente für die Kompetenzentwicklung einschätzen. Abbildung 4 zeigt die Eignung der Instrumente für die verschiedenen Kompetenzarten. Dabei bedeutet 1=„nicht geeignet", 2=„weniger geeignet", 3=„eher geeignet" und 4=„sehr geeignet".

Die Studierenden bewerten die Instrumente „Lerntagebuch" und „Studienbuch" relativ schlecht. Als Begründung lassen sich die qualitativen Beurteilungen durch die Studierenden dahingehend interpretieren, dass ihnen der Nutzen dieser Instrumente noch nicht bewusst ist. Das Instrument „Coaching durch Peers/Tutoren" halten die Studierenden für geeignet, um v.a. die Fach-, Methoden und Sozialkompetenz zu entwickeln. Sie können so gezielt von den Erfahrungen anderer Studenten profitieren. Zudem sehen die Studierenden die Möglichkeit, dass die Tutoren studentengerecht erklären können. Seminare und Workshops werden von den Studierenden v.a. in den Bereichen Fach- und Methodenkompetenz für sehr geeignet gehalten. Die Studenten sehen hier die Möglichkeit, Fach- und Methodenkompetenzen leichter zu erwerben (im Gegensatz zum selbständigen Erarbeiten) bzw. sie halten Seminare teilweise für die einzige Möglichkeit, für bestimmte fachspezifische Themen eine fundierte theoretische Grundlage zu schaffen. Am besten beurteilen die Studierenden das Projekt in Bezug auf die Möglichkeit der Kompetenzentwicklung.

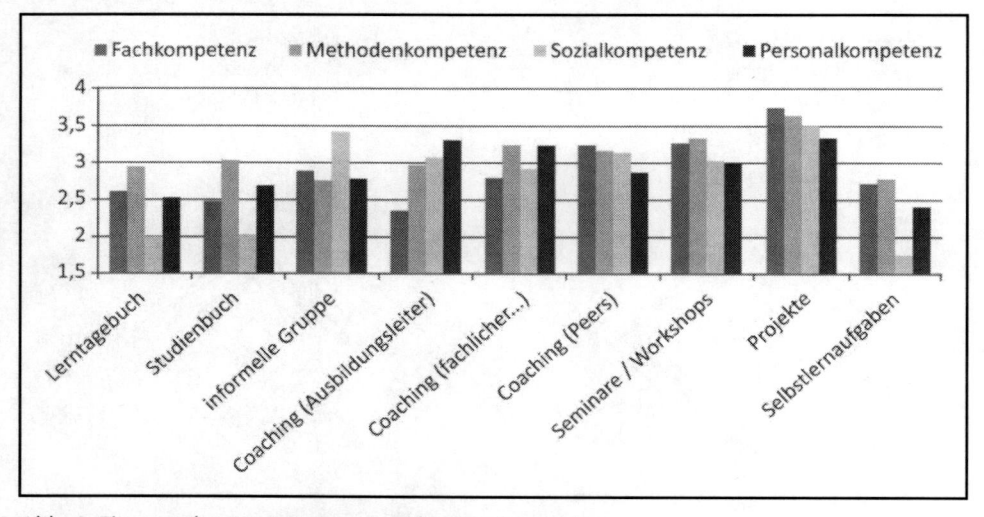

Abb. 4: Eignung der Kompetenzentwicklungsinstrumente

5. Ergebnisverwendung

Aus den Ergebnissen der empirischen Untersuchung werden Empfehlungen für die Weiterentwicklung abgeleitet. Dabei können drei Bereiche voneinander getrennt werden: Zum einen werden Empfehlungen für die Weiterentwicklung des gesamten Instrumentariums dargestellt. Desweiteren werden zwei der Instrumente, und zwar das „Entwicklungsgespräch" sowie das „Studienbuch", mit Hilfe der Erkenntnisse aus dem empirischen und theoretischen Bereich erweitert.

5.1 Empfehlungen für die Weiterentwicklung des Instrumentariums

- Betrieb als Lernort für alle Kompetenzen nutzen und erfassen

Der betriebliche Kontext wurde als geeigneter Lernort für alle vier Kompetenzarten bewertet. Als Handlungsprämisse lässt sich somit ableiten, dass sowohl bei der Gestaltung der betrieblichen Lernformen (z.B. Projekte in der Praxisphase) als auch bei der Erfassung der Kompetenzen alle Kompetenzarten berücksichtigt werden sollten.

- Nutzen der Selbstreflexion den Studierenden durch Workshops/Seminare deutlich machen

Das Studienbuch wurde relativ schlecht bewertet, weil die Studierenden den Nutzen der Reflexion und Dokumentation ihrer Kompetenzen nicht wahrnehmen. Hier könnten z.B. Workshops zur Förderung des (berufs-)biografischen Blicks den zusätzlichen Gewinn solcher Instrumente deutlich machen.

- Das Instrumentarium um ein Coaching durch Peers/Tutoren erweitern

Die Studierenden gaben sowohl quantitativ als auch in den offenen Begründungen an, dass sie Coaching durch einen Studenten höheren Semesters (Tutor) für die Entwicklung der Handlungskompetenz sehr geeignet sehen. Studierende sehen hier die Möglichkeit, wertvolle Ratschläge zu bekommen. Außerdem könnten Tutoren das Wissen „studentengerechter" vermitteln. Zudem wurde auch der Vorteil genannt, dass die Studierenden bei Problemen einen weiteren Ansprechpartner neben dem Ausbildungsleiter haben.

5.2 Empfehlungen für die Weiterentwicklung des Entwicklungsgesprächs

Die Weiterentwicklung des Kompetenzentwicklungsinstruments „Entwicklungsgespräch" basiert zum einen auf dem im Theorieteil dargestellten Schweizerischen Qualifikationshandbuch nach Calonder sowie dem Modell des Problemmanagements nach Egan. Das Entwicklungsgespräch wird dabei in zwei Teile gegliedert: Zunächst muss sich der Studierende vorbereiten (1. Schritt), indem er eine auf Kompetenzen basierende Selbstdarstellung erarbeitet. Ziel ist es, Vorstellungen über den momentanen Ist-Zustand, den gewünschten Soll-Zustand sowie den notwendigen Veränderungsprozess vom Ist zum Soll zu entwickeln. Der Ausbildungsleiter bereitet sich auf das Gespräch vor, indem er sich einen Überblick über die Leistungen des Studenten verschafft. Zum einen werden dazu die Noten aus der Berufsakademie bzw. der Hochschule überprüft. Auf der anderen Seite stehen dem Ausbildungsleiter die Dokumentationen der Praxisphasen zur Verfügung. Die Durchführung des Entwicklungsgesprächs (2. Schritt) basiert auf Egans Problemmanagement-Modell. Das Modell besteht aus drei Stufen: Ziel der ersten Stufe ist das Erfassen des Ist-Zustandes (derzeitiges Szenario). In der folgenden Stufe versucht der Ausbildungsleiter gemeinsam mit dem Studenten, einen Soll-Zustand zu erarbeiten. Ziel der dritten Stufe ist das Generieren von Handlungsstrategien als oder Weg vom derzeitigen Szenario hin zum erwünschten Szenario. Beim Entwicklungsgespräch können 3 Varianten des Modells unterschieden werden: Zum einen kann das Gespräch nur aus der Selbstdarstellung des Studierenden bestehen (Variante A). Dabei beschreibt der Studierende einen *Ist*-Zustand, indem er seine momentane Handlungskompetenz erläutert. Anschließend beschreibt der Studierende den angestrebten *Ist*-Zustand und schließlich seine Handlungsstrategien zur Erreichung des Zielzustandes. Der Ausbildungsleiter beurteilt hier die Selbstdarstellung, den angestrebten *Soll*-Zustand sowie die Handlungsstrategien daraufhin, inwiefern diese realistisch sind. Zudem kann der Ausbildungsleiter feststellen, wie verbindlich der *Soll*-Zustand für den Studierenden ist. Bei Variante B gibt der Studierende analog zu Variante A seine Selbsteinschätzung ab. Er definiert einen *Soll*-Zustand und er beschreibt Handlungsmaßnahmen zum Erreichen der gewünschten Kompetenzausstattung. Zusätzlich stellt hier der Ausbildungsleiter seine Perspektive (Fremdeinschätzung) dar. Für das Gespräch ergeben sich somit neue Dimensionen: Während bei Variante A nur die Differenz zwischen *Soll* und *Ist* aus der Studierenden-Perspektive im Mittelpunkt stand, werden bei dieser Variante auch Diskrepanzen zwischen den *Ist*- und *Soll*-Vorstellungen sowie zwischen den empfohlenen Handlungsstrategien diskutiert. Ziel ist das gemeinsame Herausarbeiten von geeigneten Handlungsmaßnahmen zum Erreichen des gewünschten Szenarios. Bei Variante C handelt es sich um ein Sanktionsgespräch. Hier beschreibt der Ausbildungsleiter den momentanen Zustand des Studierenden aus seiner Perspektive. Er zeigt dem Studierenden die Konsequenzen seines momentanen „schlechten" Verhaltens und fordert eine Verbesserung hin zu einem gewünschten *Soll*-Zustand.

5.3 Empfehlungen für die Weiterentwicklung des Studienbuches

Für die Weiterentwicklung des Studienbuches wird neben dem Schweizerischen Qualifikationshandbuch nach CALONDER auch das Selbstüberwachungs-Instrument (Self-Monitoring Tool) verwendet. Um die Beurteilung und Dokumentation effektiver zu gestalten, wird versucht, erstens aus den Aufgaben Kompetenzen abzuleiten und zweitens diese Kompetenzen als Grundlage für die Selbstbeurteilung (Student) sowie für eine Fremdbeurteilung (fachlicher Betreuer) zu nutzen. Als zusätzlicher Nutzen lässt sich hier die selbstreflexive Arbeit des Studenten festhalten, durch die er sich seiner Kompetenzen bewusster wird. Eine weiterer Ansatzpunkt für eine Erweiterung stellt die Implementierung eines Selbstüberwachungs-Instruments (Self-Monitoring Tool = SMT) dar. Ansatzpunkt für die Anwendung ist die Projektdurchführung, die verglichen mit dem Projektstart und dem Projektende, relativ vernachlässigt wird. Mit Hilfe des SMT führt der Studierende jede Woche die Prozesse „Planung", „Durchführung"/„Anpassung = Regulation" und „Kontrolle" durch. Dabei werden spezifische Prozessvariablen (z.B. Zufriedenheit, Einsatz motivational-volitionaler Kontrollstrategien) dokumentiert.

6. Ausblick und Diskussion

Als Ergebnis dieser Arbeit lässt sich ein weiterentwickeltes Instrumentarium festhalten, das sowohl auf der einen Seite theoretisch begründet ist, als auch auf der anderen Seite auf empirischen Erkenntnissen beruht. Die Aussagekraft der empirischen Untersuchung ist aufgrund der niedrigen Anzahl der Befragten (n=34) eingeschränkt. Folgestudien könnten jedoch auf der Basis der in dieser Studie erarbeiteten Fragebögen empirische Befunde sicherstellen. Man konnte bei dieser Studie erkennen, dass Studierende den Prozess der Selbstreflexion zunächst erlernen müssen, bevor sie ihn selbständig ausführen können und wollen. Der Inhalt und Ablauf des Entwicklungsgesprächs wurde mit Hilfe des Problemmanagement-Modells von EGAN und dem Schweizerischen Qualifikationsbuch überarbeitet. Auch hier zeigen sich weitere Forschungsansätze zur Anwendung der Beratungswissenschaft im betrieblichen Kontext.

Literatur

Arnold, R. (1997): Von der Weiterbildung zur Kompetenzentwicklung. Neue Denkmodelle und Gestaltungsansätze in einem sich verändernden Handlungsfeld. In: Arbeitsgemeinschaft Qualifikations-Entwicklungs-Management (Hrsg.) Kompetenzentwicklung '97. Berufliche Weiterbildung in der Transformation – Fakten und Visionen. Münster u.a.: Waxmann, S. 254–307

Bender, J. (2005): Kompetenzmanagement als ein strategisches Instrument der Personalentwicklung. Eine qualitative Evaluationsstudie im Rahmen des „Job-Family Developments" der Heidelberger Druckmaschinen AG

Bergmann, B. (2003): In: Handbuch Kompetenzmessung: Erkennen, verstehen und bewerten von Kompetenzen in der betrieblichen, pädagogischen und psychologischen Praxis. Stuttgart: Schäffer-Poeschel, S. 229–260

Bernien, M. (1997): Anforderungen an eine qualitative und quantitative Darstellung der beruflichen Kompetenzentwicklung. In: Arbeitsgemeinschaft Qualifikations-Entwicklungs-Management (Hrsg.): Kompetenzentwicklung '97. Berufliche Weiterbildung in der Transformation – Fakten und Visionen. Münster u.a.: Waxmann, S. 17–83.

Brown, D./Brooks, L. (1994): Karriere-Entwicklung. Stuttgart: Klett-Cotta.

Bußhoff, L. (1989) Berufswahl. Theorien und ihre Bedeutung für die Praxis der Berufsberatung. Stuttgart: Kohlhammer

Calonder Gerster, A. (2003): Schweizerisches Qualifikationsbuch – Portfolio für Jugendliche und Erwachsene zur Weiterentwicklung in Bildung und Beruf. 4. Auflage, Zürich: Werd

Crites, J.O. (1981): Career counseling- models, methods and materials. New York/St. Louis: Mc Graw-Hill.

Dewey, J. (1951): Wie wir denken. Eine Untersuchung über die Beziehung des reflektiven Denkens zum Prozeß der Erziehung. Zürich

Dilger, B. (2007): Der selbstreflektierende Lerner: Eine wirtschaftspädagogische Rekonstruktion zum Konstrukt der „Selbstreflexion". Paderborn: EUSL-Verlagsgesellschaft

Ebner, H.G./Oertel, A./Schumm, H. (2001): Modernisierung der kaufmännischen Ausbildung am Berufsbildungswerk Leipzig. Universitätsverlag Mannheim

Egle, F./Bens, W. (2004): Talentmarketing. 2. Auflage, Wiesbaden: Betriebswirtschaftlicher Verlag Gabler/GWV Fachverlage

Erler, W. (2003): In: Handbuch Kompetenzmessung: Erkennen, verstehen und bewerten von Kompetenzen in der betrieblichen, pädagogischen und psychologischen Praxis. Stuttgart: Schäffer-Poeschel, S. 339–352

Erpenbeck, J./Heyse, V. (1999): Die Kompetenzbiographie. Berlin: Waxmann

Erpenbeck, J./von Rosenstiel, L. (2003): Handbuch Kompetenzmessung: Erkennen, verstehen und bewerten von Kompetenzen in der betrieblichen, pädagogischen und psychologischen Praxis. Stuttgart: Schäffer-Poeschel

Ertelt, B.-J./Schulz W.E. (1997): Beratung in Bildung und Beruf. Leonberg: Rosenberger Fachverlag

Ertelt, B.-J./Schulz W.E. (2002): Handbuch Beratungskompetenz. Leonberg: Rosenberger Fachverlag

Ertelt, B.-J. (2004): Theoriegeleitete Erklärungsansätze für Berufswahl. Unveröffentlichtes Skript. Universität Mannheim.

Faulstich, P. (1998): Strategien der betrieblichen Weiterbildung. Kompetenz und Organisation. München: Vahlen.

Foelian, B. (2007): Career Management – Laufbahnberatung (MAS) an der Universität Klagenfurt. Masterarbeit Universität Klagenfurt

Gerber, P. (2003): Qualipass – Dokumentation der persönlichen und fachlichen Kompetenzen. In: Handbuch Kompetenzmessung: Erkennen, verstehen und bewerten von Kompetenzen in der betrieblichen, pädagogischen und psychologischen Praxis. Stuttgart: Schäffer-Poeschel, S. 353–362

Grob, U./Maag Merki, K. (2001): Überfachliche Kompetenzen. Theoretische Grundlegung und empirische Erprobung eines Indikatorensystems. Bern u.a.: Lang

Hacker, W. (1973): Allgemeine Arbeits- und Ingenieurpsychologie. Berlin: Dt. Verl. d. Wiss.

Hannover, B. (1997): Das dynamische Selbst. Die Kontextabhängigkeit selbstbezogenen Wissens. Bern: Verlag Hans Huber

Heyse, V./Erpenbeck, J./Michel, L. (2002) Kompetenzprofiling: Weiterbildungsbedarf und Lernformen in Zukunftsbranchen. Berlin: Waxmann

James, W. (1890): The principles of psychology. New York: Holt, Rinehard & Winston

Laske, K./Habich, J. (2004): In: Handwörterbuch des Personalwesens. Stuttgart: Schäffer-Poeschel, S. 1006–1014

Kaiser, A. (1998): Carte de competence: Wie lassen sich Kompetenzen feststellen? In: GdWZ: Grundlagen der Weiterbildung: Heft 5/98, S. 199–201

Kauffeld, S. (2003): In: Handbuch Kompetenzmessung: Erkennen, verstehen und bewerten von Kompetenzen in der betrieblichen, pädagogischen und psychologischen Praxis. Stuttgart: Schäffer-Poeschel, S. 261–282

Kauffeld, S. (2006): Kompetenzen messen, bewerten, entwickeln Stuttgart: Schäffer-Poeschel

Kaufhold, M. (2006): Kompetenz und Kompetenzerfassung. Wiesbaden: VS Verlag für Sozialwissenschaften/GWV Fachverlage

Krumboltz, J (1994): Die berufliche Entscheidungsfindung als sozialer Lernprozeß: Krumboltz' Theorie. In: Brown, D./Brooks, L. (1994). Karriere-Entwicklung. Stuttgart: Klett- Cotta, S. 157–210

Lamnek, S. (1995): Qualitative Sozialforschung. Band 1: Methodologie. Weinheim: Psychologie Verlags Union

Laske K./Habich, J. (2004): In: Handwörterbuch des Personalwesens. Stuttgart: Schäffer-Poeschel, S. 1006–1014

Mayring, P. (1990): Einführung in die qualitative Sozialforschung: Eine Anleitung zu qualitativem Denken. München: Psychologie Verlags Union

Mayring, P. (1999): Einführung in die qualitative Sozialforschung. München: Psychologie-Verlags Union

Meier, A.J. (2002): Bewertung von Kompetenz und Kompetenzentwicklung. Beitrag personalwirtschaftlicher Beurteilungsverfahren zur Bewertung von Kompetenz und Kompetenzentwicklung. In: Staudt, E. u.a. (Hrsg.): Kompetenzentwicklung und Innovation. Eine Bestandsaufnahme jenseits von Personalentwicklung und Wissensmanagement. Münster u.a., Waxmann, S. 437–491

Möding, N./Stickel M. (2003): Schweizerisches Qualifikationshandbuch. In: Handbuch Kompetenzmessung: Erkennen, verstehen und bewerten von Kompetenzen in der betrieblichen, pädagogischen und psychologischen Praxis. Stuttgart: Schäffer-Poeschel, S. 556–562

Munz, C. (2005): Berufsbiographie selbst gestalten. Wie sich Kompetenzen für die Berufslaufbahn entwickeln lassen. Bielefeld: Bertelsmann

Münch, J. (2002): Bildungspolitik. In: R. Arnold (Hrsg.): Grundlagen der Berufs- und Erwachsenenbildung (Band 28). Hohengehren: Schneider

Münch, J. (2003): Geschichte der Berufspädagogik. In: Arnold, R. (Hrsg.): Berufs- und Erwachsenenpädagogik. Baltmannsweiler: Schneider Verlag Hohengehren, S. 69–85

Oechsler W. (2006): Personal und Arbeit. 8. Auflage, München: Oldenbourg Wissenschaftsverlag

Sloane P.F.E. (1999): Situationen gestalten. Von der Planung des Lehrens zur Ermöglichung des Lernens. Markt: Schwaben

Sloane P.F.E. (2004): In: Handwörterbuch des Personalwesens. Stuttgart: Schäffer-Poeschel, S. 573–584

Super, D. (1994): Der Lebenszeit-, Lebensraumansatz der Laufbahnentwicklung. In: Brown, D./Brooks, L. (Hrsg.): Karriere-Entwicklung. Stuttgart: Klett-Cotta, S. 211–280

Thömmes, J. (2003): Bilan de compétences In: Handbuch Kompetenzmessung: Erkennen, verstehen und bewerten von Kompetenzen in der betrieblichen, pädagogischen und psychologischen Praxis. Stuttgart: Schäffer-Poeschel, S. 545–555

Weinert, F.R. (1982): Psychologie der Entwicklung und Erziehung. Bern: Huber

Weinrach S.G. (1994). Die Berufswahltheorie von Holland In: Brown, D./Brooks, L.: Karriere-Entwicklung. Stuttgart: Klett-Cotta, S. 17–42

Weiß, R. (1999): Erfassung und Bewertung von Kompetenzen – empirische und konzeptionelle Probleme. In: Arbeitsgemeinschaft Qualifikations-Entwicklungs-Management (Hrsg.): Kompetenzentwicklung '99. Aspekte einer neuen Lernkultur. Argumente, Erfahrungen, Konsequenzen. Münster u.a.: Waxmann, S. 433–493.

Winter, C. (2007): Analyse und Förderung selbstregulierten Lernens durch Self-Monitoring. Hamburg: Dr. Kovač

Wütherich, B. (2000): Laufbahnberatung in mittelständischen Betrieben – Eine explorative Untersuchung über Praxis und Unterstützungsbedarf. Diplomarbeit an der Universität Mannheim

Berufsbildung und Persönlichkeitsentwicklung
Grundbildung, Berufswahl und Übergänge Bildung–Beruf als Kriterien für die Entwicklung einer eigenständigen Berufspersönlichkeit

Peter Härtel

1. Ausgangsüberlegung

Die Entwicklung einer eigenständigen Berufspersönlichkeit beginnt lange vor dem Eintritt in die Arbeitswelt oder in eine betriebliche Organisation.

Diese Entwicklung beginnt bereits in der beruflichen Erstbildung, in der fachlichen und professionellen Vorbereitung auf berufliche, betriebliche, persönliche Anforderungen in der Arbeitswelt.
Spätestens.

Vieles spricht dafür, das wesentliche persönliche Eigenschaften, abgesehen von Anlagen und individuellen Voraussetzungen, durch frühe Bildungsphasen – von der Elementarbildung bis zu den ersten berufsrelevanten Bildungs- und Laufbahnübergängen wesentlich mitgeprägt werden.

Alle Anstrengungen betrieblichen Human Resource Managements können nur so erfolgreich sein, wie sie auf Bildungsgrundlagen und persönlichen Entwicklungen im Vorfeld aufbauen können.

Das hängt nicht nur mit fachlich-beruflicher Bildungsqualität zusammen, das ist wesentlich eine Frage von Einstellung, Haltung, Wollen und persönlicher Lebensorientierung, auch mit der erforderlichen Grundausstattung mit Basiskompetenzen, die Voraussetzung für persönliche Sicherheit, Bildungswege und Berufslaufbahnen sind.

Dies wiederum setzt auch Beratung und Begleitung Jugendlicher auf ihrem Weg von der Erstbildung in die berufliche Aus- und Weiterbildung und für den Übergang in erste berufliche Entwicklungsphasen voraus. Beratung und Begleitung reicht dabei weit über das manchmal eingeschränkte Verständnis – zumindest in Österreich – von „Berufsberatung" hinaus, damit ist ein Anspruch verbunden, der die gesamte Persönlichkeit umfasst, Talente, Interessen und persönliche Perspektiven in den Vordergrund stellt, die Entscheidungsfähigkeit stärkt, all das, was heute auch mit „Career Management Skills" umschrieben wird – und eben Grundlage für die Entwicklung eigenständiger Berufspersönlichkeit darstellt.

Mit einigen Aspekten dieser Fragestellung setzen sich die folgenden Ausführungen auseinander, aus dem Blickwinkel der österreichischen Bildungslandschaft, unter Berücksichtigung und Einbeziehung europäischer und internationaler Entwicklungen und Erkenntnisse.

Dabei werden zuerst einige grundlegende Tendenzen skizziert, Auswirkungen auf das berufliche Bildungswesen erörtert, Überlegungen zu erforderlichen Entwicklungen zur Beratung und Orientierung angestellt und Hinweise zur Verknüpfung mit betrieblicher und unternehmerischer Personal- und Bildungsentwicklung abgeleitet.

2. Zur Situation Jugendlicher im Übergang Bildung–Beruf

Trends und Zukunftsperspektiven beruflicher Aus- und Weiterbildung korrelieren naturgemäß eng mit Trends und Zukunftsperspektiven gesellschaftlicher Entwicklungen, mit Veränderungen in der Berufs- und Arbeitswelt, nicht zuletzt mit der Lebensrealität Jugendlicher, die sich in höchstpersönlicher Weise ihren Bildungs-, Berufs- und Lebensweg gestalten.

Es ist offensichtlich, dass drastische Umwälzungen beobachtbar sind. Die Lebensumgebung vieler Jugendlicher hat sich wesentlich gewandelt. Familiärer Hintergrund, soziale Umgebung, Migrationsbewegung etc. spielen hier ebenso eine Rolle wie mediales Umfeld, Entwicklung von Jugendkulturen und Wertvorstellungen, Vertrauen in öffentliche Systeme und den Arbeitsmarkt, letztlich persönliche Lebensziele und Grundeinstellungen, die auch das Thema Bildung und Beruf betreffen (vgl. z.B. Shell-Jugendstudie 2006).

Auch die Veränderungen in der Berufslandschaft und am Arbeitsmarkt sind unübersehbar. Wahrscheinlich war der Arbeitsmarkt ja für den überwiegenden Teil der Bevölkerung nie so „sicher", wie wir das heute angesichts wieder wachsender Beschäftigungsprobleme für frühere Zeiten suggerieren. Abgesehen von sektoralen Besonderheiten – etwa zünftischen Berufsorganisationen – oder zeitgebundenen Sonderentwicklungen – Wiederaufbau in der Nachkriegszeit, Verstaatlichung, öffentliche Wirtschaft – war in Zentraleuropa in den letzten Generationen die „existentielle Geworfenheit" eher die Norm als die Ausnahme.

Die Wahrscheinlichkeit, dass sich Beweglichkeit, Unübersichtlichkeit, Offenheit zukünftiger Entwicklungen in der Wirtschafts-, Arbeits- und Berufswelt eher verstärken als sich wieder in Sicherheiten zurückbewegen, wie sie in Teilbereichen der Gesellschaft und der Arbeitswelt gewohnt waren, überwiegt bei weitem. Es ist eine Frage der kollektiven Klugheit und der gesellschaftlichen Verantwortung, sich darauf einzustellen.

Dies gilt im Prinzip auch für die Landschaft des Bildungswesens, die sich in den letzten Jahrzehnten wesentlich ausdifferenziert hat. Dies betrifft sowohl den Übergang von der Erstbildung im Pflichtschulwesen hin zur weiterführenden allgemeinen und beruflichen Bildung auf Sekundarebene, als auch für den Übergang zwischen Sekundarstufe und postsekundärer, tertiärer Bildung bzw. weiterer beruflicher Entwicklung und Weiterbildung im Rahmen des Lebenslangen Lernens.

Dies ist sowohl ein nationales, europäisches als auch ein weltweites Phänomen. In sich öffnenden gesellschaftlichen und wirtschaftlichen Umgebungen werden Vergleichbarkeit und Einsetzbarkeit von Bildung und Qualifikation immer bedeutender, der Bologna-Prozess im hochschulischen Bereich sei dafür ebenso ein Orientierungspunkt wie der Prozess der Entwicklung und Implementierung von Europäischem und nationalen Qualifikationsrahmen.

Für Österreich ist etwa der Prozess des Aufbaus des Fachhochschulsektors in den letzten zwei Jahrzehnten von eminenter Bedeutung, ebenso der Ausbau des berufsbildenden höheren Schulwesens, die Entwicklung neuer Lehrberufe und die Modularisierung – alles Entwicklungen, die viele, die in ihrer persönlichen Bildungs- und Berufswahl vor diesen Entwicklungen sozialisiert wurden, noch nicht wirklich internalisiert haben, die aber wesentliche Kriterien für eine bewusste Bildungs- und Berufswahl als Voraussetzung für die Entwicklung einer eigenständigen Berufspersönlichkeit bilden.

Mit diesen Kriterien und Entwicklungsprozessen setzen sich die Europäische Union, europäische Mitgliedsstaaten, Netzwerke wie ENQA-VET und ARQA-VET, Institutionen wie CEDEFOP etc. seit vielen Jahren ausführlich auseinander. Seit Beginn des Lissabonprozesses im Jahre 2000 sind vielfältige Initiativen gestartet worden, Foren gegründet, Prozesse eingeleitet worden, als Beispiel dafür seien nur die Politiken zum EQARF-Europäischer Bezugsrahmen für die Qualitätssicherung in beruflicher Aus- und Weiterbildung, ECVET-European Credit System for Vocational Education and Training sowie die österreichische Initiative QIBB-Qualität in berufsbildenden Schulen – gestartet und dynamisch weiterentwickelt worden (vgl. CEDEFOP, 2007).

Die qualitativen Voraussetzungen für berufliche Aus- und Weiterbildung werden jedoch schon in früheren Stadien von Bildungsprozessen grundgelegt. Dies soll am Beispiel des österreichischen Bildungssystems anschaulich gemacht werden.

3. Qualitätskriterium Bildungs- und Berufswahl

Konsequent im Konzept des lebenslangen Lernens gedacht, reichen Qualitätskriterien für Berufsbildung jedoch weit darüber hinaus und berühren, ja integrieren sowohl vorgelagerte als auch begleitende Kontexte.

Dies soll im Weiteren anhand der Thematik „Bildungs- und Berufswahl" aufgezeigt und erläutert werden.

Der Begriff „Bildungs- und Berufswahl" steht dabei als Teilinhalt für einen umfassenden, prozesshaften Vorgang, der mehr als die Vorbereitung und das Treffen von Entscheidungen für die berufliche Bildung oder den Beruf beinhaltet:

Der Begriff steht für die Auseinandersetzung mit der eigenen Persönlichkeit im Hinblick auf zukünftige Lebensperspektiven, für die Entfaltung von Anlagen, Potenzialen und Talenten, für das Finden und Entwickeln von Interessen und Neigungen, und für den Umgang mit einer komplexen vielfältigen Landschaft des Bildungswesens und der Berufswelt, in der es gilt nachhaltig gelingende Wege zu finden.

4. Dimensionen der Bildungs- und Berufswahl

Sowohl der Prozess als auch Ergebnisse und Effekte von Bildungs- und Berufsentscheidungen weisen mehrere Dimensionen auf.

Zuerst geht es natürlich um die höchstpersönliche individuelle Dimension, um die persönliche Entwicklung, den Zugang zu Beruf und Arbeitswelt, damit zu Einkommen und selbständiger Lebensführung, zur Einbindung in die Gemeinschaft, Grundlage für familiäre Entwicklungen, für Teilhabe an Gemeinschaft, öffentlichen und politischen Prozessen und vieles mehr – Entscheidungen zur Wahl von Bildungswegen und beruflichen Entwicklungen sind somit zentrales Kriterium für persönliche Lebensqualität und individuell gelingendes Leben.

Bildungs- und Berufswahl stellt jedoch auch ein essenzielles Kriterium für betrieblich unternehmerische Prozesse dar. Ob junge Menschen sich für Bildungs- und Berufswege entscheiden, für die Bedarf besteht, die heute und in Zukunft benötigt werden, ob jene Qualifikationsvoraussetzungen mitgebracht werden, die wirtschaftlichen und technischen Anforderungen, den Erfordernissen von Produktionsprozessen, auch den persönlichen und sozialen Gegebenheiten der Zusammenarbeit im Unternehmen genügen, das ist eine Lebensfrage für Unternehmen im wirtschaftlichen und weltweiten Wettbewerb.

Nicht zuletzt ist es aber auch die bildungspolitische, gesamtwirtschaftliche und gesellschaftliche Dimension, die Bildungs- und Berufswahl, im umfassenden Sinne verstanden, berührt.

Die Frage ob Talente und Potenziale der Menschen eines Landes erkannt, gefördert und sinnvoll eingesetzt werden, ist heute die Kernfrage jeder Volkswirtschaft, jedes Staates, jeder Großregion, also auch der Europäischen Union. Fehlleitungen und Versäumnisse, ungenutzte Chancen, unentdeckte Talente, nicht verfügbare Qualifikationen schlagen sich mehrfach zu Buche – in entgangener Wertschöpfung und nicht genutzten wirtschaftlichen Entwicklungschancen, in Schwierigkeiten des Zugangs zu Beschäftigung und Arbeitsmarkt, damit erhöhter Arbeitslosigkeit, in sozialen Kosten und gesellschaftlichen Langzeitproblemen (OECD 2010).

Am Wichtigsten aber ist es, negative Bildungserlebnisse und deren Konsequenzen zeitgerecht zu verhindern. Verlust an Selbstvertrauen, fortgesetztes Scheitern, Negativerlebnisse im persönlichen Bildungs- und Entwicklungsprozess, Ausgeschlossensein von beruflicher, damit vielfach auch gesellschaftlicher Entwicklung – das sind nur schwer messbare Größen, aber von tiefgreifenden Auswirkungen. Solchen Entwicklungen offensiv, pro-aktiv und präventiv zu begegnen, stellt ein entscheidendes Qualitätskriterium von Bildung insgesamt und Berufsbildung im Speziellen dar, das bereits lange vor Beginn der eigentlichen Berufsbildungsprozesse seinen Anfang nehmen muss.

Dabei stellen sich u.a. folgende Fragen

- Welche Kompetenzen, Basisqualifikationen, Einstellungen, Haltungen bringen junge Menschen im Hinblick auf künftige berufliche Bildungsoptionen mit?
- Wie werden junge Menschen in vorgelagerten, allgemein bildenden Prozessen auf Optionen und Angebote künftiger allgemein und berufsbildender Bildungswege vorbereitet?
- Wie sind strukturelle Rahmenbedingungen, Schnittstellen, Übergänge gestaltet, um Jugendlichen berufliche Bildungswege als persönliche Entwicklungsoptionen nahe zu bringen?
- Wie kann eine möglichst hohe Abschlussquote begonnener beruflicher Ausbildungsgänge sichergestellt werden?
- Wie kann gewährleistet werden, dass eine berufliche Ausbildung – ob auf Sekundarstufe, schulisch und dual, auf postsekundärer oder tertiärer Stufe – auch gute Anschlussoptionen für weitere Wege beruflicher Entwicklung, und berufsbegleitender lebenslanger Lernprozesse bieten?
- Wie werden junge Menschen dabei unterstützt, eigene Talente, Begabungen, Potenziale zu entdecken und zu fördern, Interessen zu finden, diese zur höchstmöglichen Entfaltung zu bringen und als Grundlage für berufliche Entwicklungen nutzbar zu machen?
- Wie bringen Unternehmen ihre Kompetenzen und Möglichkeiten in diesen Prozess ein, um Jugendlichen frühzeitig Einblick in reale Arbeitswelten zu bieten, damit Erkenntnis zu ermöglichen, welche Umgebungen, welche Anforderungen einer persönlichen Berufsentwicklung, den individuellen und betrieblichen Bedingungen bestmöglich entgegenkommen?

Dies sind Fragen, die sich an individuelle Entwicklungsprozesse, an betriebliche Anforderungen, an strukturelle Rahmenbedingungen, an pädagogische

Prozesse, vor allem auch an Systeme der Information, Orientierung und Beratung Jugendlicher an Schnittstellen und Übergängen zwischen einzelnen Bildungsphasen richten. Sie berühren den Kern von bildungspolitischen Überlegungen hinsichtlich der Gestaltung von Schulstruktur, von Schnittstellen und Übergängen, von Unterstützungssystemen innerhalb und außerhalb des formalen Schulsystems, der Aus- und Weiterbildung von Lehrer/innen und anderer pädagogischer Professionen insbesondere auch das System von „Guidance and Counselling" in einem umfassend verstandenem Sinne.

4.1 Individuelle Dimension

Bildungs- und Berufswahl ist ein höchstpersönliches Ereignis, das den Lebensweg entscheidend bestimmt, und von vielen Faktoren, mehr oder weniger reflektiert, beeinflusst wird.

Persönliche Entwicklung, familiärer Hintergrund, Peer-groups, Medien spielen ebenso eine Rolle wie gezielte, strukturierte, beabsichtigte Interventionen, etwa durch Angebote zur Bildungsberatung und Berufsorientierung in der Schule.

„Guidance" ist ein Thema, das sich heute in Europa und in der OECD an der obersten Ebene der Prioritätenskala befindet. Seit mehr als 10 Jahren beschäftigt sich die OECD – zuerst mit dem großen Projekt „Transition from initial education to working life" (OECD 2000), dann mit dem Projekt „Career guidance policies" (OECD 2004) mit dieser Thematik, die europäische Union hat mit einer Resolution des Rates zum Thema „Lifelong Guidance" im Jahr 2008 Position bezogen und die Bedeutung dieser Aufgabe im Zusammenhang mit allgemeiner und beruflicher Bildung, mit Beschäftigung und sozialem Zusammenhalt deutlich hervorgehoben (EU Council 2008). Österreich hat sich an diesen Entwicklungen aktiv beteiligt, und – immer im Hinblick auf die zentrale Stellung des Individuums in diesem Prozess – strategische und operative Aktivitäten gesetzt.

So wurde dem Thema „Information, Beratung, Orientierung für Bildung und Beruf – IBOBB – sowohl in Regierungsprogrammen, im nationalen operativen Programmplanungsdokument zum Europäischen Sozialfonds und in anderen relevanten Aktionslinien verstärktes Augenmerk gewidmet. Nicht zuletzt hat eine eigens dafür eingerichtete Task-force im bm:ukk, unter Beteiligung von weiteren Ministerien, BMWF, BMWFJ, BMSG, aller Sozialpartner-Organisationen und weiterer Institutionen, Initiativen gesetzt um diesem Thema verstärkt Gewicht zu verleihen.

Die Abbildung 1 soll die Ansprüche, die mit „Berufsorientierung" (als Kurzbegriff für alle einschlägigen Angebote, Interventionen und Prozesse zur Vorbereitung, Begleitung und Unterstützung der Bildungs- und Berufswahl) mit einem Blick erfassbar machen. Im Zentrum steht immer die Person, der junge

Mensch, um dessen Entwicklung es geht, in seiner ganz konkreten Funktion seiner Familie und Freund/-innen.

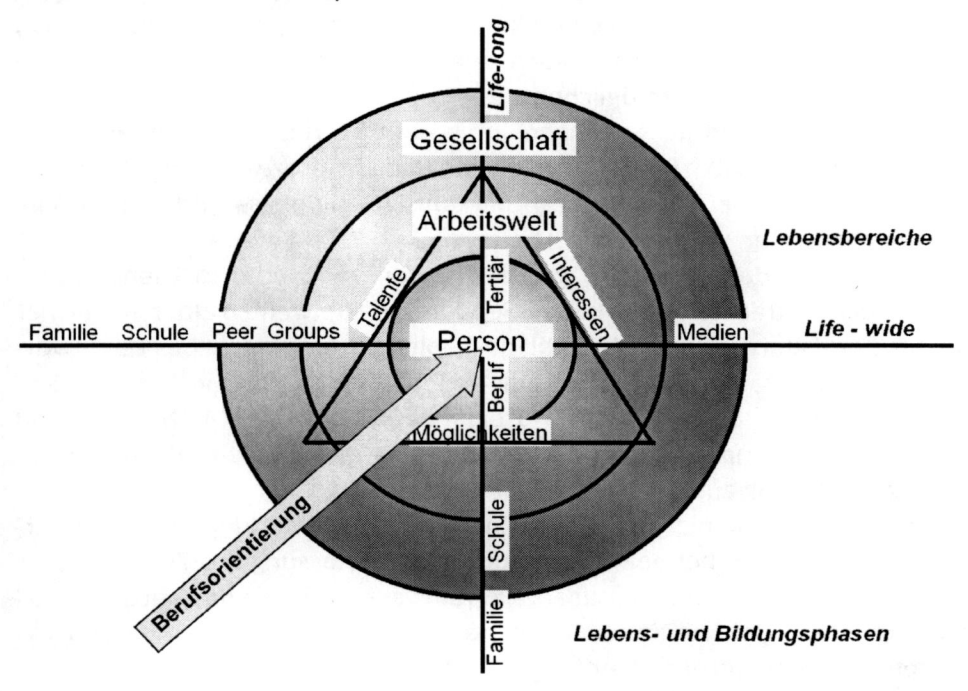

Abb. 1: Die „Zielscheibe" gelingender Bildungs- und Berufswahl

Die Qualität dieses Prozesses und die Ergebnisse dieser Prozesse – eine bewusst getroffene, nachhaltig positiv wirksame Bildungs- und Berufsentscheidung – bestimmt wesentlich auch die Qualität jeder späteren beruflichen Bildung. Die besten strukturellen inhaltlichen, pädagogischen, didaktischen und methodischen Angebote zur Berufsbildung werden nur wirksam werden, wenn sie auf dafür geeignete, motivierte, interessierte und engagierte Personen treffen, die diese Angebote qualitätsvoll aufgreifen, für sich daraus besten Nutzen ziehen und erworbene Qualifikationen für ihren weiteren Lebens- und Berufsweg sinnvoll nutzen wollen und können.

Für diese Aufgabe der Berufsorientierung gibt es im österreichischen Schulwesen eine Reihe von wertvollen gesetzlich grundgelegten Angeboten, von der Einrichtung von Schüler- und Bildungsberater/innen in allen Schularten, dem Gegenstand „Berufsorientierung" auf der 7. und 8. Schulstufe aller Schularten, der sowohl als Fach als auch „integrativ", d.h. aufgeteilt auf verschiedene Fächer", angeboten werden kann, bis hin zu den Angeboten der Schulpsychologie – Bildungsberatung, die in den Landesschulräten eingerichtet ist. Die Polytechnische Schule als einjährige Schulart auf der 9. Schulstufe hat zum Hauptzweck, junge Menschen auf den späteren beruflichen Bildungsweg vorzubereiten, Berufsgrundbildung zu bieten und einen konkreten Schritt in die nächste Lebens-, Ausbildungs- und Berufsphase – auch durch das konkrete Hinführen in die künftige Arbeitswelt – zu ermöglichen.

Die qualitativen Voraussetzungen für berufliche Aus- und Weiterbildung werden jedoch schon in früheren Stadien von Bildungsprozessen grundgelegt.

Gedanklich ist die Vorbereitung für künftige Bildungs- und Berufswege wahrscheinlich schon viel früher anzusetzen.

Vieles spricht dafür, dass für große Gruppen von Heranwachsenden, besonders auch betrachtet unter dem Gender-Aspekt, weite Felder möglicher künftiger Berufsentwicklung frühzeitig ausgeblendet werden, sei es durch vorurteilsbeladene Information, durch „role-models", die nur in bestimmte Richtungen weisen, sei es durch eine Auseinandersetzung mit Mathematik und Physik – etwa im Hinblick auf technische Berufe – die alles, was damit zusammenhängt, frühzeitig ausblendet.

Damit können für die persönliche individuelle Entwicklung Optionen verschlossen bleiben, die bei bewusster frühzeitiger Befassung das Feld künftiger persönlicher Bildungs- und Berufsentwicklung entscheidend und qualitätsvoll prägen könnten, gleichzeitig auch der nächsten Dimension, der betrieblich-unternehmerischen, förderlich entgegen kämen.

4.2 Betrieblich-unternehmerische Dimension

Unternehmungen sind Bildungsstätten per se – das wissen Human Resources Manager nicht erst seit der europäischen Diskussion über die Bedeutung des informellen und non-formalen Lernens – sie sollten sich dadurch aber entscheidend bestärkt sehen. Es gibt kein größeres und bedeutenderes Lernfeld als die Arbeitswelt, in der sich – je nach Bezugsgröße Bevölkerung, Beschäftigungspotenzial etc. – täglich 40%–80% der Betroffenen in permanenten Lernprozessen befinden – ob diese nun bewusst organisiert oder gar nicht bewusst sind. Sowohl die individuelle Entwicklung von Berufspersönlichkeiten als auch die betriebliche und gesamtwirtschaftliche Produktivität beruht wesentlich auf diesen Lernprozessen, umso intensiver, je klein- und mittelbetrieblicher die Wirtschaftsstruktur einer Volkswirtschaft ist.

Diese Lernprozesse sind jedoch wesentlich bedingt durch die Qualität vorgelagerter allgemeiner und beruflicher Bildungsleistungen. Diese liegen weitgehend in öffentlicher Verantwortung, werden jedoch wesentlich von Unternehmen und der Arbeitswelt mitgeprägt.

Unternehmen sind zentrale Akteure beruflicher Bildung, sowohl im Bereich der beruflichen Erstausbildung, der dualen Lehrlingsausbildung, als auch in der beruflichen Weiterbildung. Unternehmungen sind aber auch Abnehmer von Absolventen/innen aus Systemen der beruflichen Bildung und des Bildungswesens insgesamt.

Dies betrifft sowohl den Bereich der öffentlich-rechtlichen schulischen und beruflichen Erstbildung, etwa des berufsbildenden mittleren und höheren Schulwesens, des Fachhochschulwesens im weiteren Sinne, auch der universitären Bildung, die zwar keine berufliche Ausbildung, aber doch wissenschaftliche Berufsvorbildung bietet.

Darüber hinaus sind es Leistungen der beruflichen Weiterbildung, die durch große Erwachsenenbildungseinrichtungen erbracht werden, die für Betriebe und Unternehmungen von essenzieller Bedeutung sind, ebenso wie auch extern unterstützte, betriebsinterne berufliche Weiterbildungsprozesse, die in Unternehmungen erbracht werden, die insgesamt einen ganz entscheidenden Beitrag zur beruflichen Bildung im Lande leisten.

Es ist offensichtlich, dass die Qualität dieser Leistungen der beruflichen Bildung darauf angewiesen ist, welche Basis dafür gelegt ist.

Dies liegt essenziell in der Verantwortung des vorgelagerten Bildungssystems, insbesondere soweit es den Eintritt in die duale Berufsausbildung betrifft, an der Qualität des Sekundarschulwesens für weiterführende Fachhochschul- und Universitätsbildung und der Qualität der Absolvent/innen, mit denen diese sich auf den unternehmerischen Bewerbungsmarkt begeben.

Diskrepanzen zwischen Anspruch und Wirklichkeit seien hier blitzlichtartig anhand einer Erhebung beschrieben, die im Rahmen eines vom europäischen Sozialfonds unterstützten Projektes durchgeführt wurde.

Ca. 340 Unternehmungen, die mehr als 2000 Lehrlinge in den 30 wichtigsten Lehrberufen ausbilden, wurden in einem österreichischen Bundesland befragt, welche qualitativen Kriterien hinsichtlich sprachlicher, mathematischer, sozialer und persönlicher Qualifikationen für die Aufnahme von besonderer Bedeutung sind, und dazu, wie sie die Qualifikationen der Bewerber/innen hinsichtlich der geforderten Kriterien bewerten.

Die Anforderungskriterien wurden dabei – erstmals – nach den Sub-Domänen der neu eingeführten Bildungsstandards im österreichischen Schulwesen gegliedert und abgefragt sowie – auch das erstmals – differenziert im Hinblick auf die Anforderungen verschiedener Berufe ausgewertet.

Abbildung 2 zeigt beispielhaft die Gegenüberstellung der geforderten bzw. vorhandenen Kenntnisse in Mathematik, gegliedert nach 10 Unterbereichen.

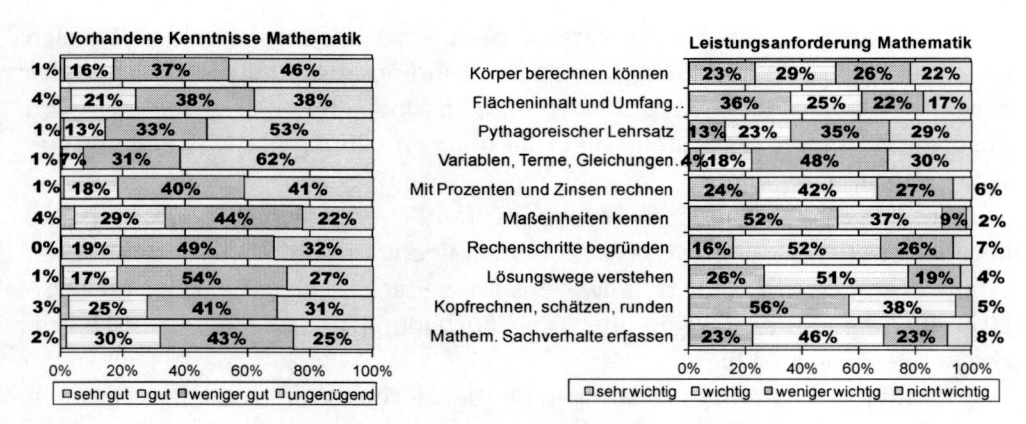

Vorhandene Kenntnisse Mathematik					Leistungsanforderung Mathematik				
1%	16%	37%	46%		Körper berechnen können	23%	29%	26%	22%
4%	21%	38%	38%		Flächeninhalt und Umfang..	36%	25%	22%	17%
1%	13%	33%	53%		Pythagoreischer Lehrsatz	13% 23%	35%	29%	
1%	7%	31%	62%		Variablen, Terme, Gleichungen.	4% 18%	48%	30%	
1%	18%	40%	41%		Mit Prozenten und Zinsen rechnen	24%	42%	27%	6%
4%	29%	44%	22%		Maßeinheiten kennen	52%	37%	9%	2%
0%	19%	49%	32%		Rechenschritte begründen	16%	52%	26%	7%
1%	17%	54%	27%		Lösungswege verstehen	26%	51%	19%	4%
3%	25%	41%	31%		Kopfrechnen, schätzen, runden	56%	38%		5%
2%	30%	43%	25%		Mathem. Sachverhalte erfassen	23%	46%	23%	8%

□ sehr gut □ gut □ weniger gut □ ungenügend □ sehr wichtig □ wichtig □ weniger wichtig □ nicht wichtig

Abb. 2: *Vorhandene und geforderte Kenntnisse Mathematik (vgl. Höllbacher et al. 2009)*

Die Ergebnisse sollen hier nicht im Detail kommentiert werden (vgl. Höllbacher et al. 2009).

Anhand der Gegenüberstellung der Anforderungen im Bereich „Kopfrechnen, Schätzen, Runden", die mit ca. 95% von Seiten der Unternehmungen für sehr wichtig/wichtig eingestuft wurden und der „Performance", die unter 30% „sehr gut/gut" liegt, kann darauf verwiesen werden, dass die beste Qualität der Berufsbildung und der Heranbildung von Berufspersönlichkeiten nur so weit Leistungen erbringen kann, als sie auf Vorhandenes aufbauen kann.

Sinngemäß ist dies für alle Bereiche der Schnittstellen und Übergänge auf Sekundar-, Postsekundär- und Tertiärebene übertragbar, verbunden mit dem Hinweis, dass dies keineswegs eine polemische Pauschalkritik darstellt, sondern im Gegenteil, den Ansatz bietet, durch Sichtbarmachen von Diskrepanzen und spezifischen Bedingtheiten von beruflichen Herausforderungen schon im Vorfeld schulischer Bildung und Orientierung jene Grundlagen zu legen, die die Hinführung von Personen zu Berufslaufbahnen, in denen sie ihre ganz eigenständigen Qualitäten entwickeln können, ermöglichen.

Neben den Kategorien Sprache, Mathematik etc. spielen hier die sozialen und persönlichen Aspekte eine besondere Rolle: diese Anforderungen werden, in allen Berufen, besonders hoch bewertet. Gerade dies verweist wiederum auf die Bedeutung der Entwicklung eigenständiger Persönlichkeiten in Arbeit und Beruf.

Neben der Wissensvermittlung, dem Erwerb von Fertigkeiten in berufsrelevanten Kompetenzfeldern kommt der Entwicklung der Persönlichkeit, der kommunikativen, sozialen und teamorientierten Kompetenz entscheidende Bedeutung zu. Da nicht mehr durchwegs gewährleistet ist, dass diese im familiären

Umfeld, in der sozialen Umgebung, in Peergroups etc. zureichend entfaltet werden, kommt auch hier dem vorgelagerten Bildungswesen, insbesondere in der Pflichtschulzeit, überragende Bedeutung zu.

Damit ist die gesellschaftliche Verantwortung für das Bildungswesen, auch und gerade für den berufsbildenden Bereich, gefordert; dazu im Folgenden abschließende Bemerkungen.

4.3 Bildungspolitische, gesamtwirtschaftliche und gesellschaftliche Dimension

Eine Zukunftsperspektive qualitätsvoller beruflicher Bildung im Rahmen eines strategischen Gesamtkonzeptes des lebenslangen Lernens muss sein, alle Phasen Ebenen und Bereiche der Bildung in einer integrierten Weise darauf abzustimmen, bestmögliche Vorbereitung, Übergänge, Anschlussmöglichkeiten zu bieten.

Dies ist eine Herausforderung, die sich insbesondere an die Verantwortlichen des öffentlich rechtlichen Bildungswesens, darüber hinaus aber auch an alle „Stakeholder" – Bildungseinrichtungen, Sozialpartner, gesellschaftliche Gruppen – richtet, die in diesem Feld Gestaltungsmöglichkeiten haben.

Versäumnisse und Fehlleitungen in Berufsorientierung und Bildungswahl wirken sich nicht nur individuell und betriebswirtschaftlich aus, sie haben eminente gesamtwirtschaftliche und gesellschaftliche Folgewirkungen. (vgl. Steiner 2009 und Riepl 2004)

Im Rahmen des Prozesses zur Entwicklung einer Nationalen „Strategie zum lebensbegleitenden Lernen in Österreich" – verabschiedet vom Ministerrat Anfang Juli 2011 – wurde diesen Aspekten zentrales Augenmerk geschenkt. „Lifelong Guidance" ist eine von fünf strategischen Leitlinien dieser Strategie, Basis- und Grundbildung. Gestaltung von gelingenden Übergängen und zur beruflichen Neuorientierung findet sich in vier von zehn strategischen Aktionslinien wieder, und der Gestaltung lernfreundlicher Arbeitsumgebungen wurde eine eigen Aktionslinie gewidmet (Republik Österreich 2011).

Gerade im Bereich Beratung und Orientierung wurden diese Zusammenhänge erkannt und aufgegriffen. Ein nationales Forum „Lifelong Guidance", in das alle relevanten Akteure auf Bundesebene eingebunden sind, setzt sich seit einigen Jahren intensiv mit Strategien und operativen Maßnahmen zur Verbesserung von Orientierungs- und Beratungsangeboten auseinander. Regierungsprogramme, Programmplanungsdokumente im europäischen Sozialfonds enthalten strategische Ziele, operative Ansätze und stellen Mittel für die Pilotaktivitäten und deren weiteren Umsetzung zur Verfügung. Eine Task-Force im bm:ukk erarbeitet seit zwei Jahren unter Mitwirkung aller relevanten Ministerien, Sozialpartner etc. Maßnahmen zur Professionalisierung und Intensivierung von Berufsorientierungsaktivitäten an Schulen. Auch zur Studien- und Berufsentscheidung nach Abschluss der Sekundarstufe II liegen Programme und Maßnahmen vor.

Diese Wege, die Voraussetzung erfolgreicher Maßnahmen im späteren betriebliche Human Resource Management darstellen, sind konsequent fortzusetzen, auch mit dem Ziel, qualitative Zukunftsperspektiven der „Workforce" und der Optimierung des Einsatzes aller vorhandenen Potentiale zur Wertschöpfung ebenso zu optimieren wie die höchstpersönliche, erfüllende, individuelle und berufliche Entwicklung von Persönlichkeiten in Österreich weiter zu verbessern.

Referenzen – Literatur

EU Council (2008): "Council Resolution on better integrating lifelong guidance into lifelong learning strategies", Brussels, 21 November 2008

ExpertInnengruppe LB NEU (2010): LehrerInnenbildung NEU. Die Zukunft der pädagogischen Berufe. Die Empfehlungen der ExpertInnengruppe. Endbericht Wien

Härtel, Peter et al. (2007): Lifelong Guidance for Lifelong Learning, Comments, Concepts, Conclusions of the Joint Actions Project "European Guidance Forum" Styrian Association for Education and Economics, Graz, Jagiellonian University in Krakow, Graz, Krakow

Härtel, Peter et al. (2005): Transition from School to Work, Graz, Krakow

Höllbacher, Marion/Fülle, Sandra Martina/Härtel, Peter (2009): Aufnahmekriterien für Lehrlinge. Ergebnisse einer Befragung steirischer Betriebe, Graz

OECD (2010): The High Cost of Low Educational Performance. Paris

OECD (2004): Career Guidance and Public Policy. Bridging the Gap. Paris

OECD (2000): Transition from Initial Education to Working Life. Paris

Republik Österreich(2011): Strategie zum lebensbegleitenden Lernen in Österreich. Wien

Riepl, B. (2004): Jugendliche Schulabbrecher/-innen in Österreich, Wien

Seyfried, Erwin (2007), Indicators for quality in VET To enhance European cooperation, Cedefop Panorama series; 134, Luxembourg: Office for Official Publications of the European Communities,

Schneeberger A./Nowak S.: Lehrlingsausbildung im Überblick – Strukturdaten, Trends und Perspektiven (Edition 2009), ibw-Forschungsbericht Nr. 149, Wien 2009

Schreiner, Claudia/Schwantner, Ursula (Hrsg.) (2009): PISA 2006 Österreichischer Expertenbericht zum Naturwissenschafts-Schwerpunkt, Graz

Steiner, M. (2009): Early School Leaving und Schulversagen im österreichischen Bildungssystem in: Specht, W. (Hrsg.) nationaler Bildungsbericht Österreich, Graz

Shell Jugendstudie, Herausgeber: Deutsche Shell Holding GmbH, 2006

Task Force Sozialpartner (2008): BO Steiermark NEU, Programm zur Bildungs- und Berufsorientierung in der Steiermark, Erweitertes Konzept Task Force Sozialpartner, 12. Juli 2008

Personalsuche in Unternehmen heute und morgen – von einer nicht aufzuhaltenden Trendumkehr

Christian Kugelmeier

Es ist eine Binsenweisheit und eine gern in Unternehmens-Werbebroschüren verwandte Plattitüde, dass Menschen das Kapital eines Unternehmens sind.

Ein Unternehmen ohne Menschen ist auch in unserer technisch hochgezüchteten Welt nicht vorstellbar. Wenn Computer in Unternehmen Entscheidungen treffen, tun sie das (bislang) nur soweit, wie der Mensch ihnen diese einprogrammiert hat. Sie tun es nur in der in ihnen angelegten binären und daher komplett berechen- und vorhersehbaren Form.

Diese Kapazität nimmt sich im Vergleich zu den Fähigkeiten des menschlichen Gehirns geradezu lächerlich aus, und so ist es nur konsequent, dass Unternehmen auf hoffentlich nicht absehbare Zeit vom Menschen abhängig sein werden.

In einer Wirtschaftswelt, in der sich die Vorhersehbarkeit und Berechenbarkeit als das scheinbar höchste aller Güter darstellt – man sehe sich nur die Flut von langfristigen Ergebnisvorhersagen, Budgetfestsetzungen, Plänen und in Zeiten von dynamischen und volatilen Märkten letztlich hellseherischen Prognosen an – muss einem die Abhängigkeit von etwas so Volatilem wie dem Menschen streng genommen als sehr lästig vorkommen.

Die Unberechenbarkeit des Menschen zu berechnen, den Menschen zu finden, der für die Unternehmung vorhersehbar und passend ist, ähnlich einem Puzzlestück in einem feste Gefüge, scheint das Ziel vieler Personalverantwortlicher zu sein.

So ist es nur konsequent, dass Unternehmen bei der Suche nach neuen Mitarbeitern versuchen, das Unvorhersehbare in der Imponderabilie „Mensch" so gering wie möglich zu halten. Die Art und Weise, wie Stellenanzeigen landauf und landab zum größten Teil formuliert sind, lassen keinen anderen Schluss zu.

1. Das Prinzip „Passgenaue eierlegende Wollmilchsau"

Grundprinzip ist, dass es eine Bedarfssituation im Unternehmen, eine Lücke, neudeutsch „Headcount", gibt. Ohne Lücke gibt es keine Einstellung. Dass jemand „von der Straße" weg eingestellt wird, einfach weil er ein guter Typ ist, der die Organisation aufgrund seiner außergewöhnlichen Persönlichkeit, seiner Authentizität, seines Einsatzes oder irgendwelcher sonstigen außergewöhnlichen Fähigkeiten weiterbringen könnte – so etwas wird weithin als sozialromantisches Märchen abgetan und für unmöglich erklärt, obschon einige innovative Unternehmen schon heute so verfahren.

Eine Lücke tut sich auf, weil entweder ein Mitarbeiter[1], der diese Stelle vorher bekleidet hatte das Unternehmen verlassen hat, weil dieser die Stelle innerhalb des Unternehmens gewechselt hat, oder weil sich die Bedürfnissituation im Unternehmen dergestalt verändert hat, dass die Ausübung dieser Tätigkeit für das Wohl und Wehe des Unternehmens plötzlich notwendig erscheint. Kurzum: Das Unternehmen definiert, was der Mensch „auf" dieser Stelle zukünftig tun soll. Und er soll bitte auch nur genau jenes tun, getreu dem (fragwürdigen) Prinzip der additiven Wertschöpfung: Wenn jeder im Unternehmen für sich gut leistet und alle dies gleichzeitig tun, dann stimmt auch das Gesamtergebnis. Der Mensch wird eingestellt, um auf dieser Position zu funktionieren.

Wie ist diese Position also definiert, damit man jemanden dafür finden kann?

Die genauen fachlichen Spezifikationen, welche für die zu bekleidende Tätigkeit in einer Anzeige genannt sind, sind bereits häufig sehr zahlreich.

Analytische und konzeptionelle Fähigkeiten werden des Weiteren vorausgesetzt, strukturierte und akribische Arbeitsweise sowieso.

Dazu kommen selbstverständlich „softe" Merkmale in Hülle und Fülle: Es gibt kaum eine Stelle, für die nicht Teamfähigkeit, Kommunikationsfähigkeit oder Eigeninitiative gefragt sind.

Sprich: Hier wird ein umfangreicher Kriterienkatalog aufgestellt, dem ein Mensch in der Logik des Unternehmens sodann bestmöglich zu entsprechen hat.

Als unvermeidlichen Reflex ziehen diese Anzeigen dann Bewerbungen nach sich, in denen sich die Kandidaten als nahezu fehlerfrei und den Anforderungen ideal entsprechend darstellen.

Superfrau und Supermann sind tägliche Besucher in Deutschlands Personalbereichen, ob in Schriftform oder höchstpersönlich.

Im Bewerbungsgespräch kulminiert dann die häufig langwierige Posse des professionellen Werbens: Nach den knallharten Kriterien sozialer Erwünschtheit wird beidseitig der Fehlervermeidungs-Modus eingeschaltet und sich in bestem Lichte präsentiert, nahezu notwendigerweise wider besseres Wissen.

Einem verbalen Feigenblatt gleich wird seitens des Personalers rituell noch nach den „Schwächen" des Bewerbers gefragt, wobei auch hier reflexartig beschwichtigend mit irgendetwas geantwortet wird, das keinesfalls gegen eine Anforderung aus der Stellenanzeige spricht. „Naja, vielleicht bin ich manchmal ein wenig ungeduldig, aber das habe ich schon im Griff." Aha!

---

1 Mitarbeiterinnen, gerne auch MitarbeiterINNEN, schließe ich hier – wie auch im Rest dieses Artikels – ausdrücklich ein.

Die Fähigkeit zu Innovation, Mut, wirklicher Kundenorientierung, mithin dem Gespür für das Wesentliche, nämlich das Unternehmen in einer bestimmten Form voranzubringen, werden häufig im Gespräch gar nicht geprüft bzw. überhaupt angesprochen.[2]

Der Kandidat wird in die politische Mimikry gezwungen, bevor er überhaupt im Unternehmen ist.

Wahrhaftig ist anders.

Die sich bewerbenden Kandidaten können gleichwohl bisweilen gar nicht anders und sind hilflos, weil Unkonventionelles, Mutiges, Kreatives häufig stante pede HR-seitig aussortiert wird, denn die Sichtung der Unterlagen orientiert sich in vielen Personalbereichen konsequenterweise nach der bestmöglichen Passung dieser beiden Unterlagen, Ausschreibung und Bewerbung.

Und das ist natürlich nur die Prelude: Durch ein solches Schauspiel bauen sich vice versa bezüglich des Beschäftigungsverhältnisses Erwartungshaltungen auf, denen beide Seiten im täglichen Tun sodann kaum entsprechen können, denn weder die eine, noch die andere Seite ist Supermann oder Superfrau.

Letztlich werden unternehmensspezifische Machtkriterien darüber entscheiden, wer ungestraft welche Facetten aus der Fülle seiner Persönlichkeit preisgeben kann und wer nicht.

Passung ist häufig nicht mehr und nicht weniger als Zufall.

Dies gilt umso mehr, als der nahezu entscheidendste Faktor nicht adäquat diskutiert und schon gar nicht in Ausschreibungen erwähnt wird: Die Kompatibilität von potentiellem Mitarbeiter und dessen Vorgesetzten. Nichts dürfte das Schicksal des Angestellten in einem hierarchisch organisierten Unternehmen derartig beeinflussen wie die Behandlung durch den Chef. Beide können exzellent sein und ihre jeweilige zugedachte Rolle fachlich brillant ausfüllen. Gleichwohl ist diese Beziehung zum Scheitern verurteilt, wenn die beiden Persönlichkeiten in irgendeiner Form inkompatibel sind und die Toleranz fehlt. Die Spielarten sind hierbei zahlreich. Ein freiheitsliebender Mitarbeiter wird unter einem misstrauischen Chef sehr leiden. Ein Mitarbeiter, der auf enge Begleitung angewiesen ist, wird sich von einem Laisser-faire-Chef vernachlässigt fühlen.

Der Satz: „Man kommt in ein Unternehmen, aber man verlässt den Chef!", hat seine unumstößliche Bewandtnis.

Für eine progressive Unternehmensentwicklung fatal ist auch die Konstellation, in der sich der Chef, der schließlich meist das letzte Wort bei der Einstel-

---

2 Die mögliche Behauptung, diese Anforderungen stellten gewisse Aufgaben in einem Unternehmen nicht, greift zu kurz: Jeder Mitarbeiter, unabhängig von Hierarchiegrad, Verdienst oder sozialer Herkunft ist freien Willens und unter den richtigen Voraussetzungen fähig, ihm Präsentiertes auf Sinnhaftigkeit bzw. Verbesserungspotential zu prüfen und zu verbessern.

lung des Kandidaten hat, die Person aussucht, von der er den geringsten Widerstand erwartet. Die Beschäftigung wird aufgrund des Machtverhältnisses sodann häufig konfliktlos, aber vermutlich auch verhältnismäßig fruchtlos verlaufen. Irgendwann sind dann alle Mitarbeiter in ihren Denkstrukturen ähnlich kalibriert und geben sich in diesbezüglich trautem Konsens ihrer Arbeit hin.

Unternehmen, in denen sich die Chefs Leute suchen, die genau zu ihnen passen, unterliegen dem langfristig fatalen Prinzip der seriellen Verdummung.

Jedenfalls darf man eine wie folgt formulierte Anzeige weiterhin vermissen: „Wir suchen einen professionellen Widersprecher! Eine Persönlichkeit, die bereit ist, außerhalb der üblichen Parameter zu denken, für die Werte nicht nur Lippenbekenntnisse sind, die ausschließlich sachorientiert denkt, die unserem Unternehmen den Filz austreibt, Machtnester trockenlegt, uns ernsthafter Kundenorientierung zuführt und so am Markt erfolgreicher macht. Hierbei ist es uns egal, in welchem Feld Sie qualifiziert sind. Bringen Sie einfach sich und Ihre Leidenschaft mit!"

2. Die Endlichkeit des schmerzhaften Prinzips der Disponibilität

Die bisherige Praxis des Suchens und der Auswahl von Mitarbeitern suggeriert, dass der Mensch im Unternehmen austauschbar ist: „Ist ein Mitarbeiter weg, sucht sich das Unternehmen eben den nächsten."

Die Veröffentlichung einer komplex formulierten Anzeige mit sämtlichen fachlichen Anforderungen lässt keinen anderen Schluss zu als den, dass für das Unternehmen die Persönlichkeit des Bewerbers letztlich sekundär ist.

Wenn diese Erkenntnis nicht schmerzhaft ist ...!

Unternehmen sind auch eingangs des 21. Jahrhunderts eben noch in der Position der Stärke, und nicht der Bewerber.

Unzählige, gar nicht hinterfragte Wendungen des täglichen Sprachgebrauchs belegen dies. So zum Beispiel allein der Terminus „Bewerbung auf eine Stelle". Der Mensch bewirbt sich beim Unternehmen auf eine nach Unternehmens-Bedarfskriterien definierte Stelle und „hofft" auf Einstellung. Oder die Frage unter Freunden: „Hast Du den Job bei XY bekommen?" und nur selten „Hast Du Dich für Unternehmen XY entschieden?". Das Schicksal wird vom Unternehmen bestimmt, nur sehr selten vom potentiellen Mitarbeiter.

Seit der industriellen Revolution, also seit es Unternehmen gibt, ist es so, dass sich der Interessent beim Unternehmen bewirbt und nicht umgekehrt.[3]

---

[3] Der umgekehrte Prozess, die bewusste Persönlichkeits-, sprich Markenbildung, um für potentielle Mitarbeiter attraktiv zu sein („Employer Branding") wird seitens der Unternehmen, längst nicht von allen, erst seit einem knappen Jahrzehnt verfolgt.

Der Mitarbeiter kann nach dieser Logik froh sein, genommen zu werden und dann dazuzugehören. Dass diese Philosophie der hierarchischen Abhängigkeit im gelebten Beschäftigungsverhältnis zu einigen fragwürdigen Praktiken führte, muss nicht weiter erläutert werden. Diese Philosophie rief dann auch in der Mitte des 19. Jahrhunderts die Gründung der Arbeitnehmervertretungen auf den Plan, die den Beschäftigten gegenüber dem Unternehmen die Rechte sicherten. Dies war und ist die logische Folge eines solchen Denkens.

In intransparenten und statischen Märkten konnten sich Unternehmen derartige Praktiken auch erlauben. Kollateralschäden wie Personalfluktuation, Krankenstand, Schlechtleistung, Mobbing und ähnliche Symptome waren eben hinzunehmen.

Die Mitarbeit des Menschen war nur so weit erwünscht und notwendig als es die Stellenbeschreibung eben vorsah. Um die eigentliche Persönlichkeit des Menschen geht es in den seltensten Fällen.

Die meisten Unternehmen sind in ihrer strukturellen Form auch nach wie vor nicht gewappnet, einen wirklichen „Unternehmer im Unternehmen", wie er weidlich gesucht wird, ernsthaft zu verkraften und wertzuschätzen.

Unternehmertum zeichnet sich im Wesentlichen aus durch Orientierung an den Wünschen des Kunden (und eben nicht an denen des Vorgesetzten), maßvoller Risikobereitschaft, dem ständigen Sich-Hinterfragen, dem Machen von Fehlern und dem Lernen daraus.

Jemand, der in einer konservativen, machtbestimmt hierarchisch organisierten Organisation nach diesen Prinzipien handelt, hat gute Chancen, an der nächsten politischen Betonmauer zu zerschellen.

Aber die Zeit, in denen sich Unternehmen diese in sich gekehrte Geisteshaltung und das Prinzip des „Ober sticht Unter" statt radikal marktfokussierter Sachorientierung erlauben können, ist endlich.

Firmen, die sich künftig nicht als starke Gemeinschaft aller Beteiligter, vom Pförtner bis zum Vorstandsvorsitzenden begreifen und auch so handeln, sondern weiterhin die alte Form der patriarchalischen und/oder hierarchischen Frontenbildung aufrechterhalten, werden es in den immer schneller, anspruchsvoller und transparenter werdenden Märkten sehr schwer haben, erfolgreich zu sein.

„Der Kunde ist König" konnte im letzten Jahrhundert noch als dienstleistungsbewusstes Postulat verkündet werden, dessen Nichtbeachtung nicht notwendigerweise ins wirtschaftliche Abseits führte.

Das ist heute radikal anders. Der Kunde hat durch die gewonnene, sekündlich verfügbare Transparenz und Vergleichbarkeit aller Produkte und Dienstleistungen eine nie zuvor gekannte Macht gewonnen, die zu ignorieren Unternehmen langfristig in arge Bedrängnis bringen wird.

So wie sich Unternehmen früher innere Geheimniskrämerei leisten konnten, so radikal haben das Internet und mit ihm die Fähigkeit zur schnellen gemeinschaftlichen Meinungsbildung dazu beigetragen, gemeinschafts-, kunden- und gesellschaftsfeindliche Praktiken zu entlarven.

Wer sich als Unternehmen nicht adäquat verhält, muss den unnachgiebigen und unvergesslichen digitalen Pranger fürchten.

Die neue Welt bedeutet auch im Wirtschaftskontext Transparenz, wohin man schaut!

Es braucht in Unternehmen einen neuen Kanon der Gemeinschaftlichkeit im Sinne des Kunden. Alles im Unternehmen muss auf den Kunden und den Markt kalibriert werden. Unternehmertum zum Selbstzweck wird der Markt in den nächsten Jahrzehnten entlarven und sukzessive aussondern.

Eine solche Gemeinschaft lässt sich zwischen Menschen nicht mit kognitiven Parametern herstellen. Gemeinschaftlichkeit ist ein emotionaler Begriff. Es muss einen klaren, wahrhaftigen, gemeinsamen Wertekanon geben, der für die Menschen im Unternehmen Richtschnur ist und dessen Nichtbeachtung unmittelbar und hart geahndet werden muss, und zwar von der Gemeinschaft als solcher und nicht einem dazu ermächtigten Vorgesetzten, der die Regeln im Zweifel ungeprüft nach seiner Façon auslegen kann. Die Menschen müssen in dieser Firma und für deren Zweck arbeiten *wollen*. Das Unternehmen selbst muss eine Identität, eine Persönlichkeit, entwickeln, die es unverwechselbar macht.

Es kann und darf im Unternehmen nur noch um leidenschaftliche Wertschöpfung für den Markt gehen, und nicht länger um innerbetrieblich fokussierte und somit die Marktgerichtetheit hemmende Administration, deren Sinnlosigkeit heute in vielen Firmen für die weitverbreitete „Dienst-nach-Vorschrift"-Mentalität verantwortlich ist.

Menschen, die für dieses Unternehmen arbeiten, müssen ihre Fähigkeit und ihre Persönlichkeit in ihrer Tätigkeit wiederfinden, und zwar nicht, indem sie wie bisher in eine vorgefertigte Struktur hineingepresst werden und darin funktionieren, sondern weil sie einen unmittelbaren Sinn und Zweck zwischen ihrer Persönlichkeit, ihrer Tätigkeit und dem Schaffen für den Markt erkennen.

Diese Kopplung findet heute in den meisten Unternehmen wenn überhaupt nur reflexartig, aber nicht gezielt statt.

Dies hätte natürlich eine ganz andere Form der Identifikation der Menschen mit dem Unternehmen zur Folge. Die Mitarbeiter in ihrer Gesamtheit machen die Kultur des Unternehmens aus, prägen sie und entwickeln sie konsensual und eigenverantwortlich weiter, ohne an den Parametern der Vergangenheit zu haften. Was gestern funktionierte, muss heute eben noch lange nicht funktionieren. Herausragende Persönlichkeiten werden aus der Gemeinschaft heraus mit herausragend wichtigen Aufgaben betreut werden.

Es wird sich eine wertschöpfende und marktorientierte Struktur herausbilden, die mit den pyramidenförmigen Organigrammen von heute wenig gemeinsam haben wird.[4]

Diese Struktur bestimmt eine Kultur, in der ausschließlich das gemeinschaftlich erzeugte Ergebnis zählt, und nicht die Art und Weise, wie es zustande gekommen ist oder wer die Idee dazu gehabt hat.

Der Mensch wird als der, der er ist und für nicht für das, was er kognitiv und im heutigen Wertschöpfungssinne leistet, in der Unternehmung wertgeschätzt werden. Eben als Berufspersönlichkeit.

3. Paradigmenwechsel im HR: Käufermarkt statt Verkäufermarkt

Für die Personalsuche des Unternehmens können und müssen dieser Wertekanon und die Marktorientierung die bestimmende Richtschnur sein, und in diesem Kontext stellen sich natürliche einige spannende Fragen.

Wie finde ich die Leute, von denen ich mir unternehmerische Impulse erwarte, die darüber hinaus dem Wertekanon des Unternehmens entsprechen? Wo finde ich die Führungskräfte, die es aushalten, nicht durch ihr Handeln die eigene Macht zu perpetuieren, sondern radikal bereit sind, gemeinschaftlich und machtfrei für den Markt zu leisten? Wie schaffe ich es als Unternehmen, einen Sog zu generieren, dass gute Leute zu mir wollen, ohne dass ich sie mühevoll und teuer suchen muss?

Generell ist zu erwarten, dass sich der bisherige „Verkäufermarkt" zu einem „Käufermarkt" wandeln wird. Die Unternehmen werden sich schon aus demografischen Gründen deutlich schwerer tun, an fähiges Personal zu kommen als bisher. Für die Bewerber werden sich sowohl die Stellenfindungs- als auch die Arbeitsbedingungen tendenziell verbessern.

Eine Stellenanzeige wie die oben formulierte würde mit Sicherheit Persönlichkeiten anziehen, kann aber natürlich nicht als einziges, ernst gemeintes Auswahlmittel betrachtet werden.

Es wird Anzeigen zur Spezialistensuche immer geben, aber generell werden sich die Kräfteverhältnisse insofern verschieben, als dass schwerpunktmäßig der potentielle Mitarbeiter und nicht mehr das Unternehmen die Bedingungen

---

4 Vgl. weiterführend statt aller Niels Pfläging, Die 12 neuen Gesetze der Führung, Frankfurt/New York 2009, S. 35ff.

festlegen wird. Schon jetzt ringen die Unternehmen mit diversen Zugeständnissen um die besten Mitarbeiter, und dieser Trend wird sich weiter verstetigen.

Unternehmen werden mehr und mehr darauf achten müssen, als wertestabile, offene und wertschaffende Einheiten am Markt wahrgenommen zu werden. Die modernen Medien bieten ihnen dazu bessere Möglichkeiten denn je.

Jedoch werden die Unternehmen gut beraten sein, diese Darstellung zu jeder Zeit mit Augenmaß vorzunehmen, denn fehlende Authentizität, z.B. durch zu offensives und effekthascherisches Personalmarketing, wird von der Gemeinde, real wie virtuell, umgehend bestraft werden. Sich vom Ruf eines schlechten Arbeitgebers zu erholen kann sehr lange dauern, zumal der Pool von motivierten und fähigen Leuten im Lichte der demografischen Veränderungen alles andere als endlos voll ist. Wahrhaftigkeit hat eindeutig Vorrang vor schönen bunten Anzeigen voller lachender, zufrieden dreinblickender Mitarbeiter; allein schon, weil die Lüge über eine Unternehmenskultur heutzutage kürzere Beine hat als je zuvor.

Ferner wird sich der Trend zum viralen Fortentwickeln der Unternehmensbelegschaften („Mitarbeiter suchen Mitarbeiter") weiter fortsetzen. In Zeiten der fortschreitenden Verzahnung von privatem und beruflichem Leben muss den Unternehmen klar sein, dass jeder Mitarbeiter mehr Botschafter des Unternehmens denn je ist. Dies kann positiv wie negativ wirken. Es muss Personalverantwortlichen eines Unternehmens heutzutage den Angstschweiß auf die Stirn treiben sich vorzustellen, dass die besten Mitarbeiter auf einer privaten Party mit Gleichgesinnten (also potentiellen Mitarbeitern) Negatives über das Unternehmen berichten. Ein Facebook-Eintrag „Du glaubst nicht, was ich heute Abend über das Unternehmen XY gehört habe …" kann weitreichende Implikationen haben.

Auch Bewerbungsgespräche werden sich ändern. Nicht nur aufgrund der Tatsache, dass sich das Unternehmen aufgrund der zu erwartenden sinkenden Bewerberzahl deutlich mehr in der „Bewerberposition" befinden wird als früher, sondern auch, weil Persönlichkeitsmerkmale des Kandidaten anders als bisher eruiert werden müssen. Der Dialog wird deutlich offener und beidseitig kritischer erfolgen müssen als bisher. Es muss ein wechselseitiges faktisches „Kennenlernen" und kein oberflächliches Abtasten von Qualifikationen sein. Beide Seiten müssen sich ohne Scheuklappen und ohne Wenn und Aber ehrlich begegnen. Nur so kann einer veritablen Partnerschaftlichkeit, die Beschäftigungsverhältnisse künftig ausmachen muss, zu Beginn ein Fundament geschaffen werden. Der Auswahlprozess muss klar und kompromisslos sein und bei positivem Ausgang in ein Beschäftigungsverhältnis münden, in dem Persönlichkeiten angstfrei und kreativ in Wechselwirkung mit und zugunsten der Gemeinschaft wirken können.

Für den Menschen wird dies bedeuten, zukünftig deutlich freier und selbstbestimmter arbeiten zu können als bislang. Die bislang mehr oder weniger stringent vorgenommene Trennung von Arbeit und Leben wird es in der heutigen Form nicht mehr geben. Das heißt keinesfalls, dass zukünftig weniger gearbeitet werden wird, ganz im Gegenteil. Die Arbeit wird sich aber nicht mehr im gleichen Maß als Arbeit „anfühlen", weil man sie freiheitlich, ohne Verbiegungsnotwendigkeit der Persönlichkeit und leistungsorientiert wird verrichten können. Leben und Arbeiten werden zu einer sinnvollen Einheit verschmelzen, der Begriff der „Work-Life-Balance"[5] wird verschwinden. Die Örtlichkeiten, in denen die Arbeit verrichtet wird, werden mehr und mehr austauschbar sein. Die Technik bietet hier dankenswerterweise schier endlose Möglichkeiten.

Wir leben schon heute, in 2011, mitten in dieser Revolution der Arbeitswelt, aber wir sind erst am Anfang.

Dass die Richtigkeit von Konfuzius' Weisheit „Wenn Du liebst, was Du tust, wirst Du nie wieder in Deinem Leben arbeiten" eines Tages von der gesamten Arbeitswelt erkannt werden kann, wird wohl für immer ein Wunschtraum bleiben.

Gleichwohl befinden wir uns am Beginn einer Epoche, in der die Regeln des Spiels vom Menschen und seiner Persönlichkeit und nicht von den Macht-Kasten post-industrieller Prägung bestimmt werden.

Es ist der Beginn der Epoche der eigenständigen Berufspersönlichkeit.

---

5 Viele Unternehmen schmücken sich mit der ausgewogenen „Work-Life-Balance" ihrer Angestellten, meinend, dass das Unternehmen seinen Menschen „gestattet", neben ihrer Arbeit noch genug Zeit zum Leben zu finden. Diese gedankliche Spaltung in Gut („Life") und Böse („Work") belegt die weit verbreitete Geisteshaltung in der heutigen Wirtschaftswelt auf eindrucksvolle Weise.

Über die Veränderung der Erwartungswerte von Bankern, den emotionalen Preis und: Kennst Du Dein *omlala*?

Dražen Mario Odak

Eigentlich hat sich die Tätigkeit eines „klassischen Bankers", eines Filialbankers der als Kundenberater in einem beliebigen Institut um die Ecke arbeitet, im Folgenden Normal-Banker genannt, im letzten Jahrzehnt kaum verändert. Er legt, heute wie damals, Konten an, kümmert sich um Finanzierungen, prüft Bonitäten, erbringt in diesem Zusammenhang Beratungsleistung, verkauft Produkte u.v.m. „Same procedure" über die Jahre, könnte man meinen.

Was aber ist der Grund, dass viele Normal-Banker heute frustriert sind, nicht mehr hinter ihrem Job stehen, sich unter Druck gesetzt fühlen, sogar Zukunftsangst haben, also ihr „Mensch sein" mit ihrem Beruf, „der Berufung" nicht mehr im Einklang zu stehen scheint, obwohl sich ihre Tätigkeit über die Jahrzehnte scheinbar kaum verändert hat?

Vielleicht lässt sich die Frage anhand der Beschreibung einiger Umstände auf den Finanzmärkten in den letzten Jahren und eines daraus folgenden Zusammenhangs erklären: der Nicht-Erfüllung der individuellen Erwartungs-Werte der Normal-Banker.

Erwartungs-Wert 1: Solidität und Image

Die öffentliche Wahrnehmung des Berufsbildes „Banker" hat sich in den letzten Jahren umfassend verändert; vielleicht so umfassend wie kein anderes. Alleine die Beschreibung eines Bankers und die Eigenschaften, die man mit ihm Zusammenhang bringt haben eine weitreichende Reformation durchlaufen.

Früher subsumierte man alle Mitarbeiter innerhalb eines Finanzinstitutes – ob privatwirtschaftlich, kommunal, international, spezialisiert oder staatlich –, trotz der jeweiligen, unterschiedlichen Aufgaben innerhalb der Bank, als „Banker".

Der Banker war einen Hauch spießig, aber auf jeden Fall „Schwiegersohntauglich". Banker waren beliebt, verdienten gut, waren sozial abgesichert, häufig Kassenwart im Sportverein. Es waren soziale Gründe, Imagegründe, warum ein Normal-Banker diesen Beruf wählte, dieses Image war seine Erwartung an den Beruf, die er erfüllt haben wollte.

Doch was ist daraus geworden, wie entwickelte sich die Fremdwahrnehmung, das Image der Banker und der Banken in den letzten Jahren und insbesondere im Zuge der Finanzkrise?

Banker haben schon lange kein homogenes Berufsbild mehr, das sich lediglich dadurch unterscheidet, welcher Tätigkeit sie in einer Bank nachgehen. Es gibt heute eine umfassende inhaltliche Differenzierung und Unterschiede im Ansehen der einzelnen Banker und Sparten.

Ein wesentliches Kriterium, welches Image ein Banker hat, steht im direkten Zusammenhang zu dem Institut, bei dem er arbeitet.

Großbanken, Universalbanken sind so etwas wie die Warenhäuser der Bankenlandschaft, die vom Food & Beverage-Bereich bis hin zu Shop in Shop-Edelboutiquen alles anbieten. Man betreibt also das breite und tiefe Spektrum des Bankings wie z.B. Kreditgeschäft, Einlagengeschäft, Investmentbanking, Produktvertrieb, etc. Dabei werden Finanzprodukte ebenso selbst produziert, wie zugekauft. Teilweise hat man mit den Produkten inhaltlich gar nichts mehr zu tun, sondern stellt gegen Gebühr (Provision, „kick back") lediglich die Filialen als „Point of Sales" und die Mitarbeiter, den Normal-Banker, als mehr oder minder geschultes Verkaufspersonal zur Verfügung.

Nicht besonders imageträchtig sind in der Regel Spezialbanken, z.B. eine Autobank. Diese werden weniger als Bank gesehen, sondern als Serviceeinheiten einzelner Hersteller, unabhängig von ihrem mittlerweile sehr breiten Angebotsspektrum. Das Image korreliert sehr stark mit der Marke/„Mutter". Festzustellen ist jedoch, dass diese Institute in der Regel profitabel sind und keine negativen Schlagzeilen produzieren.

Sparkassen und Volksbanken bieten in der Wahrnehmung der Kunden, vergleichbar mit den Universalbanken, auch „full Service" an, sind aber in der öffentlichen Wahrnehmung speziell. Nach wie vor haben sie einen biederen, provinziellen „touch" (angesehene Sparkassen und Volksbanken mit gutem, kompetenten Image gibt es vereinzelt, sie sind jedoch Ausnahmen). Dafür verkörpern Sparkassen und Volksbanken bei vielen Kunden ein höheres Maß an Sicherheit.

Auslandsbanken werden in der Regel als Großbanken wahrgenommen, stehen jedoch in Bezug auf ihr Image in engem Bezug zu dem Land, aus dem sie stammen. Unabhängig davon, dass eine spanische Bank sehr wohl über eine höhere Eigenkapital-Quote verfügen kann als eine schweizerische. Klarer wird es dann bei türkischen, griechischen oder iranischen Instituten, was mit „Image-Korrelation" zwischen „Land und Bank" gemeint ist.

Investmentbanken werden bekanntermaßen extrem positioniert. Extrem international, extrem kompetent (in eigenem Interesse), extrem unmoralisch, extrem gut verdienend.

Die Wahrnehmung, das Image der Banker differenzierte sich in den letzten Jahren immer stärker in Abhängigkeit und im Zusammenhang zu dem Institut bei dem er arbeitete. Das früher recht ähnlich wahrgenommene Bankerbild wurde immer heterogener. Früher unterschied man Banker lediglich in Bezug auf die Position innerhalb der Bank. Heutige Unterscheidungsmerkmale sind z.B. neben dem Institut, bei dem der Banker arbeitet, die Sparte, in der er tätig ist (z.B. innerhalb einer Universalbank im Bereich Investmentbanking oder Controlling), die Position, teilweise auch der Standort und – wichtig – die extrem unterschiedlichen Einkommenspotentiale.

Unabhängig davon wie stark die Heterogenisierung der Banker in Bezug auf das Image vorangeschritten ist, die Finanzkrise hatte für die ganze Berufssparte *einen* extrem homogenisierenden Effekt. Alle Banker wurden im Rahmen einer negativen öffentlichen Meinung und Wahrnehmung, in einer Art Sippenhaft über einen „Kamm geschoren".

Das neue Banker-Image verkörpert unisono keine Seriosität und kein Vertrauen mehr. Dabei wird das entstandene, negative Image, die verloren gegangene Solidität und das verschwundene Vertrauen symptomatisch vom Normal-Banker, dem Kundenberater verkörpert, da er derjenige war und ist, der am Ende des Tages dem Kunden vis à vis gegenüber stand und steht und somit, im Gegensatz zu z.B. Investmentbankern oder Bankenvorständen, „greifbar" ist.

Für den Normal-Banker resultiert aus seinem Imagewandel ein immenser sozialer Verlust. Dieser Verlust an sozialer Anerkennung wiegt für den Normal-Banker sehr schwer. Zum einen ist die Seriosität und das positive Image ein zentrales Gut, eine Bedingung für den Banker um seine Tätigkeit erfolgreich ausüben zu können, also um Geld zu verdienen und Karriere zu machen – von jemand Unseriösem lässt sich der Kunde nicht gerne beraten.

Zum anderen ist der Banker gerade in ländlichen Bereichen, aber auch in Stadtteilen von Metropolen, die über eine vitale, transparente Nachbarschaft verfügen, „sichtbar" und in einem sozialen Fokus. Im positiven Sinne wird er gelobt, wenn er sich für den lokalen Sportverein als Kassenwart engagiert oder bei der Finanzierung einer neuen Sporthalle unterstützt. Kippt aber das Ansehen, die soziale Stellung, kann er sich auch als Privatmann innerhalb der Gemeinschaft nicht verstecken. Er muss fürchten, dass sich die berufliche Diskreditierung auch auf seinen persönlichen Bereich, ja sogar auf das Ansehen seiner Familie überträgt.

Der beschriebene Imageverlust und der Verlust der sozialen Anerkennung bedeutet, dass die Erwartungs-Werte eines Normal-Bankers, der vor Jahren diesen Beruf aus Gründen der Solidität und des positiven Images wählte, sich aus heutiger Sicht nicht erfüllt haben. Das positive berufliche und soziale Image vergangener Zeiten ist heute in der öffentlichen Meinung nicht mehr wahrnehmbar.

Erwartungs-Wert 2: Erfolg durch Tun

Früher konnte ein Normal-Banker davon ausgehen, dass er durch fleißiges Arbeiten das richtige tat und dass man durch dieses Tun automatisch mit Erfolg belohnt wurde. Belohnt durch Anerkennung, durch Karriere und Respekt vom Kunden. Das Tun der Banker, welches die Finanz- und Vertrauenskrise der Banken auslöste, zog diesen Erfolg für die Masse der Normal-Banker jedoch nicht nach sich; im Gegenteil.

Alle Marktteilnehmer der Finanzmärkte wie z.B. Bankkunden, Mitarbeiter von Banken, Bankenvorstände, Produktinitiatoren, Investmenteinheiten, Finanzprodukt-Vertriebe u.v.m. hatten in den letzten Jahren ihre Erwartungswerte in Bezug auf Renditeerwartungen verändert. Ziel war es gewesen, durch zielgerichtetes Tun möglichst schnell einen möglichst hohen „Return" für ihr getätigtes Investment zu generieren.

Dabei zählte und reichte der traditionelle Weg des Tuns, durch innovativen, effizienten Einsatz der klassischen Produktionsfaktoren Arbeit, Boden und Kapital realistische Mehrwerte zu generieren, bei weitem nicht mehr. Unbegreifliche Finanzprodukte die mit absurd-manischen Erwartungen in Bezug auf die Renditen einhergingen, wurden konstruiert und erzeugten psychotisch anmutende Wunschvorstellungen. Die Logik, dass das Wachstum von Erträgen als Folge eines effizienten Einsatzes von Produktionsfaktoren nicht beliebig schnell, beliebig erhöht werden kann (egal, ob die Basis eines Produktes, und die damit einhergehende Annahme von Wachstum, sich auf den Immobilien-, Kapitalmarkt o.a. bezog) wurde „refuniert" (eine Mischung aus reformiert und ruiniert).

Warum war (und ist) es nicht möglich, kurzfristig und nachhaltig „nennenswert-zweistellige" Margen bei Anlageprodukten zu generieren (soviel Marge, Rendite, Ertrag ist für die einzelnen Produkte notwendig, um alle Mitspieler die an einem Produkt „dranhängen", nämlich Produktinitiatoren, Emittenten, Banken, Berater, Vertrieb und Kunden, zu befriedigen)?

Es ist deswegen unrealistisch, weil die allermeisten Produkte, Märkte nicht über exponentielles Wachstumspotential eines „einzigartigen Super-Produktes, welches die Welt verändert" (wie z.B. das Rad oder Internet) verfügen, um damit exorbitante, „nennenswert-zweistellige" Gewinne zu erzielen.

Ein „plastisches" Beispiel:

Jeder Bauer weiß, dass eine Ertragssteigerung durch den intelligenten Einsatz von Produktionsfaktoren möglich, aber auch limitiert ist. Zwar kann eine Kuh sukzessive ihren Milchertrag auf natürliche Art und Weise – durch z.B. besseres Futter oder Kreuzung verschiedener Kuh-Arten steigern, aber irgendwann ist Schluss mit der Steigerung des möglichen Ertragspotentials. Geht man ein zu hohes Risiko bei der Ertragsmaximierung ein und stopft das arme Tier mit Futter und Wachstumspräparaten voll, kreuzt es mit einem Bison, blendet immer größere Risiken dabei aus, wird die Kuh krank, es platzt der Euter. Die Folge ist: Die Kuh ist tot, es gibt keine Milch, das Investment ist dahin, weil die allerwenigsten Kühe nun mal „Superkühe" sind, die solch unrealistische Erwartungshaltungen an deren (Wert-)Entwicklung erfüllen können.

Dies genau aber suggerierten, kommunizierten die Normal-Banker mit ihrem Tun in den letzten Jahren wenn sie ihren Kunden Produkte verkauften, die nicht nur extreme Wachstumspotentiale, sondern auch immer höhere, wiederkehrende Renditen versprachen – wie ein Streichholz welches ewig brennt und wärmendes Licht spendet.

Viele Banker erweckten den Anschein, dass es eine Frage der Kompetenz sei, die „Superkühe" auf dem Markt zu identifizieren und dass sie diese Suche und Auswahl nur zum Wohle der Kunden taten. Die meisten Banken und Banker scheiterten aber mit ihrem Tun, die „Superkühe" aufzuspüren – im Gegenteil, es wurden teilweise sogar nur Ochsen aufgespürt die einerseits keine Milch gaben und außerdem nachhaltig hohe individuelle und soziale Kosten für die Entsorgung der (z.B. Lehman und HRE) Kadaver nach sich zogen; bis heute – und enttäuschten vielfältig ihre Kunden.

Die Normal-Banker mussten ihre Kunden letztlich auch enttäuschen, weil es, wie gesagt, nur bedingt Top-Investments gab (und gibt) und weil letztlich nicht ausreichend transparent gemacht wurde, dass auch wenn sich herausstellt, dass ein Investment „Super-Zins-bringend" sein kann (und im Einzelfall sogar ist), der Zins in der Regel eine Risikoprämie reflektiert – hoher Zins=hohes Risiko – und das Risiko, ohne negative Konsequenzen, nicht beliebig eskalierbar ist; und das ist keine Bauernregel, sondern das „Wirtschafts-Einmaleins".

Außerdem ist diese sensible Korrelation zwischen Zins und Risiko in der Beratung und beim Produktverkauf qualitativ nicht ausreichend dadurch gewürdigt, wenn Kunden pauschal in Risikoklassen (risikoavers, risikoneutral, risikofreudig) eingeteilt werden. Vereinfachte Klassen filtern und beschreiben Anlegerprofile zu „grob" und tragen dem individuellen Mix aus Wissen/Unwissen, Neigung, Realitätssinn, Verständnis der einzelnen Bankkunden wenig Rechnung. Das Anlegen (das Tun) der Beratungsprotokolle scheint vorwiegend der Absicherung der Banken und Berater in Haftungsfragen zu dienen und weniger dem Wunsch, den Kunden und sein Risikobewusstsein zu verstehen.

Wie betrifft das Tun des Normal-Bankers, als Verkäufer von riskanten Investmentprodukten die häufig Schaden für den Kunden verursacht haben, des Bankers Erwartungs-Werte?

Der Erwartungs-Wert des Normal-Bankers, der sich erhoffte durch sein strebsames, ehrliches Tun – man macht was man gesagt bekommt und verkauft was die Vorgabe ist – automatisch erfolgreich sein zu können, sozial und beruflich, hat sich nicht erfüllt.

Sein qualitatives Tun, als Berater seine Kunden unabhängig betreuen zu können, ist in der heutigen Zeit sehr eingeschränkt worden. Der Grund ist, dass der Normal-Banker Vorgaben und (Vertriebs-)Ziele bekommt, die er erreichen muss, und er kann diese Ziele nur durch den Verkauf margenträchtiger, komparativ riskanterer Produkte realisieren. Außerdem weiß der Normal-Banker auf Grund der gestiegenen Komplexität der Produkte immer weniger, was die Produkte „tun", also was sein Tun zur Folge haben kann, was er zu verantworten hat.

Dieser Umstand führt dazu, dass der relative Erfolg des Normal-Bankers nur an den Verkaufszahlen, und nicht an der Sinnhaftigkeit seines Tuns, gemessen wird. Dieses sinnentleerte Verhalten reduziert qualitativ sein Tun und schmälert auch durch den möglichen Verlust unzufriedener Kunden sein nachhaltiges Einkommenspotential. Darüber hinaus produziert Fehlberatung auf Grund von Fehleinschätzungen und mangelnder Produktkompetenz und -transparenz Gewissensbisse gegenüber seinen Kunden und häufig auch eine Scham in Bezug auf die eigene Tätigkeit.

Erwartungs-Wert 3: Sicher wie eine Bank

Die Wahrnehmung und der Glaube an die Sicherheit, die einem eine Bank als Arbeitgeber einst suggerierte, war ein weiteres, wichtiges Motiv für den Normal-Banker, sich für diesen Beruf zu entscheiden.

Es war vor noch nicht allzu langer Zeit so, dass unter normalen Umständen, das heißt, wenn der Normal-Banker ordentlich seinem Job nachging, er keinen Arbeitsplatzverlust fürchten musste.

Ja, es schien vor 15–20 Jahren (was sich in der heutigen Zeit als halbe Ewigkeit anhören mag, aber dies waren in der Tat einmal Zeiträume, die man im Bankbereich als völlig normale Dauer einer Betriebszugehörigkeit beschrieb) so zu sein, dass – wenn man über die richtigen „Seilschaften" verfügte und eine angemessene Leistung erbrachte – die Karriere innerhalb von Banken, in Abhängigkeit zur eigenen Ausbildung, planbar war, wenn man nur lange genug beim selben Institut war.

Die Realität sieht heute anders aus. Die Bank ist als Arbeitgeber „keine Bank mehr" und im Vergleich zu anderen Branchen kein signifikant verlässlicherer Partner. Es scheint sogar im Zuge der Fusionen von Großbanken, Zusammenlegungen im Sparkassen- und genossenschaftlichen Sektor, durch die diskutierte Schließung/Verschmelzung der Landesbanken und den Zusammenbruch einiger Institute ein überdurchschnittliches Konsolidierungspotential in der Finanzindustrie zu geben. Das heißt, es wird vermutlich eine erhebliche Anzahl von Normal-Bankern in den nächsten Jahren den Arbeitsplatz verlieren.

Zwar stehen den freigesetzten Normal-Bankern eine deutliche Anzahl von top ausgebildeten Spezialisten im Investmentbanking, M&A, Capital Markets, Private Banking/Private Wealth Management usw. gegenüber, die von den Banken an Bord geholt werden, um für ihre Institute Erträge zu generieren. Aber diese Anzahl ist im Vergleich zu den entlassenen Normal-Bankern vermutlich deutlich geringer. Außerdem verlieren die Banken durch die Verringerung der Anzahl von Normal-Bankern „die Bodenhaftung", die Nähe zum „Normal-Kunden".

Ertrag zu generieren ist vermutlich auch der Schlüssel für den Normal-Banker um zu verstehen, welches Kriterium heute bei der Existenz seines Arbeitsplatzes als Kundenbetreuer in der Filiale eine Rolle spielt. (Auch) der Normal-Banker muss sich „rechnen". Das heißt, dass „unter dem Strich" Filialen, Mitarbeiter, interne Serviceeinheiten etc. positive Deckungsbeiträge erzielen müssen, um eine Daseinsberechtigung zu haben. Ein Service der keine Erträge generiert oder auf Ertrag bringende Kostenstellen umzulegen ist, hat keine Zukunft. Ein ausgeklügeltes Controlling- und Risikosystem von Cost- und Profit-Centern, Verrechnungsschlüsseln und Effizienzparametern prüft die entsprechenden Kennzahlen permanent. Die Zeiten, an denen man aus Gründen einer Flächenversorgung jedes Institut überall vorfinden konnte, unabhängig von deren „Return on Investment", sind schon lange vorbei. Die Zeiten der reinen „Mit-Arbeiter" ist vorbei. Jeder Einzelne muss heute auch „Mit-Verdiener" sein. Dieses wird vielen Normal-Bankern unter dem Strich nicht gelingen.

Der Erwartungs-Wert der Sicherheit scheint für den Normal-Banker dahin. Verkaufen muss er, um seinen Arbeitsplatz selbst zu sichern, sich abzusichern – was sein Arbeitgeber nicht mehr per se tut. Diese verloren gegangene Sicherheit paralysiert jedoch viele Normal-Banker, weil sie auf Grund der Persönlichkeitsstruktur ihre individuelle Sicherheit des Arbeitsplatzes nicht einfach durch höhere Vertriebsleistung und Erträge steigern können. Die Folge ist Angst, Versagensangst, Angst vor Arbeitslosigkeit und Sorge um die Familie.

Ein weiteres Problem ist, dass sich wenige Alternativen aufzeigen, wie der Normal-Banker den beschriebenen Ängsten entkommen, ihnen entgegenwirken kann, weil bei allen Banken der Verkauf von Produkten an erster Stelle zu stehen scheint. Der Normal-Banker mit Beratungsabsicht, aber ohne Verkaufstalent hat somit also auch nicht die Möglichkeit, einfach den Arbeitgeber zu wechseln; auch dort holt ihn die Realität ein.

Der emotionale Preis

So sitzt er da, der Normal-Banker, wenn er abends aus seiner Filiale nach Hause kommt, nach einem anstrengenden Tag und „X" Kundengesprächen. Beim Abendbrot mit Frau und zwei Kindern, die mittlerweile so alt sind, dass sie im Fach Gesellschaftskunde in der Schule die Finanzkrise, die Lehman-Pleite und die „bösen Banker" thematisieren.

So hatte sich das der heute 43-Jährige eigentlich nicht vorgestellt als er vor 25 Jahren, nach dem Fachabitur bei der Bank anheuerte. Als er, als einer der Besten, die Ausbildung zum Bankkaufmann absolvierte und dann noch ein internes Studium obendrauf setzte. Heute hat er als stellvertretender Filialleiter Kundenkontakt, Führungsverantwortung und einen Job, den er eigentlich immer anstrebte und der ihm im Prinzip Spaß macht. Trotzdem fühlt er sich unwohl, ausgebrannt, ist ängstlich.

Ihn belasten die Empfehlungen für Produktkäufe die er getätigt hatte, und die in einigen Fällen zur Folge hatten, dass Ersparnisse und Renten von Kunden vernichtet wurden. Kunden die er seit Jahrzehnten kennt und die daraufhin, ohne auch nur ein Wort mit ihm zu wechseln, noch nicht einmal eines der Enttäuschung oder Beschuldigung, ihr Girokonto kündigten.

Der Normal-Banker ist verängstigt. Er hat Angst, dass durch die Fusion seiner Bank mit einer anderen Großbank Filialen geschlossen werden. Natürlich mit Sozialplan, aber was heißt das? Eigentlich „rechnet" sich seine Filiale, aber wann „rechnet" sich eine Filiale aus Sicht des Vorstandes? „Rechnet" sich eine andere Filiale vielleicht noch besser? Und wenn er seinen Arbeitsplatz verlieren sollte, findet er einen neuen, ist er vielleicht mit 43 Jahren heutzutage doch schon zu alt für etwas Neues?

Die Erwartungs-Werte des positiven Images, der Erfolgsgarantie durch Tun und Fleiß und der Sicherheit haben sich für den Normal-Banker nicht erfüllt.

Die Zeiten haben sich für den Normal-Banker innerlich und äußerlich verändert. Der Normal-Banker spürt, dass er für die Veränderung, die er in seinem Berufsleben in den vergangenen Jahren erfahren hat, einen Preis gezahlt hat. Keinen, den man mit Geld berechnen, aufwiegen, messen, rechnen kann.

Es ist ein hoher, innerer emotionaler Preis für den Verlust seiner Erwartungswerte. Was jetzt, Normal-Banker?

Kennst Du Dein omlala?

In den letzten Jahren hat man gesehen, wie viele tolle Menschen, Normal-Banker, ihren Dienst am Kunden geleistet haben, acht, zehn, zwölf Stunden am Tag. Sie haben sich die Fragen und Sorgen der Kunden angehört, waren dabei, wenn sich Lebensumstände änderten, wenn eine Geburt oder die Einschulung der Kinder anstand. Sie haben bei der Hausfinanzierung geholfen und sich dabei nicht selten dafür stark gemacht, dass dem Kunden individuelle, passende Lösungen für seine Anliegen angeboten wurden, obwohl sie damit manchmal vielleicht sogar gegen Direktiven, Ziele der Zentrale verstoßen haben.

Ganz sicher waren einige der Normal-Banker auch die Verkäufer von Ramschprodukten, die nicht genau wussten, was sie taten, und in einigen Fällen auch nur ihren Profit im Auge hatten, und nicht das Risiko und Wohl des Kunden. Das alles reicht jedoch nicht, um die Basis-Dienstleister einer unserer Kernindustrien einer Sippenhaft zu unterziehen.

Die Finanzkrise hat strafrechtlich relevante Verhaltensweisen Einzelner offengelegt. Es ist jedoch Aufgabe der Justiz, jene Menschen, die vorsätzlich oder fahrlässig Kunden betrogen haben, zu verfolgen und zu bestrafen, und nicht die Aufgabe eines Volkstribunals, welches gleich einen ganzen Berufsstand in Sippenhaft nimmt.

Die (Vor-)Verurteilung und Beurteilung von Bankern muss, wie in allen anderen Lebensbereichen auch, individuell geschehen. Viele Normal-Banker haben zwar wegen nicht erfüllter Erwartungen in den letzten Jahren einen emotionalen Preis zahlen müssen, deswegen sind sie aber nicht generell Opfer. Ebenso sind Banker nicht pauschal Täter, weil es letztendlich nicht nur sie waren, die die Fehlentwicklung nach einem unreflektierten „Höher, Schneller, Weiter" in Bezug auf die Wünsche von Renditen zu verantworten haben und desillusioniert wurden, sondern auch der Bankkunde.

Wir sind die Getriebenen unserer Wünsche, das betrifft Bankkunden ebenso wie Normal-Banker, Vorstände und Investmentbanker. Jeder weiß jedoch, dass, wenn Wünsche durch Maßlosigkeit außer Kontrolle geraten, ökonomische, soziale, politische Wahnvorstellungen entstehen können, die sich von Realitäten abkoppeln. Das hat uns die Finanzkrise auch wieder vor Augen gehalten.

Eine reine Fixierung auf Rendite, Zahlen, Formen und das damit einhergehende Abkoppeln von Risiko, Sinn, Werten und Inhalten innerhalb der eigenen und verantwortungsvollen „Werte-Gleichung" ist gefährlich. Nicht nur für gutgläubige Normal-Kunden, sondern auch für Normal-Banker. Man zahlt für solche Abkopplungen in der Regel einen Preis.

Die Diskussion über die Legitimation des Tuns, des ehrlichen Erfolgs, der Ethik und Moral gehört in einen wirtschaftlichen, gesellschaftlichen Kontext. Nicht abstrakt, sondern konkret. Konkret an den Stammtischen, in den Vereinen, den Schulen, Universitäten.

Auf Grundlage einer solchen Diskussion und eines solchen gesellschaftlichen Bekenntnisses und Mutes zu Inhalten, Sinn und Werten wird die Gesellschaft auch die gewünschten verantwortungsvollen und kompetenten Banker „produzieren".

Der Normal-Kunde „produziert" also durch sinnvolle, Werte-orientierte, nicht nur auf Zahlen fixierte Diskussion und entsprechendes Verhalten heute seine ehrlichen und verantwortungsvollen (nach erfüllten Erwartungswerten strebenden) Banker von morgen.

Das soll nicht heißen, dass Deutschland nicht heute schon über hervorragende, ehrliche, ethische, moralische Manager und Normal-Banker verfügt. Es sind die vielen, die Verantwortung tragen, jene, die um jeden einzelnen Arbeitsplatz und Kunden kämpfen und trotzdem (oder deswegen) den klaren Blick haben, wie man Verantwortungen gerecht wird und Ethik und Kommerz, Ehrlichkeit und Ertrag in Zusammenhang bringt.

Die Geschichte zeigt, dass es auf Dauer gar keine Alternative zu so einem „anständigen" Verhalten gibt, weil Ehrlichkeit kein wohlwollendes, altruistisches Verhalten, sondern letztendlich ein Selbsterhaltungstrieb ist; insbesondere für Unternehmen, deren Geschäft auf Vertrauen basiert, so wie bei einer Bank. Selbsterhaltungstrieb auch für den Normal-Banker, dessen wahrer Arbeitgeber der Kunde ist, weil der Berater nur dann, wenn er auf ehrliche, nachhaltige und nachvollziehbare Art und Weise seine Kunden betreut, mit ihnen Geld verdient, sich „rechnet" und seine Erwartungs-Werte der sozialen Anerkennung, des erfolgreichen Tuns und der Sicherheit in seinem Job erfahren kann.

Was können Normal-Kunden und Normal-Banker mit diesen Erkenntnissen anfangen?

Man kann, so ist das in der Demokratie, beeinflussen durch Wahl. Wählen können ist die vielleicht einzig verlässliche Freiheit in einer scheinbaren Unfreiheit, die manche Kunden (und Normal-Banker) durch die übermächtig anmutende Finanzindustrie, empfinden. Es ist aber nicht die Finanzindustrie die uns unfrei macht, sondern unsere unrealistischen Hoffnungen und (Rendite-) Wünsche, wenn sie die „Bodenhaftung" verlieren. Dies betrifft den Bankkunden ebenso wie den Normal-Banker.

Der Kunde muss ehrlich zu sich selbst sein, kritisch und darf nicht tun, was er nicht versteht. „Dummheit schützt vor Strafe nicht" und „Gier frisst Hirn" sind Sprichworte die stimmen. Diese Erkenntnis betrifft nicht nur Bankgeschäfte. Der Kunde muss sich auch bei Bankgeschäften, „wie im wahren Leben", auf seine sieben Sinne verlassen. Er muss lernen, dass sein Berater für ihn letztlich die Bank repräsentiert, er ihm vertrauen oder misstrauen muss und nicht einer Werbung oder einem Hochhaus. So wie er es bei einem Metzger tut, der ihm letztlich persönlich garantiert, dass sein Rindfleisch von einem guten Hof kommt und nicht vergammelt ist. Hat man beim Kundenberater Anlass zum Misstrauen, kann man, muss man konsequent sein und die Bank oder den Berater wechseln. So wie man es bei einem Metzger tut, der einen enttäuscht. Das ist Freiheit.

Den Normal-Banker, Berater kann man frei wählen. Die Bank des Vertrauens kann man wählen und man kann auch wählen, ob man dem Wahnsinn verfällt zu glauben, man könnte garantiert, mit hoher Wahrscheinlichkeit Renditen für Investments erhalten die qua Renditeversprechung hoch riskant sein müssen.

Der Bankkunde muss seinen Instinkten, Gefühlen und seinen für ihn maßvoll-realistischen Erwartungshaltungen folgen, um frei zu sein (und frei zu bleiben) und um seinen Verlust an Wert(e)vollem gering zu halten.

Auch für den Normal-Banker ist Freiheit der Schlüssel zur Einsicht. Der Einsicht, dass sich das Berufsbild des Normal-Bankers, Kundenberaters verändert hat. Er ist heute in erster Linie ein Berater der versuchen muss die Produkte seines Hauses an den Kunden zu bringen. So, dass er für seine Filiale, seine Bank einen Ertrag generiert, sich rechnet. Dieses zu verinnerlichen, ehrlich, auch z.B. gegenüber seinen Kunden, zu kommunizieren muss kein Malus sein, weil es sich um Produkte handelt, die der Kunde in der Regel braucht, um bestimmte Anliegen umzusetzen. Der Berater muss aber so fair und frei sein sagen zu können, wenn er Fragen hat, Produkte nicht nachvollziehen kann, Bedenken bei seinem Tun auftauchen. Er muss sich die Freiheit nehmen, „Nein" zu sagen bei Produkten und Kunden, die er nicht versteht. Ebenso muss er sich die Freiheit nehmen zu akzeptieren, dass die Finanzindustrie ein Arbeitgeber wie jeder andere ist, ohne lebenslange Arbeitsplatzgarantie.

Die wahre Freiheit erhält der Normal-Banker durch seine Ausbildung, sein Know how, seine Ehrlichkeit und – nicht zu unterschätzen – durch seine Persönlichkeit und Individualität.

Der Normal-Banker, Kundenberater muss sich über seine Verantwortung im Klaren sein, seine ganz persönlichen Wünsche und Ängste formulieren, damit er diese mit seinem individuellen, materiellen und immateriellen Wertekonstrukt in eine harmonische, sich gut „anfühlende" Gleichung bringen kann. Er muss sich also seines einzigartigen *omlala*[1] bewusst werden, um so seinen Beruf aus heutiger Sicht mit Freude auszuüben.

Erwartungs-Werte=Rendite x *omlala*

oder

Werte = sinnvoller materieller Wert x Besinnung auf sich

---

[1] Omlala ist ein Platzhalter, der stellvertretend für den individuellen Bezug jedes Einzelnen zu seinem immateriellen und materiellen Wertekonstrukt steht.

Ansätze der Berufsberatung in der betrieblichen Praxis – Erfahrungen aus der Praxis

Birgit Wütherich

Mitarbeitergespräche gehören zu den täglichen Aufgaben einer Führungskraft sowohl im Personalwesen als auch in allen Managementfunktionen. Die Inhalte dieser Gespräche können ebenso vielfältig und verschieden sein wie deren Durchführung. Die hierfür angewandte Methodik hängt davon ab, welche Leitlinien oder Instrumente das Unternehmen den Führungskräften an die Hand gibt und vor allem, welches Know-how und welche Gesprächserfahrungen diese mitbringen.

2001 hat Ertelt die Frage aufgeworfen, ob anerkannte Methoden der beruflichen Laufbahnberatung auch in betrieblichen Entwicklungsgesprächen zur Anwendung kommen, oder ob Parallelen zu diesen erkennbar sind. Die von mir im Rahmen meiner Diplomarbeit „Laufbahnberatung in mittelständischen Betrieben" hierzu durchgeführte Untersuchung hat aufgezeigt, dass Methoden der beruflichen Beratung in Betrieben nicht zur Anwendung kamen. Es ließen sich jedoch Ähnlichkeiten im Vorgehen der Führungskräfte innerhalb von Entwicklungsgesprächen mit beruflichen Beratungsansätzen nachweisen. Insbesondere wurden Übereinstimmungen mit der Entwicklungsbezogenen Beratung sowie der Klientzentrierten Methode festgestellt. Ein weiteres wichtiges Ergebnis der Arbeit war, dass die Untersuchungsteilnehmer den dringenden Wunsch äußerten, eine Methode zu erlernen, bei deren Anwendung es gelingt, einerseits den Mitarbeiter hinsichtlich seiner persönlichen Weiterentwicklung zu beraten und gleichzeitig diese Entwicklung mit den unternehmerischen Planungen in Einklang bringen zu können. Fazit der Diplomarbeit war, dass die Entwicklung einer neuen Methode auf Basis beruflicher Beratungsmodelle den Wunsch der Teilnehmer berücksichtigen und gleichzeitig in der betrieblichen Praxis breite Anwendung finden könnte.

Die Fragestellung meiner Diplomarbeit versuche ich heute, nach zehn Jahren Berufserfahrung, mit vielfältigen Kontakten zu kleinen und mittelständischen Betrieben neu zu beantworten. Meines Erachtens haben alle Unternehmen den einzelnen Mitarbeiter und dessen Persönlichkeit im Blick. Jede Führungskraft wünscht sich für seine Teammitglieder Gesundheit, Zufriedenheit und eine persönliche und berufliche Weiterentwicklung. Jedoch gelten für jede Führungskraft Rahmenbedingungen, Vorgaben und Ziele, die es zu beachten oder zu erreichen gilt. In Abhängigkeit von deren Ausgestaltung und den sich daraus ergebenden Spielräumen kann ein Vorgesetzter nicht auf alle persönlichen Belange seiner Mitarbeiter und somit auch nicht auf deren individuelle persönliche und berufliche Entwicklung Rücksicht nehmen. Der Vorgesetzte befindet sich somit in einer Dilemma-Situation. Jede Führungskraft, die ihre Aufgabe ernst nimmt, wünscht sich eine Methode, mit diesem Konflikt richtig umgehen zu können: Wie kann ich meinen Mitarbeiter in seinen Entwicklungsbedürfnissen innerhalb meiner Möglichkeiten und der des Unternehmens fördern? Das bedeutet, dass auch heute noch der Wunsch nach einem Beratungsansatz, der eine Lösung hierfür bietet, vorhanden ist.

Mein Eindruck ist, dass die Unternehmen Wert darauf legen, ihre Führungskräfte gut auf die Durchführung von Mitarbeitergesprächen vorzubereiten. Die Personalverantwortlichen sind in der Regel in Gesprächstechniken und Mitarbeiterführung geschult. Einige Unternehmen geben ihren Führungskräften zudem standardisierte Gesprächsleitfäden an die Hand. Es ist interessant festzustellen, dass Führungskräfte auf die Frage hin, welche Beratungsmethode sie in Entwicklungsgesprächen anwenden, klassische Gesprächstechniken nennen. Beispielsweise das „Vier-Ohren-Modell nach Schulz von Thun", das „Harvard-Konzept nach Fisher", „Aktives Zuhören nach Rogers" oder die „Transaktionsanalyse nach Berne". Bei genauerem Nachfragen ergibt sich dann die Schlussfolgerung, dass Vorgesetzte geschult sind, Entwicklungsgespräche zu führen, jedoch überwiegend rein in der Anwendung von Gesprächstechniken. Der Einzelne entwickelt mit diesen Kenntnissen eine eigene Vorgehensweise für die Durchführung von Entwicklungsgesprächen. Man kann jedoch nicht vom Anwenden einer Methode, sondern eher von einem eklektischen, erfahrungsbedingten Vorgehen sprechen.

Deshalb ziehe ich dasselbe Fazit wie nach Durchführung der Untersuchung von Entwicklungsgesprächen im Jahr 2001: In mittelständischen Unternehmen werden überwiegend professionelle Entwicklungsgespräche durchgeführt. Diese lassen Parallelen zu Ansätzen der beruflichen Laufbahnberatung erkennen. Durch die oben genannte Dilemma-Situation, in der sich die Gesprächsführenden im Unternehmen befinden, ergibt sich der Wunsch nach einem Beratungsansatz, der die Möglichkeit eröffnet, als Führungskraft rein die persönliche und berufliche Entwicklung des einzelnen Mitarbeiters in den Mittelpunkt stellen zu können. Die in Entwicklungsgesprächen angewandten Gesprächstechniken lassen vermuten, dass Methoden der beruflichen Laufbahnberatung auch in der betrieblichen Praxis anwendbar sind. Bei einem weiteren Forschungsvorhaben zu diesem Thema wäre es angebracht, die allgemein gängigen Gesprächstechniken, die in der Weiterbildung vermittelt werden, genauer zu betrachten und mit den Methoden der beruflichen Beratung abzugleichen und Parallelen aufzuzeigen. Auf Basis dieser Ergebnisse könnte dann ein Beratungsansatz entwickelt und erprobt werden.

1. Demografische Entwicklung als Motor für die Notwendigkeit eines Beratungsansatzes

Die demografische Entwicklung der nächsten Jahrzehnte wird in bestimmten Bereichen der kleinen und mittelständischen Betriebe einen Fachkräftemangel herbeiführen. Diese brisante Entwicklung wird in vielen Betrieben seit einiger Zeit thematisiert. So werden Konzepte zur Gewinnung von Mitarbeitern sowie der Bindung von Fachkräften an den Betrieb erarbeitet. „Familienfreundliche Personalpolitik" oder „Mädchen in naturwissenschaftlichen und technischen Berufen" sind nur zwei Beispiele hierfür. Die eingangs beschriebene Dilemma-Situation, in welcher sich Führungskräfte befinden, die ihre Mitarbeiter in ihrer persönlichen und beruflichen Entwicklung fördern wollen, kann ein weiterer Ansatzpunkt für eine nachhaltige Personalpolitik im Rahmen der demografischen Entwicklung sein. Wenn es gelingt, einen Weg zu finden, den Spagat zwischen den Rahmenbedingungen des Unternehmens und den Bedürfnissen des Mitarbeiters zu schlagen, werden die Mitarbeiter zufrieden sein und eine langfristige Perspektive im jeweiligen Unternehmen erkennen und wahrnehmen. Mit Hilfe einer Beratungsmethode, die es schafft, die Personalverantwortlichen und Unternehmen aus ihrer Zwangslage zu befreien, könnte ein weiterer Ansatz zur Bindung von Fachkräften an das Unternehmen und somit dem Entgegenwirken der demografischen Entwicklung gefunden werden.

2. Weiterbildung von Personalverantwortlichen zu Beratern

Gelingt es, einen wie oben angesprochenen Beratungsansatz zu entwickeln, stellt sich die Frage, ob die Personalverantwortlichen selbst die Notwendigkeit sehen, sich in dieser Methode weiterbilden zu wollen. Auch wenn der Wunsch nach einer Lösung der Dilemma-Situation besteht, bedeutet dies nicht automatisch, dass daraus der Bedarf an einer Fortbildung hervorgeht. Wie beschrieben, sind die Führungskräfte in Gesprächstechniken geschult; ob diese sich speziell in einer neuen Vorgehensweise weiterbilden, hängt von der Einstellung des Unternehmens und der Weiterbildungsbereitschaft des Einzelnen ab. Meines Erachtens müsste diese neue Beratungsmethode in einen größeren Zusammenhang gestellt werden. Erst wenn aufgezeigt wird, welche Dimension an Veränderungen sich in der Personalarbeit durch die konsequente Umsetzung dieser Methode ergeben kann, werden sich die Unternehmen dafür interessieren. Durch die Brisanz und Popularität des Themas „Demografische Entwicklung/Fachkräftemangel" ist es meines Erachtens möglich, hierüber auf Interesse bei den Verantwortlichen zu stoßen. Denn die Einbindung des neuen Beratungsansatzes in Konzepte zur Prävention eines zukünftigen Fachkräftemangels ist wie dargestellt sinnvoll und umsetzbar.

Literatur

Carl, R. (1985). Die nicht-direktive Beratung. Counseling and Psychotherapy. Frankfurt: Fischer.
Berne, E. (2006). Die Transaktionsanalyse in der Psychotherapie. Paderborn: Junfermann.
Ertelt, B.-J., Wütherich, B. (2001). Laufbahnberatung in mittelständischen Betrieben – Eine explorative Untersuchung über Praxis und Unterstützungsbedarf.
Roger, F., William U., Bruce P. (2009). Das Harvard-Konzept. Der Klassiker der Verhandlungstechnik. Frankfurt am Main: Campus-Verlag.
Schulz von Thun, F. (1981). Miteinander Reden: Störungen und Klärungen. Psychologie der zwischenmenschlichen Kommunikation. Reinbek: Rowohlt

Management von Karrierewegen: Eine Annäherung an den Karrieretypus „Berufspersönlichkeit"

Claudia Falter

1. Ausgangslage

Die Entwicklung des Humankapitals und die hierin eingebettete betriebliche Karriereplanung erfolgreicher Fach- und Führungskraftarbeit in deutschen Unternehmen haben sich in den letzten zwanzig Jahren deutlich gewandelt.

Zum Ende der 1980er Jahre stand noch die Optimierung von Produktergebnissen im Fokus des Managements und somit die optimale Anpassung des Personals an veränderte Produkt- und Dienstleistungsspezifikationen. Die Verantwortlichen des Human Resource Managements gingen vor allem der Frage nach, „Wer" wird „Wohin" entwickelt, so dass Prozessergebnisse nachhaltig optimiert werden können. Diese Fragestellung veränderte sich in den 1990er Jahren. Nun rückte die Frage nach dem „Wie?", bedingt durch Prozessoptimierung, Re-Engineering, Lean-Management und Downsizing mehr und mehr in den Vordergrund und mit ihr gewann die Optimierung des Schnittstellenmanagements und die Ausgestaltung neuer, systemisch auf das Beziehungsmanagement ausgerichteter Lernformen an praktischer Bedeutung (vgl. Scharmer 2009, S. 81ff., vgl. Sattelberger 2003, S. 26ff.).

Durch stetiges Verschlanken der Unternehmensstrukturen in den letzten Jahren ging viel Humankapital in Form von Know-how, Erfahrung und Engagement freigesetzter Fach- und Führungskräfte für die Unternehmen verloren und es wurde immer deutlicher, dass der dauerhafte Auf- und Ausbau einer unternehmerischen Wissensbasis durch reine Vermehrung von Wissen in Form von Trainings, Wissensdatenbanken oder den Zukauf von externer Expertise nicht mehr ausreichen wird.

Erst der reflektierte Umgang mit Wissen und die Auseinandersetzung mit widersprüchlichem Wissen in Form von Veränderungslernen und Prozesslernen schaffen echte Wissenszuwächse im Unternehmen und damit einen strategischen Wettbewerbsvorteil (vgl. Probst/Büchel 1998, S. 35ff.).

Zeitgleich mit der Konzentration auf das Kerngeschäft und globalen Zusammenschlüssen fielen immer mehr traditionell gewachsene, charakteristische Positionsfolgen und Karriere-Bewegungsprofile in den Unternehmen weg, insbesondere auf der zweiten und dritten Führungsebene. Dies hatte zur Folge, dass betriebliche Karriereplanung im Sinne einer „gedanklichen Vorwegnahme möglicher, zukünftig zu besetzender Stellen mit Entwicklungsprozessen einzelner Mitarbeiter" in dieser Form nur noch begrenzt möglich sein wird (Friedli

2008, S. 249f.). Klassische Karrierepositionen wurden deutlich reduziert (vgl. Brexel 1998, S. 34) und erste empirische Untersuchungen belegen, dass je nach Ausbildung und Familiensituation Werte wie Freizeit oder Familie im Vergleich zu Macht und Ansehen an Priorität gewinnen (vgl. Rosenstiel 1997, S. 12ff.).

Spätestens jedoch mit dem Platzen der „Dot-Com-Blase" im Jahre 2000 wurde auch im deutschsprachigen Raum für jeden offensichtlich, dass das Kapital eines Unternehmens – in diesem Fall der IT-Unternehmen – weniger in materiellen Gütern und Prozessoptimierungsschritten sondern vielmehr in den geistigen Leistungen seiner Mitarbeiter zu finden ist. Wir entwickeln uns unaufhaltsam von der Industrie- über die Dienstleistungs- hin zur Wissensgesellschaft. Nicht mehr die Frage „Wie entwickeln Unternehmen optimal Human Resources?" steht im Mittelpunkt der Betrachtung sondern das Wissen um die Wissensentstehung, die Frage „Woher kommt und entspringt das Wissen in Unternehmen?"

Scharmer (2009, S. 92ff.) beschreibt die Notwendigkeit der Unternehmen zur Erschließung der Quelle von Wissen und Innovation, „dem inneren Ort", aus dem sowohl Fach- und Führungskräfte als auch ganze Systeme heraus handeln als den wesentlichen Wettbewerbsvorteil für Unternehmen von heute. Diese Konzentration auf die Persönlichkeit der Mitarbeiter und deren Entfaltung im betrieblichen Kontext, die häufig automatisiert ablaufen, sodass sie der jeweiligen Person nicht oder nur teilweise bewusst sind, korrespondiert mit Geisslers Ansatz der Talentförderung. Auf Basis einer Gallup-Langzeitstudie beschreibt er Mitarbeiter dann als besonders wertvoll für Unternehmen, wenn sie in der Lage sind, ihre ganz individuellen Talente – verstanden als nachhaltige Denk-, Gefühls- oder Verhaltensmuster – wertschöpfend einsetzen zu können. Um den Spielraum für individuelle Leistungssteigerungen optimal zu gestalten ist es erforderlich, diese Talente klar zu erkennen und systematisch zu nutzen. Konzentrieren sich Unternehmen auf die Talente ihrer Mitarbeiter und wissen diese auch zu würdigen, können auch unbewusste, verborgene Talente sicher erkannt und für die gemeinsame Nutzung erschlossen werden (vgl. Geissler 2003, S. 160ff.).

Es klingt paradox: In einer Wissensgesellschaft, in der die Halbwertszeit für die Bindung an das jeweilige Unternehmen bei Investoren nur noch ein Jahr und bei Mitarbeitern durchschnittlich vier Jahre währt (vgl. Reichheld/Thiel 1996, S. 5ff.), wird das, was Unternehmen jahrelang abgebaut, outgesourct oder häufig vernachlässigt haben, wieder zum Engpassfaktor Nummer Eins: das Humankapital. Aber anders als im ausgehenden 20. Jahrhundert reicht es heute nicht mehr aus, im Unternehmen vorhandene „Prototypen eines High Performers" zu extrapolieren und bereits identifizierte Kernkompetenzen ziel- und konzeptorientiert auszubauen, um einen nachhaltigen Wettbewerbsvorteil zu erzielen. Im beginnenden 21. Jahrhundert rückt in den Fokus, dass Mitarbeiter durch unternehmerische Vorgaben und Entwicklungskonzepte nur bedingt steuerbar sind. Sie handeln nicht ausschließlich im Interesse des Unternehmens, sondern bedienen mehr oder weniger verdeckt oder offen ihre persönlichen Ziele. Rosenstiel (2009, S. 108ff.) spricht in diesem Zusammenhang von der Mikropolitik in Unternehmen, die sowohl Organisationen gestaltet als auch fordert, da sie negative wie positive Folgen nach sich ziehen kann. Dies ist keine grundsätzlich neue Betrachtungsweise, jedoch sind es gerade jene positiven Aspekte der Mikropolitik, die Rosenstiel herausstellt, die für jedes Unternehmen wertschöpfend sind, wie

- die Sicherung der spontanen Handlungsfähigkeit der Organisationen,
- die Möglichkeit maßgeschneiderte Sofortlösungen zu implementierten,
- die Stärkung der organisationalen Innenabwehr,
- die Auslese der Tüchtigen,
- die Bildung von innerorganisationalen Netzwerken,
- das Ermöglichen informeller Zielrealisierungen.

Sie bieten die Basis für nachhaltigen Wettbewerbsvorteil, deshalb gilt es, diese positiven Aspekte mikropolitischer Aktionen zu fördern. Human Resource Management in Unternehmen wird sich zukünftig daran messen lassen, inwieweit es in der Lage ist, Menschen in Organisationen zu unterstützen, neues Wissen zu generieren und für den beiderseitigen Nutzen im Unternehmen einzubringen.

Wie bereits Nonaka (1991, S. 96ff.) Anfang der 1990er Jahre postulierte, kann Wissensentstehung nicht gemanagt oder kontrolliert werden, es können lediglich Bedingungen geschaffen werden, die Wissensentstehung fördern. Allzu häufig wird in der Praxis jedoch versucht, dieser Tatsache mit altbewährtem Personalentwicklungshandwerk zu begegnen, von der Einrichtung und Bereitstellung von Begegnungsräumen über den unternehmensintendierten Aufbau interdisziplinärer Netzwerke, bis hin zu trainerbegleiteten Teaminterventionen.

Durchaus haben diese klassischen Herangehensweisen in der Vergangenheit ihren Mehrwert unter Beweis gestellt, jede Form von Unterstützung betrieblicher Kommunikationsprozesse unterstützt letztlich auch jene Personen im Unternehmen, um die es in letzter Konsequenz geht: angehende und bewährte Fach- und Führungskräfte, High Potentials und High Performer mit gestalterischem Potenzial, Tatkraft und Überzeugungsfähigkeit. Sie alle kommunizieren, um kollaborative Beziehungen aufzubauen, ihre Bedürfnisse zu befriedigen, zu verstehen oder Forderungen zu stellen, sich selbst auszudrücken oder einen Vorteil zu gewinnen, denn dies sind die Grundmotive menschlicher Kommunikation (Schein 2003, S. 133ff.).

Fraglich bleibt jedoch, wie aus dieser grauen Masse „potenzieller Wissensgenerierer" dann jene Berufspersönlichkeiten erwachsen, die sich und andere im Unternehmen immer wieder inspirieren, ihre Intuition und Kreativität zu entfalten. Können sie im Unternehmen identifiziert werden? Wie erkennt man sie und wenn man sie erkennt, kann man ihre Entwicklung fördern? Gibt es über die Bereitstellung personalentwicklerischer Rahmenbedingungen zur Freisetzung dieser intra- und interpersonellen Kräfte und Energien hinaus Möglichkeiten, diese Berufspersönlichkeiten gezielter auf ihrem Weg im Unternehmen zu unterstützen? Und wenn es diese Möglichkeit gibt, ist dies im Stil eines klassischen planvollen Karrieremanagement überhaupt zu realisieren? Diese und ähnliche Fragestellungen veranlassten uns, einige Experteninterviews mit HR-Managern der Finanz- und Versicherungsbranche durchzuführen, um erste Konkretisierungen bezüglich eines Berufspersönlichkeitsprofils vorzunehmen und Hinweise zu erhalten, wo ein Karrieremanagement von Morgen ansetzen muss, um für diese Zielgruppe wirksam zu sein.

2. Entwicklung von Berufspersönlichkeiten

> „Früher liefen individuelle Karrieren häufig nach dem gleichen Muster ab: zuerst die Ausbildung, dann Integration ins Arbeitsleben und schließlich Familie, heute hat sich dieses Karrieremodell überholt. High Potentials und High Performer haben heute nicht mehr so viel Zeit, sie sind in ihren Karriereentscheidungen vielfältiger, schnelllebiger, situationsbewusster, flexibler und wir erwarten heute viel mehr Eigeninitiative von den Mitarbeitern als noch vor 10 oder 20 Jahren."

So beginnt mein Interview mit Robert Gogarten, Vorstandsvorsitzendem der Valovis Bank AG. Und weiter wird ausgeführt:

> „Denn letztlich ist alles dem Diktat des Change Managements unterworfen, unsere Umfeldbedingungen ändern sich so rasant in den letzten Jahren, langfristige Karriereplanungen stehen da nur im Wege. Die Amerikaner und Angelsachsen zeigen uns wie es geht: Sie haben nicht die klügeren Köpfe, aber häufig noch die schnelleren! Sie denken in Quartalsdividenden, sind deutlich flexibler in ihrer Wohnortwahl, leben einfach schneller und passen sich kreativ an. Auch wir haben das verstanden, unsere Produkte und Prozesse sind heute schon flexibler und adaptiver den jeweiligen Marktsituationen angepasst, aber dies ist in den Köpfen der Menschen noch nicht 100% angekommen. Der klassische Weg, Karriereaufbau bis 40 Jahre und dann das Karriereplateau halten, funktioniert nur noch für die Wenigsten."

In diesem Zitat bestätigt sich: Karrieren haben sich in den letzten 20 Jahren deutlich verändert. Ein Blick in die Literatur belegt zudem, dass im Bereich der Berufsberatungslandschaft (vgl. Super/Savickas/Super 1994) und im Bereich der Personalentwicklung (vgl. Sattelberger 1995, S. 287ff.) bis weit in die

1990er Jahre das Lebenszyklusmodell eine Antwort darstellte auf die Frage nach individualisierter und passgenauer Personalentwicklungs- und Karriereberatung. Der theoretische Ansatz des Lebenszyklusmodells vereint die beruflichen Lebensräume und Rollen in ihrem Entwicklungszusammenhang. Wie auf einem Regenbogen, von Super auch „Life-Career Rainbow" genannt, reihen sich die Lebensstadien ‚Wachstum' (Kindheit bis 14 Jahre), ‚Erkundung und Erprobung' (Adoleszenz bis 25 Jahre), ‚Etablierung' (25–45 Jahre), ‚Erhaltung des Erreichten' (45–65 Jahre), ‚Abbau und Rückzug' (über 65 Jahre) auf (vgl. Super/ Savickas/Super 1994, S. 123ff.). In Anlehnung an den biologisch-evolutionären Prozess des Werdens, Wachsens Veränderns und Vergehens durchlaufen lebende Systeme – Menschen wie Organisationseinheiten – prognostizierbare, quantitative wie qualitative Veränderungen im Zeitablauf. Graf unterscheidet biosoziale (vgl. Schein 1978) und betriebliche Lebenszyklen, deren vielfältige Einflussfaktoren berücksichtigt und gesteuert werden sollen, so auch das Karrieremanagement (vgl. Graf 2008, S. 267f.).

In obigem Zitat wird die Annahme getroffen, dass sich Berufspersönlichkeiten von heute nicht mehr in klassischen Stufenmodellen entwickeln. Globalisierte Absatzmärkte, dynamischere Arbeitsmärkte und nicht zuletzt auch eine neue Vielfalt sozialer Lebenskonzepte tragen dazu bei, dass sich Karrieren jetzt viel stärker auf der Basis ganz individueller, sehr facettenreicher Lebensskripte entfalten. Individuelle Karrieren werden vielfach unterbrochen, einzelne Phasen fallen aufgrund neuer Lebensmodelle ganz weg, verkürzen oder überlappen sich und ganze Zyklen wiederholen sich mehrfach in einem Berufsleben.

Diese Ansicht teilt auch Savickas (2009, S. 240f.) in einem aktuellen Artikel:

> "A slack and stable labor market will embrace the idea of career stages whereas these stages are no longer functional in a tight and changing labor market. Current approaches are insufficient [...] They conceptualize careers as a fixed sequence of stages [...] Concepts such as vocational identity, career planning, career development and career stages each are used to predict people's adjustment to work environments assuming a relatively high stability of the environments and people's behaviour".

Mein zweiter Interviewpartner, Axel Schwartz, ehemaliger Bereichsleiter in der Versicherungsbranche und Geschäftsführer der Axel Schwartz People Management GmbH stellt heraus:

> „Brüche im Lebenslauf sind auch ein Indiz für Flexibilität und Veränderungsbereitschaft. Sie pauschal als Manko zu sehen ist falsch. Wer sich verändert, hat oft etwas gewagt und kann auch mal scheitern. Hierzu haben besonders die Deutschen kulturhistorisch noch ein gespaltenes Verhältnis. Karrieren enden nicht mehr im Alter von Mitte 40 Jahren, sie werden neu geschrieben. Diese Menschen zeichnet eine hohe Bereitschaft zur Flexibilität aus, beruflich, räumlich und hierarchisch. Sie ver-

stehen sich als Lebensunternehmer, sie sind sich ihrer Fähigkeiten bewusst und suchen diese ständig zu verbessern."

Hieraus lässt sich schließen, dass bestimmte Mitarbeiter sich also immer wieder „neu erfinden". Sie suchen nach Strategien, sich und ihre Talente den sich ständig ändernden sozialen, zeitlichen und räumlichen Gegebenheiten ihres Umfelds bestmöglich anzupassen. Die lange Zeit vorhandene enge Kopplung von Karriere mit einem Beruf (vgl. Weber 2005, S. 104f.) in Form von sogenannten Aufstiegskarrieren scheint im 21. Jahrhundert an Bedeutung zu verlieren. Karrieren werden zu Arbeitsbiografien, die sehr individuell gestaltet die jeweilige Gesamtheit aller erbrachten Leistungen eines Menschen repräsentieren und weit differenzierter sein können als die klassische Aufstiegskarriere.

In Bezug auf den Karrieretypus „Berufspersönlichkeit" wird demzufolge angenommen, dass diese ihre Karrieren nicht durchlaufen, sondern sie gestalten, indem sie siekonstruieren, stabilisieren, entwickeln und verändern, kurz gesagt: Sie *machen* ihre Karriere. Dies kann auch fachliche Mobilität in Form von Projektarbeit (vgl. Hofmann 2008, S. 314, Funken/Fohler 2003, S. 313ff.), soziales Engagement in Form von Corporate Volunteering, (vgl. Wehner/Lorenz/Gentile 2008, S. 352ff.) oder den Wechsel zu einem anderen Unternehmen oder in die Selbständigkeit umfassen. Deshalb ist für die berufliche Entwicklung von Berufspersönlichkeiten von großer Wichtigkeit, Netzwerke über ihren aktuellen unternehmensspezifischen Wirkungskreis hinaus zu pflegen. So halten sie Kontakt zur Dynamik verschiedener Märkte und sind in der Lage, ihren Status Quo im Abgleich mit ihrem Umfeld regelmäßig zu reflektieren, ihre Identität zu prüfen und zu festigen.

Dies wird auch jenen Unternehmen sehr entgegenkommen, die sich nicht im aktuell viel zitierten „war of talents" sehen und ihr Augenmerk insbesondere auf die Akquise von High Performern ausrichten. Unternehmen und Manager, die ihre Personalpolitik vielmehr nach dem Motto „staff should be able to leave, but happy to stay" betreiben und in Motivation und Retention statt in Akquise und Selektion investieren (vgl. Scholz 2008, S. 93), werden Berufspersönlichkeiten willkommen heißen. Denn Mitarbeiter die ihre arbeitsplatzbezogenen Vorteile sehen und einschätzen können, wissen ihr Comittment und Vertrauen in das Unternehmen gestärkt und sind willens in ihre eigenen Talente zu investieren, zu ihrem Vorteil und zu dem des Unternehmens.

3. Schlüsselkriterien für Berufspersönlichkeiten

Auf die Frage: „Wie erkennen Sie Berufspersönlichkeiten?" antwortete Robert Gogarten:

> „Wir brauchen diese Personen nicht zu suchen, sie zeigen sich von selbst. Interne Assessment-Center oder Führungskräfteaudits sind zu diesem Zweck nicht zielführend, da sie nur einen vergleichsweise kurzen Beobachtungszeitraum erfassen und für Entscheidungsträger häufig keine Aussagekraft in Bezug auf die täglich abrufbare Normalleistung haben. Wir erkennen sie an der Art und Weise, wie kritisch sie sich und andere hinterfragen, dass sie immer wieder – auch ungefragt – Ideen einbringen, dass man sie eher zurückhalten anstatt schieben muss und dass sie wissen wo sie stehen und wie sie agieren. Es reicht ihnen nicht, gesteckte Ziele zu erreichen, sie denken weiter und wollen mehr, sie setzen sich immer wieder neue anspruchsvolle Ziele und denken dabei auch quer."

Anhand dieser Aussage wird deutlich, dass das Lernen und insbesondere das Lernen um (selbst-)gesteckte berufliche Ziele zu erreichen in der Arbeit von Seiten des Managements eher als selbstverständlich vorausgesetzt, denn gezielt unterstützt wird. Im Folgenden wird daher die Annahme formuliert, Berufspersönlichkeiten sind Mitarbeiter, die nicht nur sehr lernwillig, sondern auch lernfähig sind, und um diese Lernfähigkeit entfalten zu können, benötigt die Berufspersönlichkeit neben der Fähigkeit zum Selbstmanagement vor allem *Intelligenz*. In der Psychologie wird allgemeine Intelligenz benannt als allgemeine mentale Fähigkeiten (general mental abilities). Um eine bestimmte Arbeitsleistung zu realisieren, bedarf es einer berufsbezogenen Lernleistung. Diese wiederum resultiert aus den allgemeinen mentalen Fähigkeiten, so dass man sagen kann: Intelligenz bestimmt die Fähigkeit zu lernen (vgl. Hunter/Schmidt 1996). Je intelligenter also eine Person ist, desto besser kann sie lernen respektive desto erfolgreicher kann sich diese Lernleistung in umfassendem Fachwissen manifestieren, was wiederum für die Arbeitsleistung mitbestimmend ist (vgl. Schmidt/Hunter 1998). Auch eine jüngst von Kramer durchgeführte Metaanalyse, die die Validität allgemein mentaler Fähigkeiten in Bezug auf subjektiv (fremd-)bewertete Arbeitsleistung und berufsbezogene Lernleistung in Deutschland untersucht, kommt zu dem Schluss, dass „allgemein mentale Fähigkeiten die höchste beobachtbare Validität mit berufsbezogener Lernleistung aufweisen, gefolgt von subjektiv bewerteter Arbeitsleistung und schließlich den Karriereerfolgskriterien Einkommen und berufliche Entwicklung, die sich nicht wesentlich voneinander unterscheiden" (Kramer 2009, S. 92). Vereinfacht formuliert belegt diese Metaanalyse: Intelligenz ist ein valides Maß für beruflichen Erfolg.

Es kann also geschlossen werden, dass Intelligenz Berufspersönlichkeiten prädiziert, jedoch stellt sich die Frage, ob Intelligenz alleine als Kriterium ausreichend ist. Dies würde bedeuten, dass jeder intelligente Mitarbeiter potenziell eine Berufspersönlichkeit ist.

Aus einem weiteren Interview, durchgeführt mit Gregor Klein, Bereichsleiter bei der Ergo Versicherungsgruppe stammt folgendes Zitat:

> „Im Zuge unseres neuen Markenauftritts und allen damit zusammenhängenden Neustrukturierungen wird sich auch das Bild des neuen Karrieretypus weiter festigen: Nicht mehr der klassische ‚Visitenkartendenker' mit Titel, fest umrissener Vollmacht und einem klassischen Aufstiegsdenken ist gefragt, sondern jene, die so denken, entscheiden und handeln als wären sie selber das Unternehmen. Mitarbeiter mit Gespür für Chancen und Risiken, gut vernetzt, hoch kommunikativ und entscheidungsfreudig, mit engagiertem ‚Cross-Selling-Denken' und hoher Glaubwürdigkeit nach Außen und nach Innen. Unsere künftigen Fachkarrieren werden von Mitarbeitern gestaltet werden, die ihre berufliche Erfüllung darin sehen, dass sie wissen was sie bewegt haben bzw. bewegen und nicht welchen Titel sie tragen."

Die Interviews legen die Annahme nahe, dass neben der Intelligenz ein weiteres Kriterium zur Identifikation von Berufspersönlichkeiten beiträgt: *Engagement*. Auf der Suche nach Synonymen für den Begriff „Engagement" finden sich im Online Lexikon[1] folgende weitere Begriffe: Aktivität, Anteilnahme, Begeisterung, Beteiligung, Bindung, Eifer, Enthusiasmus, Hingabe, Interesse, Kampf, Mitwirkung, Teilnahme, Unterstützung. Viele Worte die letztlich eins belegen: ein ausreichend hohes Maß an Energie, die eine Person für eine bestimmte Sache, Idee oder ein bestimmtes Ziel einsetzt. Engagierte Berufspersönlichkeiten sind Mitarbeiter, die ihren überdurchschnittlichen persönlichen Einsatz, ihre Begeisterung nicht nur einmal oder sporadisch sondern beständig, anhaltend immer wieder zeigen.

Will man den Indikator „Engagement" für den Karrieretypus „Berufspersönlichkeit" verhaltensverankert operationalisieren so kann aus den in den Interviews formulierten typischen Verhaltensmerkmalen abgeleitet werden:

- Berufspersönlichkeiten generieren immer wieder eigeninitiativ Ideen und Ziele. Um dies zu erreichen, ist die Berufspersönlichkeit bereit, stetig an ihren Fähigkeiten zu arbeiten, individuelle Kenntnisse und Erfahrungen lösungsorientiert einzusetzen und die Ergebnisse auch im Austausch mit Anderen kritisch zu reflektieren.
- Die Berufspersönlichkeit denkt nicht nur in vernetzten Strukturen, sie gestalten sie durch konsequent an den Bedürfnissen und Gegebenheiten des Kun-

---

[1] http://synonyme.woxikon.de/synonyme/engagement.php

den ausgerichtete Einsatzbereitschaft und durch aktive, entscheidungsförderliche Netzwerkarbeit im Unternehmen.
- Engagierte Berufspersönlichkeiten sind bereit, immer wieder Entscheidungen zu treffen und Verantwortung zu übernehmen.

Diese Beschreibungen erheben keinen Anspruch auf Vollständigkeit und dienen lediglich dazu, erste Anhaltspunkte aufzuzeigen, anhand derer man durch beobachtbares Verhalten Rückschlüsse auf die Identifikation von Berufspersönlichkeiten ziehen kann. Welche Merkmale und Merkmalsausprägungen in besonderem Maße geeignet sind, einen Rückschluss auf eine Berufspersönlichkeit zu ziehen, gilt es in weiterführenden Studien zu konkretisieren.

Im weiteren Verlauf des Interviews stellt Herr Klein heraus:

„Natürlich wird auch in unserem Hause die Gefahr gesehen, dass jene, die im Markt eng vernetzt sind und viele Optionen haben, auch schnell das Unternehmen verlassen können. Dies ist jedoch eine Denke, die eher zur klassischen Aufstiegskarriere passt. Die Fachkarriere des ‚Underwriter' beispielsweise zeichnet sich gerade dadurch aus, dass der Mitarbeiter eine Vertrauensposition im Unternehmen innehat mit viel Eigenverantwortung und Möglichkeit zur Selbstverwirklichung. Dies und seine Akzeptanz im Markt erwirbt er nicht erst durch den formalen Positionswechsel, sondern er wächst aus einer Sachbearbeitertätigkeit hinein. Menschen in derartigen Positionen, werden besonders geschätzt, nicht zuletzt auch durch unsere gezielte Imagepflege der Position. Diese Mitarbeiter verlassen unser Unternehmen nicht, weil sie irgendwo anders vielleicht mehr Geld bekommen können."

Integrität zeichnet sich als ein weiteres relevantes Erkennungsmerkmal für Berufspersönlichkeiten ab. Dieses Kriterium ist wohl wie kein anderes dazu geeignet, den Begriff „Berufspersönlichkeit", der für diese Arbeit gewählt wurde, näher zu erläutern. Denn es ist die Persönlichkeit eines Mitarbeiters, die ihn letztlich befähigt, andere im Unternehmen zu inspirieren, ihre persönliche Intuition und Kreativität zu entfalten und ihre Berufung zu finden. Eine Persönlichkeit im Unternehmen, die ihren Tätigkeitsbereich – nicht ihre Position – als Möglichkeit permanenter Entwicklung und Entfaltung versteht, sich voll und ganz als Person einbringt und das eigene Wertesystem nicht nur kommunizierbar sondern erlebbar gestaltet, schafft Glaubwürdigkeit und Vertrauen innerhalb und außerhalb des Unternehmens. Sie wird zum Vorbild für Vorgesetzte, Mitarbeiter und Kollegen, wenn sie integer entscheidet und handelt. Ein Mitarbeiter mit viel Engagement und hoher Intelligenz alleine macht noch keine Berufspersönlichkeit aus, denn diese Menschen laufen immer wieder Gefahr, ihr Ego vor allen Prinzipien und allen Personen an die erste Stelle zu setzen. Ihnen fehlt es an Integrität.

Integeres Verhalten ist erkennbar in ehrlichem, kongruentem, bescheidenem und mutigem Verhalten und lässt Glaubwürdigkeit und Vertrauen entstehen (vgl. Covey 2009, S. 74ff.). Integeres Entscheidungsverhalten von Berufspersönlichkeiten zeigt sich demnach im unternehmerischen Kontext, wenn Mitarbeiter

- sagen, was sie denken und zu dem stehen, was sie sagen, sei es zu Kunden, Kollegen oder Chefs, und alles daransetzen, Zusagen und Entscheidungen auch einzuhalten, unabhängig von situativen Gegebenheiten oder Meinungen anderer;
- ihre unternehmerischen Entscheidungen in den Dienst der Sache stellen, unternehmerischen Erfolg und nicht persönlichen Erfolg an die erste Stelle setzen und so internen Vertrauensaufbau nachhaltig fördern;
- nicht davor zurückschrecken, Entscheidungen auch unter mittlerer bis großer Unsicherheit zu treffen und deren Tragweite und Konsequenzen auch dann verantworten, wenn sie nicht zum gewünschten Erfolg führen;
- mutig offen für neue Ideen und Herangehensweisen bleiben, auch und gerade nach Misserfolgen, um sich und anderen die Chance zu geben, aus Fehlern zu lernen.

Angehende Berufspersönlichkeiten vereinen somit drei Qualitäten: Sie sind sehr intelligent, zeigen großes Engagement und verhalten sich integer, was letztlich immer wieder zu der Bereitschaft führt, ihre Meinung und Prinzipien zu vertreten ohne dabei zu vernachlässigen, auch in diesen Situationen den jeweiligen Status Quo kritisch zu hinterfragen.

4. Möglichkeiten unternehmensintendierter Förderung von Berufspersönlichkeiten

Ausgehend von der Annahme, dass Berufspersönlichkeiten sich im Unternehmenskontext sehr eigendynamisch entwickeln, ist die Forderung nach einer umfassenden lern- und kompetenzfördernden Arbeitsgestaltung, wie sie seit den 1980er Jahren (vgl. Kailer 1987) propagiert wird, sicherlich hilfreich und sogar notwendig zur Förderung von Berufspersönlichkeiten im Unternehmen. Freiräume im Arbeitsprozess lernbewusst zu gestalten oder gezielten Austausch erfolgsbewährter und innovativer Problemlösungsstrategien zu unterstützen, dient der Entwicklungsförderung von Kompetenzpotenzialen der Mitarbeiter (vgl. Schiersmann 2007, S. 92ff.) Fraglich bleibt jedoch, ob Angebote, die das Management und Personalentwicklungsabteilungen in diesem Zusammenhang zur Verfügung stellen, auch von Berufspersönlichkeiten angenommen werden.

Stellt man die *Selbststeuerung des Lernens* in den Mittelpunkt der Kompetenzentwicklung, stoßen individuelle, betriebliche und letztlich auch gesellschaftliche Interessen unmittelbar aufeinander (vgl. Dehnbostel 2008, S. 5), wie auch folgendes Zitat aus dem Interview mit Herrn Gogarten belegt:

> „Klassische Personalentwicklungsmaßnahmen, die vom Management vorgegeben werden, funktionieren nicht, denn in unserem Business ist jeder Kollege ein Einzelkämpfer, der sich selbst behaupten will. Alle sind exzellent ausgebildet, randvoll mit Wissen auf der Suche nach der passenden Gelegenheit, dieses auch anwenden und ihre Fachkompetenz unter Beweis stellen zu können. Sie kooperieren nur dort, wo der individuelle Mehrwert offensichtlich wird. Wie genau das funktioniert ist oft nicht transparent, wir sehen nur den Prozessfortschritt und das Ergebnis."

Das Interesse eines Unternehmens, Kooperationsprozesse transparent und somit bewusster und auch steuerbarer zu gestalten, korreliert in diesem Zusammenhang direkt mit den individuellen Interessen der Mitarbeiter, die eigenen Karriereperspektiven zu gestalten. Sicherlich benötigen auch Berufspersönlichkeiten Kooperationen und Partnerschaften, nicht nur zur Informationsgewinnung sondern auch zur Inspiration der eigenen Kreativität (vgl. Scharmer 2009, S. 102). Es ist jedoch davon auszugehen, dass diese Form des Lernens jenseits organisierter Lernformen, gezielter Lernunterstützung oder gar Weiterbildung stattfindet. Eine unternehmensintendierte Förderung von Berufspersönlichkeiten auf diesen Ebenen scheint wenig wirksam. In der Valovis Bank setzt man zu diesem Zwecke gezielt auf Projektmanagement.

> „Im Bankgeschäft gibt es kein Copyright oder Patent. Das was wir heute entwickeln, machen alle anderen Banken in drei Monaten auch. Ideen generieren heißt bewegliche Geister pflegen. Unsere Mitarbeiter lernen vom ersten Tag an mit Ideen umzugehen, sie sind in der Verantwortung die Idee nicht nur kritisch zu hinterfragen, sondern sie zudem bis zur Marktreife voranzutreiben. Das ist gelebtes Change Management."

Dies legt den Schluss nahe, dass für Berufspersönlichkeiten ein Förderprogramm aus konstruktivistischer Sicht, mit weitaus größerem Handlungsspielraum für Lernende, besser geeignet ist. Hier hat die Berufspersönlichkeit bestimmte Freiheiten, Lernerfahrung selbst gesteuert zu gestalten, da neue Inhalte nicht als abgeschlossene Systeme begriffen werden – wie dies etwa bei einer unternehmensintendierten Weiterbildungseinheit der Fall wäre – und der Lernende Steuerungs- und Kontrollprozesse selber übernehmen kann (vgl. Dehnbostel 2008, S. 7).

Förderprogramme dieser Art sind gerade für die Zielgruppe „Berufspersönlichkeiten" in besonderem Maße geeignet, da vorausgesetzt wird, dass diese

Mitarbeiter intrinsisch motiviert und in hohem Maße selbst gesteuert Nutzung und Gestaltung dieser Programme übernehmen (Dehnbostel 2008, S. 7, Reinmann-Rothmeier/Mandl 2001, Sonntag/Stegmaier 2007).

Auf die Frage nach Konsequenzen für die Personalentwicklung gibt Axel Schwartz zu bedenken:

> „Neben der klassischen Personalentwicklung wird individuelles Coaching von Fach- und Führungskräften zunehmend an Bedeutung gewinnen. Sie brauchen in einem Umfeld ständiger Veränderungen, Unsicherheiten, Orientierungsbedürfnissen der Mitarbeiter und permanenten Leistungsdrucks einen Ankerpunkt für Selbstreflexion und eigene Orientierung. Es wird immer wichtiger, dass Unternehmen die wachsende Notwendigkeit von individueller Personalentwicklung als langfristige Sicherung der eigenen Wettbewerbsfähigkeit erkennen."

Vor diesem Hintergrund kommt dem Karrieremanagement in Unternehmen eine neue Bedeutung zu. Es ist nicht mehr die eingangs angeführte Planung möglicher, zukünftiger im Betrieb zu besetzender Stellen im Abgleich mit den Entwicklungsprozessen einzelner Mitarbeiter, die im Vordergrund steht. Aufgrund steigender Dynamisierung von Lebensbiografien einerseits und Arbeits- und Absatzmärkten andererseits ist *„alles was einen Planungszeitraum länger als zwei oder drei Jahre umfasst, für ein Karrieremanagement uninteressant"* (Robert Gogarten). Gerade von Berufspersönlichkeiten, die sich als „Unternehmer eigener Talente" verstehen, kann ein längerfristig verstandenes Karrieremanagement eher als einschränkend statt entfaltungsförderlich, eher lerndeterminierend statt lerngestaltend empfunden werden.

Der Fokus verschiebt sich hin zu einem Karrieremanagement, das sich als Dienstleister dieser „Unternehmer eigener Talente" versteht. Karrieremanagement für Berufspersönlichkeiten zielt darauf ab, die Eigenständigkeit und Selbstwirksamkeit im Umgang mit den individuellen Talenten, Kompetenzen und Erfahrungen auszubauen und dient gleichzeitig als Gestaltungsplattform für deren Realisierung, als Ideeninkubator und Netzwerkförderer. Vieles wird im Rahmen eines berufspersönlichkeitsfördernden Karrieremanagements angeregt, konkretisiert, reflektiert, jedoch zunehmend unter Einbezug außerbetrieblicher Lernorte, Berater oder Begleiter.

Die Qualität unternehmensintendierter Angebote wird sich aus Sicht der Berufspersönlichkeiten danach bemessen, inwieweit es in diesen Angeboten gelingt, informelles Lernen – verstanden in den drei Facetten aus reflexivem, implizitem und erfahrungsorientiertem Lernen (Molzberger 2007, S. 82f.) – zu fördern und als langfristige, konstante und professionelle Unterstützungsleistung im Rahmen eines Karrieremanagements einzubinden.

Um in den aufgezeigten Determinanten beschreibbare Berufspersönlichkeiten zu erkennen und zu fördern, bedarf es nicht zuletzt auch einer adäquaten Personalpolitik und Personalmanagementstruktur im Unternehmen, die in der Lage ist, auf der Basis unternehmensspezifischer Gegebenheiten, wie Betriebsgröße, Unternehmenskultur und Arbeitsprozessgestaltung, ein entsprechendes betriebliches Karriereberatungskonzept zu realisieren. Eine anspruchsvolle und hoch interessante Aufgabe für alle Unternehmen, die ihre Individualität durch ein systematisch gestaltetes, strategisch fundiertes und proaktives Personalmanagement unter Beweis stellen wollen.

Literatur

Brexel, E. (1998), Fette Jahre für Manager, in: Personalwirtschaft, 25. Jg., Nr. 9.

Covey, S. (2009), Schnelligkeit durch Vertrauen. Die unterschätzte ökonomische Macht, 2. Auflage, Offenbach.

Dehnbostel, P. (2008), Lern- und Kompetenzförderliche Arbeitsgestaltung, in BIBB (Hrsg.), Berufsbildung in Wissenschaft und Praxis (BWP), Heft 2.

Friedli, V. (2008), Betriebliche Karriereplanung, in: Thom, N./Zaugg, R., Moderne Personalentwicklung, Mitarbeiterpotenziale erkennen, entwickeln und fördern, 3. Auflage, Wiesbaden, S. 249–263.

Funken, C./Fohler, S. (2003), Unternehmerische Informationspolitik als Karrierestrategie. Alternierende Karrierechancen im Vertrieb, in: Hitzler, R./Pfadenhauer, M. (Hrsg.), Karrierepolitik. Beiträge zur Rekonstruktion erfolgsorientierten Handelns, Opladen, S. 313–326.

Geissler, H. (2003), Individualisierung wertvoller Beziehungen: Überlegungen zu einem „differenziellen Beziehungsmanagement, in: Geissler, H./Sattelberger, T., Management wertvoller Beziehungen, Wiesbaden, S. 157–209.

Graf, A. (2008), Lebenszyklusorientierte Personalentwicklung, Handlungsfelder und Maßnahmen, in: Thom, N./Zaugg, R. (Hrsg.), Moderne Personalentwicklung, 3. Auflage, Wiesbaden, S. 265–281.

Hofmann, H. (2008), Fachlaufbahnen dargestellt am Beispiel von IBM Research, in: Thom, N./Zaugg, R (Hrsg.), Moderne Personalentwicklung, 3. Auflage, Wiesbaden, S. 303–316.

Hunter, J.E./Schmidt, F.L. (1996), Intelligence and job performance: Economic and social implications, in: Psychology, Public, Policy and Law, Nr. 2, S. 447–472.

Kramer, J. (2009), Allgemeine Intelligenz und beruflicher Erfolg in Deutschland, Vertiefende und weiterführende Metaanalysen, in: Psychologische Rundschau, 60. Jg., Heft 2, S. 82–98.

Kailer, N. (1987), „Organisationslernen", Forschungsbericht 53 des Instituts für Bildungsforschung der Wirtschaft (Hrsg.), Wien (5. Auflage 1993).

Molzberger, G. (2007), Rahmungen informellen Lernens. Zur Erschließung neuer Lern- und Weiterbildungsperspektiven, Wiesbaden.

Nonaka, I. (1991), The knowledge creating company, in: Harvard Business Review, No.69, S. 96–105.

Probst, G./Büchel, B. (1998), Organisationales Lernen, Wettbewerbsvorteil der Zukunft, 2. aktualisierte Auflage, Wiesbaden, S. 35ff.

Reichheld, F./Thiele, S. (1996), The Loyality Effect, Harvard Business School Press, Boston, http://www.altfeldinc.com/pdfs/TheLoyaltyEffect.pdf.

Reinmann-Rothmaier, G./Mandl, H. (2001), Lernen im Unternehmen: Von einer gemeinsamen Vision zu einer effektiven Förderung des Lernens, in: Dehnbostel, P. (Hrsg.), Berufliche Bildung im lernenden Unternehmen, Berlin, S. 195–216.

Rosenstiel, L.v. (2009), Beratung – ihre Mikropolitische Einbindung und ihre Dynamik aus organisationspsychologischer Sicht, in: Möller, H./Hausinger, B. (Hrsg.), Quo Vadis Beratungswissenschaft, Wiesbaden, S. 105–117.

Rosenstiel (1997), Die Karriere – ihr Licht und Schatten, in: Rosenstiel, L.v./Lang von Wins, T./Sigl, E. (Hrsg.), Perspektiven der Karriere, Stuttgart. S. 12–42.

Schmidt, F.L./Hunter, J. (1998), Messbare Personmerkmale: Stabilität, Variabilität und Validität zur Vorhersage zukünftiger Berufsleistung und berufsbezogenen Lernens, in: Kleinmann, M./Strauss, B. (Hrsg.), Potentialfeststellung und Personalentwicklung, Göttingen, S. 15–43.

Scholz, C. (2008), War of Talents – Wer in führt, ihn stets verliert!, in: Zeitschrift Führung und Organisation (zfo), Heft 2, S. 92–93.

Sattelberger, T. (1995), Lebenszyklusorientierte Personalentwicklung, in: Sattelberger (Hrsg.), Innovative Personalentwicklung, 3. Auflage, Wiesbaden, S. 287–305.

Sattelberger, T. (2003), Überlegungen zum Management of Loyality und zur Ökonomie des Vertrauens in Unternehmen, in: Geissler, H./Sattelberger, T. (Hrsg.), Management wertvoller Beziehungen, Wiesbaden, S. 23–59.

Savickas, M.L. et al. (2009), Life designing: A paradigm for career construction in the 21th century, in: Journal of vocational behaviour, Volume 75, Issue 3, December 2009, S. 239–250.

Scharmer, C.O. (2009), Theorie U – von der Zukunft her führen, Heidelberg.

Schein, E.H. (1978), Career Dynamics: Matching Individual and Organizational Needs, Reading et al, Mass.

Schein, E.H. (2003), Prozessberatung für die Organisation der Zukunft, 2. unveränderte Auflage, Bergisch Gladbach.

Schiersmann, C. (2007), Berufliche Weiterbildung, Lehrbuch, Wiesbaden.

Sonntag, K.H./Stegmaier, R. (2007): Arbeitsorientiertes Lernen, Zur Psychologie der Integration von Lernen und Arbeit, Stuttgart.

Super, D.E./Savickas, M.L./Super, Ch.M. (1996), The Life-Span, Life-Space Approach to Careers. In: Brown, D./Brooks, L. (Hrsg.), Career Choice and Development: Applying contemporary theories to practice, 3. Auflage, San Francisco: Jossey-Bass, 2002, S. 121–178.

Weber, M. (2005), Wirtschaft und Gesellschaft, Frankfurt am Main.

Wehner, T./Lorenz, C./Gentile G.C. (2008), Corporate Volunteering – das hohe C der unternehmerischen Verantwortung, in: Zeitschrift Führung und Organisation (zfo), 77. Jg., Heft 6, S. 352–359.

Assessment: Wie viel Individualität wird gemessen?

Stefan Höft

In diesem Beitrag soll der Stellenwert von Individualität im Kontext der beruflichen Eignungsdiagnostik genauer beleuchtet werden. Zunächst werden hierfür im ersten Abschnitt einige eignungsdiagnostische Grundbegriffe und -konzepte eingeführt. Nach einer Einordung des Konstruktes „Individualität" in den persönlichkeitspsychologischen Forschungskanon wird der eignungsdiagnostische Messvorgang im Hinblick auf dieses Thema aus unterschiedlichen, eher exemplarischen Perspektiven diskutiert. Individualität kann danach als Störeffekt, als Randvariable des Rekrutierungs- und Sozialisationsprozesses von Individuen in Organisationen oder als expliziter Gegenstand der Eignungsdiagnostik betrachtet werden. Eine kurze Zusammenfassung bündelt die gesammelten Ergebnisse.

In der deutschsprachigen Eignungsdiagnostik ist es eher unüblich, die psychodiagnostische Untersuchung als „Assessment" zu bezeichnen. Im Weiteren wird dieser Begriff aber häufiger verwendet, um dem Sprachduktus der Herausgeber dieses Bandes zu folgen.

1. Rahmenbedingungen der beruflichen Eignungsdiagnostik

1.1 Zielsetzung von Assessment im Rahmen der beruflichen Eignungsdiagnostik

Anwendungen der beruflichen Eignungsdiagnostik können als Passungsanalysen zwischen Personen einerseits und beruflichen Tätigkeiten andererseits verstanden werden. Der Vergleich zwischen Person und Tätigkeit wird dabei auf unterschiedlichen Ebenen vollzogen. Schuler (1996) unterscheidet beispielsweise drei Referenzebenen:

1. Die spezifischen Anforderungen einer Tätigkeit müssen mit konkret benennbaren Fähigkeiten, Fertigkeiten, Wissensbereichen und sonstigen Personmerkmalen der Person korrespondieren.
2. Befriedigungspotentiale, die eine Tätigkeit liefern kann, müssen sich im Einklang befinden mit den Bedürfnissen, Interessen und Werthaltungen der jeweiligen Person.
3. Zusätzlich muss auch berücksichtigt werden, dass sich eine berufliche Tätigkeit in absehbarer Zeit beispielsweise aufgrund technischer Neuerungen ändern wird. Personen, die die betreffende Tätigkeit ausführen, müssen ein

entsprechendes Entwicklungspotenzial aufweisen, um diese Veränderungen nachvollziehen zu können.

Das Assessment im Rahmen der Eignungsdiagnostik ist im Sinne der dargestellten Passungsanalyse also auf zwei Bereiche zu beziehen: Zum einen muss die berufliche Tätigkeit hinsichtlich der erforderlichen direkten und indirekten Anforderungen analysiert werden, zum anderen findet eine Personendiagnostik statt.

1.2 Anwendungsfelder des eignungsdiagnostischen Assessments

Eignungsdiagnostische Informationen können für unterschiedliche Zwecke verwendet werden. Rosenstiel (2007) unterscheidet beispielsweise vier große Anwendungsfelder, die durch die konzeptionelle Überkreuzung der zwei dichotomen Faktoren „Selektion vs. Modifikation" sowie „Ansatzpunkt Person vs. Ansatzpunkt Bedingungen" gebildet werden:

- *Personalauswahl* (Kombination aus Person und Selektion) ist das im wirtschaftlichen Kontext am naheliegendste Einsatzgebiet. Personen werden aus einer größeren (Bewerber-)Gruppe ausgewählt und den für sie passenden Zielpositionen zugewiesen.
- Der Bereich der *Verhaltensmodifikation* (Kombination aus Person und Modifikation) beschäftigt sich mit Ausbildungs- und Trainingsprogrammen zur Kompetenz-, Leistungs- oder Motivationssteigerung.
- Zum Themengebiet der *Bedingungsmodifikation* (Kombination aus Modifikation und Bedingungen) gehören beispielsweise arbeitsergonomische Interventionen zur Verbesserung des Arbeitsplatzes und Umstrukturierungen der Arbeitsprozesse.
- Beim letzen Bereich *Bedingungsselektion* (Kombination aus Selektion und Bedingungen) steht die Auswahl optimaler Arbeitsbedingungen für die Person im Mittelpunkt. In der Tradition des Trait&Faktor-Ansatzes von Parsons (vgl. Ertelt/Schulz 1997 für einen kompakten Überblick) dient die Eignungsdiagnostik beispielsweise im Rahmen von Berufs- und Laufbahnberatung dazu, einen passenden Arbeitsplatz (=Bedingungsselektion) für einen Ratsuchenden zu finden.

1.3 Instrumente des eignungsdiagnostischen Assessments

Nach Schuler und Höft (2004) können die in der Praxis eingesetzten eignungsdiagnostischen Verfahren drei unterschiedlichen Konzeptansätzen zugeordnet werden (vgl. Abbildung 1 für einen Überblick), die jeweils über einen eigenen Weg die Eignung von Personen für bestimmte Tätigkeiten überprüfen.

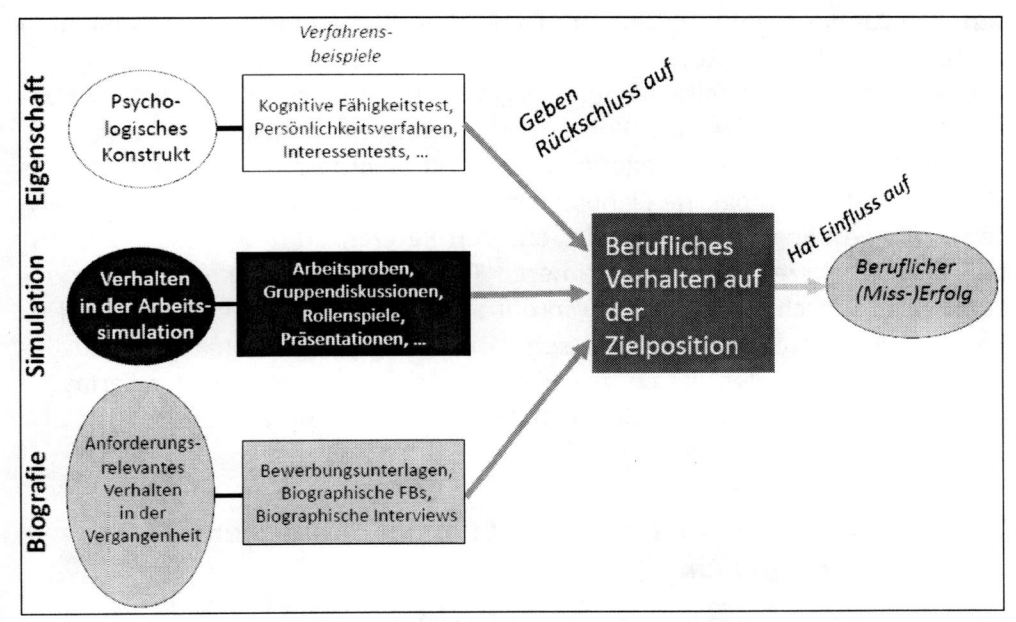

Abb. 1: Die drei eignungsdiagnostischen Grundkonzepte zur Vorhersage beruflichen Verhaltens

Bei der ersten Verfahrensklasse wird *eigenschaftsorientiert* gearbeitet. Mithilfe einer entsprechend ausgerichteten Arbeits- und Anforderungsanalyse werden psychologische Konstrukte ermittelt, die einen relevanten Bezug zu Berufserfolgsvariablen aufweisen (vgl. ausführlicher Schuler/Höft 2006). So hat sich beispielsweise Allgemeine Intelligenz als relevant für praktisch alle im Rahmen der Eignungsdiagnostik untersuchten Berufe erwiesen (vgl. Schmidt/Hunter 1998), für allgemeine Persönlichkeitsvariablen konnten differentielle Zusammenhänge für unterschiedliche Berufe und Berufserfolgskriterien nachgewiesen werden (Barrick/Mount/Judge 2001). Zur Messung dieser Konstrukte stehen Messverfahren zur Verfügung, die eng orientiert an testtheoretischen Gütekriterien konstruiert wurden (vgl. Amelang/Schmidt-Atzert 2006).

Die zweite Konzeptgruppe setzt *Simulationen* ein, bei denen die erfolgskritischen Aspekte der Zieltätigkeit möglichst realitätsnah nachgebildet werden. Die Bewährung (oder Nichtbewährung) einer Person innerhalb dieser Simulation wird als Indikator für die erfolgreiche (oder nichterfolgreiche) Arbeit in der eigentlichen Zielposition angesehen (vgl. ausführlicher Höft/Funke 2006). Eine direkte Abbildung der eigentlichen beruflichen Tätigkeit gelingt bei handwerklichen Arbeitsproben (wenn z.B. ein Tischler ein Holzstück bearbeiten muss). Präsentationen, Gruppendiskussionen, Rollenspiele usw. sollen beispielsweise das interpersonale Verhalten der Personen in Managementsituationen erfassen. Simulationsorientierte Verfahren sind prägende Elemente in sogenannten „Assessment-Centern (AC)". Sie kombinieren unterschiedliche eignungsdiagnostische Einzelverfahren miteinander und gewährleisten somit eine breite, auf unterschiedlichen Verfahren und Konzepten basierende Personalentscheidung.

Die dritte Verfahrenskategorie arbeitet mit *biografischen Informationen* als Hinweise auf eine mögliche Eignung (vgl. Schuler/Marcus 2006). Bei der Analyse von Bewerbungsunterlagen wird aus den Referenzen (Angaben im Lebenslauf und Arbeitszeugnissen) zu früheren Tätigkeiten mit einem gleichen oder zumindest ähnlichen Anforderungsprofil auf die Bewährung in der aktuell zu besetzenden Zielposition geschlossen. Auch viele Fragetechniken in Einstellungsgesprächen zielen darauf ab, Verhalten in der Vergangenheit zu erfassen und Rückschlüsse auf potentielles Verhalten in der Zukunft zu treffen.

2. Der Stellenwert von Individualität in der beruflichen Eignungsdiagnostik

Im Folgenden soll der Themenkomplex „Individualität im Assessment" aus drei unterschiedlichen Blickwinkeln (als Störfaktor, als Randvariable im Rekrutierungs- und Sozialisationsprozess, als originärer Gegenstand des Assessments) betrachtet werden.

Individualität definiert sich aus psychologischer Sicht als „Eigenart des einzelnen Wesens, die Gesamtheit der Eigenschaften und Merkmale, welche die Eigentümlichkeit, Besonderheit eines Wesens ausmachen" (Häcker/Stapf 2009). Innerhalb der Persönlichkeitspsychologie, die sich als Teildisziplin der Psychologie mit der Einzigartigkeit im menschlichen Erleben und Verhalten beschäftigt, können in diesem Zusammenhang zwei generelle Forschungsorientierungen unterschieden werden (vgl. Amelang/Bartussek/Stemmler/Hagemann 2010): Bei dem idiografischen Ansatz werden individuelle Spezifika von Einzelpersonen analysiert, im Mittelpunkt stehen einmalige Inhalte, die die besonderen Wesensmerkmale der Person ausmachen. Im Gegensatz dazu steht der nomothetische Ansatz. Hier wird mit allgemeinen Eigenschaftsbegriffen gearbeitet, Ziel ist gerade die Abstraktion vom Einzelfall. Individualität wird hier als besondere Kombination von Merkmalsausprägungen in den betrachteten, zumeist dimensional konzipierten Personmerkmalen verstanden.

Die berufliche Eignungsdiagnostik ist als Teilbereich der Personalpsychologie eng mit der Persönlichkeitspsychologie verbunden (vgl. Schuler/Höft 2006).

Die angewandten Methoden des Assessments zeigen sehr deutlich, dass hier ein nomothetischer Ansatz vorherrscht.

2.1 Individualität als Störfaktor im Assessment

Die im Abschnitt 1.3 vorgestellten drei Verfahrensgruppen können zunächst hinsichtlich ihrer Berücksichtigung von Individualität in eine Rangfolge gebracht werden:

Eigenschaftsorientierte Verfahren (z.B. kognitive Fähigkeitstests oder Persönlichkeitsverfahren) sind im Hinblick auf eine möglichst hohe Objektivität (in der Durchführung, Auswertung und Interpretation) hin konzipiert worden. Als eignungsdiagnostische Informationen sind nur die im gebundenen Antwortformat erfassten Reaktionen der Testteilnehmer relevant und werden zumeist automatisiert ausgewertet. Alleinige Interpretationsgrundlage sind dann die ermittelten Summen- und Normwerte der Person. Hier zeigt sich am deutlichsten der nomothetische Ansatz, in dem sich Individualität nur als Profilkurve im standardisierten Antwortblatt äußern kann.

Simulationsorientierte Verfahren arbeiten vorrangig mit Verhaltensbeobachtungen (vgl. Thornton/Rupp 2006). So werden die Teilnehmer beispielsweise in einem Rollenspiel mit einem Gesprächspartner konfrontiert, der nach einem feststehenden Drehbuch agiert und trainiert ist, in dieser Rolle zu bleiben, egal wie sich sein Gegenüber verhält. Das von den Teilnehmern gezeigte Verhalten wird von trainierten Beobachtern protokolliert und im Anschluss hinsichtlich der vorab festgelegten Anforderungen bewertet. Prinzipiell hat der Teilnehmer die Möglichkeit, in den Arbeitssimulationen seine Individualität über entsprechendes Verhalten auszudrücken. Die Aufgabe der Beobachter ist es aber wiederum, dieses gezeigte Verhalten in Relation zum gegebenen Anforderungsprofil zu setzen. Individualität wird also immer in Hinblick auf Passung mit den Vorgaben der Zielposition betrachtet und somit als passend, unpassend oder irrelevant eingestuft. Ein kurzes, stark vereinfachtes Beispiel soll zur Veranschaulichung dienen: Ein Teilnehmer möge es sich zum Prinzip gemacht haben, kleine, bunte Anstecknadeln am Revers zu tragen, die seine Kinder für ihn in ihrer schulischen Bastelstunde konstruiert haben. Bereitwillig gibt er dazu (von Personen angesprochen oder auch von sich aus) Auskunft. Wenn seine Passung für eine Stelle als Animateur in einem Ferienklub überprüft werden soll, könnte diese Besonderheit im Auftreten als positiver Aspekt der Kundenorientierung gewertet werden, weil über das Anstecker-Thema ein schneller und unkomplizierter Kontakt hergestellt werden kann. Bei einem Assessment für eine Position als Kundenbetreuer in einem Bestattungsunternehmen würde das gleiche Auftreten sofort als unpassend eingestuft, da hier die Kundenbeziehung völlig anders gestaltet ist. Bei einer Passungsanalyse für eine Stelle als Sachbearbeiter in einem städtischen Amt wiederrum würde die besondere Jackettverschönerung vermutlich auffallen, letztlich aber als „Irregularität" nicht ins Gewicht fallen. Das Sachbearbeiter-Berufsprofil stellt keine herausgestellten Anforderungen an das Auftreten und die Anstecknadeln wären in diesem Zusammenhang irrelevant.

Bei der dritten Verfahrenskategorie, den biografieorientierten Verfahren, hätte die Individualität der Teilnehmer zunächst einen größeren Spielraum, indem beispielsweise Bewerbungsunterlagen individuell gestaltet werden oder im Einstellungsgespräch Besonderheiten im Lebenslauf und der eigenen Charakterbeschreibung gezielt herausgestellt werden können. Tatsächlich hat die eignungsdiagnostische Forschung der letzten dreißig Jahre aber gezeigt, dass gerade dann die eignungsdiagnostischen Urteile deutlich bessere Prognosen zum späteren beruflichen Erfolg ermöglichen, wenn sie möglichst anforderungsbezogen und standardisiert erfolgen. So werden Bewerbungsunterlagen in größeren Unternehmen nur mithilfe von Checklisten ausgewertet, in denen die zu beurteilenden Kriterien (z.B. Berufserfahrungen, notwendige Zertifikate, korrekte Rechtschreibung usw.) vorab eindeutig festgelegt wurden (Kulla 2007).

Gerade zum Einstellungsgespräch liegen eindeutige Befunde aus Metaanalysen vor (vgl. z.B. Cook 2009, für einen strukturierten Überblick), die belegen, dass eine gezielte Ausrichtung der gestellten Fragen auf das vorgegebene Anforderungsprofil und eine standardisierte Vorgehensweise mit strukturierten Leitfäden, vorab entwickelten Fragekatalogen und eindeutigen Bewertungsschlüsseln deutlich bessere Vorhersagen zur beruflichen Bewährung geben können als unstrukturierte Gespräche, die ungeplant und nicht gelenkt ablaufen. Denkbar wäre aber, dass unstrukturierte Gespräche gerade durch ihre unstandardisierte Vorgehensweise eher in der Lage sein könnten, die Einzigartigkeit von Personen zu erfassen. Hierzu gibt die Metaanalyse von Huffcutt, Conway, Roth und Stone (2001) Aufschluss: Sie unterteilten zunächst die in Interviews typischerweise erfassten Konstrukte in sieben Kategorien (kognitive Fähigkeiten, Wissen/Fertigkeiten, Persönlichkeitseigenschaften, Sozialkompetenz, Interessen/Vorlieben, Passung mit der Organisation, äußerliche Merkmale). Die Analyse von 47 Interviewstudien zeigte danach, dass der Strukturierungsgrad der Interviews einen Einfluss hat auf die erfassten Konstrukte. Gering strukturierte Interviews messen eher allgemeine Intelligenz, Ausbildung, Erfahrung und Interessen. Hochstrukturierte Interviews erfassen hingegen eher Fertigkeiten, Passung mit der Organisation, Sozialkompetenz und angewandte kognitive Fähigkeiten (z.B. Problemlösen und Entscheidungsverhalten). Huffcutt et al. nehmen als wahrscheinliche Ursache an, dass bei der Entwicklung hoch strukturierter Interviews deutlich häufiger (und dann auch striktere) Anforderungsanalysen zugrunde liegen. Ein großes Problem der unstrukturierten Interviews ist nach dieser Studie, dass sie statt Individualität vorrangig Merkmale (z.B. Allgemeine Intelligenz, Ausbildung) erfassen, die über andere Zugangswege (z.B. kognitive Fähigkeitstests oder Bewerbungsunterlagen) schneller und methodisch besser erfasst werden könnten.

Aus diesen Befunden ergibt sich das vorläufige Fazit, dass die Vorgabe eines anforderungsanalytischen Zielprofils zu einer maßgeschneiderten Diagnose hinsichtlich der Spezifität der Position (in dem Sinne also eine „Zielpositionsindividualität") führt. Die Individualität eines diagnostizierten Teilnehmers wird immer aus diesem Blickwinkel betrachtet. Tritt ein Verhalten auf, das nicht direkt in das übliche Beurteilungsraster fällt, ist es die Aufgabe der Diagnostiker festzustellen, wie dieses zu beurteilen ist. Im Vorfeld von Assessment-Centern wird beispielsweise häufig ein sogenanntes „Bezugsrahmentraining" durchgeführt (s. Höft/Melchers 2010, für weitere Details). Hier wird meist videobasiert anhand von prototypischen Beispielen von Teilnehmerverhalten die anforderungsbezogene Bewertung erprobt. Durch die gemeinsame Diskussion von unklaren Fällen soll im Bewerterteam ein gemeinsamer Evaluationsstandard gebildet werden („Welches Verhalten ist in unserer Organisation erwünscht?"), der als Orientierung (=Bezugsrahmen) für zukünftige Zweifelsfälle dient. Hintergedanke bei dieser Vorgehensweise ist, dass eine unsystematische Berücksichtigung der Teilnehmerindividualität durch einzelne Bewerter Abweichungen von der Standardisierung darstellt, die eine intersubjektive Übereinstimmung gewährleistet. Ohne sie ist die Objektivität der Diagnose gefährdet und damit ist eher eine schlechte Vorhersagequalität für Berufserfolg zu erwarten.

2.2 Individualität als Randvariable im Rekrutierungs- und Sozialisationsprozess

Im letzten Abschnitt wurde der Eindruck erweckt, dass Assessment im Rahmen der Eignungsdiagnostik immer (oder zumindest sehr häufig) ein standardisierter, nach klaren Regeln ablaufender Prozess ist. Die betriebliche Realität folgt aber nur in Ansätzen diesem wissenschaftlichen Ideal, und häufig werden beispielsweise Einstellungsgespräche ohne relevante Vorbereitung und im Verlauf sehr unstrukturiert durchgeführt. Da das „offizielle Assessment" dadurch suboptimal verläuft (vgl. den letzten Abschnitt), gewinnen subjektive Wertmaßstäbe an Relevanz und „indirekte Assessment"-Prozesse finden statt. In dem ASA-Modell von Schneider (1987) werden diese impliziten Prozesse genauer beschrieben. Hier wird auch deutlich, wie die Individualität der Personen mit entscheidet über die Organisationszugehörigkeit. In Abbildung 2 sind die wesentlichen Elemente des ASA-Modells dargestellt. Hier wird auch deutlich, dass sich der Name „ASA" aus den englischen Bezeichnungen der Prozessphasen ableitet.

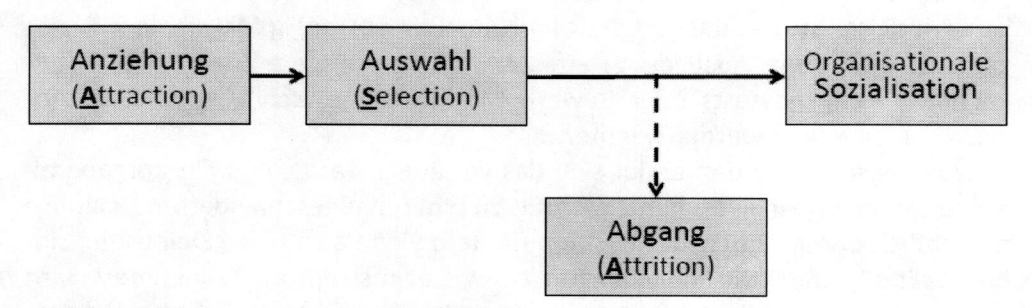

Abb. 2: Vereinfachte Darstellung des ASA-Modells (adaptiert aus Landy/Conte 2010)

- In der „Anziehungsphase" (attraction) versucht die jeweilige Organisation durch Personalmarketingmaßnahmen geeignete Personen auf sich aufmerksam zu machen. Die Personen selbst müssen entscheiden, ob sie es sich prinzipiell vorstellen können, bei dieser Organisation zu arbeiten. Hier spielt das Organisationsimage, das wahrgenommene Bild der Organisation in der Öffentlichkeit, eine entscheidende Rolle. Wird eine Organisation beispielsweise als eher konservativ und wenig veränderlich angesehen, ist es eher für sicherheitsorientierte Personen attraktiv und nur diese werden sich forciert für mögliche Stellenangebote der Organisation interessieren.
- In der „Auswahlphase" (selection) liegt die Entscheidungsmacht bei der Organisation oder dem Unternehmen. Es kommen die bereits im ersten Abschnitt beschriebenen eignungsdiagnostischen Verfahren zum Einsatz. Bei einer Positiventscheidung erfolgt die Einstellung der betreffenden Person.
- In der dritten Phase vollzieht sich bei den neueingestellten Mitarbeitern eine „organisationale Sozialisation": Sie lernen die geltenden offiziellen und inoffiziellen Verhaltensregeln kennen, erleben Sanktionen für Fehlverhalten und Gratifikationen für erwünschtes Verhalten. Mitarbeiter, deren Persönlichkeitsstruktur, Einstellungen und Werte nicht mit dem entsprechenden Organisationsprofil in Einklang zu bringen sind, werden früher oder später entweder auf eigenen Wunsch gehen oder aus der Organisation gedrängt („Abgangsphase", attrition).

Das ASA-Modell sagt vorher, dass es durch den beschriebenen dreiphasigen Prozess zu einer Homogenisierung der Belegschaft einer Organisation hinsichtlich bestimmter Persönlichkeitsmerkmale kommt. Einige Befunde deuten darauf hin, dass dabei die Persönlichkeitsstrukturen der obersten Führungskräfte als Mustervorgabe dienlich sind (vgl. Giberson/Resick/Dickson 2005).

Aus dem Blickwinkel des Modells ergibt sich wiederum ein eher pessimistisches Bild zur Individualität im Assessment: Wenn nicht direkt ein Anforderungsprofil angelegt wird („Auswahlphase", selection; vgl. auch Abschnitt 2.1), wirken nach diesem Modell Organisationsimage und Anpassung im Sinne einer Uniformität. Eine sehr individuell agierende Person wird nach Vorhersage des ASA-Modells zur Anpassung gezwungen. Dies tritt forciert bei einer nicht passenden Umwelt ein und wenn die abweichenden Merkmale organisationsintern als relevant angesehen werden. Das ASA-Modell gibt allerdings auch Hinweise auf Alternativen: Auf Einzigartigkeit bedachte Personen müssen sich danach in einer unternehmerischen Umwelt bewegen, die Individualität explizit unterstützt, im eignungsdiagnostischen Anforderungsprofil explizit benennt und als Wert lebt. Denkbar wäre dies z.B. bei einer pointiert arbeitende Modedesignerin in einer unkonventionellen Modebranche.

2.3 Individualität als Gegenstand des Assessments

Zum Abschluss dieses Abschnitts soll ein Assessment-Bereich diskutiert werden, der explizit auch Elemente der Individuation verfolgt. Die so genannten „Development-Center (DC)" erfreuen sich im betrieblichen Bereich steigender Beliebtheit (vgl. Höft/Obermann 2010) und führen die Grundprinzipien des Assessment-Centers in einem spezifischen Kontext weiter. Explizites Ziel ist ein Lernerfolg von Organisations- oder Unternehmensmitgliedern in einem geschützten Rahmen, d.h. die erfassten eignungsdiagnostischen Informationen werden nicht für Karriereentscheidungen herangezogen. Letzteres wird etwa bei einigen DCs gewährleistet, indem keine expliziten Beobachter eingesetzt werden.

Contarini und Vannotti (2006) beschreiben beispielsweise ein eintägiges DC der Schweizer Großbank UBS, in dem die üblichen Beobachter fehlen, da die übrigen Teilnehmer als Feedbackgeber fungieren. Zu Beginn der Veranstaltung werden zunächst in der allgemeinen Runde Grundregeln des Feedbackgebens thematisiert und aktualisiert. Während des DCs erfolgt dann nach jedem Verfahren zu jedem Teilnehmerverhalten ein Peer-Feedback der anderen Teilnehmer, das mit der Selbsteinschätzung kontrastiert wird. Die Teilnehmer sammeln über den Tag hinweg eine Fülle von Rückmeldungen, die sie selbsttätig am Abend in einem Bericht verdichten. Er fasst die Lernerfahrungen des Tages zusammen und benennt erkannte Entwicklungsfelder. Auch dieser Bericht wird wieder in der Gruppe zur Diskussion gestellt. Die Moderation übernimmt eine erfahrene Person aus einer externen Unternehmensberatung.

Das DC der UBS zeigt, dass explizite Feedbackrunden zum Selbst-Fremd-Abgleich während des laufenden Verfahrens ein charakteristisches Merkmal von DCs ist. Beispielsweise erhält eine Teilnehmerin nach einer ersten Präsentation Rückmeldungen und Verbesserungsvorschläge zur Verwendung von Medien und zur Publikumsansprache, die sie mit ihrer Eigenwahrnehmung zum eigenen Auftreten abgleichen soll. In einer zweiten Präsentation im späteren Verlauf des DCs erhält sie die Möglichkeit zu zeigen, dass sie die Hinweise umsetzen kann (vgl. Obermann 2009, für eine weitergehende Vertiefung). In der nachfolgenden Tabelle (adaptiert aus Thornton/Rupp 2006, p.66) werden die Unterschiede zwischen traditionellen Assessment-Centern und individuumsfokussiertem Development-Center noch einmal anhand der wichtigsten Prozess- und Inhaltsaspekte verdeutlicht.

Tab. 1: *Unterschiede zwischen Assessment-Centern und Development-Centern (adaptiert aus Thornton/Rupp 2006, p. 66)*

	Assessment-Center	**Development-Center**
Zielsetzung	• Eignungsdiagnose	• Eignungsdiagnose und Entwicklung • Trainingstransfer
Primäre Arbeitsbereiche	• Psychodiagnostik	• Erfahrungsgeleitetes Lernen, Selbstreflexion, Leistungssteigerung
Rolle der Teilnehmer	• Untersuchungspersonen	• aktive Lerner
Fokus	• generelle Leistung	• bestehendes Leistungsprofil • Verbesserungsmöglichkeiten
Anforderungsprofil	• nicht immer transparent • stabile Fähigkeiten	• extrem transparent • entwickelbare Wissensbereiche und Fertigkeiten
Feedback	• im Wesentlichen „Bestanden ja/nein" am Ende des Verfahrens	• ausführlich, mehrfach über das Verfahren hinweg • sehr detailliert und verhaltensorientiert, Grundlage für Entwicklungspläne
Empirische Befundlage zur Vorhersagequalität	• Gesamturteil und auch Einzeldimensionsbeurteilungen sagen zukünftigen Berufserfolg vorher	• dimensionsspezifisches Können steigt nach DC-Teilnahme und den damit verbundenen Entwicklungsmaßnahmen

3. Schlussfolgerungen zum Stellenwert von Individualität im eignungsdiagnostischen Assessment

In diesem Beitrag wurde der Stellenwert des Themenkomplex „Individualität" in der beruflichen Eignungsdiagnostik kritisch beleuchtet. Nach einer Einführung in die Grundbegrifflichkeiten der Eignungsdiagnostik wurden drei Bereiche genauer untersucht.

- Die wissenschaftliche Forschung zur Eignungsdiagnostik zeigt sehr deutlich, dass es zwei Schlüsselaspekte zur Qualitätssicherung gibt: Anforderungsbezug und Standardisierung. Individualität kann in diesem Rahmen zunächst als Störvariable angesehen werden, da eine unsystematische Berücksichtigung die Objektivität und damit nachfolgend die Messgenauigkeit und die Gültigkeit gefährdet. „Individuelle Abweichungen" sind zunächst hinsichtlich ihrer Konsequenz für die Passung der Person mit den Anforderungen der Zielposition zu analysieren: Sind sie relevant (förderlich oder störend?) oder sind sie irrelevant (dann können sie toleriert werden).
- Das ASA-Modell von Schneider (1987) sagt voraus, das eine Homogenisierung von Mitarbeitern einer Organisation bereits sehr früh beginnt: Nur bestimmte Personen werden von einem Organisationsimage angezogen, nur bestimmte Personen werden ausgewählt und die Personen, die eigentlich nicht zur Organisation passen, verlassen sie früher oder später (freiwillig oder gezwungen). Diese empirisch zumindest teilweise bestätigten Vorhersagen haben nicht nur größere Konsequenzen für Organisationswandel (denn danach müsste Umstrukturierung immer auch mit umfassenden Personalaustausch einhergehen), sondern auch für die Organisationstoleranz gegenüber Individualität. Sie wird gering ausfallen, wenn die Individualitätsaspekte als relevant für die Selbstdefinition der Organisation wahrgenommen werden.
- Zum Abschluss wurde der „Development-Center"-Ansatz vorgestellt, bei dem Organisationsmitglieder Lernerfahrungen im geschützten Rahmen (zumeist mithilfe von verfahrensbegleitendem Feedback, z.T. durch die anderen Teilnehmer) sammeln sollen. Die DCs dienen dem erfahrungsgeleiteten Lernen, einer gesteigerten Selbstreflexion und letztendlich der beruflichen Leistungssteigerung.

Bei allen hier berichteten Aspekten kann schlussendlich ein Querverweis zur Grunddefinition der Eignungsdiagnostik hergestellt werden. Beim eingesetzten Assessment geht es immer um eine Passungsanalyse zwischen Person und beruflicher Tätigkeit, auch wenn beispielsweise bei beruflichen Qualifizierungsmaßnahmen nur ein noch unkonkretes berufliches Anwendungsfeld und keine konkrete Zielposition betrachtet wird. Alle erfassten Merkmale müssen sich daran orientieren.

Literatur

Amelang, M./Bartussek, D./Stemmler, G./Hagemann, D. (2010): Differentielle Psychologie und Persönlichkeitsforschung. Stuttgart: Kohlhammer.

Amelang, M./Schmidt-Atzert, L. (2006): Psychologische Diagnostik und Intervention. Berlin: Springer.

Barrick, M.R./Mount, M.K./Judge, T.A. (2001): Personality and Performance at the Beginning of the New Millenium: What do we know and where do we go next? International Journal of Selection and Assesment, 9, 9–30.

Contarini, C./Vannotti, M. (2006): Das Development Center mit Peer-Feedback. Ein Praxisbeispiel. Wirtschaftspsychologie, 8(4), 11–19.

Cook, M. (2009): Personnel selection. Adding value through people. John Wiley: Chichester.

Ertelt, B.-J./Schulz, W.E. (1997): Beratung in Bildung und Beruf. Ein anwendungsorientiertes Lehrbuch. Leonberg: Rosenberger.

Giberson, T.R./Resick, C.J./Dickson, M.W. (2005): Embedding leader characteristics: An examination of homogeneity of personality and values in organizations. Journal of Applied Psychology, 90, 1002–1010.

Häcker, H./Stapf, K.-H. (2009): Dorsch Psychologisches Wörterbuch. Bern: Huber.

Höft, S./Funke, U. (2006): Simulationsorientierte Verfahren der Personalauswahl. In H. Schuler (Hrsg.), Lehrbuch der Personalpsychologie. (S. 145–188). Göttingen: Hogrefe.

Höft, S./Melchers, K. (2010): Training von AC-Beobachtern: Worauf kommt es an? Wirtschaftspsychologie, 12(2), 32–40.

Höft, S./Obermann, C. (2010): Der Praxiseinsatz von Assessment Centern im deutschsprachigen Raum: Eine zeitliche Verlaufsanalyse basierend auf den Anwenderbefragungen des Arbeitskreises Assessment Center e.V. von 2001 und 2008. Wirtschaftspsychologie, 12(2), 5–16.

Huffcutt, A. I./Conway, J. M./Roth, P. L./Stone, N. J. (2001). Identification and meta-analytic assessment of psychological constructs measured in employment interviews. Journal of Applied Psychology, 86, 897-913.

Kulla, M. (2007): Analyse von Bewerbungsunterlagen. In: M. John/G. Maier. (Hrsg.), Eignungsdiagnostik in der Personalarbeit: Grundlagen, Methoden, Erfahrungen (S. 110–134). Düsseldorf: Symposion.

Landy, F.J./Conte, J.M. (2010): Work in the 21st century. New York: John Wiley.

Obermann, C. (2009): Assessment Center. Wiesbaden: Gabler.

Rosenstiel, L. von (2007): Grundlagen der Organisationspsychologie: Basiswissen und Anwendungshinweise. Stuttgart: Schaeffer-Poeschel.

Schmidt, F.L./Hunter, J.E. (1998): Messbare Personenmerkmale: Stabilität, Variabilität und Validität zur Vorhersage zukünftiger Berufsleistung und berufsbezogenen Lernens. In M. Kleinmann/B. Strauss (Hrsg.), Potentialfeststellung und Personalentwicklung (S. 16–43). Göttingen: Hogrefe.

Schneider, B. (1987): The people make the place. Personnel Psychology, 40, 437–454.

Schuler, H. (1996): Psychologische Personalauswahl. Göttingen: Hogrefe.

Schuler, H./Höft, S. (2004b): Berufseignungsdiagnostik und Personalauswahl. In H. Schuler (Hrsg.), Organisationspsychologie – Grundlagen und Personalpsychologie. Enzyklopädie der Psychologie (D/III/3). (S. 439–532). Göttingen: Hogrefe.

Schuler, H./Höft, S. (2006): Konstruktorientierte Verfahren der Personalauswahl. In H. Schuler (Hrsg.), Lehrbuch der Personalpsychologie. (S. 101–144). Göttingen: Hogrefe.

Schuler, H./Marcus, B. (2006): Biographieorientierte Verfahren der Personalauswahl. In H. Schuler (Hrsg.), Lehrbuch der Personalpsychologie. (S. 189–230). Göttingen: Hogrefe.

Thornton, G.C./Rupp, D. (2006). Assessment centers in human resource management: Strategies for prediction, diagnosis, and development. Mahwah, NJ: Erlbaum.

Outplacement als Chance zur (Weiter-)entwicklung der Berufspersönlichkeit und Beitrag zum Erhalt der Marktfähigkeit

Susanne Rausch

Im Zusammenhang mit der Beendigung von Arbeitsverhältnissen hat sich in der Personalwirtschaft der Begriff „Outplacement" als Fachterminus etabliert. Ihm liegt ein Konzept zugrunde, welches sowohl die Beratung von Unternehmen bei der Trennung von Mitarbeitern beinhaltet als auch die beratende Begleitung der vom Verlust des Arbeitsplatzes betroffenen Mitarbeiter bei ihrer beruflichen Neuorientierung bzw. Suche einer neuen Aufgabe und Neuplatzierung am Markt.[1] Die folgenden Ausführungen fokussieren auf den zweiten Aspekt, d.h. die „Entwicklungsarbeit" im Individualfall, die am deutlichsten veranschaulicht, inwiefern Outplacement eine Chance zur Entwicklung der Berufspersönlichkeit bietet und entsprechend auch als wichtiger Beitrag zum Erhalt der Marktfähigkeit[2] anzusehen ist.

Im Rahmen einer Outplacementberatung werden Menschen am Scheideweg ihrer Karriere[3] professionell darin unterstützt, sich eigenverantwortlich beruflich neu zu verorten. Dabei spielt die retrospektive und durchaus (selbst)kritische Auseinandersetzung mit der bisherigen Karriereentwicklung und dem sich ergebenden Qualifikationsprofil eine ebenso große Rolle wie die zukunftsgerichtete

---

1 Insofern kann Outplacement sowohl als Instrument der strategischen Personalführung als auch Personalentwicklungsmaßnahme angesehen werden.

2 Der hier verwendete Begriff spiegelt die spezifische Stoßrichtung der Outplacementberatung wider, bei der es im wesentlichen darum geht, den Klienten (so zeitnah wie möglich) wieder am Arbeitsmarkt zu platzieren, was auch den Aspekt einer gelungenen Integration beinhaltet; gelingt es im Outplacementprozess, den Klienten zu einem eigenständigen Karrieremanagement zu befähigen, so kann der Begriff durchaus im Sinne von Beschäftigungsfähigkeit bzw. „Employability" verstanden werden; Lang-von Wins und Triebel (2006) definieren Beschäftigungsfähigkeit als „Produkt derjenigen Fähigkeiten (...), die es Personen ermöglichen, produktiv mit den sich wandelnden Bedingungen ihrer beruflichen Laufbahn umzugehen, die zu einer wachsenden Verantwortung für die Gestaltung der eigenen Berufslaufbahn führen." (S. 21)

3 Unter dem Begriff Karriere verstehen wir die berufliche Entwicklung einer Person als Verbindung von „äußerer Karriere", also der beruflichen Laufbahnentwicklung als solcher mit der „innerer Karriere", also der damit einhergehenden Entwicklung der Berufspersönlichkeit. Karriereberatung wird in diesem Zusammenhang als kontext- und subjektbezogene Beratung verstanden, Outplacementberatung wiederum als eine spezielle Form der Karriereberatung, die durch einen Arbeitsplatzverlust oder -wechsel veranlasst wird und somit mit einem entsprechenden Risiko bzw. Krisenpotenzial für den Betroffenen einhergeht.

Reflexion möglicher Entwicklungspfade und realistischer Ziele. Die Unterstützung durch einen qualifizierten Berater kann somit entscheidend zur Entwicklung der Berufspersönlichkeit und Professionalisierung des Klienten und damit nicht zuletzt auch zum Erhalt seiner Marktfähigkeit beitragen. Hierzu gibt es aus der Beratungspraxis eine Reihe konkreter Belege, die dies bei ganz unterschiedlicher Ausgangssituation und Zielsetzung veranschaulichen.

In Hinsicht auf das durch die Situation veranlasste Anliegen des Klienten kann Outplacementberatung als eine spezielle Form der Karriereberatung mit dem Fokus auf die individuelle berufliche Neuorientierung und dem Ziel einer schnellst- und bestmöglichen Neupositionierung am Markt angesehen werden. Dem von der Trennung betroffenen Mitarbeiter bietet die professionelle Hilfe durch erfahrene und qualifizierte Berater Orientierung und Perspektive. Sie hilft ihm,

- den Verlust so schnell wie möglich zu verwinden,
- mit Zuversicht nach vorne zu schauen,
- seine berufliche Zukunft selbst in die Hand zu nehmen,
- konstruktiv und aktiv mit der Situation umzugehen,
- sich effizient am Arbeitsmarkt zu bewegen,
- schnellstmöglich eine neue Stelle bzw. Aufgabe zu finden.

Durch das Aufzeigen verschiedener alternativer Möglichkeiten werden darüber hinaus auch die Weichen für ein langfristig erfolgreiches Karrieremanagement gestellt.

Form, Intensität und Umfang der Outplacementberatung werden in der Regel im Vorfeld gemeinsam mit dem Arbeitgeber festgelegt. Das hierfür bereitgestellte Budget des Auftraggebenden Unternehmens orientiert sich oftmals mehr an Beschäftigungsdauer, Höhe von Abfindungsansprüchen und nicht zuletzt den vom Arbeitgeber befürchteten negativen Folgen der Trennung für das Unternehmen denn am individuellen Bedarf des Betroffenen. Die persönlichen Voraussetzungen des Mitarbeiters, evtl. Einschränkungen in der Marktfähigkeit, wie z.B. durch Qualifikationsdefizite, Motivationsprobleme oder das Alter, sollten hierbei jedoch unbedingt berücksichtigt werden.

Beratungsinhalt und Ablauf entsprechen weitestgehend der Vorgehensweise einer klassischen Laufbahnberatung und sind in der Grundstruktur immer gleich. Sie sollten allerdings stets flexibel der jeweiligen Situation und den individuellen Bedürfnissen des Klienten angepasst werden. Hochwertige Beratungsangebote umfassen im Wesentlichen:

- Psychologische Unterstützung bei der Trennungsbewältigung;
- Individuelle Standortbestimmung (Potenzialanalyse);
- Beratung bei der beruflichen Neuorientierung;

- Coaching und Training während des Bewerbungsprozesses;
- Zusätzlich flankierende Dienstleistungen (Sekretariats- und Rechercheservice).

Das eigentliche Kernstück der Veränderungs- bzw. Transferarbeit ist das Coaching[4] zur beruflichen Neuorientierung. Es beinhaltet im Idealfall folgende Beratungsschritte:

1. Individuelle Standortbestimmung (Potentialanalyse)
- Aufarbeiten der Trennungsproblematik;
- Reflexion der aktuellen Situation (pro und contra);
- Analyse und Bewertung des persönlichen Werdegangs;
- Leistungsanalyse und Erstellen des Qualifikationsprofils;
- Eruieren des persönlichen Stärken-Schwächen-Profils;
- Definition angemessener[5] Ziele und Entwickeln einer Karrierestrategie.

Unterstützend werden hier häufig zusätzlich Instrumente der Eignungsdiagnostik und Personalentwicklung eingesetzt.[6] Die Standortbestimmung erfolgt in Form eines Einzelassessments und sollte unter besonderer Berücksichtigung der individuellen Rahmenbedingungen und der jeweils aktuellen Marktsituation stattfinden. In Hinsicht auf die zukünftige Marktfähigkeit des Klienten sollte in diesem Zusammenhang auch ein eventueller Qualifizierungs- bzw. Weiterbildungsbedarf ermittelt werden.

Ziel des Outplacements kann sowohl der Transfer in ein neues Anstellungsverhältnis als auch in die berufliche Selbständigkeit sein. Aufgrund der hohen Risiken, die mit einer Selbständigkeit verbunden sind, ist in jedem Fall sorgfältig zu prüfen, ob und inwieweit eine Existenzgründung tatsächlich erfolgsversprechend ist.[7] Mitunter ist der Neupositionierung eine Weiterbildungsmaßnahme zum Erwerb erforderlicher Qualifikationen und zur Verbesserung der Marktchancen vorangeschaltet.

---

4 Als Coaching verstehen wir in Anlehnung an Maurer(2009) eine individuelle Prozessberatung, bei der eine Person, „als eigenverantwortliches und handlungsfähiges Individuum auf der Basis einer humanistischen Grundhaltung (...) bei der Lösung individueller berufsbezogener Probleme sowie bei der Verbesserung seiner Selbstregulationsfähigkeiten" (ebd. S. 50) durch einen Coach professionell unterstützt wird. Hierbei geht es explizit nicht um die fachliche Unterweisung durch den Expertenrat des Outplacementberaters, die auf das Vermitteln relevanten Wissens ausgerichtet ist, z.B. über Arbeitsmarkt, Bewerbungsprozesse oder Formen des Selbstmarketings etc.
5 Die Ziele müssen sowohl der Situation als auch Person angemessen, konkret, attraktiv und entsprechend realisierbar sein (=SMART).
6 z.B. Einsatz von Testverfahren zur Ermittlung des Persönlichkeitsprofils (z.B. 16 PF-R, BIP) oder eines 360°-Feedback-Systems zur Selbst- und Fremdbild-Analyse (Vgl. Rausch, 2007)
7 Der Berater sollte deshalb nicht nur „Existenzgründungsberatung" in seinem Leistungsangebot nennen, sondern auch das hierfür nötige Fachwissen nachweisen können.

2. Vorbereitung und Durchführen der Bewerbungskampagne
- Festlegen der persönlichen Bewerbungsstrategie;
- Erstellen eines Maßnahmenkatalogs;
- Planung und Vorbereitung zielgerichteter Aktivitäten;
- Definition und Identifikation von Zielunternehmen;
- Erarbeiten einer überzeugenden Selbstpräsentation;
- Anfertigen von werbewirksamen Präsentationsunterlagen;
- Umfassendes Training von Kommunikationstechniken;
- Sichten und Bewerben auf Stellenanzeigen;
- Direktansprache von Beratungsunternehmen;
- gezielte Initiativbewerbung bei potentiellen Arbeitgebern;
- aktives Netzwerken, Auf- und Ausbau von Kontaktnetzen;
- Analyse und Bewertung der Erfahrungen und Ergebnisse;
- Kontinuierliches Optimieren der Selbstpräsentation;
- ggf. Initiieren und Betreuen von Weiterbildungsaktivitäten.

3. Neupositionierung und Transfer in die neue Aufgabe
- Sondieren von Angeboten und alternativen Optionen;
- Hilfe bei der Entscheidungsfindung, Vertragsgestaltung und -verhandlung;
- Vorbereitung auf die neue Aufgabe, Erstellen eines 100-Tage-Plans;
- Begleitung bei der Einarbeitung und während der Probezeit;
- Abschließende Evaluation hinsichtlich der weiteren Karriereplanung;
- regelmäßige Karrieregespräche in den Folgejahren.

So krisenbehaftet eine Outplacementsituation für die meisten Betroffenen zunächst sein mag, bietet sie doch immer auch eine besondere Chance für die persönliche und berufliche Weiterentwicklung: so können einerseits zurückliegende Entscheidungen überdacht, Defizite angegangen und Fehlentwicklungen korrigiert, andererseits neue Perspektiven entwickelt, zusätzliche Optionen erkannt und Handlungsmöglichkeiten erweitert werden.

Dies ist für das Sichern der beruflichen Existenz heute nicht zuletzt deshalb besonders wichtig, da Outplacement vor dem Hintergrund einer sich ebenso dynamisch wie tief greifenden Veränderung der Arbeitswelt und damit einhergehend im Zusammenhang mit permanenten betrieblichen Veränderungen stattfindet. Dies stellt sowohl die Outplacementberatung selbst als auch die Outplacementklienten vor die Herausforderung, sich flexibel auf jeweils aktuelle und zukünftige Marktanforderungen einzustellen. Informations- und Wissensmanagement werden damit zu einem erfolgskritischen Faktor. Die Recherche und qualitative Auswahl relevanter Informationen werden erschwert durch eine Informationsflut, die in diesem Zusammenhang zu verzeichnen ist. Gleichzeitig gewinnen informelles Wissen und soziale Netzwerke an Bedeutung. Zudem stellt sich angesichts wachsender Forderungen an die Mobilität, Flexibilität und Anpassungsbereitschaft von Arbeitnehmern die Frage nach den persönlichen Voraussetzungen, Grenzen und Möglichkeiten eines Klienten – insbesondere, was seine persönlichen Werte[8] und seinen Wunsch nach eigenem Wachstum und Selbstverwirklichung anbelangt. Analysen zukünftiger Anforderungen an Arbeitnehmer[9] zeigen deutlich, dass neben den formellen Qualifikationen einer Person zunehmend übergeordnete Kompetenzen[10] an Relevanz gewinnen. Damit wird das Ermitteln und Erheben von Kompetenzen zu einem überaus wichtigen Bestandteil der Outplacementberatung. Dabei zum einen geht es darum, das Bewusstsein des Klienten über vorhandene Stärken und Schwächen sowie Potenziale zu verbessern und zum anderen gezielt eventuelle Entwicklungsbedarfe zum Fördern jener Kompetenzen zu identifizieren, die einerseits für den Prozess der beruflichen Neuorientierung relevant sind und andererseits den Klienten befähigen, sich im Sinne einer Professionalisierung weiter zu entwickeln, d.h. vor allem seine Handlungsmöglichkeiten im beruflichen Kontext zu erweitern.

Das Spezifische der Outplacementberatung ist, dass die Beratung – bestehend aus Expertenrat, Coaching und Trainingseinheiten[11] unter deutlich erschwerten Bedingungen stattfindet. Am Anfang steht in der Regel eine Trennungsproblematik, die bei dem Betroffen Angst, Stress oder zumindest ein Inkongruenzerleben auslöst bzw. auslösen kann – die zunächst konstruktiv zu bearbeiten sind. Durch eine fachkundige Diagnostik ist als Erstes festzustellen, welche Form der Intervention angezeigt ist, inwieweit beispielsweise eine Kri-

---

8 Hall (1976, 2004) spricht in diesem Zusammenhang von „protean career", die die Fähigkeit des Einzelnen meint, sich stets aufs Neue den sich verändernden Arbeitsbedingungen anzupassen und sich dabei vor allem an ihren eigenen Werten orientieren; für ihn ist Selbstreflexion eine notwendige Voraussetzung zur selbstgesteuerten Laufbahnentwicklung.
9 Vgl. Tractenberg et al. (2002)
10 Obwohl sich der Begriff „Kompetenzen" inzwischen – nicht nur in Fachkreisen – sehr etabliert hat, fehlt bislang eine einheitlich anerkannte Begriffsbestimmung; hier wird der Begriff im Sinne von Erpenbeck und v. Rosenstiel (2003) verstanden als Befähigungen, „mit neuen Situationen und bisher unbekannten Handlungsanforderungen erfolgreich umgehen zu können" und damit als „Kombinationen kognitiver, motivationaler und sozialer Fähigkeiten oder Potenziale" aufgefasst (Lang-von Wins 2003; Weinert 2001), was eine Entwicklungsfähigkeit und -dynamik impliziert.
11 Training in Abgrenzung zu Coaching meint das systematische Vermitteln von standardisierten Verhaltensweisen durch den Berater in der Rolle des Trainers, z.B. den Auf- und Aufbau von Verhaltensweisen in der Interaktion bzw. Kommunikation mit anderen, konkret bezogen auf den Prozess und spezifische Situationen der beruflichen Neuorientierung (Vorstellungsgespräche etc.).

senintervention erforderlich ist oder durch Unterstützen der emotionalen Selbstregulation erst einmal die Voraussetzungen für eine weiterhin zielführende Transferarbeit geschaffen werden müssen.

Ein nachhaltiges Gelingen des Outplacements hängt im Wesentlichen davon ab, ob zu Beginn der Beratung die „Arbeitsfähigkeit" des Klienten absolut sicher gestellt ist. Insofern sollte jede Outplacementberatung auf Basis eines wissenschaftlich fundierten Konzeptes, zum Beispiel nach dem Personzentrierten Ansatz (PZA) von Carl Rogers (1902–1987)[12] durchgeführt werden. Im Folgenden werde ich die damit verbundenen Vorteile für eine (Weiter-)entwicklung der Berufspersönlichkeit darlegen.

Ein am PZA orientiertes Beratungskonzept bezieht sich unter anderem auf die von Rogers entwickelte Persönlichkeits- und Entwicklungstheorie, der zufolge sich der Mensch aus sich selbst heraus als autonome, selbstverantwortliche und soziale Persönlichkeit entwickelt. Dabei spielen das sich ständig aktualisierende „Selbst" sowie das „Selbstkonzept" eine zentrale Rolle.[13] Entwicklungsziel ist die Vision einer „fully functioning person"[14], die sich u.a. durch ein hohes Maß an sozialem Bewusstsein und Selbstreflexion, eine optimale Anpassungsfähigkeit und völlige Kongruenz auszeichnet und selbst verwirklicht. Um eine in diesem Sinne erfolgreiche Persönlichkeitsentwicklung zu erreichen, bedarf es wachstumsfördernder Rahmenbedingungen und vor allem eine Beziehung, die diesen Prozess konstruktiv unterstützt. Rogers (1991) formuliert insbesondere drei Bedingungen, die für den Erfolg der Beratung von entscheidender Bedeutung sind: eine bedingungslose Wertschätzung des Klienten, unbedingte Empathie sowie absolute Kongruenz. Als in diesem Zusammenhang förderliche Interventionen, die Raum für die nötige Selbstexploration[15] schaffen, haben sich das achtsame Wahrnehmen[16], aktives Zuhören[17], klärende und strukturierende Fragen sowie die Arbeit mit Feedback bewährt. Der Berater hat die Rolle eines Prozessbegleiters, der den Klienten durch den Prozess führt, je-

---

12 PZA, einem Hauptvertreter der humanistischen Psychologie (Kriz 2007)
13 Das Selbst ist eine dynamische Struktur der symbolisierten Erfahrungen, die einerseits für die bewusstseinsfähige, reflexive Beschreibung aktueller Erfahrungen und andererseits für die sich selbst zugeschriebenen charakteristischen Eigenschaften und Werthaltungen wesentlich sind.
14 Rogers (1991)
15 Vgl. Straumann/Zimmermann-Lotz (2006).
16 Bezogen auf verbale Äußerungen ebenso wie auf nonverbale Signale.
17 Der Terminus Aktives Zuhören geht auf Gordon (1972) zurück. Das Aktive Zuhören ist auf ein ganzheitliches Verstehen ausgerichtet und umfasst neben dem empathischen Einfühlen auch das Paraphrasieren und Verbalisieren emotionaler Erlebnisinhalte (auch VEE – ein Begriff, der von Tausch (1969) eingeführt wurde).

doch stets als Experte in eigener Sache würdigt und in seiner Selbstverantwortung belässt – er leistet „Hilfe zur Selbsthilfe".

Die Outplacementberatung bewegt sich immer im Spannungsfeld zwischen der impliziten Zielstellung eines möglichst raschen Wechsels in eine neue Anstellung oder Tätigkeit und den – oftmals eher verborgenen – persönlichen Anliegen des Klienten. Ob in der konkreten Beratungssituation mehr ein pragmatischer Ansatz verfolgt oder dem Wunsch des Klienten nach Selbstverwirklichung Raum gegeben wird, hängt in der Praxis meist allein vom Auftragsvolumen und der damit zur Verfügung stehenden Zeit ab. Je mehr Zeit zur Verfügung steht, umso leichter ist es, hier eine angemessene Balance zu finden und ein im Sinne der Persönlichkeitsentwicklung zufrieden stellendes Ergebnis zu sichern. Der Berater ist gehalten, die nötige Transparenz zu schaffen und sicher zu stellen, dass die Entscheidung letztlich beim Klienten belassen wird. Dies bedeutet aber auch, dass er die Ziele für die Beratung ggf. neu klären und vereinbaren sowie für sich überprüfen und entscheiden muss, ob er den Klienten bei seinem Anliegen kompetent unterstützen kann.[18]

Um dem Klienten Interventionsangebote machen zu können, die seinen persönlichen Bedürfnissen ebenso gerecht werden wie den speziellen Anforderungen seiner Outplacementsituation (Zeitdruck, Marktgegebenheiten, drohender Karrierebruch etc.), muss der Berater zunächst das Selbstkonzept des Klienten völlig verstehen sowie vorhandene Ressourcen und Inkongruenzen wahrnehmen. In diesem Zusammenhang ist die Differenzielle Inkongruenzanalyse (DIA) von Speierer[19] ein geeignetes diagnostisches Verfahren, um den Schweregrad und die Komplexität des zu „behandelnden" Outplacementfalls wissenschaftlich abgesichert erfassen zu können. Während die in der Karriereberatung bearbeiteten Anliegen nach dem DIM überwiegend sozial-kommunikative Konflikte der Klienten als Ursache[20] haben, muss die Outplacementsituation als ein krisenhaftes Lebensereignis angesehen werden, welches in der

---

18 Unabdingbare Voraussetzung hierfür ist meines Erachtens eine psychologisch/pädagogisch fundierte Ausbildung als Berater/Coach/Supervisor – dies ist nach meiner Beobachtung bei vielen Anbietern am Markt nicht gesichert, weshalb das Entwickeln und Umsetzen von Qualitätsstandards sowie entsprechende Professionalisierungsbestrebungen von enormer Bedeutung sind.
19 Die Differenzielle Inkongruenzanalyse (DIA) basiert auf dem von Speierer (1994) entwickelten Modell (DIM), das eine wissenschaftliche Grundlage zur Zuordnung der vom Klienten erlebten Inkongruenzen nach Quellen, Ebene und Form sowie eine entsprechende Interventionsplanung ermöglicht – die DIA kann auch zur Entscheidung über die Beratungsfähigkeit bzw. Notwendigkeit einer psychotherapeutischen Behandlung herangezogen werden (Vgl. Speierer (2006) Das Differenzielle Inkongruenzmodell (DIM). In: Straumann/ Zimmermann-Lotz (Hrsg.), 2006, S. 103ff.).
20 „Inkongruenzquelle" nach Speierer (1994)

Regel zunächst einmal Stress auslöst, insgesamt jedoch im weiteren Verlauf alle Formen der Inkongruenz auf sämtlichen Ebenen – sowohl der Rolle und der Person als auch des Systems – aufweist und insofern eine sehr sorgfältige Interventionsplanung erfordert. Das DIM bietet hier eine bewährte Methode und solide Basis für eine gezielte Intervention. Da sich das Inkongruenzerleben des Klienten negativ auf den weiteren Beratungsverlauf auswirken kann[21], sollte die Outplacementberatung zu Beginn in jedem Fall darauf ausgerichtet sein, die in diesem Zusammenhang vom Klienten erlebten Stresserscheinungen und Inkongruenzen aufzulösen. Gelingt dies, so ist damit für die Person eine wichtige Lernerfahrung verbunden: seine Selbstaktualisierungskräfte werden mobilisiert, er gewinnt an Selbstvertrauen, das Gefühl von Selbstwirksamkeit nimmt sichtbar zu und er erlebt sich wieder als Akteur seines Lebensentwurfs. Der damit erreichte ressourcenvolle Zustand bietet sodann die Rahmenbedingung, die für das Outplacement erforderlich und für die anschließende Veränderungs- bzw. Entwicklungsarbeit förderlich sind.

Sehr häufig zeigt sich in der Outplacementberatung, dass Klienten aufgrund ihrer bisherigen Berufs- und Lernbiografie noch immer längst überholten Denkmustern verhaftet sind,[22] z.B. die eigene Verantwortung für die Karriere nicht erkennen und davon ausgehen, dass einmal erworbene Qualifikationen entscheidend sind für ihr berufliches Fortkommen. Ist dies der Fall, ist die „Aufklärungsarbeit" durch den Berater für den positiven Verlauf der Beratung umso wichtiger. Seine Ausführungen sollten allerdings nicht „belehrend" sondern so geartet sein, dass sie einen aktiven Dialog und eine intensive Auseinandersetzung des Klienten mit seiner Situation anregen und damit eine solide Basis schaffen für die folgende Standortbestimmung, die eine differenzierte Analyse der vorhandenen Ressourcen[23], ausbaufähigen Kompetenzen und der persönlichen Anpassungsfähigkeit[24] beinhaltet.

Transparenz, Klärung und Klarheit schaffen eine solide Grundlage für die weitere gemeinsame Arbeit, bei der in Ergänzung zur personzentrierten Ge-

---

21 Vgl. Straumann, Zimmermann-Lotz (Hrsg.), 1996.
22 Dies stellt sich bei Akademikern in der Regel etwas anders da als bei Nicht-Akademikern und ist zudem sehr oft abhängig von Alter, beruflicher und sozialer Prägung, hierbei unterscheiden sich Outplacementklienten von selbstmotivierten Klienten in der Karriereberatung, deren Beratung nicht durch ein „erzwungenes" Outplacement veranlasst ist.
23 Insbesondere mit Fokus auf das in der Person des Klienten und seiner Umwelt liegenden Gestaltungspotenzials und den Möglichkeiten, dieses für seine Entwicklung nutzbar zu machen.
24 da Komponenten dieser Anpassungsfähigkeit wie z.B. internale Kontrollüberzeugungen, Selbstwirksamkeitserwartung und Eigeninitiative für das Outplacement erfolgskritisch sind, müssen diese auch unbedingt Gegenstand der Reflexion sein.

sprächsführung Methoden zum Einsatz kommen, die geeignet sind, den Prozess nachhaltig zu unterstützen. Nicht zuletzt aufgrund des bestehenden Zeitdrucks[25] folgt das Coaching im Rahmen der Outplacementberatung stets in erster Linie dem Prinzip der Ressourcenaktivierung[26], die den Klienten dazu anregt, vorhandene Ressourcen[27] zu erkennen und zum aktiven Gestalten des Prozesses zu nutzen. Eine überaus wichtige Ressource stellen neben den formellen Qualifikationen[28] in zunehmendem Maße die Kompetenzen[29] des Klienten dar – sie ermöglichen es ihm, sich selbst zu organisieren und neue Handlungsprogramme zu entwickeln. Demzufolge bewegt sich die Outplacementberatung auch zwischen Qualifikations- und Kompetenzorientierung[30] mit dem Ziel, ein umfassendes Leistungsprofil[31] des Klienten zu erheben.

Vergleicht man die in der Praxis zu findenden Konzepte der Outplacementberatung, so ist festzustellen, dass diese immer noch häufig an den Ansatz der traditionellen Berufsberatung und der dort verankerten Passungshypothese[32] angelehnt sind. Angesichts der drastischen Veränderungen und Dynamik der Arbeitswelt erscheinen diese heute längst überholt und insofern auch nicht mehr angemessen. Durch die aktuelle wissenschaftliche Diskussion bestätigt[33] wurden in den letzten Jahren neuere Konzepte entwickelt, die verstärkt die

---

25 Für die meisten Klienten ist es wichtig, eine Arbeitslosigkeit zu vermeiden – deshalb wird im Outplacement eine zeitnahe Neuplatzierung angestrebt.
26 Der Fokussierung auf Probleme kann von daher nur begrenzt Raum gegeben werden – allerdings müssen den Prozess störende Inkongruenzen immer zuerst aufgelöst werden, da es sonst zu einem späteren Zeitpunkt, z.B. im Bewerbungsprozess zu Problemen kommen kann, was unbedingt vermieden werden sollte.
27 Nach Grawe (2000) kann als Ressource „jeder Aspekt des seelischen Geschehens und darüber hinaus der gesamten Lebenssituation (...) aufgefasst werden" (S. 34); vgl. auch Hobfoll (1998), der zwischen verschiedenen Arten von Ressourcen unterscheidet.
28 Unter Qualifikationen ist das im Rahmen einer Aus- bzw. Weiterbildung erworbene Fach- und Methodenwissen einer Person zu verstehen, das durch entsprechend anerkannte Abschlüsse (z.B. Diplome, Zertifikate) nachgewiesen wird.
29 Kompetenzen meint die auf unterschiedliche berufliche Anforderungen übertrag- und ausbaubare Fähigkeiten und Erfahrungen, die das entwicklungsfähige Problemlösungs- und Handlungspotenzial einer Person bilden.
30 Vgl. auch Thömmes, 2001 (zitiert nach Lang-von Wins/Triebel (2006), S. 38), dem es jedoch darum geht, die Unterschiede zwischen Qualifikation (statischer Begriff) und Kompetenz (dynamischer Begriff) herauszustellen.
31 Mit dem Leistungsprofil ist die Verbindung von Qualifikationsprofil und Kompetenzprofil gemeint, es umfasst somit sowohl die Voraussetzungen einer Person für die konkreten Anforderungen einer Stelle als auch übergeordnete Kompetenzen und das Entwicklungspotenzial für zukünftige Anforderungen des beruflichen Kontextes.
32 Diese wurde Anfang des letzten Jahrhunderts (sic!) von Parson (1909) entwickelt.
33 Vgl. Tractenberg et al. (2002).

Person des Klienten[34], eine ganzheitliche Sichtweise[35] seiner spezifischen Situation sowie die Orientierung an Kompetenzen in den Mittelpunkt stellen und damit in Hinsicht auf die sich verändernden Realitäten der Arbeitswelt ebenso wie die sich veränderte Lebenswelt des Klienten durchaus zeitgemäßer sind. Gleichwohl wird die Outplacementberatung in der Praxis bis auf weiteres im besten Falle einen integrativen Ansatz verfolgen können, da Rekrutierungsprozesse und Personalauswahlentscheidungen seitens der Unternehmen nach wie vor sehr stark auf „Passung" von Qualifikationsprofilen zielen und weniger dem Kompetenzansatz[36] folgen.[37]

Tab. 1: Erheben des Leistungsprofils in der Outplacementberatung

Qualifikation	Kompetenz
• Zentraler Aspekt: Wissen • Fach- und Methodenkenntnisse • Fachbezogene Fähigkeiten und Fertigkeiten sowie Erfahrungen • Nachweis: anerkannte Abschlüsse (Prüfungen, Zertifizierungen) • Curriculare Weiterbildungen • Starker Bezug auf Anforderungs- bzw. Stellenprofile (ggf. virtuell)	• Zentraler Aspekt: Potenzial im Sinne von Entwicklungsfähigkeit • Übergeordnete Problemlösungs- und Handlungsstrategien • Nachweis: Lernbiografie und Leistungsbelege aus der Praxis • Auf unterschiedliche berufliche Anforderungen übertrag- und ausbaubare Fähigkeiten und Erfahrungen • Selbstorganisationsdisposition

Bis der oben angesprochene Paradigmenwechsel in der Praxis der Personalrekrutierung angekommen ist, wird ein an den Realitäten des Marktes orientiertes Outplacement immer in zweierlei Richtungen beratend unterstützen: zum Einen wird der Berater in seiner Expertenrolle, den Klienten dahingehend instruieren, welche Anforderungsdimensionen mit bestimmten Berufen, Aufgabenbereichen und Funktionen verbunden sind, zum Anderen wird er ihm konkret dabei helfen, das eigene Qualifikations- und Kompetenzprofil herauszuarbeiten und passungsgenau zu formulieren. Schließlich wird er ihn – falls erforderlich bzw. förderlich – dazu anregen und ermutigen, sich im Rahmen einer

---

34 Hier zeigt sich der immense Einfluss der humanistischen Psychologie.
35 „Ganzheitlich" meint hier das Ausweiten der Betrachtung auf lebensweltliche und gesundheitliche Aspekte, die neben den arbeitsweltlichen Aspekten für die Karriere relevant sind.
36 Dies ist das Ergebnis einer Analyse des offenen Stellenmarktes in ausgesuchten Medien (act value management consult 2010, unveröffentlicht)
37 Interessanterweise ergeben Gespräche mit Vertretern aus dem HR-Bereich, dass sich Personalrekrutierung und -entwicklung in ihrem Ansatz deutlich unterscheiden: während die Rekrutierung auf Passung geht, orientiert sich die Personalentwicklung zunehmend am Kompetenzansatz.

Fortbildung bedarfsgerecht weiterzuentwickeln. Zudem wird der Berater als Experte für berufliche Wege gemeinsam mit dem Klienten einen, an der jeweils spezifischen Kultur des Zielmarktes, der Zielbranche und/oder des Zielunternehmens und der damit verbundenen Bewertungstendenzen orientierten Lebenslauf erstellen, der entsprechend unterschiedliche Akzente aufweist, z.B. was die Betonung von kontinuierlicher Entwicklung und Verdichtung einschlägiger Erfahrungen einerseits oder die Breite an Erfahrung und Flexibilität im Werdegang andererseits anbelangt. Vor allem aber wird er seinen Klienten auf die heutigen und sich fortwährend verändernden Bedingungen seiner Berufstätigkeit hinweisen:

- die Notwendigkeit einer pro-aktiven Planung und selbstgestalteten Entwicklung seiner Karriere;
- die Bedeutung von „lebenslangen Lernen" und einer erfolgreichen Anpassung für die eigene Beschäftigungsfähigkeit bzw. Marktfähigkeit;
- die Vorteile einer Konzentration auf Kompetenzen bzw. Stärken, die für seine berufliche Neuorientierung und weitere Karriereentwicklung relevant sind.

Das Herausarbeiten der persönlichen Kompetenzen und Stärken des Klienten kann sowohl durch das von Lang-von Wins und Triebel entwickelte Verfahren der „Kompetenzbilanz"[38] als auch durch ähnlich in der Praxis zu findende Methoden erfolgen, die darauf abzielen, neben dem formellen Qualifikationsprofil, ein Kompetenzprofil zu ermitteln, das über die kognitiven Fähigkeiten, motivationalen und sozialen Tendenzen sowie volitionalen Kontrollinstanzen des Klienten ebenso Aufschluss gibt wie über seine Problemlösungs- und Handlungsstrategien.

Im Dialog mit dem Berater setzt sich der Klient (häufig sogar erstmalig) intensiv mit den Bedingungszusammenhängen seines beruflichen Wirkens auseinander und gelangt damit zu einem vertiefenden Verständnis hierfür sowie schließlich zu einem erweiterten Begriff seiner (auf die Zukunft ausgerichteten) Berufsidentität.[39]

Für die weitere Veränderungsarbeit im anschließenden Coaching[40] stehen unterschiedliche auf die Kompetenzen und Ressourcen ausgerichtete Methoden zur Verfügung, die meist auf konstruktivistischen Beratungsansätzen basieren,[41] wie z.B. Methoden der lösungsorientierten Beratung,[42] die den Klienten

---

38 Lang-von Wins/Triebel (2006), S. 50
39 Berufsidentität meint das Verständnis einer Person von sich selbst, indem was sie kann, will und tut – im beruflichen Kontext
40 In der Veränderungsphase ist das Coaching die zentrale Beratungsform, wird jedoch punktuell unterstützt durch Expertenrat und Trainingseinheiten zur Verhaltensoptimierung.
41 Vgl. Lang-von Wins/Triebel (2006), S. 48ff.

darin unterstützen, Schwierigkeiten zu überwinden, neue Perspektiven für sich zu entwickeln und aktiv an der Gestaltung seiner beruflichen Neuorientierung und Weiterentwicklung zu arbeiten. Beispielhaft seien hier die Technik der „Lebenslinien" (1), die Arbeit mit „Ziellandkarten" (2) oder „Lebensrollenkreisen" (3) genannt[43], die den Klienten in seiner Entwicklungsarbeit unterstützen und es ihm u.a. ermöglichen, (1) eine Zukunftsperspektive zu entwerfen, (2) realisierbare Ziele zu explorieren und eigenständig (3) seine „neue" Lebensrolle zu entwerfen und weiter auszugestalten.[44]

In diesem Zusammenhang erfolgt nicht nur die Identifikation und Reflexion der vorhandenen Ressourcen sondern auch eine systematische Erweiterung der Kompetenzen, die sich im Wesentlichen auf folgende Dimensionen[45] bezieht:

Tab. 2: Dimensionen der Kompetenzerweiterung

Dimension der Kompetenzerweiterung[46]	Konkretes Entwicklungsziel	Mittel und Wege zur Kompetenzentwicklung
Personale Entfaltung	Erweitern des Wissens über sich selbst und die Wirkung auf andere	• Reflexion des bisherigen Werdegangs und des eigenen Leistungsprofils • Feedback durch Berater und relevante Personen • Selbstmanagementcoaching und -training
Beziehungs- bzw. Arbeitsgestaltung	Optimieren der Kontakt-, Beziehungs-, Konflikt- und Netzwerkfähigkeit sowie Erweitern der Problemlösungs- und Handlungskompetenz	• Reflexion von relevanten Erfahrungen hins. der Kontakt- und Beziehungsgestaltung sowie des persönlichen Konfliktmanagements • Reflexion von Problem- und Handlungsstrategien • Entwickeln alternativer Handlungsoptionen
Strukturelle Entfaltung	Optimieren der Aufgabenbewältigung im beruflichen System, u.a. durch das effiziente Ausfüllen von Funktionen, Positionen und Rollen	• Reflexion der aufgaben-, funktions- und positionsbezogenen Anforderungen • Reflexion von Leistungs- und Verhaltensdefiziten • Reflexion der eigenen Haltung/Rolle
Strukturelle Entfaltung		• Entwickeln anforderungsgerechter Handlungsstrategien • Entwicklungsplanung und Realisation von Maßnahmen zur Verhaltensoptimierung • Bedarfsermittlung und Einleitung geeigneter Fortbildungsmaßnahmen zum Aktualisieren, Ausbauen und Aneignen erforderlicher Fachkompetenzen

---

42 Vgl. De Shazer (2006)
43 Nach Brott (2004), S. 191ff.
44 Lang-von Wins/Triebel (2006), S. 50ff.
45 Nach Belardi (2009), S. 50
46 Ebda.

Methodische und instrumentelle Entfaltung	Aneignen und Verbessern von berufsbezogenen Methodenkenntnissen und Fertigkeiten, u.a. zur Problemanalyse und -bewältigung sowie für ein Krisenmanagement	• Aktualisieren der Kenntnisse • Bedarfsermittlung und Einleitung von Fortbildungsmaßnahmen zum Ausbau und Aneignen erforderlicher Methodenkenntnisse • Ausbau der Prozess-und Projektmanagementfähigkeiten durch die begleitete Gestaltung des Bewerbungsprozesses • Coaching und Training zur Krisenbewältigung und Förderung der Selbstorganisationskompetenz im Prozess

Das Realisieren der Entwicklungsziele ist im Laufe der Beratung durchaus am Erreichen der einzelnen Entwicklungsschritte und damit verbundenen Indikatoren konkret beobacht- und evaluierbar. In Bezug auf den Beratungsverlauf und die einzelnen Beratungsphasen der Outplacementberatung stellt sich dies folgendermaßen dar:

Tab. 3: Beratungsphasen

Beratungsphase[47]	Entwicklungsziele	Indikatoren für die Zielerreichung
Klärung Beratungsaufnahme	• Entlastung durch „Emotionsregulation"[48] • Trennungs-/Krisenbewältigung • Orientierung	• Öffnung • Arbeitsfähigkeit • Kooperation
Veränderung 1. Standortbestimmung 2. Vorbereitung/ Umsetzung der Bewerbungskampagne 3. Neupositionierung/Transfer	• Selbstexploration • Auflösen von Inkongruenzen • Problemsichtveränderung[49] • Erweitern des Selbstkonzepts • Ressourcenstärkung und -aktivierung • Erkennen neuer Perspektiven • Schaffen zusätzlicher Handlungsoptionen • Stärken der persönlichen Anpassungs- und Entscheidungsfähigkeit	• Selbstbewusstsein • Integration von Erfahrungen, Auflösen von Blockaden, Neubewertungen • Optimismus und Initiative • Zukunftsvorstellungen • Zielklarheit und Handlungsstrategien • Positive, pro-aktive Haltung • Selbstsicherheit • Veränderungsbereitschaft
Abschluss	• Evaluation • Persönlicher Lebensentwurf und langfristige Karriereplanung	• Bewertung nach Kriterien • Klare Zukunftsvorstellung • Selbstwirksamkeitserwartung

---

47 In Anlehnung an das idealtypische fünf-Phasen-Modell – die der Klärungsphase vorangehenden Kontakt- und Kontraktphase wurden hier nicht berücksichtigt, da diese zwar erste Impulse für die Entwicklung liefern, jedoch in der Regel weniger hierauf fokussieren (nach Maurer 2009, S. 76)

48 Nach Lazarus (1999) ist mit Emotionsregulation vor allem das Bewältigen von negativen Emotionen gemeint, die die Handlungsfähigkeit einer Person deutlich einschränken können – diese geschieht durch primäre und sekundäre Bewertungsprozesse und sich hieraus ableitenden Copingmaßnahmen (vgl. Lazarus 1991)

49 Vgl. Maurer (2009), S. 32ff.

Die Lernchancen, die sich im Kontext der Outplacementberatung ergeben, sind somit vielfältig. Sie benötigen allerdings aktive Unterstützung durch den fachkundigen Berater sowie hinreichende Rahmenbedingungen, wie z.B. ausreichend finanzielle und zeitliche Ressourcen, was das Aneignen erforderlicher Fach- und Methodenkenntnisse und das Entwickeln entsprechender Handlungskompetenzen betrifft.

Die Lernchancen, die sich im Kontext der Outplacementberatung ergeben, sind unter günstigen Bedingungen (finanzielle und zeitliche Ressourcen, Persönliche Voraussetzungen des Klienten etc.) vielfältig. Durch die aktive Unterstützung des fachkundigen Beraters werden die Klienten dazu angeregt und befähigt, vorhandene Kompetenzen zu erweitern, Ressourcen zu nutzen und sich ggf. zusätzlich erforderliche Qualifikationen anzueignen. Der Beratungsprozess im Outplacement selbst bietet dem Klienten darüber hinaus die Möglichkeit, „on-the-job"[50] einschlägige Fach- und Methodenkenntnisse zu erwerben und entsprechender Handlungs- und Problemlösungskompetenzen z.B. des Selbstmanagements, der Selbstmotivation und der Interaktion zu entwickeln. Da Zeitrahmen und finanzielle Ausstattung beim Outplacement in der Praxis zunehmend begrenzt[51] sind, stellt das Herausarbeiten des impliziten Wissens des Klienten und eine Ressourcenaktivierung mit Fokussierung auf nachgewiesene Stärken eine kosten- und zeiteffiziente Vorgehensweise dar, die sich in der Outplacementpraxis auf vielfältige Weise bewährt hat. So kann selbst bei limitierten Beratungsprogrammen, z.B. 3-Monatsberatungen mit max. 10 Beratungssitzungen ein Entwicklungsprozess beim Klienten initiiert werden, der seine weitere berufliche Neuorientierung positiv beeinflusst. Wenngleich sich die vorliegende Darstellung auf den idealtypischen Fall einer Individualberatung bezieht, so zeigen zahlreiche Beispiele aus der konkreten Beratungspraxis, dass dies ebenso im Rahmen eines so genannten Gruppenoutplacements erreicht werden kann, wenn diese mit einer Standortbestimmung (idealerweise – jedoch nicht notwendig in Form eines zusätzlichen Einzelgesprächs) kombiniert wird und eine qualifizierte Potenzialanalyse mit entsprechend ressourcenfokussiertem Feedback beinhaltet.

Berufspersönlichkeit entwickelt sich aus dem Zusammenwirken von bewusst wahrgenommenen Handlungskompetenzen und persönlichen Präferen-

---

50 Hiermit ist die Bewerbungskampagne selbst gemeint, die ja im Outplacement zur zentralen, vom Klienten eigenständig zu erledigenden Aufgabe wird.
51 In den letzten Jahren ist deutlich Trend zu kleineren Programmen (3–6 Monate) zu beobachten. Dies bestätigt auch eine Umfrage der Fachzeitschrift „Personalwirtschaft", dass die auf drei bzw. sechs Monate befristeten und damit kostengünstigeren Beratungsangebote von Unternehmen bevorzugt werden (vgl. Siemann, C. (2011): Quo Vadis Trennungskultur? In: Personalwirtschaft 04/2011, S. 51).

zen (Interessen, Werten, Zielen) im Zusammenspiel mit, auf den beruflichen Kontext bezogenen Einschätzungen zur Selbstkontrolle, Selbstwirksamkeit und Sinnhaftigkeit. Dies setzt einerseits die konstruktive Integration von (Negativ-) Erfahrungen in das Selbstkonzept und sich daran anschließende persönliche Veränderungs- und Lernprozesse voraus. Im vorliegenden Artikel konnte aufgezeigt werden, wie dies im Rahmen einer Outplacementberatung erfolgt. Somit kann zusammenfassend festgestellt werden, dass Outplacement für die von Trennung bzw. Arbeitsplatzverlust betroffenen Mitarbeiter eine klare Chance zur Entwicklung ihrer Berufspersönlichkeit bietet. Darüber hinaus wird evident, dass die Outplacementberatung den Klienten angeregt und befähigt, eigeninitiativ und zielgerichtet seine Qualifikationen und Kompetenzen weiter zu entwickeln sowie sich als Akteur seiner eigenen Laufbahngestaltung zu begreifen und flexibel an die sich verändernden Anforderungen des Arbeitsmarktes und jeweiligen -umfeldes anzupassen. Damit leistet sie nicht zuletzt auch einen wichtigen Beitrag zum Erhalt der Marktfähigkeit.

Zu guter Letzt sei auf Folgendes hingewiesen: In der Praxis wird der Erfolg der Outplacementberatung häufig allein an der raschen Neuplatzierung des Klienten am Arbeitsmarkt und damit verbunden der Kürze der „Vermittlungsdauer" festgemacht.[52] Das Sichern langfristiger Karriereperspektiven oder das Entwickeln karriererelevanter Persönlichkeitspotenziale werden dabei in der Regel vollkommen außer Acht gelassen. Bedenkt man die Komplexität der Wirkzusammenhänge, so sollten derartige Aspekte bzw. das Entwickeln der Berufspersönlichkeit und der Beitrag zum Erhalt der Marktfähigkeit bei einer Outplacementberatung sehr viel stärker als Bewertungskriterien dienen.

Literatur
Belardi, N. (2009): Supervision. München: C.H. Beck.
Brott, P.E. (2004): Constructivist assessment in career counseling. Journal of career development 30, pp 189–200.
De Shazer, S. (2006): Der Dreh. Heidelberg: Carl Auer.
Erpenbeck, J./von Rosenstiel, L. (2003): Einführung. In: J. Erpenbeck/L. von Rosenstiel (Hrsg.), Handbuch Kompetenzmessung (S. IX-XL). Stuttgart: Schäffer Poeschel.
Gordon, T. (1972): Familienkonferenz. München: Heyne.
Grawe, K. (2000): Psychologische Therapie. Göttingen: Hogrefe.
Hall, D.T. (1976, 2004): The protean career: A quarter-century journey. Journal of vocational behaviour, 65, pp 1–13.
Hobfoll, S.E. (1998): Stress, culture and community. New York: Plenum Press.
Hossiep, R./Paschen, M. (2003): BIP. Das Bochumer Inventar zur berufsbezogenen Persönlichkeitsbeschreibung. Göttingen, Bern, Toronto, Seattle: Hogrefe.

---

52 Vgl. Markt-Check Outplacement. In: Personalwirtschaft 04/2011, S. 54ff.

Kriz, J. (2007): Grundkonzepte der Psychotherapie. Weinheim: Beltz.
Lazarus, R.S. (1999): Stress ans emotion: A new synthesis. New York: Springer.
Lang-von Wins, T. (2003): Die Kompetenzhaltigkeit von Methoden moderner psychologischer Diagnostik-, Personalauswahl- und Arbeitsanalyseverfahren sowie aktueller Management-Diagnostik-Ansätze. In: J. Erpenbeck/L. von Rosenstiel (Hrsg.), Handbuch Kompetenzmessung (S. 585–618). Stuttgart: Schäffer Poeschel.
Lang-von Wins, T./Triebel, C. (2006): Kompetenzbasierte Laufbahnberatung. Heidelberg: Springer.
Maurer, I. (2009): Führungskräftecoaching. Marburg: Tectum.
Markt-Check Outplacement (2011): In: Personalwirtschaft 04/2011, S. 54ff.
Rausch, S. (2006): Standortbestimmung: Voraussetzungen prüfen – Ziele finden – Weichen stellen. In: DGfK Deutsche Gesellschaft für Karriereberatung e.V. (Hrsg.), Karriereberatung Live. Frankfurt am Main.
Rogers, C./Schmid, P. (1991): Person-zentriert. Mainz: Grünewald.
Siemann, C. (2011): Quo Vadis Trennungskultur? In: Personalwirtschaft 04/2011, S. 50f.
Speierer, G.-W. (1994): Das Differenzielle Inkongruenzmodell. Heidelberg: Asanger.
Speierer, G.-W. (2006): Das Differenzielle Inkongruenzmodell (DIM). In: U. Straumann/C. Zimmermann-Lotz (Hrsg.): Personzentriertes Coaching und Supervision – ein interdisziplinärer Balanceakt (S. 103–116). Kröning: Asanger.
Straumann, U./Zimmermann-Lotz, C. (2006): Personzentriertes Coaching und Supervision im Balancemodell: differenziell und multidimensional, interdisziplinär und integrativ. In: U. Straumann/C. Zimmermann-Lotz (Hrsg.), Personzentriertes Coaching und Supervision – ein interdisziplinärer Balanceakt (S. 27–59). Kröning: Asanger.
Tausch, R. (1969): Gesprächspsychotherapie. Göttingen: Hogrefe.
Tausch, R./Tausch A.-M. (1990): Gesprächspsychotherapie. Göttingen: Hogrefe.
Tractenberg, L./Streumer, J./van Zolingen, S. (2002): Career counselling in the emerging post-industrial society. International journal of educational and vocational guidance, 2, pp 85–99.
Weinert, F.E. (2001): Concept of competence: A conceptual clarification. In: D. Rychen/L. Salganik (Eds.), Defining and selecting key competencies (pp 45–65). Kirkland: Huber-Hogrefe Publishers.

Mit Humboldt ins Management.
Geisteswissenschaftliche Berufspersönlichkeiten als Führungskräfte in der Wirtschaft

Niels Joeres

Einleitung

In gewinnorientierten Unternehmen und Kapitalgesellschaften sind bemerkenswerte Karrieren von Männern und Frauen, deren Berufspersönlichkeit einen geisteswissenschaftlichen Hintergrund aufweist, nach wie vor ungewöhnlich. Ressort- und Personalverantwortliche setzen – wie die Unternehmensleitung – bei der Gewinnung und Entwicklung von Führungskräften in der Regel andere Prioritäten. Ein Blick auf die DAX-Konzerne sagt viel: Kein einziger „reiner" Geisteswissenschaftler sitzt in einem der 30 Vorstände; drei der 184 Top-Manager studierten ein geisteswissenschaftliches Fach, allerdings nur in Kombination mit Rechtswissenschaften oder VWL. Dominiert werden die Vorstände erwartungsgemäß von Wirtschafts- und Naturwissenschaftlern, Ingenieuren oder auch Juristen.[1]

Parallel zu diesem aus unserer Sicht unreflektierten Konsens suchen immer mehr Unternehmen nach potenziellen oder erfahrenen Führungskräften, die beides vereinen: zum einen die sachrationale, aufgabenorientierte Dimension von Führung und zum anderen die sozioemotionale, mitarbeiterorientierte Dimension. Von den potenziellen Kandidaten wird dabei ein besonderes Maß an „Persönlichkeit" erwartet – mit viel Individualitätsbewusstsein und Überzeugungskraft sowie substantiellen Innovationsbeiträgen.

Geisteswissenschaftler weisen bei diesem Anforderungsprofil zwar eine Reihe oft unerkannter Stärken auf, sie bleiben aber in den Stellenausschreibungen und internen Kandidatenpools zumeist grundsätzlich unberücksichtigt. Neuere personalwirtschaftliche Trends, die im Spannungsverhältnis zwischen Anpassung und Emanzipation eher emanzipatorische Werteelemente betonen,

---

[1] Katrin Rössler, Oh Gott, mein Chef ist Theologe, http://www.spiegel.de/unispiegel/jobundberuf/0,1518,druck-734056,00.html, abgerufen am 23.12.2010. Rössler erwähnt Gegenbeispiele aus Großbritannien, u.a. Richard Meddings, Finanz-Chef von Standard Chartered, Martha Lane Fox, Mitbegründerin der Online-Reiseagentur lastminute.com sowie Anita Roddick, die mittlerweile verstorbene Gründerin und langjährige Chefin von The Body Shop und verweist mit Expertenzitaten darauf, in Deutschland gebe es „einfach eine andere Tradition in der Personalarbeit", da die fachliche Ausbildung für die Unternehmen immer noch besonders wichtig sei – im Gegensatz zu Großbritannien, wo es viel stärker auf die Persönlichkeit ankomme.

zeigen unterdessen, dass es künftig verstärkt vor allem darauf ankommen wird, die Fachexpertise hochqualifizierter Einzelexperten gewinnbringend zusammenzuführen.

Der nachfolgende Beitrag reflektiert – als Bericht aus der Unternehmenspraxis und der damit einhergehenden individuellen Erfahrungsperspektive – über Stärken und Schwächen geisteswissenschaftlicher Berufspersönlichkeiten. Unter dem Begriff „Geisteswissenschaftler" wird vereinfachend die Gesamtheit der Absolventen der „Philosophischen Fakultäten" verstanden, auch wenn sie *ante Bologna* im Rahmen von Magisterstudien in ihren Nebenfächern Berührungspunkte mit anderen Fakultäten, wie insbesondere die Wirtschafts-, Politik- oder Rechtswissenschaften, hatten. Leitfrage ist, was – bei aller Individualität – Geisteswissenschaftler als Führungskräfte in Unternehmen im Allgemeinen bieten beziehungsweise bieten können. Die Bestandsaufnahme ermöglicht eine erste Einordnung des personalwirtschaftlichen Erfolgswerts von Akademikern mit originär geisteswissenschaftlicher Fächerprovenienz *als Führungskräfte* und benennt zugleich zentrale Herausforderungen für die Personalgewinnung und Personalentwicklung. Um die erwerbsbiografische Ausgangssituation besser zu erfassen, steht dem Beitrag eine Skizze der Rahmenbindungen voran, die geisteswissenschaftlich geprägte Berufspersönlichkeiten regelmäßig vorfinden und die ihren beruflichen Lebensweg deutlich mit prägen.

1. Herausforderungen der Ausgangslage

Der Berufsverbleib von Geisteswissenschaftlern konzentriert sich nach einer Studie des Hochschulinformationszentrums HIS auf die heterogenen Sektoren Dienstleistungen, Bildung, Forschung und Kultur. Kernberufe sind die Publizistik, der Kunst- und Bildungsbereich einschließlich der Erwachsenenbildung sowie Forschung und Wissenschaft. Daneben üben Geisteswissenschaftler eine Vielzahl kaufmännischer Büro- und Verkaufsberufe aus, wobei Werbung, Marketing, Public Relations und andere verwandte Dienstleistungsberufe hervorstechen.[2] Statistiken zeigen des Weiteren, dass Geisteswissenschaftler trotz ih-

---

[2] Kolja Briedis/Gregor Fabian/Christian Kerst/Hildegard Schaeper, Berufsverbleib von Geisteswissenschaftlerinnen und Geisteswissenschaftlern, HIS 2008 (Forum Hochschule 11), http://www.his.de/pdf/pub_fh/fh-200811.pdf. Auf S. IIIf. heißt es zusammenfassend: „Der Blick in die berufliche Zukunft fällt bei Geisteswissenschaftler/inne/n nur sehr verhalten positiv aus. (...) So gibt es unter Geisteswissenschaftler/inne/n vergleichsweise wenig Normalarbeitsverhältnisse (= unbefristete Vollzeitstellen); vielmehr bestimmen Werk- und Honorarverträge sowie selbständige Tätigkeiten das Bild der Beschäftigungen. Als eine Folge liegen die Durchschnittseinkommen von Geisteswissenschaftler/inne/n deutlich unter dem

rer aufwendigen Studien, die oft mit forschungsintensiven Projekten einhergehen und hohe Abbrecherquoten aufweisen, einer dreifachen Belastung unterliegen: Höchstes Einstiegsalter, längste Jobsuche und das mit Abstand niedrigste Einstiegsgehalt.[3] Zudem passt der medial laut diskutierte Begriff von der „Generation Praktikum" bei kritischer Betrachtung der Zahlen einzig und allein auf den Bereich der Geisteswissenschaftler – und dort besonders auf Absolventen, die in der Medienbranche tätig sind.[4]

Die Gründe für diesen problematischen Berufseinstieg sind vielfältig. Neben spät begonnener Praxisorientierung gehört auch dazu, dass mancher Geisteswissenschaftler an einer Karriere „in der Wirtschaft" *per se* wenig Interesse zeigt.[5] Hinzu kommt die mangelhafte Unterstützung bei der systematischen Entwicklung von Berufszielen mit diesem Horizont und eine nachvollziehbar verbreitete Unkenntnis der Dozenten über die Berufswelt. „Career Center" gab es anders als im anglo-amerikanischen Raum an den Hochschulen in Deutschland lange nicht und ihre Ausstattung ist hierzulande bis heute im Ganzen schwach. Es scheint, dass „Exzellenz auch in der Lehre" insbesondere an den geisteswissenschaftlichen Fakultäten selten Priorität genoss, blieb doch gemäß dem Humboldt'schen Bildungsideal der Grad an akademischer Betreuung bewusst eher passiv. All dies trug jahrzehntelang zur vielfachen beruflichen Misere auch hochtalentierter junger Geisteswissenschaftler mit bei, obgleich sie im Hinblick auf ihre Kapazitäten eigentlich einen Anspruch darauf hatten, sich selbst als Teil der „künftigen intellektuellen Elite des Landes" zu sehen und dies auch zu leben. Kurzum: Das verbindende Element zwischen einem guten Drittel aller deutschen Akademiker nach einem erfolgreich abgeschlossenen Bildungsstudium war nicht frische Zukunftszuversicht. Vielmehr konzentrierte sich ihr

---

Durchschnittswert der Vergleichsfächer (wie z. B. Wirtschaftswissenschaften oder Sozial-/Politikwissenschaften) und auch aller Universitätsabsolvent/inn/en. Ein Jahr nach dem Examen verdienen Geisteswissenschaftler/innen mit Vollzeittätigkeiten im Schnitt 22.500 Euro (Brutto-Jahreseinkommen). Selbständige Geisteswissenschaftler/innen haben ein deutlich niedrigeres Einkommen, während angestellte Geisteswissenschaftler/innen durchschnittlich höhere Einkommen erzielen."

3 MLP Taschenbuch der Hochschulpresse 2011, Statistikteil, S. 71–70; MLP Taschenbuch der Hochschulpresse 2010, Statistikteil, S. 55, S. 68. Mit jeweils weiteren Nachweisen.
4 Philipp Barth, Die ‚Generation Praktikum' in den Medien – Karriere eines Mythos? – Erklärungsansätze für eine umstrittene Debatte, Diplomarbeit FU Berlin 2008 (Arbeitsbereich Absolventenforschung). Gemäß der unter Anm. 2 erwähnten HIS-Studie haben Geisteswissenschaftler mehr als doppelt so oft Praktika gemacht wie der Durchschnitt der Befragten.
5 Zit. nach Katrin Rössler (wie Anm. 1).

Grundgefühl regelmäßig auf die Erfahrung einer „Krise, die fürs Leben prägt"[6]. Geisteswissenschaftler, die ihre Zukunft in der Forschung sahen, wurden nicht selten zum „Dr. habil. Hoffnungslos"[7].

Vor diesem Hintergrund waren und sind die zentralen Bologna-Ziele einer erhöhten Beschäftigungsfähigkeit und gestrafften Studienstruktur gerade für viele Philosophische Fakultäten seit langem überfällig und in weiten Teilen sinnvoll. Im Ganzen gelingt es zudem inzwischen deutlich besser, die Stärken im Kompetenzprofil von Geisteswissenschaftlern hervorzuheben. Die Vermittlung „klassischer Bildungsideale" innerhalb modernisierter geisteswissenschaftlicher Studien bleibt hierbei eine besondere hochschuldidaktische Herausforderung.

2. Reflexionskraft und Persönlichkeit

Geisteswissenschaftliche Studien sind „Bildungsstudien". Ziel für den sogenannten „Bildungsakt" junger Menschen zu selbstgewissen Persönlichkeiten mit enormer Reflexionsstärke ist dabei die „Idee der deutschen Universität"[8]. Trotz vielfacher Kritik[9] fungiert sie bis heute als fundamentaler Bestandteil der

---

6 Sarah Elsing, Eine Krise, die fürs Leben prägt, in: DIE ZEIT 20.1.2011, www.zeit.de/2011/04/C-Geisteswissenschaftler (abgerufen am 20.2.2011). Bis heute weisen geisteswissenschaftliche Studienfächer demnach mit die höchsten Studierendenzahlen auf.
7 Martin Spiewak, Dr. habil. Hoffnungslos, in: DIE ZEIT 12.11.1998, www.zeit.de/1998/47/199847.professoren.neu_.xml (abgerufen am 21.2.2011).
8 Helmut Schelsky, Einsamkeit und Freiheit. Die Idee und Gestalt der deutschen Universität und ihrer Reformen, Reinbek 1963.
9 Der Bildungshistoriker Elmar Tenorth fasst wesentliche politische Aspekte der Kritik wie folgt zusammen: „Das Humboldtsche Bildungsideal, von dem viele schwärmen, bedeutete in der Wirklichkeit der Universität einen Ausschluss breiter Massen von einem Studium und eine Festigung sozialer Bildungseliten.", zit. nach Annette Schavan, Humboldt vs. Bologna. Rede anlässlich des Besuchs der Zeppelin University, 15.9.2010, http://www.bmbf.de/pub/reden/mr_20090915.pdf, abgerufen am 14.7.2010. Andererseits wenden sich Vertreter und Verbände, die hinter diesem klassischen Bildungsideal stehen, fortlaufend gegen die Tendenz, die Struktur-, Studienreform und Reform der Forschungsfinanzierung mit der Argumentation zu untermauern, „die Universität nach oben in einen Elite- und Exzellenz-Bereich und nach unten in einen College-Bereich aufzuspalten", Heinz Steinert, Die nächste Universitätsreform ist schon da, in Soziologie 39 (2010), Heft 3, S. 310–314, S. 310. Viele lehnen dabei ein zu „instrumentelles Verständnis von Bildung als volkswirtschaftliche Zukunftsinvestition in die Humankapitalausstattung" entschieden ab, vgl. Rolf Dobischat, Wie viel Ökonomisierung verträgt das Bildungssystem?, in: Frankfurter Hefte, 57 (2010), Heft 5, S. 24–26, S. 24. Dobischat spricht davon, „ökonomische Theoreme" dominierten „seit Jahren die bildungspolitische Debatte" und sieht ein „Primat der Ökomomie in der Bildung".

westeuropäischen und anglo-amerikanischen[10] intellektuellen Kultur. Im Vordergrund steht neben dem Erwerb von Fachwissen die Vermittlung methodischer Kompetenzen und vor allem „kritischer Urteilskraft". Eine Überzeugung ist des Weiteren der Anspruch, dass Wissenschaft bildet.

Personalwirtschaftler sind sich in mehrfacher Hinsicht bewusst, dass der Erfolg von Führungskräften insbesondere auch davon abhängt, wie stark ihre „Persönlichkeit" wirklich ausgeprägt ist und ob ihr Selbst- und Individualitätsbewusstsein verschiedensten Belastungen standhält. Bei Absolventen geisteswissenschaftlicher Fächer wird eine Erfüllung dieser Anforderung jedoch eher selten vermutet, obgleich gerade sie studienbedingt eigentlich in dieser Hinsicht über besonderes gute Grundlagen verfügen müssten. Des Weiteren wird in der Praxis noch verstärkt deutlich, dass „nicht das lineare Wissen, sondern das interdependente Verknüpfungswissen" entscheidende Relevanz erhält – nicht selten in Kombination mit einem „kulturhaft-politisches Denken", das kritisch-kreativen Analysegeist fördert.[11]

Konsens ist, dass „reines Expertenwissen" als Führungskraft für nachhaltigen Erfolg nicht ausreicht und „Fähigkeiten und Einsichten in sozio-personale Bezüge der beruflichen Arbeit" letzten Endes wichtiger sind. Dabei benötigen insbesondere Führungskräfte und Führungsnachwuchs als „integraler Bestandteil ihrer Berufsfähigkeit und -fertigkeit das Vermögen, mit Menschen umzugehen, sie auf gemeinsame Ziele zu aktivieren und zu motivieren."[12] Oft stehen sie darüber hinaus vor der Herausforderung, ihr Team über gemeinsame Werte zu verständigen, da sie immer als eine „entscheidende Regelungs- und Steuerungsgrößen im Hintergrund menschlicher Handlungen"[13] fungieren.

Gerade in diesem Bereich der motivierenden Wertevermittlung können sich geisteswissenschaftlich geprägte Berufspersönlichkeiten selbstbewusst „auf dem Markt vertreten". Sie haben Unternehmen hier viel zu bieten. In die Praxis übersetzt heißt das: Überzeugungskräftige Berater- und Verkäuferpersönlichkeiten werden in zahlreichen Branchen immer gesucht. Große, gerade auch anglo-amerikanische Unternehmensberatungen arbeiten sehr bewusst auch in interdisziplinären Teams. Unternehmensbereiche wie das Beziehungs- und Kooperationsmanagement von Unternehmen mit Verbänden, Institutio-

---

Ein weiteres Beispiel ist die dezidierte und oft grundsätzlich wirkende Kritik des Deutschen Hochschulverbands an den Bologna-Reformen.

10 Im Universitäts-Wappen der Standford University heißt es in einer zeitlosen Referenz an den deutschen Humanisten Ulrich von Hutten (1488–1523) „Die Luft der Freiheit weht".
11 Waldemar Kropp, Systemische Personalwirtschaft. Wege zu vernetzt-kooperativen Problemlösungen, München und Wien 2009, S. 1098.
12 Kropp (wie Anm. 11), Vorwort, S. 7.
13 Hans Jung, Personalwirtschaft, München 9. Aufl. 2011, S. 838.

nen, Hochschulen und Parteien profitieren von Mitarbeiterinnen und Mitarbeitern mit eigenständigen, selbstbewussten Persönlichkeiten und einem weiten Bildungshorizont; Gleiches gilt für die Bereiche Personalgewinnung und Personalentwicklung, aber auch für das HR-Management insgesamt. In der Finanz- und Vermögensberatung und in vielen Einzelbereichen des Vertriebs kommt es beim Kundenkontaktmanagement letzten Endes entscheidend auf das Individualitätsbewusstsein des einzelnen „Consultant" an – und auf seine/ihre persönliche Überzeugungskraft. Die Antizipation von gesellschaftlichen Trends und gesetzgeberischen Entwicklungen wird schließlich unter anderem im „Issue Management" und in den „Public Affairs Einheiten" benötigt, abgesehen von der steigenden Bedeutung eigenverantwortlicher Arbeiten und grundlegender Reflexion in vielen anderen Bereichen. Das schließt die Auseinandersetzung mit gesellschaftlichen – nicht selten auch historisch-kulturellen – Fragen mit ein, eine Vorbedingung, die beispielsweise auch für die Überzeugungskraft vieler Reden des Vorstands, des Aufsichtsrats und weiterer Führungskräfte in höchstem Maße mit relevant ist.

3. Textkompetenz und rhetorische Stärken

Ein verbreitetes Argument für die Stärke von Geisteswissenschaftlern ist ihre so genannte „Text- und Darstellungskompetenz". Verbreitet ist ihr Einsatz deshalb in der internen und externen Unternehmenskommunikation oder in PR-Agenturen, insbesondere in den Gliederungen „Corporate Publishing" wie Kundenmagazine (print und online), Intranet und Pressearbeit. Oft haben die Textprodukte dabei einen sorgsamen journalistischen Anspruch.

Das Argument, hier per se die Stärke von Geisteswissenschaftlern zu vermuten, ist überraschenderweise allerdings nicht pauschal gültig. Nur wenige Dozenten an den Philosophischen Fakultäten vermögen als Lehrende praktische Sprachkultur im Sinne beruflich anwendungsfähiger Text- und Darstellungskompetenz faktisch zu vermitteln. Allzu oft flüchten gerade sie sich in eine verschachtelte Wissenschaftssprache, die dazu führen kann, dass die Absolventen kaum mehr „geradeaus" schreiben. Geisteswissenschaftler, die noch keine Journalistenschule oder sogenannte „Sprachseminare" besucht haben, müssen daher häufig das für die Unternehmenskommunikation notwendige journalistische Handwerkszeug nachholen. Ihnen sind Grundlagenwerke wie Wolf Schneiders „Deutsch für Profis" oder die „Einführung in den praktischen Journalismus" von Walther von La Roche trotz jahrelanger Studien an der Universität zumeist nie begegnet. Aus Sicht der Unternehmenskommunikation und des HR-Managements ist somit auch darauf zu achten, wie hoch die journalistische

Eigeninitiative der einzelnen Kandidaten in diesem Bereich ausfällt und welche Personalentwicklungsmöglichkeiten diesbezüglich bestehen.

Eine spezifische Stärke von Geisteswissenschaftlern liegt hingegen nahezu uneingeschränkt in ihren Präsentations- und Methodenkompetenzen: Freies Reden wird an der Philosophischen Fakultät schon früh und durchgängig in Pro- oder Hauptseminaren sowie in Examenskolloquien erlernt und eingeübt. Hinzu kommt der ständige kritische Diskurs und die Notwendigkeit, in den fachlichen Zusammenkünften mit guter eigener Rhetorik gegenüber Dozenten und Kommilitonen zu bestehen.

Auf dieser Basis entstehen, gepaart mit verbreiteter Auslandserfahrung, erhebliche Stärken und Potenziale geisteswissenschaftlich geprägter Berufspersönlichkeiten. Dies betrifft insbesondere auch den Bereich sozialer und interkultureller Kompetenzen, die seitens der Personalwirtschaft ebenfalls als immer wichtiger eingeschätzt werden.[14] Zu erwähnen sind zudem eine grundsätzliche gute Gespräch- und Kulturkultur sowie hermeneutisch-diplomatische Fähigkeiten, wie alterozentriertes Einfühlungsvermögen und die daraus erwachsende Führungsfähigkeit. Letztere allerdings oft nur dann, wenn eine Schattenseite der Humboldt'schen Bildungstraditionen, das ausgeprägte Einzelkämpfertum sowie eine merkwürdige Distanz zum Auftrag, Menschen zu führen, abgelegt wird. Gerade ihre ausgesprochenen Stärken in den sozialen Kompetenzen entdecken viele Geisteswissenschaftler daher nicht selten erst dann, wenn sie mit der Führungsaufgabe unmittelbar konfrontiert sind.

Bei vielen geisteswissenschaftlichen Berufspersönlichkeiten tritt zu diesen Stärken und Schwächen ein hohes Maß an kompetenter Medienaffinität hinzu, das ihnen die soziale Interaktion weiter erleichtert. Gepaart mit Sprachtalent kann auch dies beispielsweise in den Unternehmensbereichen „Kooperationsmanagement" und „International Management Integration" oder auch für die Gremien- und Verbandsarbeit sehr wertvoll sein. Beispielsweise durch Fortbildungen in den Bereichen Verhandlungstheorien und Verhandlungsführung vermag das HR-Management maßgeblich mit dazu beitragen, Geisteswissenschaftler zu erfolgreichen Führungskräften weiterzuentwickeln. Erfahrungen zeigen, dass sie dabei für ihren Job besondere Leidenschaft und Dynamik an den Tag legen.

---

14 Praktiker schreiben Geisteswissenschaftlern an für sich durchaus Kern-Kompetenzen von Führungskräften zu und sehen dort „stark ausgeprägte Sozialkompetenzen" verankert, die „Menschen mit verschiedenen Positionen zusammenbringen und dabei immer das Gesamtziel im Auge haben", ebd.

4. Motivation und Leidenschaft

Für das markt- wie ressourcenorientierte[15] strategische Personalmanagement ist mit Blick auf die allgemeine erwerbsbiografische Ausgangssituation erkennbar, dass daraus für Unternehmen eine Reihe unübersehbarer Vorteile erwachsen: Geisteswissenschaftlich geprägte Persönlichkeiten wissen die Bedeutung einer Chance, sie als Führungskraft oder künftige Führungskraft anzusehen, zu schätzen. Sie weisen – trotz einer im Vergleich deutlich niedrigeren Vergütung – oft ein solches Maß an Einsatz- und Leistungsbereitschaft auf, das Berufspersönlichkeiten anderer, erfolgssicherer Fächer, wie beispielsweise BWL oder Jura, nur bedingt in gleichem Maße an den Tag legen würden. Motivation und Durchhaltevermögen sind überaus hoch. Die in der Vergangenheit vor allem bei der 1989er Generation[16] verbreitete Werteinstellung erhält eine deutliche Wendung: Leistungs- und Führungsmotivation gründet sich nicht auf die Suche nach „Spaß an der Arbeit", sondern auf das befreiende Gefühl, Ausgangsschwierigkeiten überwunden zu haben. Nach zuvor möglicherweise vielfach erlebten Stigmatisierungen entsteht über diese „Chance meines Lebens" eine besonders große intrinsische Motivation, eine per se bereits vorhandene „Rückkehr des Leistungsprinzips".[17] Selbstständigkeit im Sinne von Selbstorganisation sowie eigenverantwortliche Umsetzung sind als wichtige Arbeitstugenden hier in aller Regel bereits fest verankert.

Wesentliche personalwirtschaftliche Ziele haben damit bereits Aussicht, erreicht zu werden. Ferner treten ressourcenorientierte Aspekte hinzu. Gemeint ist der geringere Kostenaufwand nicht nur im Bereich „Employer Branding", sondern zumindest teilweise auch im Vergütungsbereich. Beim „Retention-Management", das mit materiellem Aufwand und zahlreichen Zusatzleistungen junge Talente mit Führungspotenzial zu gewinnen und zu halten versucht, fällt der Aufwand ebenfalls geringer aus. Aufwendiger sind allenfalls besondere Anforderungen bei der Vermittlung von Fachwissen sowie bei der Personalentwicklung.

5. Geistige Flexibilität

Naturgemäß sind geisteswissenschaftlich geprägte Berufspersönlichkeiten in ihrem spontan abrufbaren betriebswirtschaftlichen oder juristischen Fachwis-

---

15 Ruth Stock-Homburg/Birgitta Wolff (Hrsg.), Handbuch Strategisches Personalmanagement, Wiesbaden 2011.
16 Jung (wie Anm. 13), S. 843.
17 Ebd., S. 844.

sen, das für viele Unternehmensbereiche grundlegend ist, unzureichend aufgestellt. Dazu zählen betriebswirtschaftliche Bereiche wie „Financial Accounting", „Controlling" oder „Organisation", aber auch einzelne volkswirtschaftliche Fragen sowie betriebswirtschaftliche Grundlagen im Marketing. Die Unternehmenspraxis zeigt, dass die meisten Absolventen, auch bei fachspezifischen Vorstudien, sich in viele unternehmensrelevante Einzelthemen erst einmal gründlich einarbeiten müssen. Aufgrund der erhöhten geistigen Flexibilität von Geisteswissenschaftlern sollte gerade auch ihre Fähigkeit zur schnellen Einarbeitung und Erfassung fachwissenschaftlicher Fakten und Zusammenhänge nicht unterschätzt werden, selbst im Bereich hochspezialisierter betriebswirtschaftlicher Anwendungsfelder.

Auch hier hilft dem HR-Management der individuelle Blick auf den Kandidaten. Hat er über sein Fachstudium hinaus erkennbare praktische Erfahrungen gesammelt, Symposien zu aktuellen wirtschaftlichen oder politischen Themen besucht oder ehrenamtlich Verantwortung zum Beispiel in einem Verein oder in einer Partei übernommen? Ist er bereit und in der Lage, sich schnell in fachfremde neue Inhalte, insbesondere auch betriebswirtschaftlicher Art, einzuarbeiten? Fest steht: Auch ein Historiker, Theologe oder Philosoph kann sich beispielsweise in verbraucherorientierte Finanzthemen, wie zum Beispiel private Krankenversicherung, einarbeiten und in relativ kurzer Zeit ein Spezialwissen in dem für das Unternehmen relevanten Arbeitsgebiet aufbauen. Gegenüber einem Absolventen mit breitem BWL-Studium ergibt sich, so ein Erfahrungswert aus der Praxis, im Ganzen gesehen oft nur ein inhaltlicher Rückstand von etwa drei Monaten. Talentierte Geisteswissenschaftlicher schließen die Lücken in der Regel noch schneller und erarbeiten sich in kurzer Zeit eine für das Unternehmen nutzwertige, spezifische Fachtiefe.

Auch das hängt nicht selten mit ihrer hohen Motivation und der damit verbundenen Begeisterungsfähigkeit zusammen. Geisteswissenschaftler haben oft zum ersten Mal das Gefühl, dass sie auf die „Überholspur" wechseln. Dabei lassen sie nicht nur das in ihren Studiengängen weit verbreitete Einzelgängertum endgültig hinter sich. Aufgrund der neuen Fokussierung wird auch ihr allgemeines Zeit- und Erwartungsmanagement realistischer, das nicht selten einem hohen Anspruch an Komplexitätsdurchdringung geschuldet war.

6. Besondere Anforderungen an das HR-Management

Für das moderne Personalmanagement ergibt sich aus dem Gesagten eine ganze Reihe „besonderer Anforderungen", um das Potenzial geisteswissenschaftlich geprägter Berufspersönlichkeiten zu nutzen und im Sinne des Unternehmens zu fördern. Mit gezieltem Assessment, einem entsprechend erweiterten Trainee-Konzept oder auch einer durchdachten Individualbetreuung seitens der Personalentwicklung erscheinen alle personalwirtschaftlichen Ziele gut erreichbar.

Bei der Personalgewinnung geht es dabei zunächst um eine kritische Prüfung, inwieweit die intellektuellen Stärken, die Flexibilität und Motivation sowie Präsentationskompetenz des geisteswissenschaftlichen Kandidaten erkennbare Substanz haben und zum Unternehmen passen. Aus Sicht der Personalentwicklung macht von Anfang an eine individuelle Begleitung Sinn, die fortlaufenden Input seitens der Vorgesetzten, aber auch seitens des Mitarbeiters selbst umfasst. Es geht dabei um ein frühzeitiges, effektives und effizientes Talentmanagement, das die spezifischen Unternehmensinteressen mit den spezifischen Weiterbildungsbedürfnissen der geisteswissenschaftlich geprägten Berufspersönlichkeit verbindet. Das Portfolio der Möglichkeiten ist dabei differenziert und kann von einem klassischen „General Management Seminar", über spezialisierte Weiterbildungsthemen bis hin zum MBA-Programm reichen, sofern Führungspotenzial bereits erfolgreich manifestiert und überzeugend realisiert wurde.

7. Fazit

Die „richtige" Personalgewinnung und bestmögliche Personalentwicklungskultur bleiben für viele Unternehmen und Institutionen eine permanente Herausforderung. Angesichts einer Zukunft, in der das Gut „Personal" vielfach die „Achillessehne"[18] des wirtschaftlichen Erfolgs darstellt, wird ihre Bedeutung noch weiter steigen. Zum modernen Personalmanagement gehört deshalb, auch das Führungspotenzial geisteswissenschaftlich geprägter Berufspersönlichkeiten verstärkt zu erkennen und sie für die verschiedensten Unternehmensbereiche als Kandidaten ernsthaft mit zu berücksichtigen. Eine einseitige Konzentration auf „klassische" Fachstudiengänge läuft Gefahr, im Recruiting-Bereich deutlich suboptimal zu handeln.

Wie in dem vorliegenden Beitrag dargelegt, verfügen auch Geisteswissenschaftler über alle wichtigen Kernvoraussetzungen, sich zu einer eigenständigen Berufspersönlichkeit zu entwickeln, die als Führungskraft im Sinne der Unternehmensstrategie erfolgreich ist. Heute müssen erfolgreiche Führungskräfte, die sich als hoch motivierte, kreative „Mitunternehmer" verstehen, in besonderer Weise die Fähigkeit zur Integration von Aufgaben- und Menschenori-

---

18 Jung (wie Anm. 13), S. 837.

entierung haben – beispielsweise im Sinne des „9/9er Stils" der weiterentwickelten „Managerial Grid"[19]-Führungsidee. Geisteswissenschaftler bieten gerade hier eine Reihe von Kompetenzen und personalwirtschaftlicher Vorteile. Im Zuge der weiteren Transformation der Unternehmenspraxis wird es Zeit, diese Stärken verstärkt zu erkennen und für den Unternehmenserfolg zu nutzen.

Literatur

Barth, P. (2008), Die ‚Generation Praktikum' in den Medien – Karriere eines Mythos? – Erklärungsansätze für eine umstrittene Debatte, Diplomarbeit Freie Universität Berlin.

Blake, R./Mouton, J. (1964), The Managerial Grid: The Key to Leadership Excellence, Houston: Gulf Publishing.

Briedis, K./Fabian, G./Kerst, C./Schaeper, H. (2008), Berufsverbleib von Geisteswissenschaftlerinnen und Geisteswissenschaftlern, Hannover: HIS Hochschul-Informations-System (Forum Hochschule 11).

Dobischat, R., Wie viel Ökonomisierung verträgt das Bildungssystem?, in: Frankfurter Hefte, 57 (2010), Heft 5, S. 24–26, S. 24.

Elsing, S. (2010), Eine Krise, die fürs Leben prägt, in: DIE ZEIT vom 20.1.2011.

Jung, H. (9. Aufl. 2011), Personalwirtschaft, München: Oldenbourg.

Kropp, W. (2009), Systemische Personalwirtschaft. Wege zu vernetzt-kooperativen Problemlösungen, München und Wien: Oldenbourg.

MLP Taschenbuch der Hochschulpresse, Termin, Fakten, Kontakte (2. Auflage 2010, Hamburg 3. Aufl. 2011), Hamburg: Haymarket Media.

Rössler, K. (2010), Oh Gott – mein Chef ist Theologe, SPIEGEL Online vom 23.12.2010.

Schavan, A. (2010), Humboldt versus Bologna. Rede anlässlich des Besuchs der Zeppelin University am 15.9.2010, http://www.bmbf.de/pub/reden/mr_20090915.pdf.

Schelsky, H. (1963), Einsamkeit und Freiheit. Die Idee und Gestalt der deutschen Universität und ihrer Reformen, Reinbek.

Spiewak, M. (1998), Dr. habil. Hoffnungslos, in: DIE ZEIT vom 12.11.1998.

Steinert, H., Die nächste Universitätsreform ist schon da, in Soziologie 39 (2010), Heft 3, S. 310-314, S. 310.

Stock-Homburg, R./Wolff, B. (Hrsg.) (2011), Handbuch Strategisches Personalmanagement, Wiesbaden: Gabler.

---

19 Robert R. Blake/Jane Srygley Mouton, The Managerial Grid: The Key to Leadership Excellence, Houston 1964.

Professionalisierungstendenzen im Personalmanagement – Entwicklungsschwerpunkte und Herausforderungen

Walter A. Oechsler

1. Professionalisierung: Begriff und konzeptionelle Grundlagen

Professionalisierung spielt in vielen Berufssparten schon seit langem eine herausragende Rolle. So sind gerade Anwälte, Mediziner und Steuerberater/Wirtschaftsprüfer sehr auf Professionalisierung bedacht und haben auch entsprechende berufsständische Vereinigungen. Im Bereich des Personalmanagements hat die Beschäftigung mit Professionalisierung dagegen erst Ende der 1980er Jahre eingesetzt, als der Personalfunktion ein größeres Gewicht im Unternehmen zukam. Inzwischen hat die strategische Bedeutung des Personalmanagements im Unternehmen zugenommen. Professionelles Handeln im Personalmanagement wird vor allem dann bedeutsam, wenn daraus strategische Wettbewerbsvorteile entstehen. Dadurch werden spezifische Anforderungen relevant an Professionen als Berufe, für die eine spezielle Ausbildung erforderlich wird. Die Entwicklung des Management-Know-how und die Anforderungen an die Professionalisierung sind dabei allerdings nicht geradlinig verlaufen. Professionalisierungsdefiziten folgten -schübe sowie Tendenzen zur Individualisierung und Dezentralisierung, was Anlass gegeben hat, die Professionalisierungstendenzen kritisch zu evaluieren. So wurde zu Beginn der Professionalisierungsdebatte bspw. die Frage aufgeworfen, ob Individualisierung und Dezentralisierung nicht eher zu De-Professionalisierung führen oder zu einer neuen Art der Professionalisierung (vgl. Wächter 1987, S. 141ff.; und weiterhin die Beiträge in DBW 1987, Heft 3 und 4). Ausgangspunkt war ein auf die Personalfunktion bezogenes Professionalisierungsverständnis.

„Die Personalfunktion eines Unternehmens ist dann als professionell zu bezeichnen, wenn in den einzelnen Funktionsbereichen Koordinationsprozesse ablaufen, die dem jeweiligen aktuellen Stand des relevanten Management-Know-hows entsprechen" (Domnik/Seisreiner/Wagner 1996, S. 361). Inzwischen wird Professionalisierung umfassender konzeptualisiert.

Das Konzept der Professionalisierung weist verschiedene Dimensionen auf (vgl. Beyer/Metz 1995, S. 187ff.):

- Professionen wird eine besondere bzw. spezifische Expertise zugeschrieben, die sich auf eine theoretisch/akademische oder auch praktische Expertise beziehen kann.

- Weiterhin ist eine professionelle Autonomie erforderlich, d.h. dass die Qualität professioneller Leistungen weitgehend nur von Mitgliedern der Profession selbst beurteilt werden kann.
- Dies ist begleitet von einem Prozess der sozialen Schließung, d.h. die Profession versucht, Zugangskontrollen und Beschränkungen zu etablieren, durch die sich Verwertungschancen der Profession steuern lassen.
- Schließlich wird mit Professionalisierung auch eine gewisse Kollektivorientierung verbunden, d.h. dass eine Kanalisierung der Interessen der Mitglieder der Profession stattfindet.

Diese Dimensionen können auch in den Entwicklungstendenzen der Professionalisierung des Personalmanagements nachvollzogen werden. Spezifische Expertise findet sich bspw. in den Innovationen bei personalpolitischen Instrumentarien, wie z.B. bei Verfahren der Personalauswahl, -beurteilung und der Potentialschätzung. Auch hat die Verrechtlichung der Personalarbeit v.a. durch die Gesetzgebung im Rahmen sozialer Schutzgesetze und der Betriebsverfassung sowie Mitbestimmung zur arbeitsrechtlichen Expertise ebenso beigetragen wie später die informationstechnologische Unterstützung zu EDV-spezifischer Expertise (vgl. hierzu und zum Folgenden Oechsler 2005, S. 108f.). In den genannten Wissensbereichen findet zunehmend ein Dialog innerhalb der Profession statt, und es haben sich auch relativ autonom agierende Personalberater etabliert. Die soziale Schließung ist noch am wenigsten ausgeprägt, denn die Profession ist offen für Absolventen verschiedener Fachrichtungen, wie Wirtschaftswissenschaftler, Juristen, Soziologen oder Psychologen. Die Profession hat auch international gesehen Vereinigungen, von denen eine der bedeutendsten die CIPD (*Chartered Institute of Personnel and Development*) in Großbritannien ist oder die American Society for Human Resource Management in den USA. Immerhin lässt sich feststellen, dass ein Wandel von einem Beruf zu einer Profession stattgefunden hat mit eigenen Ausbildungswegen, Organisationen und einem Berufsethos (vgl. Dilger 2010, S. 209).

Die bereits angedeuteten Entwicklungstendenzen des Personalmanagements sind eng verbunden mit der personalpolitischen Bedeutung im Unternehmen. Deshalb sollen im Folgenden die Entwicklungstendenzen der Professionalisierung vor dem Hintergrund der unternehmensstrategischen und -organisatorischen Einordnung nachvollzogen werden. Als konzeptionelle Grundlage wird der strategische Human Resource Management Ansatz der Michigan School gewählt (vgl. Tychi et al. 1982; Oechsler 2011). Dieser Ansatz geht davon aus, dass Unternehmensstrategie, -organisation und Human Resource Management integriert sind und jeweils spezifische Konstellationen ergeben. Je nach Ausprägung der Unternehmensstrategie werden auch abhängig von den externen (politischen, wirtschaftlichen, kulturellen) Einflüssen bestimmte organisationsstrukturelle und personalpolitische Ausprägungen dominieren.

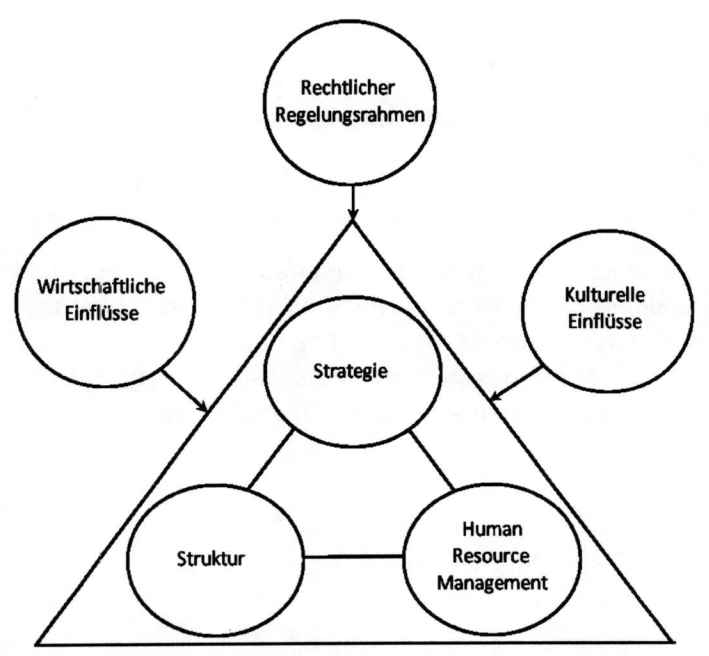

Abb. 1: Integration von Unternehmensstrategie/-organisation und Human Resource-Management

Das Personalmanagement wird dann in der Personalarbeit über einen rudimentären Instrumentenkreislauf umgesetzt, dessen Instrumente jeweils eine strategische und operative Dimension haben (vgl. Oechsler 2011, S. 25ff.).

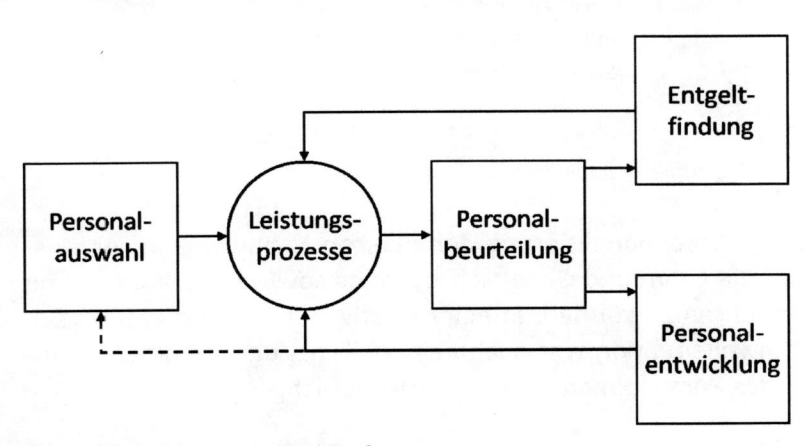

Abb. 2: Human Resource-Kreislauf

Auf dieser konzeptionellen Grundlage werden im Folgenden die Entwicklungsschwerpunkte der Professionalisierung des Personalmanagements dargestellt.

2. Entwicklungsschwerpunkte: Professionalisierung des Personalmanagements

2.1 Administration: Aufgaben der Personalverwaltung

Bis in die 60er Jahre herrschte ein administratives Personalwesen vor. Aus strategischer Sicht dominierte dabei die einförmige Massenproduktion, die zu tayloristischen Organisationsstrukturen führte und mit Blick auf das Personal lediglich gering qualifizierte, aber stabil beschäftigte Arbeitnehmer benötigte. In dieser Konstellation war Personalmanagement auf Personalverwaltung reduziert.

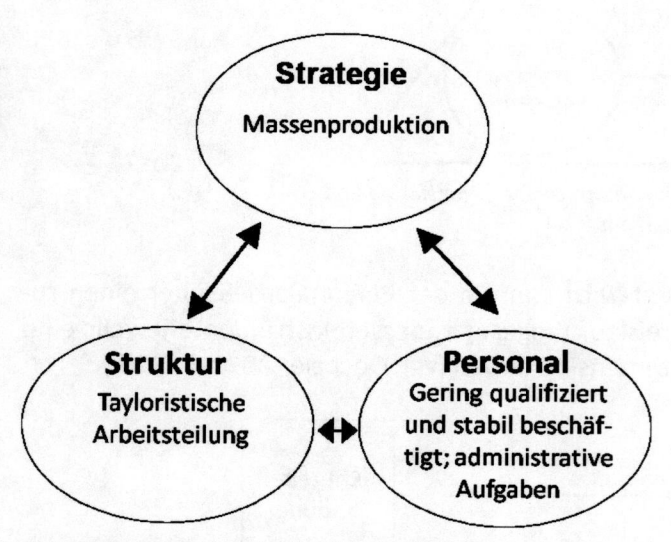

Abb. 3: Konstellation administrativer Personalarbeit

Mit Blick auf die Professionalisierung dominierten Kenntnisse im Arbeits- und Sozialrecht, um die Lohn- und Gehaltsabrechnung sowie Einstellungen und Entlassungen durchführen zu können. In einer relativ stabilen und auf Wachstum angelegten Umweltsituation war auch kein weiteres unternehmenspolitisches Engagement des Personalmanagements erforderlich.

2.2 Verrechtlichung: Systeme und Instrumente des Personalmanagements

In den 70er Jahren war eine Tendenz zur Verrechtlichung festzustellen. Die Novellierung des Betriebsverfassungsgesetzes 1972 stellte neue Anforderungen an das Personalmanagement. Beschäftigte mussten gleichbehandelt werden, und Betriebsräte erhielten weitgehende Mitbestimmungsrechte im Bereich der Gestaltung sozialer Arbeitsbedingungen. Diese Entwicklungen bescherten dem Personalmanagement eine Blütezeit (vgl. Schartner 1990, S. 32ff.). Das Personalmanagement übernahm eine Ordnungsfunktion und führte Systeme ein, wie z.B. Stellenbeschreibung, Arbeitsbewertung, Leistungsbeurteilung und betriebliche Weiterbildung. Damit war Expertise in allen personalwirtschaftlichen Teilfunktionen erforderlich. Parallel dazu ist auch festzustellen, dass an fast allen Universitäten personalwirtschaftliche Lehrstühle eingerichtet wurden. Personal wurde außerdem durch die Mitbestimmungsgesetze (Montanmitbestimmungsgesetz 1951 u. Mitbestimmungsgesetz 1976) in der obersten Leitungsebene durch den Arbeitsdirektor verankert. Diese Entwicklungen waren eingebettet in eine Wachstumsstrategie, die zunehmend zur Differenzierung von Produkten und damit auch zu differenzierten Organisationsstrukturen und umfassenden systematischen Lösungen im Personalmanagement führte.

Strategie
Wachstum

Struktur
Differenzierung
Integration

Personal
Systematische Ordnung durch personalwirtschaftlichen Instrumenteneinsatz

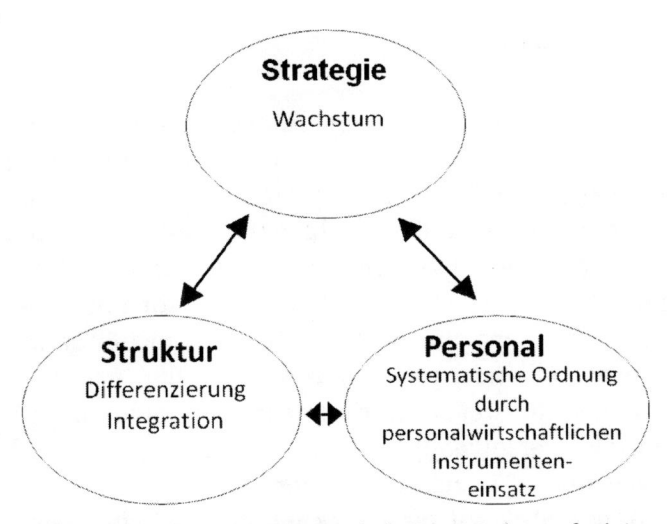

Abb. 4: Konstellation der Personalarbeit mit Ordnungsfunktion

Für die Professionalisierung bedeutete dies das Schaffen einer systematischen Ordnung, Umgang mit Arbeits- und Sozialrecht, Kenntnisse in den personalwirtschaftlichen Teilfunktionen Personalplanung, -beschaffung, -auswahl, -entgelt und -entwicklung sowie -anpassung.

2.3 Dezentralisierung: Personalreferenten und Führungskräfte als Personalverantwortliche

Die Diffenzierungstendenz in der Unternehmensstrategie führte bei anhaltendem Wachstum zur Strategie der Divisionalisierung. Es wurden Produktbereiche oder Divisionen eingerichtet, die organisatorisch in Geschäftsbereiche mündeten und damit zu eigenständigen Bereichen der Personalbetreuung.

Strategie
Produktdifferenzierung

Struktur
Divisionalisierung

Personal
Produktspezifische Anforderungen an das Personal
Personalreferentensysteme zur Betreuung

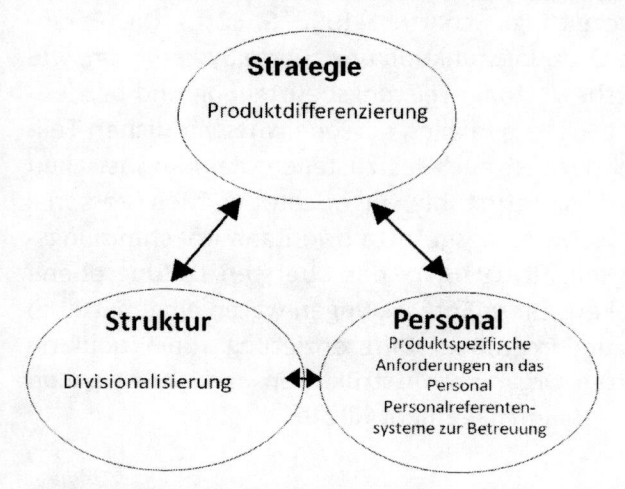

Abb. 5: Konstellation der Dezentralisierung der Personalarbeit

Damit ging wiederum eine unternehmenspolitische Aufwertung des Personalmanagements einher. In der Unternehmensleitung wurden konzeptionelle Beiträge für die personalwirtschaftlichen Teilfunktionen erarbeitet sowie fachspezifische Lösungen wie z.B. im Arbeitsrecht. Die zentral entwickelten Konzepte wurden dann über Personalreferenten umgesetzt, die für die einzelnen Produktbereiche zuständig waren. Damit erhielten Aufgaben der Personalbetreuung ein hohes Gewicht. Das Personalmanagement-Know-how war nicht nur an der Unternehmensspitze angesiedelt, sondern auch dezentral auf die Personalreferenten verteilt. In dieser neuen Konstellation traten allerdings Spannungsverhältnisse auf zwischen zentraler Personalabteilung, dezentralen Personalreferenten und -betreuern sowie den Führungskräften vor Ort (vgl. Schartner 1990; ferner Ashburner 1993). Mit Blick auf die Auflösung dieses Spannungsverhältnisses wurde von Unternehmen eine radikale Dezentralisierungstendenz verfolgt. So strebte bspw. die BMW-AG an, zentral nur noch Konzepte und Systeme zu entwickeln und diese direkt durch die Führungskräfte anwenden zu lassen.

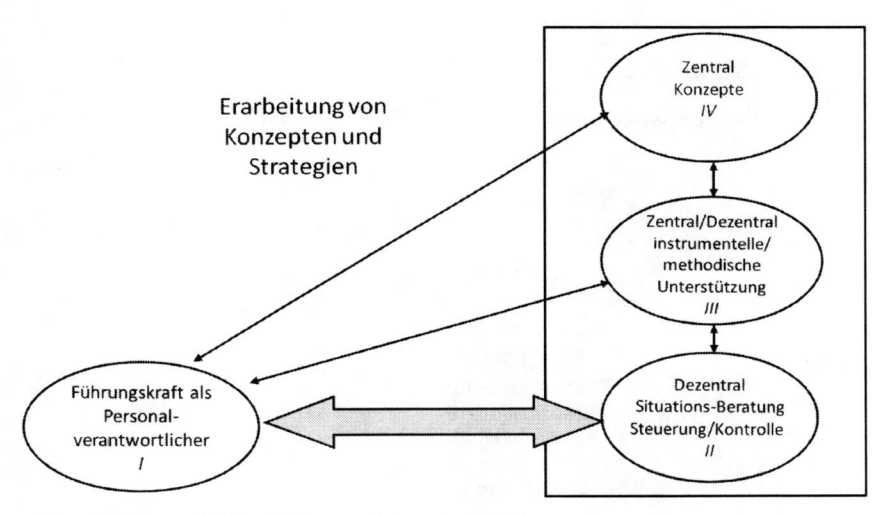

Abb. 6: Führungskräfte als Personalverantwortliche

Mit dieser Entwicklung (vgl. Schartner 1990) waren kritische Momente für die Professionalisierungstendenz verbunden. Einerseits gewann die konzeptionell arbeitende zentrale Personalabteilung an Bedeutung. Andererseits konnten die ausführenden Tätigkeiten in der Personalabteilung ausgedünnt werden, da nämlich die Führungskräfte als Personalverantwortliche gesehen wurden, die die Instrumente des Human Resource-Kreislaufs beherrschen mussten. Allerdings litt diese Dezentralisierungstendenz dadurch, dass den Führungskräften, die sich auch aus Ingenieuren, Juristen, Naturwissenschaftlern usw. rekrutierten, das erforderliche Personalmanagement-Know-how fehlte. Was die Professionalisierung angeht, so war eine strategisch ausgerichtete und konzeptionell arbeitende zentrale Personalabteilung erforderlich. Die Aufgabe der Personalbetreuung wurde von Personalreferenten wahrgenommen, die auf die Anforderungen der einzelnen Geschäftsbereiche ausgerichtet waren. Aufgrund der immer komplexer werdenden Technologie wurden personalwirtschaftliche Teilfunktionen, wie z.B. die Personalplanung, immer mehr von den Führungskräften vor Ort wahrgenommen.

2.4 Wettbewerb und Wertschöpfung: Strategischer Partner und Business Partner

Die in einer globalisierten Wirtschaft vorherrschende Strategie der entwickelten Industriestaaten ist die der flexiblen Spezialisierung. Flexible Spezialisierung, d.h. in einem Bereich der Kernkompetenzen auf Kundenbedürfnisse flexibel eingehen zu können, führt tendenziell zu teamorientierten Organisationsstrukturen und dazu, dass hochqualifiziertes, aber flexibel an der Nachfrage ausgerichtetes Personal erforderlich wird.

```
        Strategie
   Flexible Spezialisierung

Struktur            Personal
Teamorientierte     Flexibel beschäftigtes
Organisation und    hochqualifiziertes
Produktion          Personal
                    Strategischer und
                    Business Partner
```

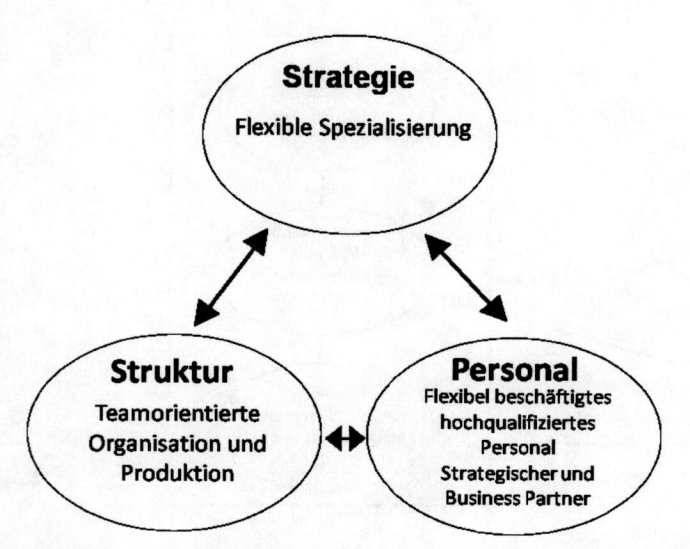

Abb.7: Konstellation wettbewerbs- und wertschöpfungsorientierter Personalarbeit

Diese Entwicklung hat zu neuen Rollen im Personalmanagement geführt. Personal muss als strategischer Partner fungieren, d.h. Wettbewerbsvorteile, die in den humanen Ressourcen liegen, in die Unternehmensstrategie einbringen. Dies kommt auch in der theoretischen Basis des Resource Based View und der Dynamic Capabilities zum Ausdruck (vgl. Eisenhardt/Martin 2000). Auf der Grundlage des Resourced Based View können die humanen Resourcen nachhaltig Wettbewerbsvorteile bedeuten. Unter Dynamic Capabilities wird die Fähigkeit verstanden, immer wieder Innovationen zu generieren, die aus strategischer Sicht Wettbewerbsvorteile gegenüber Konkurrenten darstellen (vgl Eisenhardt/Martin 2000, ferner Scholz 2010, S. 242).

Neben dieser wettbewerbsorientierten Einbeziehung der Personalressourcen besteht ein zweiter Schwerpunkt in der Wertschöpfungsorientierung. Leistungen des Personalmanagements sind nur dann erforderlich, wenn sie zur Wertschöpfung beitragen. Personalmanagement als sekundärer Leistungsprozess sollte immer zu primären Leistungsprozessen gegenüber den Kunden beitragen. Daraus ergibt sich die Rolle des Business Partner. Dem Business Partner Modell liegt ein vertragstheoretisches Konstrukt zugrunde, nach dem das Personalmanagement nur dann tätig wird, wenn zwischen den nachfragenden internen Kunden und dem ein Angebot unterbreitenden Personalbereich eine Einigung zustande kommt. Dann wird eine nachfragegerechte Personaldienstleistung für einen bestimmten Preis bereitgestellt, die für die primären Leistungsprozesse benötigt wird. Das Personalmanagement geht dabei auf die spezifischen Wünsche der internen Kunden ein und liefert maßgeschneiderte Problemlösungen. Darin kommt eine Ökonomisierungstendenz zum Ausdruck, die sich organisatorisch bspw. in Cost, Service- oder Profit-Center im Personalbereich niederschlägt (vgl. Abb. 9).

Als neue Professionalisierungsanforderungen ergeben sich daraus Wettbewerbsorientierung und Kundenorientierung. Dies erfordert die Fähigkeit zur Analyse von Wettbewerbern und von Stärken und Schwächen der humanen Ressourcen. Derartige Kenntnisse und Fähigkeiten sind Voraussetzungen für Strategiefähigkeit, nämlich das Einbringen kritischer Erfolgs- und Misserfolgsfaktoren des Personals in den Prozess der Strategieformulierung. Im Rahmen des Business-Partner-Modells sind sowohl Wettbewerbsorientierung im Sinne des Anbietens von Personaldienstleistungen zu wettbewerbsfähigen Preisen, als auch Kundenorientierung im Sinne maßgeschneiderter Kundenlösungen in der geforderten Qualität, Quantität und Zeit erforderlich.

3. Herausforderungen: Rollenverteilung bei Prozessen des Personalmanagements

Die Entwicklungsschwerpunkte der Professionalisierung des Personalmanagements haben deutlich werden lassen, dass Professionalisierung in einem komplexen Beziehungsgefüge zwischen strategischen und operativen Anforderungen anzusiedeln ist. Dieser Komplexität kann am besten entsprochen werden, wenn dem Personalmanagement verschiedene Rollen zugewiesen werden, wie sie vor allem in der nordamerikanischen Literatur angesprochen werden (vgl. Ulrich 1997). Personalwirtschaftliche Expertise wird damit auf Rollenträger verteilt.

3.1 Visionär und strategischer Partner

Anknüpfend an die Wettbewerbsorientierung sind vermehrt Fähigkeiten zur Entwicklung von Visionen erforderlich. Dies bedeutet, Entwicklungsszenarien zu erstellen für Schlüsselbereiche des Personalmanagements, wie z.B. für die langfristige Qualifikationsentwicklung und auch Arbeitsmarktentwicklung. Nur auf dieser Basis kann die Rolle als strategischer Partner entwickelt werden. Hierbei geht es vor allem darum, Wettbewerbsvorteile durch überlegenes Know-how oder Fähigkeiten zu erkennen und in den Prozess der Strategiebildung einzubringen. Diese Resource Based View (vgl. Barney/Clark 2007) ist komplementär zur der in der Strategieentwicklung dominierenden Market Based View. Die aus den überlegenen Fähigkeiten der humanen Ressourcen resultierenden Wettbewerbsvorteile sind dann nachhaltig, wenn sie nicht abnutzbar, nicht imitierbar, nicht substituierbar und intern transferierbar sind (vgl.

Barney/Arikan 2001, S. 124–188). In der Rolle des strategischen Partners sind schließlich die strategischen Ziele in entsprechende personalpolitische Programme umzusetzen. So wäre es bspw. erforderlich bei der Verfolgung des strategischen Ziels Internationalisierung und bei Vorhandensein von Internationalisierungsdefiziten bei dem bestehenden Personal, die Rekrutierung und die Entwicklung des Personals in einem langfristigen strategischen Programm auf das Internationalisierungsziel auszurichten. Hierüber erhalten dann sämtliche personalpolitische Instrumente eine strategische Dimension.

Daraus resultiert für die Professionalisierung Szenarien- und Strategiefähigkeit sowie die Fähigkeit zur strategischen Analyse von Wettbewerbsvorteilen in humanen Ressourcen.

3.2 Prozessoptimierer und Business Partner

Mit Blick auf die in den Entwicklungstendenzen angesprochene Wertschöpfungsorientierung wird das Personalmanagement als Prozessoptimierer tätig. Es werden Workflows für die personalwirtschaftlichen Teilfunktionen wie die Personalbeschaffung, -auswahl usw. erstellt, die aus möglichst optimierten Prozessen ohne Schnittstellen bestehen. In der Regel ist diese Prozessoptimierung von informationstechnologischer Unterstützung begleitet. Auf diese Weise wird die Administration im Bereich des Personalmanagements immer stärker zurückgefahren und durch Shared Services und Employee Self Service Systeme ersetzt.

In der Entwicklung von der Administration (administrator) über Ordnungsfunktion (police) und Betreuung (advisor) bis zum Wettbewerb (player) lässt sich erkennen, dass der Rolle als strategischer Partner und auch der Entwicklung (Organisations- und Personalentwicklungsmaßnahmen) mehr Bedeutung zukommen wird. Dienstleistungsaufgaben (transactions) wie z.B. Personalbeschaffung und Personalverwaltungsaufgaben wie z.B. Abrechnung werden dagegen an Bedeutung verlieren und teilweise durch Shared Service Centers und Employee Self Services ersetzt.

Als Shared Services werden standardisierbare administrative Aufgaben wie z.B. die Entgeltabrechnung zentral angeboten. Mit Employee Self Services können die Personalstammdaten gepflegt werden oder bspw. auch Personalentwicklungsmaßnahmen bis hin zur Buchung von Kursen, Hotels und Fahrgelegenheiten ohne Unterstützung durch die Personalabteilung durchgeführt werden.

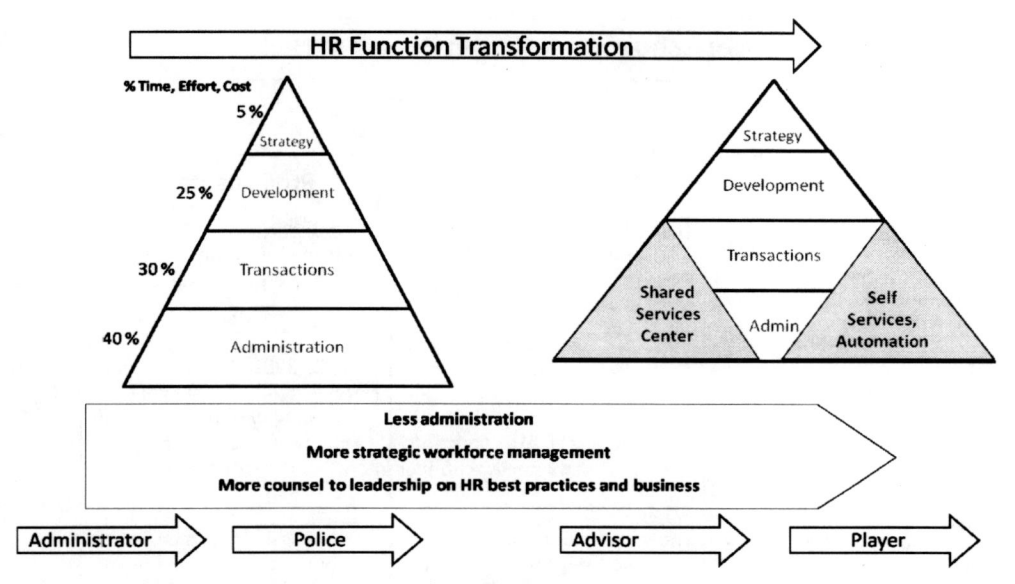

```
                    HR Function Transformation ▶
   % Time, Effort, Cost
              5%
                Strategy                         Strategy
         25%  Development                       Development
                                                 Transactions
         30%  Transactions          Shared                    Self
                                   Services     Admin      Services,
         40%  Administration        Center                 Automation

              ┌──────────────────────────────────────────────┐
              │          Less administration                 │
              │    More strategic workforce management       │▶
              │ More counsel to leadership on HR best practices and business │
              └──────────────────────────────────────────────┘

  Administrator ▷    Police ▷         Advisor ▷         Player ▷
```

Abb. 8: *Entwicklungstendenzen in der Personalarbeit*
Quelle: in Anlehnung an Spencer 1995, S. 17–19.

Für die übrigen Transaktionen fungiert das Personalmanagement als Business Partner. Es werden interne Märkte eingeführt, die sicherstellen sollen, dass Personalleistungen als sekundäre Leistungsprozesse nur dann nachgefragt werden, wenn sie den primären, an den Kunden ausgerichteten Leistungsprozessen dienlich sind. Damit soll erreicht werden, dass Personalleistungen wertschöpfungsorientiert nachgefragt werden. Zur Umsetzung der Wertschöpfungsorientierung wird vor allem auf Cost-, Service- und Profit-Center zurückgegriffen (vgl. Wunderer/v. Arx 1998).

Ausgangspunkt ist in der Regel, Personal als Cost-Center einzurichten. Dabei findet eine innerbetriebliche Leistungsverrechnung auf Grund externer Vergleichspreise statt. Der Leistungsaustausch wird auf der Basis des Kontraktmanagements durchgeführt. Dadurch werden nur solche Leistungen nachgefragt, die sich tendenziell wertschöpfungserhöhend auf den Leistungsprozess auswirken. Dieses Konzept wurde zuerst für typische Personal-Dienstleistungen wie Personalwirtschaft, -erhaltung und -einsatz eingeführt. Ausgenommen von dem dadurch geschaffenen internen Markt für Personal-Dienstleistungen sind lediglich strategisch zentral wichtige Aktivitäten, die mit Blick auf die Abnahme nicht in das Belieben der Kontraktpartner gestellt werden können, wie z.B. einheitliche Maßnahmen für Arbeitssicherheit und -schutz oder eine zentrale Nachfolgeplanung.

Wertschöpfungs-Center Personal		
Cost-Center	**Service-Center**	**Profit-Center**
Funktionen: Personalwirtschaft Managementsysteme Personalerhaltung Personaleinsatz	**Funktionen:** Personalmarketing (Rekrutierung, Austritte)	**Funktionen:** Personalforschung Personalentwicklung
Leistungen: Interne Leistungen	**Leistungen:** Interne, marktfähige Leistungen Kein Zugang zu externem Markt für Anbieter/Nachfrager	**Leistungen:** Marktfähige Leistungen Zugang zu externem Markt für Anbieter / Nachfrager
Ziele: Kostendeckung über interne, nicht verursachungsgerechte Kostenumlage mittels Umlageschlüssel	**Ziele:** Kostendeckung über interne, verursachungsgerechte und kostenorientierte Transferpreise auf Basis der Selbstkosten	**Ziele:** Deckungsbeitragsmax. über intern/extern verrechnete verursachungsgerechte Markt- oder Transferpreise

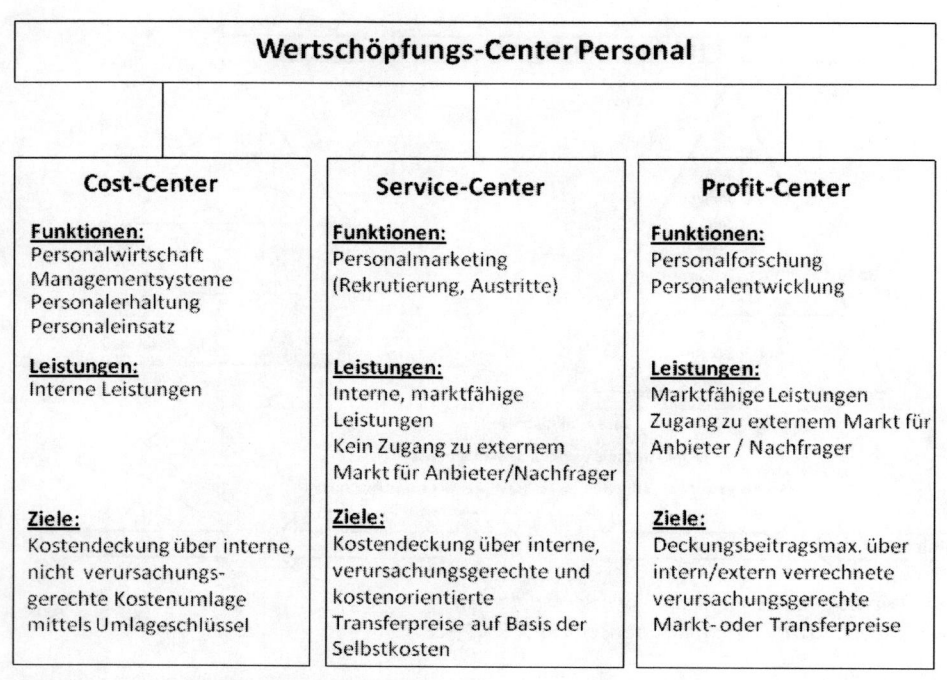

Abb. 9: Personal als Wertschöpfungs-Center

Das Cost-Center kann zum Service-Center weiterentwickelt werden, indem im Center eine Allzuständigkeit eingeführt wird. Der Kunde erhält damit immer einen kompetenten Ansprechpartner, der in der Lage ist, Problemlösungen im gesamten Spektrum der Personal-Dienstleistungen anzubieten. Im Service-Center können weiterhin Service-Standards eingeführt werden und Verrechnungspreise auf der Basis verursachungsgerechter Kosten entwickelt werden.

Schließlich kann ein Profit-Center eingerichtet werden, das im Extremfall in eigenständiger Rechtsform ausgegliedert wird. Zu Beginn der Entwicklung wurden Bereiche wie Personalforschung (Mitarbeiterbefragungen) und -entwicklung (Weiterbildungszentren) und danach ganze Personalabteilungen ausgegliedert. In diesem Modell kann es den Kontraktpartnern freigestellt werden, sich auch auf dem externen Markt zu bedienen. Das Profit-Center Personal führt eine eigene Gewinn- und Verlustrechnung durch und muss sich damit über marktfähige Leistungen behaupten. Diese organisatorischen Varianten erhöhen die Wertschöpfungsorientierung und sorgen dafür, dass der Abnehmer von Personal-Dienstleistungen als Kunde betrachtet wird, auf dessen Wünsche entsprechend einzugehen ist.

Unter Kostengesichtspunkten bietet es sich weiterhin an, nicht jede Personal-Dienstleistung an jedem Standort durch eine eigene Organisationseinheit vorzuhalten. Ein professionelles Service-Center Personal kann Personal-Dienstleistungen für mehrere organisatorische Einheiten oder auch Institutionen erbringen. Damit lässt sich eine Bündelung von Kompetenzen erreichen und entsprechende economies of scale anstreben. Ferner muss nicht jede Personal-Dienstleistung in einer organisatorischen Einheit vorgehalten werden. Auf bestimmte Kernkompetenzen (wie z.B. Mitarbeiterbefragungen) spezialisierte Partner können zu Netzwerken zusammengeschlossen werden, die es ermöglichen, für die jeweiligen Personal-Dienstleistungen den kompetentesten Partner einzubeziehen.

Aus diesen Rollen resultiert für die Professionalisierung eine unternehmerische Grundhaltung, gepaart mit IT-Kenntnissen und Anwendungserfahrungen sowie der Fähigkeit, das Wechselspiel von Zentralisierung und Dezentralisierung von Anwendungen zu beherrschen.

3.3 Systemakteur und Funktionsspezialist

Mit Blick auf das angesprochene Wechselspiel von Zentralisierung und Dezentralisierung resultiert einmal die Rolle, als Systemakteur ganzheitliche Systeme und Verknüpfungen herzustellen. So bedarf es bspw. im Konzern ganzheitlicher Lösungen für die Leistungsbeurteilung und Potentialschätzung, um Vergleiche über die humanen Ressourcen durchführen zu können, und damit das gesamte Potential ausschöpfen zu können. Funktionsübergreifende Aufgaben ergeben sich auch bei unternehmensstrategischen Aktivitäten wie Mergers & Acquisitions, Downsizing etc. (vgl. Friedman/Hatch/Walker 1999). Gleichzeitig muss das Personalmanagement aber auch als Funktionsspezialist fungieren können. In den angeführten Beispielen würde es dann darum gehen, die speziellen verfahrensbezogenen und methodischen Kenntnisse zu haben, um geeignete Systeme der Leistungsbeurteilung und Potenzialschätzung einsetzen oder eine Due Diligence Prüfung und Personalanpassung durchführen zu können. In diesem Zusammenhang ist es auch erforderlich, Personalinnovationen in personalwirtschaftlichen Instrumenten zu verfolgen und beurteilen zu können.

Für die Professionalisierung bedeutet dies, dass in Form eines „Fachgeneralisten" einerseits funktionsspezifische Fachkenntnisse erforderlich sind, die allerdings so eingesetzt werden müssen, dass sie aus einer generellen Anwendungsperspektive Sinn machen.

3.4 Berater und Coach für Führungskräfte und Mitarbeiter

Aus der Bedeutung der Umsetzung strategischer Vorhaben resultiert die Rolle als Berater. Personalmanagement übernimmt eine Beratungsfunktion als Umsetzungshilfe für strategische Programme. Es fungiert als Berater vor Ort, um die Führungskräfte hinsichtlich der einzusetzenden strategischen Programme und operativen Instrumente zu beraten. Da die Führungskräfte einen Großteil der personalwirtschaftlichen Funktionen am Leistungsprozess durchführen müssen, aber nicht immer die entsprechende Professionalisierung besitzen, erhält das Personalmanagement diese beratende und unterstützende Funktion.

Für spezielle Aufgabengebiete fungiert das Personalmanagement auch als Coach. Dabei geht es vor allem um das Einüben bestimmter Fähigkeiten und das Erlernen von Sicherheit in diesen Fähigkeiten. Gerade mit Blick auf spezielle Herausforderungen wie z.B. das Erlernen interkultureller Fähigkeiten ist ein intensives Coaching erforderlich.

Beratungs- und Coachingaktivitäten werden darüber hinaus bei Change-Management-Prozessen erforderlich. Unternehmen sind permanentem Wandel unterworfen, der initiiert und verhaltensorientiert begleitet sowie gesteuert wird. Beratung und Coaching von Seiten des Personalbereichs dient der Vorbereitung des Wandels, dem Abbau von Ängsten und Widerständen sowie der Akzeptanz neuer Strukturen und Verhaltensweisen.

Für die Professionalisierung bedeutet dies, dass verhaltenstheoretische Kenntnisse wichtig sind, die zum Verständnis von Verhalten führen und eine Beratung zur Verhaltensmodifikation zulassen.

3.5 Sozialpartner und Mediator

In kaum einem anderen Land ist Personalmanagement derart verrechtlicht wie in Deutschland. Das System der Arbeitgeber-Arbeitnehmer-Beziehungen sieht auf der tariflichen, aber auch auf der Unternehmensebene und vor allem auf der betrieblichen Ebene Verhandlungen mit Sozialpartnern vor. Das System der Betriebsverfassung ist auf einer sozialpartnerschaftlichen Grundhaltung aufgebaut. Das Personalmanagement ist in der Regel Ansprechpartner für Arbeitnehmervertretungen und nimmt Arbeitgeberfunktionen war. Diese münden in Informationen und Erörterungen, aber auch in Verhandlungen und in Betriebsvereinbarungen, die mitbestimmt sind. Im Rahmen der Betriebsverfassung unterliegen die Sozialpartner einer Friedenspflicht; sie sollen mit dem Willen zur Einigung anstehende Probleme lösen und dabei zu einem Ausgleich ökonomischer und sozialer Interessen kommen.

Bei diesen Verhandlungen geht es vor allem darum, Kompromisse zu finden. Insofern kommt dem Personalmanagement auch die Rolle eines Mediators zu, der auf einen Interessenausgleich bedacht ist, um die Funktionsfähigkeit des Systems zu erhalten. Auf diese Weise kann über Vermittlung eine Einigung erzielt werden. Sollte dies nicht gelingen, ist im Rahmen der Betriebsverfassung bei Mitbestimmungstatbeständen ein Konfliktlösungsmechanismus in Form der Einigungsstelle vorgesehen (vgl. Oechsler/Schönfeld 1989). In diesem Fall müssen Konfliktprozesse kanalisiert werden, um zu einer Einigung zu kommen, so dass ein Spruch der Einigungsstelle die Ultima Ratio darstellt.

Mit Blick auf die Professionalisierung des Personalmanagements bedeutet dies Kenntnisse in Verhandlungstechnik, Fähigkeiten zum Finden von Kompromissen sowie Konflikt- und Konsensfähigkeit.

4. Konsequenzen: Personalorganisation, Ausbildung, Rekrutierung und Entwicklung

Zur Wahrnehmung der dargestellten Rollen des Personalmanagements ist eine Personalorganisation erforderlich, die bestimmten organisatorischen Einheiten derartige Rollen zuweist. Dabei sind die differenzierten Professionalisierungsaspekte etwa wie folgt angesiedelt:

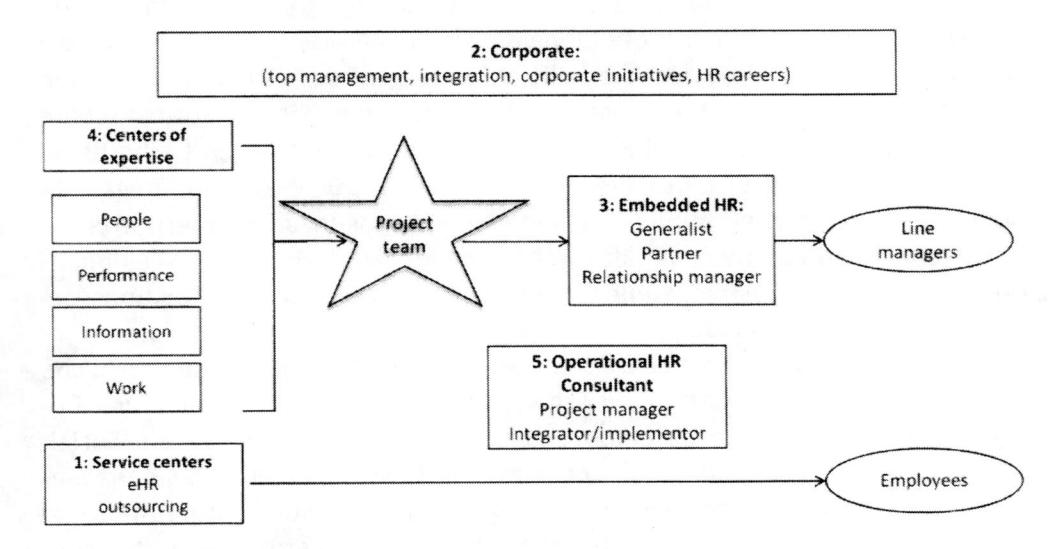

Abb. 10: Organisation professionalisierter Personalarbeit
Quelle: Ulrich et al. 2009, S. 185.

1. Service-Center: stellen die standardisierbaren Dienstleistungen bereit, die elektronisch, vor allem über Employee Self Services abgewickelt werden und auch gänzlich nach außen vergeben werden können.
2. Corporate: Für die Unternehmensspitze sind die Fähigkeiten des Top-Management zu Strategiebildung relevant (dynamic capabilities) in Form von Analysen für Wettbewerbsvorteile und der Entwicklung entsprechender strategischer Innovationen, wie z.B. Nachfolgeplanung. Hier ist die Rolle des strategischen Partners angesprochen.
3. Embedded HR: wird der Entwicklung gerecht, dass die Führungskräfte als Personalverantwortliche fungieren, die vor Ort Unterstützung und Beratung/Coaching benötigen. Dies erfordert auch sozialpartnerschaftlichen Umgang in den Arbeitnehmervertretungen.
4. Centers of Expertise: arbeiten als Funktionsspezialisten für die Planung, Auswahl und Entwicklung von Mitarbeitern sowie für die Leistungserbringung und Vergütung. Weiterhin kümmern sie sich um Mitarbeiterinformation und Arbeitsgestaltung.
5. Operational HR: bezieht sich auf alle Transaktionen von Personaldienstleistungen, die kundenorientiert auf der Grundhaltung des Business Partners wahrgenommen werden.

Die Tätigkeiten in diesen organisatorischen Einheiten erfordern unterschiedliche Kenntnisse und Fähigkeiten. Für die Ausbildung resultieren aus den Entwicklungstendenzen der Professionalisierung neue Anforderungen (vgl. Torrington/Hall/Taylor 2005). Um die Rolle als strategischer Partner wahrnehmen zu können, sind Kenntnisse in Unternehmensführung, insbes. strategischem Management erforderlich. Die Rolle des Business Partners berührt eine Reihe von betriebswirtschaftlichen Grundkenntnissen wie z.B. Wertschöpfungsrechnung, Geschäftsprozessoptimierung und kundenbezogenes Dienstleistungsmanagement. Dazu kommen die klassischen personalwirtschaftlichen Teilfunktionslehren, die vom Systemakteur aus integrativer Sicht und vom Funktionsspezialisten differenziert bis zu den Instrumenten beherrscht werden müssen. Dieser Bereich von Fachwissen und Kenntnissen wird ergänzt durch überfachliche Fähigkeiten, die dem Aufbau und Erhalt des Humankapitals (Berater und Coach) sowie der Kanalisierung und Beilegung von Interessenkonflikten (Sozialpartner und Mediator) dienen. In der allgemeinen Managementausbildung bietet es sich deshalb an, vor allem die strategischen und leistungsprozessbezogenen Kenntnisse sowie die überfachlichen Fähigkeiten zu vermitteln. Instrumentelle Kenntnisse in den personalwirtschaftlichen Teilfunktionslehren bieten sich für eine Spezialisierung im Personalmanagement an.

Die Rekrutierung von Mitarbeitern im Personalmanagement hat damit betriebswirtschaftlich ausgebildete Absolventen im Fokus, wird allerdings arrondiert durch rollenspezifische Spezialisten z.B. aus dem Arbeitsrecht (Sozialpartner und Mediator), der Organisationspsychologie oder Wirtschaftspädagogik (Berater und Coach). Aufgrund dieser relativen Offenheit der Profession kommt der Personalentwicklung eine herausragende Bedeutung zu. Da jede Rolle strategisch und wertschöpfungsorientiert wahrgenommen werden muss, sind alle Akteure im Personalmanagement entsprechend zu entwickeln. Der größte Entwicklungsbedarf dürfte nach wie vor bei den Führungskräften bestehen, die immer mehr Personalverantwortung übernehmen. In dieser Hinsicht würde es sich anbieten, Kenntnisse und Fähigkeiten im Human Resource Cycle als Grundlage in einem Führungsmodul in den Wirtschafts-, Sozial-, Natur- und Ingenieurwissenschaften zu vermitteln.

Literatur

Ashburner, L. (1993): Impact of Technological and Organisational Change, in: Personnel Review, 19, Heft 2, S. 16–20.

Barney, J.B./Clark, D.N. (2007): Resource-based theory creating and sustaining competitive advantage. New York.

Barney, J.B./Arikan, A. (2001): The Resource-Based View: Origins and Implications, in: Hitt, M.A./Freeman, R.E./Harrison, J.S. (Hrsg.): The Blackwell Handbook of Strategic Management, Oxford, S. 124–188.

Beyer, J./Metz, T. (1995): Professionalisierungspfade des Personalwesens, in: Wächter, H./Metz, T. (Hrsg.): Professionalisierte Personalarbeit? Perspektiven der Professionalisierung des Personalwesens. München/Mering. S. 185–206.

Dilger, A. (2010): Professionelle Personaler zwischen Rationalisierung und allgemeinem Management: Professionalisierung ohne Bildung einer eigenen Profession, in: Zeitschrift für Management, Heft 3, S. 207–219.

Domnik, E./Seisreiner, A./Wagner, D. (1996): Zur Professionalisierung der Personalfunktion – Konzeptionelle Überlegungen und empirische Befunde in ostdeutschen Unternehmen, in: Becker,M./Lang, R./Wagner, D. (Hrsg.): Sechs Jahre danach – Personalarbeit in den neuen Bundesländern. München/Mering. S. 352–379.

Eisenhardt, K.M./Martin, J.A. (2000): Dynamic Capabilities: What Are They?, in: Strategic Management Journal, Vol. 21, The Evolution of Firm Capabilities, S. 1105–1121.

Friedman, B.S./Hatch J.A./Walker D.M. (1999): Mehr-Wert durch Mitarbeiter: Wie sich Human Capital gewinnen, steigern und halten lässt. Neuwied.

Oechsler, W.A. (2011): Personal und Arbeit. 9. Auflage, München.

Oechsler, W.A. (2005): Personalforschung als Ad-hoc-Aktionismus – Der Personalmanagement-Professionalisierungs-Index der DGFP, in: Zeitschrift für Personalforschung, Heft 2, S. 107–119.

Oechsler, W.A./Schönfeld, T. (1989): Die Einigungsstelle als Konfliktlösungsmechanismus – Eine Analyse der Wirkungsweise und Funktionsfähigkeit. Neuwied/Frankfurt a.M.

Schartner, H. (1990): Eine neue Rolle des Personalwesens bei BMW? Die Führungskraft als Personalverantwortlicher, in: Personalführung, Heft 1, S. 32–37.

Scholz, Ch. (2010): Was eigentlich ist „gutes" Personalmanagement? Einige Anregungen zur Professionalisierungsdebatte, in: Zeitschrift für Management, Heft 3, S. 221–252.

Spencer, L.M. (1995): Reengineering Human Resources: Achieving Radical Increases in Service Quality, Chichester.

Torrington, D./Hall, L./Taylor, S. (2005): Human Resource Management, 5. Auflage, London.

Tichy, N.M./Fombrun, C.J./Devanna, M.A. (1982): Strategic Human Resource Management, in: Sloan Management Review, Vol. 23, Issue 2, S. 47–61.

Ulrich, D. (1997): Human Resource Champions. The next agenda for adding value and delivering results. Boston.

Ulrich, D. et al. (2009): HR transformation: building human resources from the outside in. New York.

Wächter, H. (1987): Professionalisierung im Personalbereich, in: Die Betriebswirtschaft, Heft 2, S. 141–150.

Wunderer, R./v. Arx, S. (1998): Personalmanagement als Wertschöpfungs-Center: integriertes Organisations- und Personalentwicklungskonzept. Wiesbaden.

Strategisches Kompetenzmanagement zur Förderung von Beratungskompetenzen in der Bundesagentur für Arbeit

Michael Kühn, Beatrix Behrens

1. Einleitung

Die Bundesagentur für Arbeit (BA) ist die größte Dienstleisterin am deutschen Arbeitsmarkt. Hauptaufgabe der rund 110 000 Mitarbeiterinnen und Mitarbeiter ist – neben der Zahlung von Lohnersatzleistungen – die Vermittlung in Arbeit und Ausbildung. Zu diesem Zweck werden jugendliche und erwachsene Arbeitnehmerinnen und Arbeitnehmer sowie Arbeitgeberinnen und Arbeitgeber telefonisch oder im persönlichen Kontakt informiert und beraten. Dies erfordert nicht nur vertiefte fachliche Kenntnisse, sondern vor allem auch ein hohes Maß an beraterischer Kompetenz bei den Mitarbeiterinnen und Mitarbeitern.

Diese Kompetenzen gilt es, gezielt zu fördern und zu erhalten, um einen hohen Qualitätsstandard in der Beratung der Kunden sicherzustellen und damit zur Leistungsfähigkeit der Organisation insgesamt beizutragen. Über die Förderung einer hohen beraterischen Kompetenz werden auch wichtige Impulse für den Beitrag der BA zum Gemeinwohl (Public Value) erwartet. Die BA setzt dies anhand eines strategischen Kompetenzmanagements um, das im Zuge der umfassenden Reform der BA vor einigen Jahren aufgebaut wurde und mittlerweile etabliert ist.

Unter Punkt 2 wird das Personalentwicklungssystem der BA zur Umsetzung des strategischen Kompetenzmanagements beschrieben. Punkt 3 geht auf verschiedene Maßnahmen zum Erwerb und Erhalt von Beratungskompetenzen bei den Mitarbeiterinnen und Mitarbeitern ein.

2. Kompetenzmanagement in der BA

Kompetente Beschäftigte werden zunehmend als entscheidender Faktor für den Erfolg von Organisationen gesehen. Das Erreichen der strategischen und geschäftspolitischen Ziele einer Organisation hängt maßgeblich von der Leistungsfähigkeit und Motivation der Mitarbeiterinnen und Mitarbeiter ab.

Dabei rücken die Qualifikationen der Beschäftigten im Sinne von einmal erworbenen und zertifizierten Wissensbeständen immer stärker in den Hintergrund, während die Fähigkeit, sich in neuen und komplexen Situationen selbst zu organisieren, als entscheidende Ressource bei der Bewältigung künftiger Anforderungen gesehen wird. Während in der Vergangenheit ausschlaggebend war, welche Abschlüsse und Zertifikate jemand mitbringt, richtet sich heute der Blick auf die Fähigkeiten, Fertigkeiten und Einstellungen, über die jemand verfügt, um die an ihn gestellten Anforderungen kreativ bewältigen zu können. Dies gilt umso mehr, je komplexer, dynamischer und unvorhersehbarer sich die gesellschaftlichen, wirtschaftlichen und politischen Rahmenbedingungen gestalten. Vor allem die Entwicklung hin zu einer Informationsgesellschaft stellt veränderte Anforderungen an die Arbeitskräfte. Was heute gefordert wird, kann morgen schon überholt sein. Von den Mitarbeiterinnen und Mitarbeitern wird erwartet, sich in dieser rasch verändernden Arbeitswelt zurechtzufinden und anhand der fachlichen, aber vor allem auch personalen und sozialen Fähigkeiten Probleme selbstorganisiert zu lösen. Um die dafür notwendigen Voraussetzungen eines Individuums zu beschreiben, wird immer mehr auf den Kompetenzbegriff rekurriert.

Die BA ist von diesen Entwicklungen in zweifacher Hinsicht betroffen, zum einen als Dienstleisterin am Arbeitsmarkt im Hinblick auf die Kundinnen und Kunden, zum anderen als Arbeitgeberin im Hinblick auf das eigene Personal. Als Letztere hat die BA dieser Entwicklung durch die Einführung eines systematischen Kompetenzmanagements im Rahmen eines integrativen Personalmanagementansatzes Rechnung getragen.

Unter „Kompetenz" wird in der BA die Gesamtheit von Wollen, Wissen und Können der einzelnen Mitarbeiterin und des einzelnen Mitarbeiters verstanden. Kompetenzen umfassen damit Leistungsmotivation, Fähigkeiten, Fertigkeiten, Wissen und Werte. Als „Dispositionen selbstorganisierten Handelns" (Erpenbeck und v. Rosenstiel 2003, S. XV) zeigen sich Kompetenzen in der Auseinandersetzung mit konkreten Anforderungen in der Praxis, vor allem im Umgang mit neuen, komplexen Situationen.

In einem kompetenzbasierten Personalentwicklungssystem ist entscheidend, wie die Kompetenzen der Mitarbeiterin und des Mitarbeiters zu den auf einem bestimmten Dienstposten geforderten Kompetenzen passen, zunächst unabhängig davon, auf welchem Wege die Kompetenzen erworben wurden. Im Gegensatz zu Qualifikationen können Kompetenzen auch informell erworben werden, z.B. in der Freizeit, durch Kindererziehung oder durch Erfahrungen im Berufsleben. Damit öffnet sich der Blick auf ein vielfältiges Potential, das es im Hinblick auf den demografischen Wandel zu erschließen gilt.

Dementsprechend war ein entscheidender Aspekt der Reform der BA das Verlassen des Wegesystems für den beruflichen Aufstieg, das sich an Formalqualifikationen und starren Zulassungsvoraussetzungen orientiert hatte. Gleichzeitig öffnete sich die BA stärker für Seiteneinsteiger. Personalbeschaffung und -entwicklung wurde dadurch durchlässiger und flexibler.

Zum Aufbau eines strategischen Kompetenzmanagements wurde – basierend auf der strategischen Ausrichtung der BA – ein Kompetenzmodell entwickelt, in dem die in der BA relevanten Kompetenzen beschrieben und systematisiert sind. Dazu wurden die für die Institution im Hinblick auf ihren Aufgaben und Strategien maßgeblichen Kernkompetenzen (institutionelle Ebene) in individuelle Kompetenzen, die auf Mitarbeiterebene vorhanden sein müssen (individuelle Ebene), übersetzt.

In Anlehnung an Erpenbeck werden sämtliche Kompetenzen in folgende vier Kategorien eingeteilt:

- fachlich-methodische Kompetenz: die individuellen Voraussetzungen, sich selbstorganisiert fachliches Wissen anzueignen und es zur Lösung komplexer Probleme kreativ und angemessen einzusetzen;
- sozialkommunikative Kompetenz: die individuellen Voraussetzungen, mit anderen zu kommunizieren und zu kooperieren und sich mit ihnen auseinanderzusetzen;
- personale Kompetenz: die individuellen Voraussetzungen, sich selbst zu reflektieren und weiter zu entwickeln und mit den eigenen Emotionen, Werthaltungen etc. angemessen umzugehen;
- Aktivitäts- und Umsetzungskompetenz: die individuellen Voraussetzungen, willensstark und aktiv alle anderen Kompetenzen zu nutzen, um angestrebte Ziele auch gegen Widerstände zu erreichen.

Diesen vier Grundkompetenzen werden jeweils spezifische Teilkompetenzen zugeordnet.

Grundkompetenzen	Teilkompetenzen
Personale Kompetenz	Belastbarkeit Lern- und Kritikfähigkeit Vertrauens-/Glaubwürdigkeit *)
Aktivitäts- und Umsetzungskompetenz	Zielorientierung Ergebnisorientierung/Umsetzungsstärke Veränderungskompetenz/Initiative
Fach-/Methodenkompetenz	Sorgfalt/Gewissenhaftigkeit Planung Problemlösung Delegation *)
Sozialkommunikative Kompetenz	Kundenorientierung Mitarbeiterorientierung *) Teamfähigkeit Diskussion/Argumentation Persönliche Beratung

3 Ausprägungsgrade (+, ++, +++)

*) nur bei Führungskräften

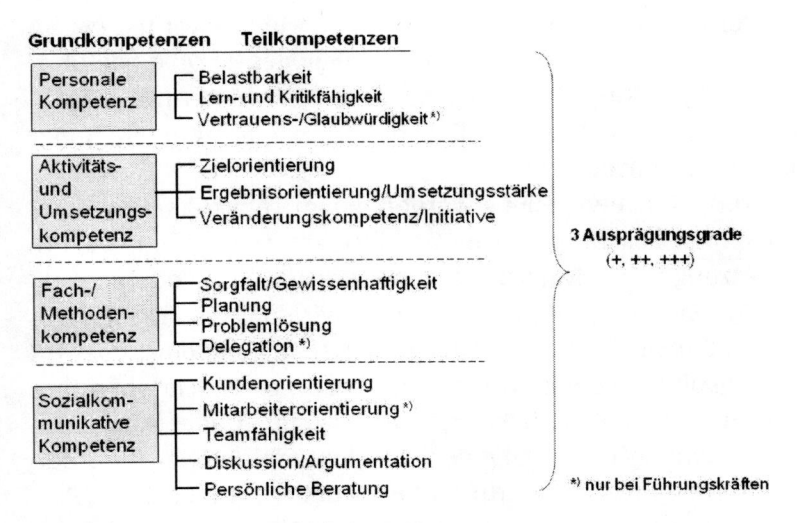

Abb. 1: Das Kompetenzmodell der BA

Sämtliche Personalentwicklungsprozesse, von der Rekrutierung und Auswahl der Mitarbeiterinnen und Mitarbeiter, über die Entwicklung und Qualifizierung bis hin zum Performance Management und dem Bezahlungssystem, bauen auf diesem Kompetenzmodell auf. Organisationsentwicklung und Personalentwicklung sind damit eng verzahnt, wodurch das Personalmanagement entscheidend zum Erfolg der Organisation beiträgt.

In den Dienstpostenbeschreibungen, zusammengefasst in sogenannten Tätigkeits- und Kompetenzprofilen, werden die für eine Tätigkeit relevanten Aufgaben sowie die notwendigen Teilkompetenzen beschrieben. Dabei wird angegeben, welche Teilkompetenzen bei der jeweiligen Tätigkeit überhaupt relevant sind und welcher Ausprägungsgrad gefordert ist. Dieses Soll-Profil wird bei der Personalrekrutierung und -auswahl, bei den Mitarbeitergesprächen und der Mitarbeiterbeurteilung sowie dem Einsatz von Personalentwicklungsinstrumenten zugrunde gelegt.

Die damit hergestellte Transparenz über die Anforderungen und Erwartungen der Organisation an ihre Mitarbeiterinnen und Mitarbeiter schafft nicht nur ein einheitliches Verständnis, sondern unterstützt darüber hinaus die Führungskräfte in ihrer Rolle als Personalentwickler, fördert das Vertrauen der Mitarbeiterinnen und Mitarbeiter in die Personalpolitik des Unternehmens und trägt zur Mitarbeitermotivation und -bindung bei. Gleichzeitig wird die bundesweite Vergleichbarkeit von Personalmaßnahmen gefördert. Nicht zuletzt wird dadurch das Image der Organisation positiv beeinflusst und über eine gesteigerte Arbeitgeberattraktivität in Zeiten des „war for talents" ein weiterer Beitrag zum Erfolg der Organisation geleistet.

Zur systematischen Beurteilung und Förderung der Kompetenzen und Entwicklungspotentiale der einzelnen Mitarbeiterinnen und Mitarbeiter hat die BA 2007 das Instrument des Leistungs- und Entwicklungsdialoges (LEDi) eingeführt. In regelmäßigen Abständen führen Führungskraft und Mitarbeiterin bzw. Mitarbeiter einen Dialog auf Basis des LEDi. Das Instrument besteht aus einer Leistungs- und einer Kompetenzbeurteilung.

Im Rahmen der Kompetenzbeurteilung werden die im Tätigkeits- und Kompetenzprofil beschriebenen Teilkompetenzen und ihre geforderten Ausprägungen mit den Voraussetzungen der Mitarbeiterin oder des Mitarbeiters abgeglichen (Soll-Ist-Vergleich). Werden Potentiale oder Entwicklungsbedarfe festgestellt, werden in einem Entwicklungsplan unter Berücksichtigung der in der BA definierten Entwicklungspfade die vereinbarten Maßnahmen beschrieben (horizontale oder vertikale Personalentwicklungsmaßnahmen). Dabei wird auch die persönliche Lebens- und Berufsplanung der Mitarbeiterin und des Mitarbeiters berücksichtigt (z.B. Vereinbarkeit Beruf und Privatleben). Da auch die Personalentwicklungsinstrumente der BA auf dem Kompetenzmodell aufbauen

(Welche Kompetenzen können durch welche Maßnahme besonders gut gefördert werden?), können die Entwicklungsmaßnahmen individuell und gezielt auf die einzelne Mitarbeiterin und den einzelnen Mitarbeiter zugeschnitten werden. Dies erschließt als Teil eines Diversity Managements die vielfältigen Potenziale z.B. von Frauen oder älteren Beschäftigten. Potenzialträgerinnen und Potenzialträger können somit gezielt gefördert und Nachfolgeplanung systematisch betrieben werden.

Neben der Kompetenzbeurteilung werden in der Leistungsbeurteilung die seit dem letzten LEDi gezeigten Leistungen bewertet und die Leistungserwartungen für die Zukunft formuliert. Dies erfolgt für Führungskräfte und Mitarbeiter jeweils in unterschiedlicher Ausformung. Basis bilden die Aufgabenbeschreibung in den Tätigkeits- und Kompetenzprofilen sowie die Grundsätze für Führung und Zusammenarbeit der BA. Das Ergebnis der Leistungsbeurteilung ist ausschlaggebend für die Auszahlung von erfolgsabhängigen Gehaltsbestandteilen bei außertariflich Beschäftigten sowie von Leistungsprämien beim übrigen Personal. Der LEDi verknüpft damit Führen über Zielvereinbarungen mit Potentialerkennung und -förderung und Leistungsmanagement und stellt somit die zentrale Drehscheibe für das Personalmanagement einschließlich Kompetenzmanagement der BA dar.

Abbildung 2 gibt einen Überblick über das Personalentwicklungssystem der BA mit den einzelnen, miteinander verknüpften Bausteinen.

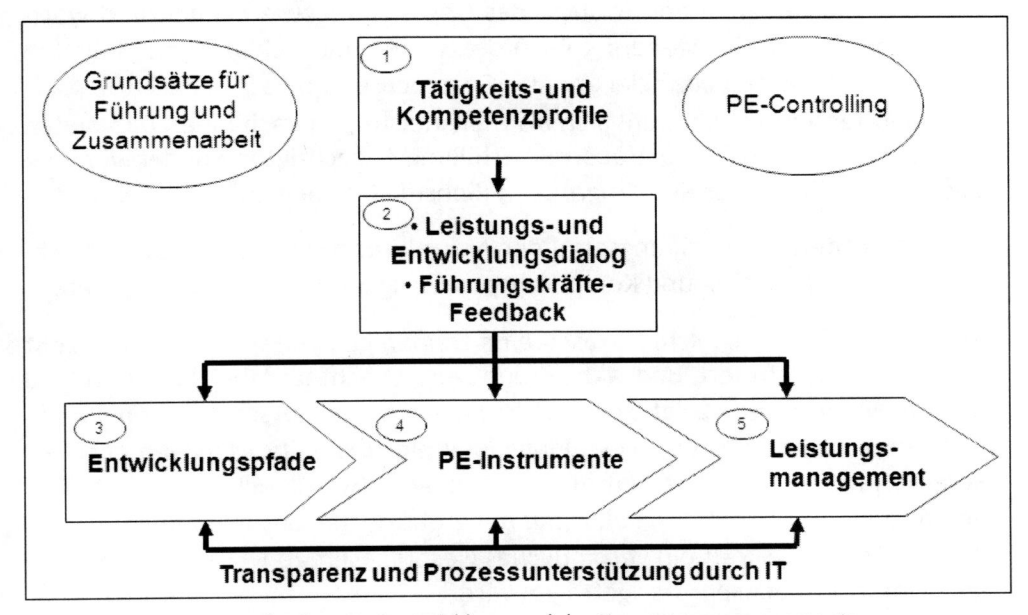

Abb. 2: Gesamtsystem der Personalentwicklung und des Kompetenzmanagements

3. Beratungskompetenzen in der BA

Eine hohe Dynamik in den Veränderungen u.a. auf dem Arbeitsmarkt und im Bildungsbereich führt zu gesteigertem Beratungsbedarf bei sämtlichen Kundengruppen der BA. Zahlreiche international vergleichende Länderstudien im Auftrag von OECD, EU etc. zeigen, dass aktuell hohe Erwartungen an Beratungsdienstleistungen in den Bereichen Bildung, Beschäftigung und Beruf bei den verschiedenen Nutzergruppen bestehen. Die stetige Verbesserung und Professionalisierung der Beratungsdienstleistungen stellt für die BA deshalb ein wichtiges Handlungsfeld dar.

Seit der Reform der BA wird dies explizit formuliert und findet sich in den übergreifenden geschäftspolitischen Zielen der BA wieder („Beratung und Integration nachhaltig verbessern" sowie „Hohe Kundenzufriedenheit erzielen").

Neben den fachlichen Kompetenzen sind für eine hohe Beratungsqualität vor allem die sozial-kommunikativen Kompetenzen entscheidend. Auf der individuellen Ebene, in den Tätigkeits- und Kompetenzprofilen, werden die entsprechenden Anforderungen an die Mitarbeiterinnen und Mitarbeiter unter den sozial-kommunikativen Kompetenzen mit den Teilkompetenzen „Persönliche Beratung" und „Kundenorientierung" abgebildet. Dabei werden die beiden Teilkompetenzen folgendermaßen operationalisiert:

- Persönliche Beratung: schafft vertrauensvolle Arbeitsatmosphäre; ist in der Lage, die individuelle Bedürfnislage des Gegenübers zu erkennen und wertschätzend darauf einzugehen; geht professionell mit „schwierigen" Inhalten um; behält dabei stets das Ziel und das Gesprächsergebnis im Auge.
- Kundenorientierung: versteht sich als Dienstleister/-in nach innen und außen und zieht persönlich Erfolg aus der Erfüllung berechtigter Kundenwünsche auch unterschiedlicher Kundengruppen (Sensitivität nach außen).

Der geforderte Ausprägungsgrad der Anforderungen an die Beratungsfachkräfte wird im Tätigkeits- und Kompetenzprofil folgendermaßen beschrieben:

- Persönliche Beratung: schafft rasch eine tragfähige Arbeitsatmosphäre; geht behutsam, strukturiert und aktivierend vor; beachtet dabei Situation und Person angemessen; zeigt Sensitivität gegenüber unterschiedlichen Personengruppen und geht auf diese individuell ein (Diversity Management); erkennt und bearbeitet Themen mit emotionalem Gehalt sicher und mit „Fingerspitzengefühl"; legt den Fokus auf das Ziel bzw. die Lösung und schafft es, mit Überzeugungskraft ein verbindliches Gesprächsergebnis herzustellen, das auch vom Gesprächspartner getragen wird.

- **Kundenorientierung:** erkennt auch unausgesprochene Bedürfnisse unterschiedlicher Kunden; schafft schnelle und zielgerichtete Lösungen unter Abwägung des beiderseitigen Nutzens, der Kosten und des Marktumfelds; berät Kunden professionell; versteht die individuelle Kundenzufriedenheit als ein wichtiges Ziel.

Zur Unterstützung der Führungskräfte bei der Kompetenzbeurteilung sind zusätzlich beispielhafte Verhaltensanker für erwünschtes und unerwünschtes Verhalten je Teilkompetenz formuliert.

Die Tätigkeits- und Kompetenzprofile stellen – wie unter Punkt 1 beschrieben – u.a. die Grundlage für die Einarbeitung neuer Mitarbeiterinnen und Mitarbeiter sowie deren bedarfsgerechte Qualifizierung dar.

3.1 Strukturierte und systematische Einarbeitung von neuen Mitarbeiterinnen und Mitarbeitern mit Beratungsaufgaben

Für alle Kernaufgaben der BA existieren Standards für die Einarbeitung neuer Mitarbeiterinnen und Mitarbeiter. So steht auch für den Bereich „Beratung und Vermittlung" ein systematischer Ablauf für eine fundierte Grundqualifizierung der Beschäftigten zur Verfügung.

Orientiert an einer idealtypischen Grundqualifizierung wird unter Berücksichtigung der Vorkenntnisse und der Berufserfahrung der bzw. des Beschäftigten der individuelle Qualifizierungsbedarf im Dialog mit der Führungskraft identifiziert und mit Unterstützung des Bereiches Personalentwicklung umgesetzt.

Im Rahmen der Grundqualifizierung für Fachkräfte mit Beratungsaufgaben werden verschiedene Personalentwicklungsinstrumente gezielt zum Auf- bzw. Ausbau der gemäß der Tätigkeits- und Kompetenzprofile geforderten Kompetenzen eingesetzt und in einem Entwicklungsprozess verknüpft. Dabei wird verstärkt Blended Learning genutzt.

So sind die einzelnen Kompetenzentwicklungsschritte in einer sachlogisch aufeinander aufbauenden Reihenfolge angeordnet. Die verschiedenen Bausteine wie z.B. Begrüßungsworkshop, Seminare, Hospitationsphasen, Selbstlernangebote und Workshops bilden einen Gesamtprozess. Selbstorganisiertes und -gesteuertes Lernen sowie die Bildung von Netzwerken und Lernpatenschaften sind weitere wesentliche Bestandteile des Entwicklungsprozesses der neuen Mitarbeiterinnen und Mitarbeiter im Rahmen der Grundqualifizierung.

Im Vordergrund der Einarbeitung steht dabei nicht nur die Vermittlung von Basis- und Fachwissen sowie notwendiger IT-Kenntnisse, sondern vor allem auch die Vermittlung von Methoden und Techniken für die Durchführung professioneller Beratungsgespräche. Dies geschieht im Rahmen von Workshops praxisbezogen und fallorientiert, mit der Möglichkeit, die vorhandenen Kompetenzen und Ressourcen der neuen Mitarbeiterinnen und Mitarbeiter individuell zu fördern und gezielt weiter zu entwickeln. Raum für die Reflexion des eigenen Beratungshandelns unterstützt diesen individuellen Ansatz und fördert selbstorganisiertes Lernen sowie Problemlösen.

Die zwischen den Seminaren und Workshops stattfindenden Hospitationsphasen, welche zu einem fortgeschrittenen Zeitpunkt der Einarbeitung die Durchführung erster assistierter Beratungsgespräche beinhalten, fördern den Transfer des Gelernten an den Arbeitsplatz. Darüber hinaus wird neben der Transferförderung der Erkenntnis Rechnung getragen, dass sich Kompetenzen vor allem in der Auseinandersetzung mit praktischen Herausforderungen entwickeln. In den Hospitationsphasen werden die neuen Mitarbeiterinnen und Mitarbeiter durch eine erfahrene Mitarbeiterin als Patin bzw. einen erfahrenen Mitarbeiter als Paten intensiv begleitet und unterstützt.

Nachfolgend werden zwei institutionelle Qualifizierungsprogramme vorgestellt, die neben der Erweiterung der Fach- und Methodenkompetenz vor allem auch die Weiterentwicklung der sozial-kommunikativen Kompetenzen der Beschäftigten mit Beratungsaufgaben im Umgang mit Arbeitssuchenden, Arbeitslosen und Jugendlichen sowie Arbeitgeberinnen und Arbeitgebern im Fokus haben.

3.2 Verbesserung von Beratung und Integration in der Arbeitsvermittlung und Berufsberatung der BA

Die Steigerung der Beratungsqualität in der BA dient nicht nur der besseren Zielerreichung bei den Integrationen in den Arbeitsmarkt, sondern unterstreicht auch nachdrücklich den präventiven Ansatz der BA. Neben der Beratung als integralem Bestandteil des Vermittlungsgeschäfts hält die BA für Jugendliche und Erwachsene ein allgemeines Angebot der beruflichen Beratung vor.

Mit der 2009 eingeführten neuen BA-Beratungskonzeption verfügt die BA über einen auf die neuen Anforderungen abgestimmten, in einheitlicher Struktur erstellten und fachwissenschaftlich fundierten Referenzrahmen für Beratung. Dieser ist Voraussetzung für die Aufgabenerledigung der Mitarbeiterinnen und Mitarbeiter im Umgang mit Jugendlichen wie Erwachsenen, Arbeitslosen wie Beschäftigten, behinderten wie nicht behinderten Menschen und dient der Verständigung über Qualitätsstandards der Beratung innerhalb der BA.

Auf Basis des fachlichen Konzepts der BA-Beratungskonzeption erfolgte 2009 und 2010 die Qualifizierung aller Beratungs- und Vermittlungsfachkräfte sowie der Teamleiterinnen und Teamleiter im Bereich Beratung/Vermittlung.

Das Qualifizierungskonzept zeichnet sich analog der Grundqualifizierungssystematik durch einen zielgerichteten Prozess der Kompetenzentwicklung aus. Praxisorientierte Präsenzveranstaltungen mit einem vorbereitenden Reader als klassisches Selbstlernmedium und E-Learning in Form eines Web-Based-Training werden didaktisch sinnvoll verknüpft. Die stattfindenden Workshops sind handlungsorientiert aufgebaut und legen den Schwerpunkt auf die Reflexion und Verbesserung des eigenen Beratungshandelns.

3.3 Verbesserung der Vertriebsorientierung im Arbeitgeber-Service der BA

Ziel dieser Qualifizierung ist es, den Ergebnisbeitrag der Arbeitgeberorientierung spürbar zu erhöhen.

Die Anforderungen an die Vertriebsorientierung in der BA sowie die ihr zugrunde liegenden vertriebsorientierten Methoden und Kompetenzen leiten sich direkt aus den geschäftspolitischen Zielen, dem daraus resultierenden Steuerungssystem und den Geschäftsprozessen ab. Die systematische Arbeit mit Arbeitgeberinnen und Arbeitgebern ist über den kurzfristigen Ergebnisbeitrag hinaus auf nachhaltige und erfolgsfähige Kundenbeziehungen ausgerichtet.

Fach- und Führungskräfte müssen somit neben den rein fachlichen Anforderungen für vertriebsorientiertes Handeln insbesondere die für eine erfolgreiche Kundenbeziehung erforderlichen Kompetenzen und Methoden im sozialkommunikativen Bereich mitbringen. Die Qualifizierung zur Vertriebsorientierung beinhaltet deswegen einen gesteuerten Methodenmix aus Planspiel, Basis-, Verstetigungs- und Vertiefungsqualifizierungen, World Café, Hotline-Unterstützung, Kurztrainingssequenzen vor Ort und regelmäßig erscheinenden Newslettern.

3.4 Praxisberatung

Zur kontinuierlichen Förderung und Weiterentwicklung beraterischer Kompetenzen im Anschluss an die Qualifizierungsprogramme nutzt die BA das Instrument „Praxisberatung". Alle Beschäftigten mit Beratungsaufgaben haben die Möglichkeit, sich in regelmäßigen Abständen in Gruppen von sechs bis zehn Personen zusammenzufinden und unter Moderation einer Praxisberaterin oder eines Praxisberaters schwierige Situationen aus dem Arbeitsalltag zu reflektieren. Dabei kann maßgeschneidert auf die individuellen Kompetenzen der Teilnehmerinnen und Teilnehmer eingegangen und eine persönliche Weiterentwicklung angestoßen werden. Die Rolle der Praxisberaterinnen und Praxisberater übernehmen Mitarbeiterinnen und Mitarbeiter, die dafür intern, durch Psychologinnen und Psychologen der BA, in einer einjährigen Maßnahme ausgebildet wurden.

3.5 Fallmanagementausbildung mit Zertifizierung an der FBA

Beschäftigten in den Arbeitsgemeinschaften (ARGEn) bzw. Job-Center, die als Fallmanagerinnen und Fallmanager tätig sind, steht ein spezielles Qualifizierungsangebot zur Verfügung. Neben fachlichen Themen liegt dabei der Schwerpunkt der Qualifizierung im Bereich Methodik der Beratung einschließlich Beratung von Kundinnen und Kunden mit multiplen Vermittlungshemmnissen. Dazu werden vor allem die Instrumente „Supervision/Selbstreflexion" sowie selbstorganisierte „kollegiale Beratung" genutzt. Zudem werden Aufbaumodule wie Arbeitsvermittlung und Beschäftigungsorientierung, Diversity, Gesundheitsorientierung und Interkulturelle Arbeit angeboten. Fakultative Module wie Psychosoziale Beratung und Integrationsberatung bei Suchtkranken runden das Angebot ab.

Die Fallmanagerinnen und Fallmanager haben die Möglichkeit einer Zertifizierung. Durch Kooperation mit der Deutschen Gesellschaft für Care und Case Management (DGCC) ist es der BA gelungen, das Qualifizierungsniveau entsprechend den Standards der DGCC auszurichten. Der BA-eigene Bildungsdienstleister „Führungsakademie" ist als Institut zertifiziert. Im Rahmen der Qualifizierung werden überwiegend zertifizierte Ausbilderinnen und Ausbilder eingesetzt.

3.6 Rekrutierung

Für die Wahrnehmung dieser verschiedenen Beratungsaufgaben in der BA werden die Beschäftigten auf unterschiedlichen Wegen rekrutiert. Neben der internen Entwicklung und Rekrutierung geeigneter Mitarbeiterinnen und Mitarbeiter mit entsprechendem Potenzial und der Rekrutierung externer Bewerberinnen und Bewerber, wird ein Teil des Personalbedarfs über Absolventen an der Hochschule der Bundesagentur für Arbeit (HdBA) gedeckt.

3.7 Studium an der Hochschule der Bundesagentur für Arbeit (HdBA)

Die HdBA – staatlich anerkannte Fachhochschule für Arbeitsmarktmanagement – bietet an den Standorten Mannheim und Schwerin die Studiengänge „Arbeitsmarktmanagement" und „Beschäftigungsorientierte Beratung und Fallmanagement" an. Mit beiden Bachelor-Studiengängen deckt die Hochschule das gesamte thematische Feld der aktiven und passiven Arbeitsförderung sowie der Grundsicherung für Arbeitsuchende ab.

Neben einem breiten Grundlagenwissen der Arbeitsmarkttheorie und Arbeitsmarktpolitik werden in Spezialisierungsmodulen ab dem 4. Studientrimester fachspezifische Kenntnisse für die Felder Vermittlung und Integration, Leistungsgewährung, Ressourcensteuerung, berufliche Beratung und Orientierung und beschäftigungsorientiertes Fallmanagement vermittelt. Insbesondere im Bereich der Arbeitsmarkttheorie, der Arbeits- und Berufswissenschaften und des Arbeitsförderungsrechts in beiden Rechtskreisen müssen die Fachkräfte über spezielle Kenntnisse verfügen, die Studiengänge anderer Hochschulen nicht bieten.

Die Studiengänge selbst zeichnen sich durch eine modulare Struktur, flexible Lernwege und eine konsequente Praxisorientierung aus. Diese wird durch in den Studienverlauf integrierte Praktika gewährleistet, die nicht nur in den Dienststellen der Bundesagentur für Arbeit stattfinden. Um Anforderungen von Unternehmen und privatwirtschaftliche Betriebsabläufe kennenzulernen, wird u.a. ein externes Betriebspraktikum ermöglicht. Im Hinblick auf die Globalisierung – und um den internationalen Anforderungen an Bachelorstudiengänge gerecht zu werden – wird darüber hinaus ein Auslandspraktikum angeboten, insbesondere zum Vergleich verschiedener Formen von Arbeitsmarktpolitik.

Gerade im Hinblick auf die vertiefte Notwendigkeit, Kompetenz für Beratung nicht nur zu erwerben sondern dauerhaft vorzuhalten und zu aktualisieren, kommt der akademischen Aus- und Weiterbildung in der Zukunft eine immer wichtigere Aufgabe zu.

4. Ausblick

Die Reform der BA zum modernen Dienstleister erfolgt in drei Phasen mit jeweils unterschiedlichen Schwerpunktsetzungen. Derzeit befindet sich die BA in der dritten Phase – „Innovation am Markt". Neben der Konsolidierung eingeführter Geschäftsprozesse stehen das Aufspüren arbeitsmarktpolitischer Trends und die Entwicklung zukunftsfähiger Ideen im Vordergrund. Damit soll die Position der BA als erster Dienstleister am Arbeitsmarkt weiter gestärkt und ausgebaut werden.

Als ein künftiger Ansatzpunkt wurde die Ausweitung der Arbeitgeberberatung durch den Arbeitgeber-Service identifiziert. So möchte die BA vor allem kleine und mittlere Unternehmen durch eine professionelle Qualifizierungsberatung zur nachhaltigen Sicherung der Beschäftigung und des Fachkräftepotenzials in diesen Unternehmen unterstützen.

In diesem Kontext bedarf es der Befähigung der Mitarbeiterinnen und Mitarbeiter für eine umfassende Wahrnehmung des gesetzlichen Auftrags der Beratung von Arbeitgeberinnen und Arbeitgebern im Sinne des definierten Leistungsprofils und Rollenverständnisses. Neben dem notwendigen Fach- und Methodenwissen, u.a. in den Themenfeldern Personalentwicklung und Bildungsmanagement, liegt der Kern der Qualifizierungsaktivitäten in der Förderung der sozial-kommunikativen Kompetenz mit dem Ziel der Erbringung einer professionellen Beratungsdienstleistung in diesem innovativen Handlungsfeld.

Literatur

Erpenbeck, John/Rosenstiel, Lutz von (Hrsg.) (2003): Handbuch Kompetenzmessung. Erkennen, verstehen und bewerten von Kompetenzen in der betrieblichen, pädagogischen und psychologischen Praxis, Stuttgart

Weiterführende Literatur

Behrens, Beatrix/Kühn Michael (2006): Strategisches Kompetenzmanagement bei der Bundesagentur für Arbeit, in: Gechter, S. et al.: Strategisches Kompetenzmanagement, Berlin

Behrens, Beatrix (2007): Führungskräfte-Entwicklung in der Bundesagentur für Arbeit, in: Sascha Armutat et al.: Management-Development – Zukunftssicherung durch kompetenzorientierte Führungskräfte-Entwicklung, Praxis-Edition der Deutschen Gesellschaft für Personalführung e.V., Bielefeld

Behrens, Beatrix (2007): Diversity Management in der öffentlichen Verwaltung, in: Gleichstellung in der Praxis (GIP), Heft 3/2007

Behrens, Beatrix (2008): Demografiesensible Personalpolitik und Diversity Management bei der Bundesagentur für Arbeit, in: Stuber, M.: Diversity. Das Potenzial-Prinzip. Ressourcen aktivieren – Zusammenarbeit gestalten, Köln

Behrens, Beatrix (2009): Bundesagentur für Arbeit: Demographiesensible Personalpolitik über Diversity Management, in: Robert Bosch Stiftung (Hrsg.): Demographie-orientierte Personalpolitik in der öffentlichen Verwaltung, Stuttgart

Behrens, Beatrix (2009): Lebensphasenorientiertes Personalmanagement, in: Klaffke, Martin (Hrsg.): Strategisches Management von Personalrisiken, Wiesbaden

Behrens, Beatrix (2010): Mut zur Familie - Die familienfreundliche und lebensphasenorientierte Personalpolitik der Bundesagentur für Arbeit, in: Financial Times Nr.1/Juli 2010: Diversity Management

Behrens, Beatrix (2011): Unternehmensbeispiel: Lebensphasenorientierte Personalpolitik der Bundesagentur für Arbeit, in: McKinsey Deutschland: Wettbewerbsfaktor Fachkräfte – Strategien für Deutschlands Unternehmen

Behrens, Beatrix (2011): Lebensphasenorientiertes Personalmanagement, in: Kremer, David; Koren, Andrea, Fraunhofer IAO; Rabe v. Pappenheim, Jörg, DATEV eG (Hrsg.): Innovationskompetenz entwickeln

Zukunft der HR-Fachleute in der Schweiz: Akademische versus berufspraktisch-orientierte Qualifikation?

Ursula Renold

1. Einführung

Das Schweizer HR Management-Journal „HR Today" betitelte im Frühjahr 2010 einen Artikel mit der Überschrift: „Wer Karriere im HR machen will, muss etwas vom Geschäft verstehen."[1] Ein Schweizer Fachhochschuldozent nimmt Stellung dazu und behauptet, dass die neuen Anforderungen an HR-Manager die Aus- und Weiterbildungswege beeinflussen werden. Der eidgenössische Fachausweis sei weiterhin gefragt, „die Ausbildungsschiene der eidgenössischen Prüfung Leiter HR wird jedoch aussterben". In der Begründung fügt er an, dass diese nur begrenzt Bologna-tauglich seien. Weiterbildungsmaster lösen die bisherigen Nachdiplomstudiengänge ab, weil sie etwas anspruchsvoller im Niveau und international anerkannt seien.[2] Solche Aussagen hört man gegenwärtig öfters. Es stellt sich allerdings die Frage, ob sie stimmen und was sie bewirken können. Auf diese und weitere Fragestellungen sollen im vorliegenden Artikel Antworten gefunden werden.

Grundsätzlich ist man sich darin einig, dass die Anforderungen an die HR-Leiter immer vielfältiger werden und dass HR-Leiter nur dann Erfolg haben werden, wenn sie ihr Geschäft in der ganzen Breite verstehen. Damit meint man, wenn sie imstande sind, sich die Anerkennung im Unternehmen zu erarbeiten. Marcel Oertig gilt als Fachmann in dieser Frage und schreibt: „Rund drei Viertel der HR-Organisationen großer europäischer Unternehmen befinden sich in einem Transformationsprozess. Die Ziele sind die gleichen. Kostenreduktion, Optimierung des Ressourceneinsatzes, bessere Servicequalität sowie verstärkte strategische Ausrichtung des HRM auf die Geschäftsziele."[3]

Der Personaldienstleiter HRblue ließ eine Studie bei 39 internationalen Unternehmen ab 15.000 Mitarbeitenden im deutschsprachigen Raum Deutschland, Österreich und der Schweiz durchführen.[4] Die Hälfte der Befragten war der Meinung, dass es an externen und internen Weiterbildungsangeboten für die neuen HR-Rollen fehle, und über 70 Prozent meinten, Hochschulen und Universitäten sollten ihre Lehrinhalte anpassen, um die neuen Anforderungen besser abzudecken. „Hierzu gehört auch mehr Praxisbezug durch Fallstudien".

---

1 Schritt, Sabine, in: HR Today 3/2010
2 Marx, Jürg, dito
3 Oertig, Marcel, in: HR Today 3/2006
4 HRblue, S. 3

Stefan Hebecker, Personalleiter der deutschen BP AG: „Die Hochschulen und Universitäten müssen sich noch mehr an der Wirtschaft orientieren und verstärkter mit den neuen Anforderungen im HR Management auseinandersetzen." Die Personalleiterin der Allianz Deutschland AG stellte fest: „Die neuen Anforderungen und Rollen im HR Management sind wahrscheinlich noch nicht ausreichend an Universitäten und Hochschulen angekommen."[5] Andere Gesprächspartner waren der Meinung, dass die meisten Kompetenzen für das HRM nicht in der Ausbildung erworben werden können, sondern in den Unternehmen aufgebaut werden müssen. Diese Kommentare geben zu denken und verleiten zur Frage: Sind die akademisch ausgerichteten Hochschulen hier wirklich die geeigneten Partner, um zum Ziel zu kommen? Braucht es ein Studium in Betriebswirtschaftslehre, um ein guter HRM-Leiter zu sein? Warum kann nicht auch ein Studium in Sozialversicherung, Recht oder Psychologie als Voraussetzung geeignet sein? Brauchen HRM nicht einfach viel Erfahrung und Einblick in verschiedene Betriebe und Organisationsstrukturen und können nicht verschiedene Fachstudiengänge gepaart mit qualifizierter Berufspraxis zum Erfolg führen? Auch dies sind Fragen, denen im vorliegenden Beitrag nachgegangen wird.

In funktional orientierten Personalabteilungen wird heute noch die Mehrheit des Personals für rein operative Prozesse verwendet. Dazu gehören Verwaltung der Personaldossiers, Mutation von Personaldaten, Zeugniserstellung, Lohnabrechnung oder Erfassung von Mitarbeiterbeurteilungen. Konzeptionelle Tätigkeiten wie Entwicklung von innerbetrieblichen Weiterbildungsstrategien oder Beratung bei der Gewinnung und Erhaltung von Schlüsselpersonen nehmen nur rund 30 Prozent der Tätigkeiten in Anspruch. Für strategisch orientierte Aufgaben wie das Ableiten einer auf die Geschäftsstrategie ausgerichteten HR-Strategie oder die Begleitung eines umfassenden Veränderungsprozesses bleiben knappe 10 Prozent.[6] Diese Entwicklung wird sich noch beschleunigen, denn sowohl die Internationalisierung der Unternehmungen, die globalen Ressourcenstrategien bei Innovationen sowie die demografische Entwicklung insbesondere in europäischen Ländern, wird bei mittleren und größeren Firmen zur zunehmenden Ausdifferenzierung der Rollen innerhalb der HR-Felder führen. Schon heute zeichnen sich aufgrund der alternden Gesellschaft und des andauernden Schülerrückgangs verschiedene Engpässe ab. In der Schweiz werden bis 2020 pro Jahr allein im Gesundheitssektor neben den geplanten Ausgebildeten zusätzlich jährlich 5000 neue Pflegefachleute benötigt, um die Versorgungssicherheit zu gewährleisten.[7] Der vorliegende Artikel zeigt, wie sich die Zahl der HR-Fachleute in der Schweiz

---

5 HRblue, S. 13
6 Oertig, Marcel, in: HR Today 03/2006
7 BBT. EVD-Bericht „Bildung Pflegeberufe", S. 38

entwickelt hat, welche Ausbildungsmöglichkeiten vorhanden sind und welchen Herausforderungen sich eine weitere Professionalisierung stellen müsste.

2. Berufsentwicklung und Bildungsangebote

Das Schweizer Bildungswesen ist durch eine ausgesprochen hohe Durchlässigkeit und Vielfalt von Abschlüssen sowohl auf Sekundarstufe II als auch auf Tertiärstufe gekennzeichnet. Auf Tertiärstufe stehen den qualitativ hochstehenden akademischen Bildungswegen ebenbürtige berufspraktisch orientierte Bildungswege gegenüber.

Die höhere Berufsbildung ist bislang wenig thematisiert und deshalb teilweise in der breiten Öffentlichkeit wenig bekannt. Sie blickt zwar auf eine lange Tradition zurück und weist interessante volkswirtschaftliche Indikatoren auf. Wie die einleitenden Zitate zeigen, wird kaum über sie gesprochen. Der vorliegenden Artikel soll zur Aufklärung beitragen.

Die Schweizer Bevölkerung, die über einen tertiären Bildungsabschluss verfügt, weist zu rund der Hälfte einen höheren Berufsbildungsabschluss auf. Abbildung 1 zeigt die Verteilung der tertiären Bildungsabschlüsse im Total und bezogen auf die Geschlechter. Auffallend ist dabei, dass die Männer etwas mehr Abschlüsse in der höheren Berufsbildung als auf Hochschulstufe aufweisen.

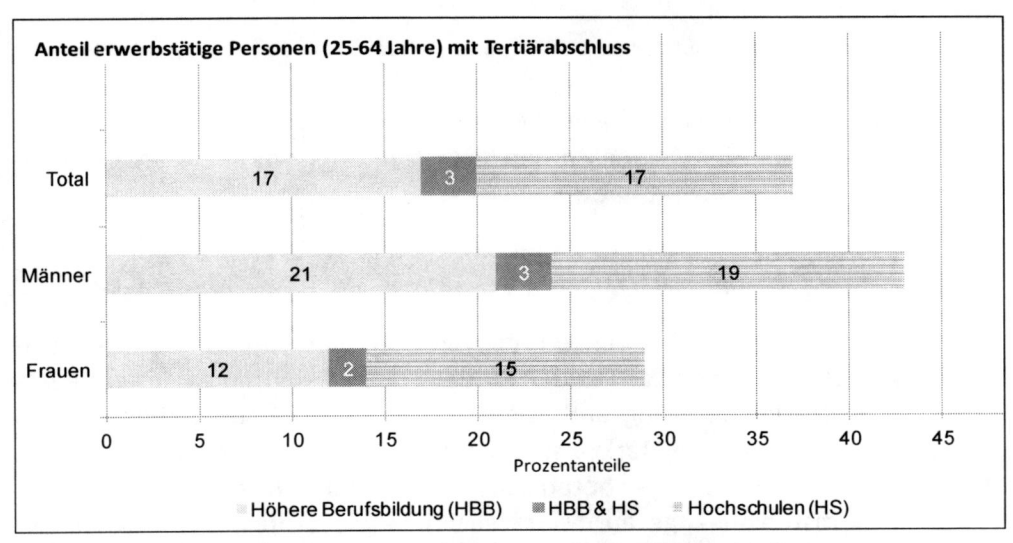

Abb. 1: Abgeschlossene Ausbildungen auf Tertiärstufe nach Geschlecht[8]

---

8 BFS. BFS Aktuell. 2009. Quelle: Schweizerische Arbeitskräfteerhebung (SAKE)

Die zentrale Bedeutung der höheren Berufsbildungsabschlüsse wird auch in Abbildung 2 deutlich, wenn sie nach Wirtschaftszweigen unterschieden werden. Nur gerade im Unterrichtswesen oder im Bereich der sonstigen Dienstleistungen überwiegen die Hochschulabschlüsse. Ansonsten verfügt die Mehrheit derjenigen, welche einen Tertiärabschluss hat über eine berufspraktische Bildung.

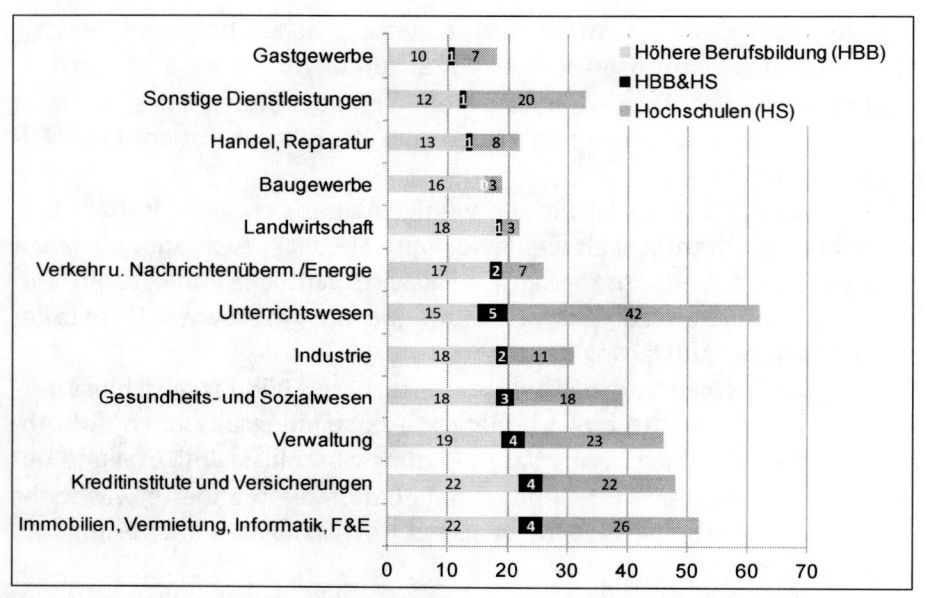

Wirtschaftszweig	Höhere Berufsbildung (HBB)	HBB&HS	Hochschulen (HS)
Gastgewerbe	10	1	7
Sonstige Dienstleistungen	12	1	20
Handel, Reparatur	13	1	8
Baugewerbe	16		3
Landwirtschaft	18	1	3
Verkehr u. Nachrichtenüberm./Energie	17	2	7
Unterrichtswesen	15	5	42
Industrie	18	2	11
Gesundheits- und Sozialwesen	18	3	18
Verwaltung	19	4	23
Kreditinstitute und Versicherungen	22	4	22
Immobilien, Vermietung, Informatik, F&E	22	4	26

Abb. 2: Abgeschlossene Ausbildungen auf Tertiärstufe nach Wirtschaftszweigen in Prozent[9]

Die HR-Berufe kommen in allen Wirtschaftszweigen vor. Es interessiert im Folgenden, wie sich der Wandel in der Arbeitswelt und im Bildungswesen auf dieses Berufsfeld ausgewirkt hat.

2.1 Entwicklung des HR-Berufsfeldes: Beschäftigtenzahlen und Ausgebildete

Innerhalb der vergangenen Jahrzehnte hat sich das Verständnis des HR-Managements grundlegend gewandelt. In den siebziger Jahren gab es erste Ansätze zur Professionalisierung und Spezialisierung der Personalarbeit. In den folgenden Jahrzehnten verstärkte sich diese Tendenz. Vorgängerinstitutionen der heutigen Fachhochschulen boten seit Beginn der achtziger Jahre sogenannte Nachdiplomstudiengänge an. Manifest wurde die professionelle Berufsbildung in der Schweiz 1994 durch den ersten eidgenössisch anerkannten Berufstitel auf tertiärer Bildungsstufe. Die ersten Absolvierenden schlossen 1996 ab.

---

9 dito

Die Professionalisierung war Ausdruck der stetig wachsenden Nachfrage nach Personalfachleuten wie Abbildung 3 darstellt. Der sehr starke Anstieg zwischen 1980 und 2000 erklärt die Ausdifferenzierung in den Berufsprofilen auf die der folgende Abschnitt eingehen wird.

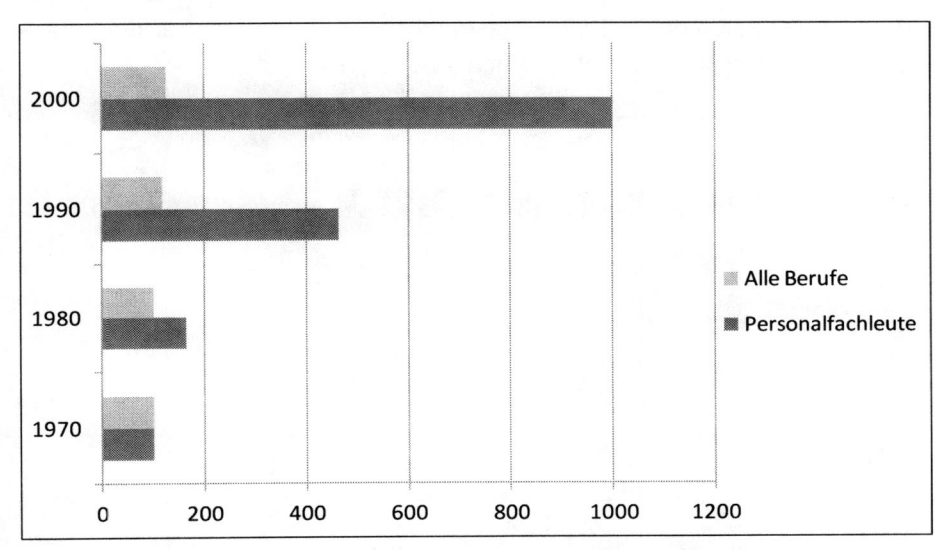

Abb. 3: *Entwicklung der Personalfachleute im Verhältnis zur Entwicklung sämtlicher Berufe zwischen 1970 und 2000[10], Quelle: Berufsinformationssystem Schweiz (B.I.S.S.), basierend auf den Volkszählungsdaten 1970–2000[11], eigene Darstellung*

Wenn die Indexgrafik auf die Geschlechter bezogen wird, so fällt auf, dass sich das HR-Berufsfeld in den dreißig Jahren von 1970–2000 zu einem mehrheitlich weiblich dominierten Berufsfeld gewandelt hat (Abbildung 4). Während im Jahre 1970 8% der Beschäftigten in diesem Berufsfeld Frauen waren, so waren es im Jahre 2000 bereits 64%. Gegenüber dem wachsenden Anteil der Frauen in diesem Feld, haben die ausländischen HR-Fachleute vergleichsweise einen bescheidenen Zuwachs zu verzeichnen.

Mit zunehmender Zahl der Beschäftigten im HR-Bereich haben sich die Funktionen ausdifferenziert. Insbesondere die Zahl der HR-Fachleute ohne Leitungsfunktionen hat zugenommen. Die Abbildung 5 bringt indirekt die quanti-

---

10 Unter Personalfachleuten werden in den Volkszählungsumfragen 32 verschiedene Funktionsbezeichnungen aufgeführt. Es handelt sich um subjektive Einschätzungen der Befragten zu ihrer Funktion am Arbeitsplatz.

11 Die Volkszählungen wurden in der Schweiz in dieser Form alle 10 Jahre, jedoch nur bis 2000 durchgeführt, weshalb keine neueren, vergleichbaren Daten verfügbar sind.

tative Pyramide zum Ausdruck, wie sie bei ausdifferenzierten Rollen immer zu beobachten ist. Wenige sind selbständig, etwas mehr sind angestellt und in Leitungsfunktionen tätig und die Mehrheit des Berufsstandes sind Angestellte ohne Leitungsfunktionen. Diese Ausdifferenzierung der Rollen ist Voraussetzung für interessante Laufbahnentwicklungen während der Erwerbskarriere. Je weniger ein Beruf bezüglich der Entwicklungsmöglichkeiten in einer Sackgasse endet, je attraktiver ist er für junge Nachwuchstalente.

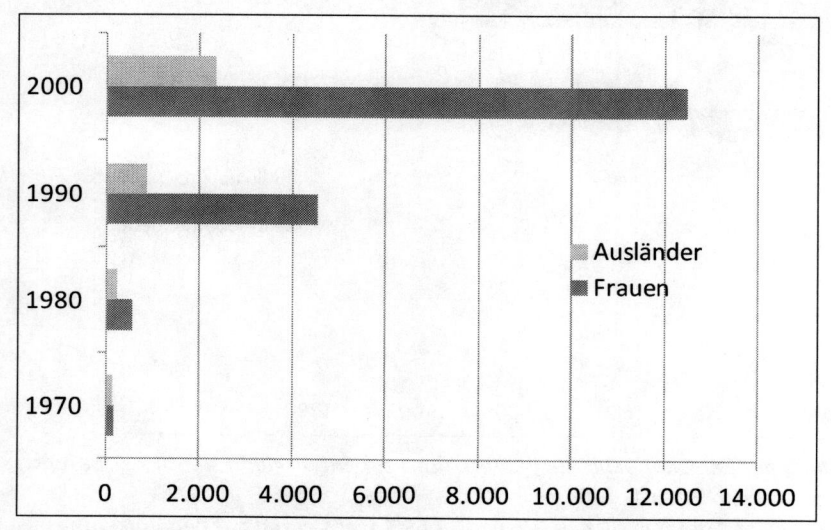

Abb. 4: *Frauen- und Ausländeranteil an den Beschäftigten im HR-Bereich 1970–2000, Quelle: B.I.S.S., eigene Darstellung*

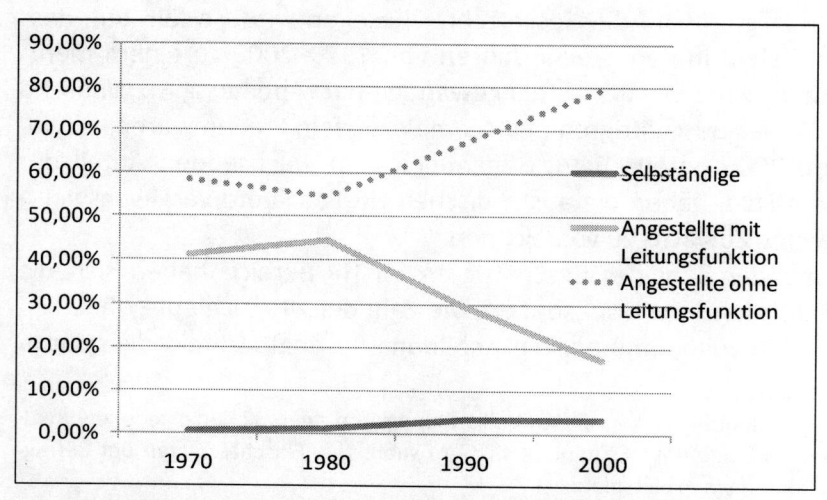

Abb. 5: *Funktionsstatus der Beschäftigten im HR-Bereich 1970–2000, Quelle: B.I.S.S., eigene Darstellung*

Beim Rekrutierungsanteil nach Bildungsstufen (Abbildung 6) fällt auf, dass sich seit 1970 – als eine sehr heterogene Rekrutierungsbasis zu verzeichnen war – ein klarer Trend zu Abschlüssen der (höheren) Berufsbildung herauskristallisierte. Ein Abschluss der beruflichen Grundbildung oder der höheren Berufsbildung bildet in den meisten Fällen die Rekrutierungsbasis. Die Verlagerung zwischen 1990 und 2000 ist auf die Einführung der eidgenössischen Prüfungen in der höheren Berufsbildung zurückzuführen. Sie haben den Professionalisierungsschub in diesem Bereich erwirkt.

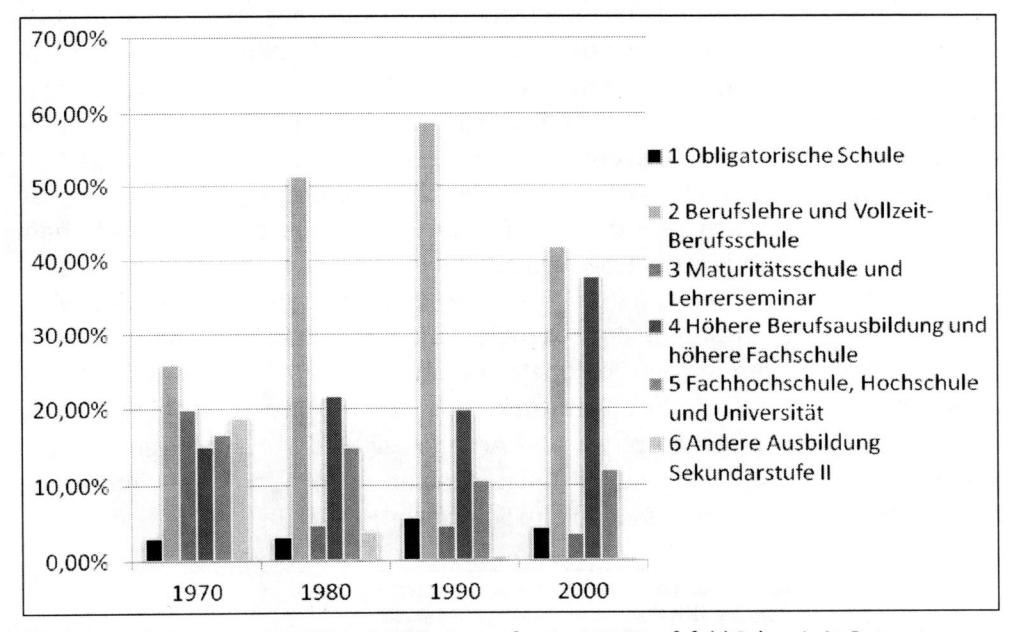

Abb. 6: Rekrutierungsanteil nach Bildungsstufen im HR-Berufsfeld Schweiz in Prozent, Quelle: B.I.S.S., eigene Darstellung

Der kurze statistische Überblick zu den Veränderungen im Bereich der Personalfachleute zeigt eindrücklich, was in den dreißig Jahren zwischen 1970 und 2000 geschehen ist. Quantitativ haben die Personalfachleute in diesem Zeitraum sehr stark zugelegt. Parallel dazu ist eine relative Feminisierung des Berufs festzustellen. Weiter erfolgte über diese Zeit hin aufgrund der stetigen Zunahme dieser Berufsfachleute eine Ausdifferenzierung der Berufsfunktionen. Dies ist insbesondere bei der Veränderung der Rekrutierungsbasis festzumachen, indem die ursprünglich sehr heterogene Basis sich zu klaren Rekrutierungsprofilen hin entwickelte. Die Mehrheit der Rekrutierten verfügen im Jahr 2000 bereits über einen eidgenössisch anerkannten Berufsabschluss.

2.2 Professionalisierung auf Tertiärstufe

Der große Professionalisierungsschub scheint aufgrund der statistischen Informationen in den achtziger Jahren eingesetzt zu haben. Dies hat mehrere Ursachen. Einerseits geht sie ganz generell einher mit der Entwicklung und Ausdehnung des *Dienstleistungssektors* und der Veränderung in der Struktur der Erwerbstätigen. Internationalisierung der Wirtschaft und „global Sourcing" haben dazu beigetragen, dass der Produktionsfaktor Mensch im eigentlichen Sinne professionell bewirtschaftet werden musste. Die Humanressourcen sind gerade in der Dienstleistungswirtschaft der maßgebende Produktions- und Kostenfaktor. Hinzu kommt die Technologieentwicklung, die ihrerseits neue Berufe und Berufsrollen zur Folge und einen Einfluss auf praktisch alle anderen Tätigkeiten und Berufs- und Bildungsreformen hatte. Betriebs- und Prozessreorganisationen gingen einher mit der Technologieentwicklung. Die Qualifikationsanforderungen an Betriebseinheiten wandelten sich. Die Professionalisierung im HR-Berufsfeld ist also eine Folge der *Ausdifferenzierung der Rollen* in allen Teilen der Wirtschaft und der damit verbundenen anspruchsvolleren Rekrutierung von Fachpersonal.

Einen weiteren Einfluss hatten die Entwicklungen des Personal-, Arbeits- und Sozialversicherungsrechts im Speziellen. Sie stellten allesamt neue Qualifikationsanforderungen an die Personalfachleute. Aber auch konjunkturell und strukturell bedingte Veränderungen rückten in den Fokus politischer Prozesse. Arbeitsgesetzgebung, Bekämpfung von Arbeitslosigkeit wurden zu permanenten Themen. Die folgenden Ausführungen zeigen Aspekte zu den Hintergründen der Professionalisierungsschübe im Schweizer HR-Berufsfeld auf.

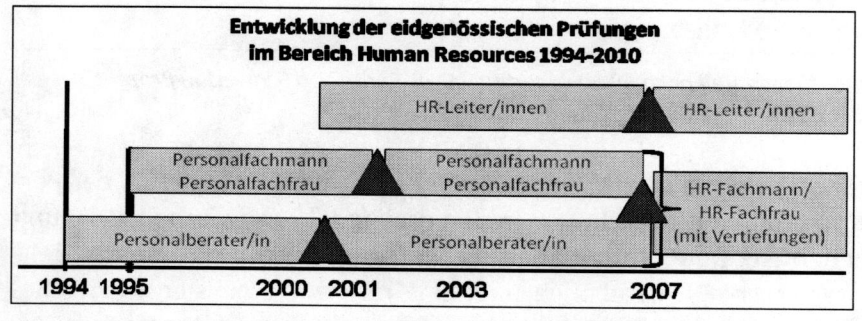

Abb. 7: Entwicklung der eidgenössisch anerkannten Abschlüsse im Bereich HR-Fachleute[12], Berufsreglemente Quelle BBT, eigene grafische Darstellung

---

[12] Auf der Stufe Berufsprüfung gab es ab 1994 den Personalberater und ab 1995 den Personalfachmann. Mit der Prüfungsordnung HR-Fachmann 2007 wurden die beiden Prüfungen zusammengeführt. Die Trägerschaft der Berufsprüfung Personalberater schloss sich mit der Trägerschaft der Personalfachleute zusammen.

Die Ausdifferenzierung der HR-Abschlüsse geht einher mit der starken Zunahme der Personalfachleute sowie den vorangehend erwähnten Faktoren des wirtschaftlichen Wandels.

Es ist aber auch ein Hinweis auf die von den Organisationen der Arbeitswelt (OdA) wahrgenommene Verantwortung, Berufsprofile regelmäßig auf ihre Aktualität hin zu hinterfragen und gegebenenfalls Anpassungen vorzunehmen. In den wenigen Ländern, in denen die Qualifikationsanforderungen von nationalen OdA bestimmt werden, haben die Kandidatinnen und Kandidaten Gewähr, dass der Bildungsabschluss jene Qualifikation bescheinigt, welche in der Branche auch nachgefragt wird. Wie aus Abbildung 7 hervorgeht, werden die Prüfungsordnungen alle 5–6 Jahre aktualisiert und an die neuen Gegebenheiten angepasst. Die Prüfungsordnungen werden vom Bundesamt für Berufsbildung und Technologie (BBT) genehmigt. Letzteres übt auch die Aufsicht über diese Prüfungen aus. Damit sind die Abschlüsse eidgenössisch anerkannt.

Tabelle 1 zeigt die Unternehmen und Beschäftigten nach Größenklassen. Die Zahlen illustrieren, dass die Schweiz prozentual wenig Unternehmen hat, die 250 oder mehr Beschäftigte aufweisen. Die Mehrheit der Unternehmen liegt im Bereich von 1–49 Vollzeitäquivalenten. Daraus lassen sich auch Rückschlüsse auf den Bedarf an HR-Fachleuten ziehen. Stark ausdifferenzierte HR-Funktionen können sich nur große Unternehmen erlauben.

Tab. 1: Marktwirtschaftliche Unternehmen und Beschäftigte nach Größenklassen, 2008[13], Quelle: BfS, Betriebszählung 2008

Größenklassen nach Vollzeitäquivalenten	Unternehmen Anzahl	%	Beschäftigte Anzahl	%
KMU (bis 249)	311'707	99.6	2'327'802	66.6
Mikrounternehmen (bis 9)	272'346	87.1	869'206	24.9
Kleine Unternehmen (10–49)	33'183	10.6	760'780	21.8
Mittlere Unternehmen (50–249)	6'178	2.0	697'816	20.0
Große Unternehmen (250 und mehr)	1'154	0.4	1'166'269	33.4
Total	312'861	100.0	3'494'071	100.0

2.2.1 Die Berufsprüfungen mit eidg. Fachausweis

Die erste Berufsprüfung Personalberater startete 1994 und richtete sich an Personen, die im Rahmen einer Unternehmung oder der öffentlichen Verwaltung (insbesondere Regionale Arbeitsvermittlungsstellen RAV) Arbeitskräfte vermitteln und den Verleih von Personal organisieren. Der Anstoß zu diesem Berufsfeld wurde deshalb in erster Linie von den neuen Rahmenbedingungen

---

13 BFS. Betriebszählung. 2008

auf dem Arbeitsmarkt bestimmt, um eine professionelle Vermittlung von Stellensuchenden und Arbeitslosen zu erreichen. Die erste Revision dieser Prüfung erfolgte im Jahre 2000. Das Berufsbild scheint sich zunächst grundsätzlich bewährt zu haben, denn in der Verordnung über die obligatorische Arbeitslosenversicherung und die Insolvenzentschädigung ist seit 2003 geregelt: „Die mit der öffentlichen Arbeitsvermittlung betrauten Personen müssen innerhalb von fünf Jahren nach ihrer Einstellung im Besitz des eidgenössischen Fachausweises Personalberatung sein oder eine vom VSAA als gleichwertig anerkannte Ausbildung oder Berufserfahrung vorweisen."[14]

Die ein Jahr darauf neu eingeführte und im Jahre 2001 revidierte Berufsprüfung Personalfachmann/-fachfrau richtete sich stärker auf die innerbetrieblichen Bedürfnisse von Klein- und Mittelbetrieben aus. Sie qualifiziert zur selbständigen Personaladministration. Personalfachleute kennen die Rechte und Pflichten der Angestellten und können sie in verschiedenen Fragen beraten. Sie können Unternehmen im Hinblick auf eine ideale Stellenbesetzung beraten.

Im 2007 wurden die beiden Berufsprüfungen zu einer einzigen zusammengeführt mit dem Titel HR-Fachmann/-fachfrau mit Vertiefungsrichtung HR-Management oder HR-Beratung. Das erhöht einerseits die Mobilität der Absolventinnen und Absolventen auf dem Arbeitsmarkt der HR-Fachleute, denn wie Abbildung 8 zeigt, ist die Nachfrage nach Personalberaterausbildungen im Unterschied zu den HR-Management-Prüfungen relativ stark gesunken. Seit der Inkraftsetzung der Prüfungsordnung HR-Fachmann/-fachfrau müssen die Personalvermittler oder Angestellte von RAV die Berufsprüfung HR-Fachleute mit Fachrichtung HR-Beratung ablegen.

2.2.2 Die höhere Fachprüfung HR-Leiter/in mit eidg. Diplom

Der höchste Bildungsabschluss, der in der Schweiz im HRM-Branche absolviert werden kann, ist die eidgenössisch anerkannte höhere Fachprüfung „Dipl. HR-Leiter/in". Die Ausdifferenzierung der Funktionen im Personalbereich führte im Jahr 2000 zur Schaffung dieser höheren Berufsprüfung (HFP). Damit erfolgte in der Schweiz der zweite Professionalisierungsschub, denn diese Prüfung baut auf der voran beschriebenen Berufsprüfung auf. Die Prüfungsordnung hält fest, an wen sich dieser Abschlusses richtet: „Die höhere Fachprüfung will Praktikern im HR-Management, die über die erforderlichen Fähigkeiten und Kenntnisse verfügen, um in ihrem Beruf höheren Ansprüchen zu genügen, den Erwerb eines Diploms ermöglichen. Diese Praktiker mit Führungsverantwortung stehen in leitenden Funktionen von mittleren und größeren Unternehmungen in der Privatwirtschaft und der öffentlichen Verwaltung. Zudem soll die höhere Fach-

---

14 AVIV, Art. 119b, Abs. 1

prüfung den Unternehmen die Auswahl ausgewiesener HR-Persönlichkeiten mit entsprechendem Know-how erleichtern."[15] Die Aussage ist zentral und begründet das Engagement der OdA. So gewährleisten die eidgenössischen Abschlüsse, welche von den Branchenorganisationen selbst geführt werden, Transparenz über Inhalt und Anforderungen. Dies steht im Unterschied zu zahlreichen Weiterbildungsabschlüssen an Hochschulen, deren Inhalte und Prüfungsbestimmungen weder von der Branchenorganisation noch vom BBT genehmigt werden. Blicken wir zurück auf die statistischen Entwicklungen im Abschnitt 2.1, dann ist nachvollziehbar, dass dieses neue Berufsprofil der Nachfrage entsprach und damit auch die Laufbahnmöglichkeiten verbesserte.

Die Anzahl der Berufsabschlüsse ist seit 2007 verfügbar und hat sich für dieses Berufsfeld wie folgt entwickelt:

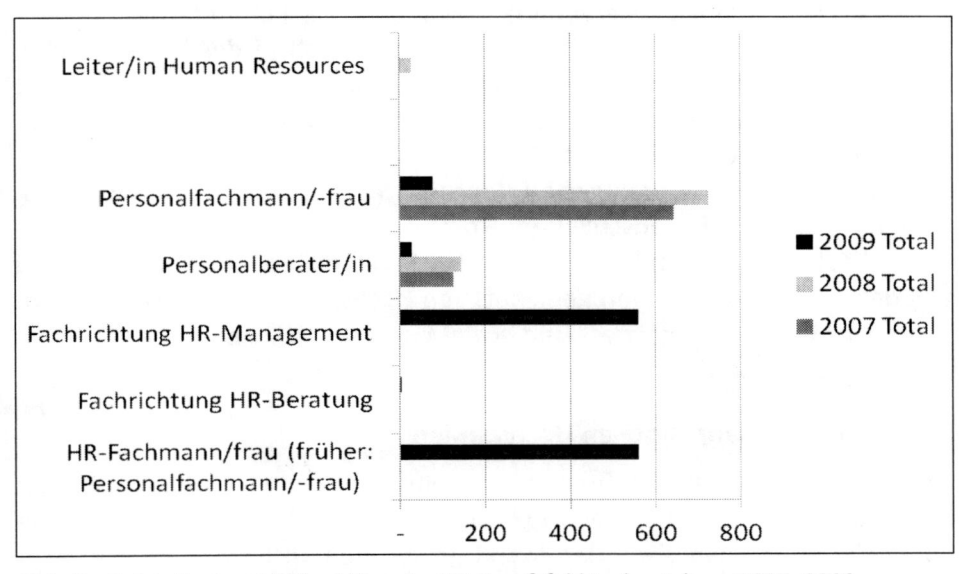

Abb. 8: Zeigt die Anzahl Abschlüsse im HR-Berufsfeld in den Jahren 2007–2009, Quelle BfS[16]

Die höhere Fachprüfung HR-Leiterin bzw. HR-Leiter findet alle zwei Jahre statt. Bei der HR-Fachfrau bzw. HR-Fachmann-Prüfung wird zu fast 100% die Fachrichtung HR-Management gewählt. Die Zahlen zu den auslaufenden altrechtlichen Prüfungen Personalfachmann bzw -fachfrau sowie Personalberater bzw. Personalberaterin bestätigen die Entwicklungen. Pro Jahr schließen mehr als 700 Nachwuchstalente eine solche Prüfung ab.

---

15 Prüfungsordnung HR-Leiter/in, Art. 1.1 Zweck der Prüfung, Bern 2007
16 BFS, Bildungsabschlüsse, Diplomstatistik 2010

2.2.3 Angebote an Höheren Fachschulen (HF)

Höhere Fachschulen führen einzig generalistisch ausgerichtete Bildungsgänge. Im Studiengang Betriebswirtschaft HF wird der Lernbereich HR gelehrt. Bis jetzt ist, soweit bekannt, die Akademikergemeinschaft für Erwachsenenfortbildung AKAD Business AG die einzige Höhere Fachschule, welche den Bildungsgang Betriebswirtschaft HF mit Vertiefung Human Resources anbietet. Diese Vertiefung darf aber gemäß dem vom Bundesamt für Berufsbildung und Technologie (BBT) genehmigten Rahmenlehrplan Betriebswirtschaft nicht mehr als 10% der Lernstunden umfassen.

2.2.4 Studiengänge an Hochschulen

Die grundständigen Hochschulabschlüsse gemäß Bologna-Richtlinien werden nicht näher beleuchtet, da sie generisch-akademische Kompetenzen vermitteln. Die Bachelor- oder Master-Abschlüsse richten sich in der Regel an jene Nachwuchstalente, die in der großen Mehrheit noch wenig Berufserfahrung mitbringen. Deshalb reicht dieser Abschluss nicht aus, um direkt nach dem Studium eine verantwortungsvolle Tätigkeit im HRM aufnehmen zu können. Dazu braucht es mehrere Jahre praktische Erfahrung. Sie eignen sich aber als Zulassungsvoraussetzung, um anschließend die höhere Fachprüfung dipl. HR-Leiter/in absolvieren zu können. Je nach HR-Funktion im Unternehmen sind verschiedene Studienrichtungen geeignet, von Betriebswirtschaft über Psychologie, Jurisprudenz bis zu geistes- und sozialwissenschaftlichen oder naturwissenschaftlichen Studienrichtungen.

2.2.5 Weiterbildungsangebote an Hochschulen

Seit der Gründung der Fachhochschulen im Jahre 1996 und seit der Einführung des Bologna-Stufenmodells an den Hochschulen in der Schweiz, sind zusätzliche Angebote für HR-Fachleute auf den Markt gekommen. Insbesondere die Fachhochschulen werben beim potenziellen Zielpublikum mit ihren Weiterbildungsangeboten wie CAS, DAS, MAS, EBMA.[17] Den interessierten Studierenden wird gelegentlich vermittelt, dass es sich dabei um einen Abschluss handelt, der international anerkannt sei.[18] Der MAS ist ein Weiterbildungsabschluss, der hauptsächlich in der Schweiz und Liechtenstein sowie vereinzelt in Österreich Anwendung findet. Von internationaler Anerkennung kann bei Weiterbildungs-

---

17 CAS = Certificat of Advanced Studies, DAS = Diploma of Advanced Studies; MAS = Master of Advanced Studies; EMBA = Executive Master of Business Arts; es ist wichtig festzustellen, dass diese Weiterbildungsabschlüsse nicht mit den Bologna-Studienstufen Bachelor, Master und PhD verwechselt werden.

18 HR Today 3/2010

abschlüssen ohnehin nicht gesprochen werden, da es zumindest in der Schweiz kein staatliches Abkommen dazu gibt. Viele Studierende sind sich auch nicht bewusst, dass dieser Weiterbildungsabschluss zwar ein Abschluss einer Hochschule ist. Er entspricht aber keineswegs einem akademischen Grad, d.h. einem grundständigen Hochschulabschluss gemäss den Bologna-Studienstufen. Für einen solchen Abschluss müsste in jedem Fall eine entsprechende Hochschulzulassungsvoraussetzung erfüllt sein.

Der große Nachteil dieser Angebote liegt darin, dass es sich um Schulabschlüsse handelt, die von den Verantwortlichen in eigener Regie konzipiert werden und in der Regel nicht auf die nationalen Qualifikationsanforderungen der Branche ausgerichtet sind. Das hängt mit der Hochschulautonomie zusammen. Im Weiteren gehört auch die Titelgestaltung in die Autonomie der Hochschule, weshalb jede Schule entsprechend dem Schwerpunkt in ihrem Curriculum einen anderen Titel vergibt. Gerade dies ist heute für Arbeitgeber und Arbeitnehmer äußerst verwirrend, denn insbesondere jene Stellen, welche Fachleute rekrutieren müssen, kennen die Unterschiede der verschiedenen Abschlüsse meist nicht. „Momentan herrscht in der Schweiz gar ein regelrechter Wildwuchs an Studiengängen", sagt Norbert Thom, Professor für Organisation und Personal, von der Universität Bern.[19] Die Auswahl ausgewiesener HR-Fachleute, die von Experten der Branchenorganisationen geprüft werden, wird bei Weiterbildungsabschlüssen nicht gewährleistet.

Weiterbildungsabschlüsse von Fachhochschulen können hingegen dann von Nutzen sein, wenn sie die Funktion von vorbereitenden Kursen (z.B. ein CAS) im Hinblick auf die eidgenössischen Prüfungen haben.[20] In diesem Fall werden die spezifischen theoretischen Kompetenzen vermittelt, welche im Hinblick auf die Prüfung notwendig sind und die je nach bisheriger Laufbahn bei der einen oder anderen Person noch gefehlt haben. In jedem Fall geht die Kandidatin oder der Kandidat aber an das externe Qualifikationsverfahren und wird durch Fachleute aus der Praxis geprüft nach demselben Maßstab, wie jene, welche auf einem anderen Weg zu diesem Ziel gelangen.

2.3 Sicherstellung der Arbeitsmarktnähe

Der schweizerische Arbeitsmarkt gilt als flexibel und offen. Die Mobilität der Arbeitskräfte ist hoch. Ein weiteres Charakteristikum besteht darin, dass sich

---

19 In: 20 Minuten, 25.8.2008 Spezialausgabe Weiterbildung, vgl. auch: Orientierung im Bildungsdschungel und Titel-Wirrwar; Wer hat, was die Praxis nachfragt? In: www.kvschweiz.ch/Bildung/Bildungssystem/Titelwirrwarr
20 http://www.fhnw.ch/wirtschaft/de/weiterbildung/cas-hr-fachfrau-fachmann

die Schweizer Unternehmen für den Talentnachwuchs engagieren. Allgemein bekannt ist dies für die berufliche Grundbildung (Berufslehre). Rund 30% der Schweizer Betriebe, welche aufgrund ihrer Tätigkeit überhaupt ausbilden können, bilden Berufslernende aus. Dabei entstehen ihnen Kosten im Umfang von 4.8 Mrd. CHF. Wie Studien belegen, steht diesen Kosten ein produktiver Nutzen von 5.2 Mrd. CHF gegenüber, weshalb sich die Ausbildung von Lernenden in der Schweiz insgesamt für die Betriebe rechnet.[21] Dasselbe tun Unternehmen auch in der höheren Berufsbildung, insbesondere bei den eidgenössischen Prüfungen. Betriebe einer Branche können Mitglied in der entsprechenden Organisation der Arbeitswelt sein und damit über Inhalte einer Ausbildung bzw. bei der Durchführung von Prüfungen mitwirken. Die treibende Kraft dieser Bildungsabschlüsse sind die OdA selbst. Wie bereits erwähnt, überprüfen sie ihre Bildungsabschlüsse alle 4–6 Jahre auf Aktualität hin. Fallbeispiele und Prüfungen stammen von den Experten dieser Branche, was eine hohe Nähe zum Arbeitsmarkt und authentische Fallbeispiele gewährleistet.

Im Vergleich zu schulzentrierten Bildungsabschlüssen ergeben sich dadurch mehrere Vorteile, die im Folgenden kurz dargestellt werden.

2.3.1 Nationale Qualifikationsstandards und eidgenössische Anerkennung

Mobilität im Arbeitsmarkt setzt vergleichbare Kompetenzen voraus, die auch allen Interessierten transparent sind. Werden die Prüfungsinhalte, -anforderungen und Lernziele für alle Kandidierenden in Wegleitungen transparent gemacht, so entsteht ein nationaler Qualifikationsstandard, der für Arbeitgeber wie auch für Kandidierende eine Orientierung darstellt. Studierende, welche die Prüfungen erfolgreich absolvieren, erfüllen diese Standards und verfügen über eine Ausbildung, die in der Branche bekannt und anerkannt ist. Stellen die Arbeitgeber Defizite fest, so können sie diese bei der nationalen OdA melden, damit überprüft werden kann, ob gewisse Schwachstellen beim Qualifikationsstandard bestehen. Rückmeldungen der HR-Verantwortlichen wie sie in der Einleitung zitiert worden sind, könnten an die OdA weitergeleitet werden.

Wie die nachstehenden Merkmale zeigen, gibt es weitere Gesichtspunkte, welche diese Form der Bildungsabschlüsse charakterisieren und die die Arbeitsmarktnähe garantieren.

2.3.2 Zulassung zu den Prüfungen – Bedeutung der qualifizierten Praxis

Eines der besonderen, meist wenig bekannten Merkmale der eidgenössischen Prüfungen sind die Zulassungsbedingungen. Sie zeigen auf einen Blick, dass es sich bei den Kandidatinnen und Kandidaten nicht um junge Berufsnachwuchs-

---

21 Mühlemann et al., 2007

kräfte handelt, welche nach ihrer beruflichen Erstausbildung eine weiterführende Qualifikation erreichen möchten, sondern um erfahrene Berufsleute, die bereits mehrere Jahre Berufspraxis vorweisen können und entweder über eine berufspraktische oder akademische Vorbildung verfügen. Besonders von Bedeutung ist hier, dass verschiedene berufliche Wege zum Ziel führen können. Dies ist in der heutigen Zeit für jedermann zentral und entspricht den realen Karriereverläufe weit besser als die Vorstellung, dass man mit dem Bachelor- oder Masterabschluss einer Hochschule für die gesamte Erwerbskarriere gerüstet ist.

In der Prüfungsordnung HR-Fachmann/-fachfrau ist festgelegt:

„Zur Prüfung wird zugelassen,

a) wer den Ausweis über die erfolgreiche Zertifikationsprüfung[22], abgelegt innerhalb der letzten fünf Jahre vor dem Termin der Berufsprüfung, oder einen gleichwertigen Ausweis (ebenfalls höchstens fünf Jahre vor dem Termin der Berufsprüfung erworben) vorlegt *und*

b) vier Jahre Berufspraxis nach abgelegtem eidgenössischem Fähigkeitszeugnis[23] oder entsprechend mindestens gleichwertige Ausbildung und Praxis, wovon der Nachweis über zwei Jahre qualifizierte HR-Praxis erbringt oder wer b) nicht erfüllt

c) über mindestens acht Jahre Berufserfahrung, davon eine mindestens vierjährige qualifizierte Praxis im Personalwesen verfügt."

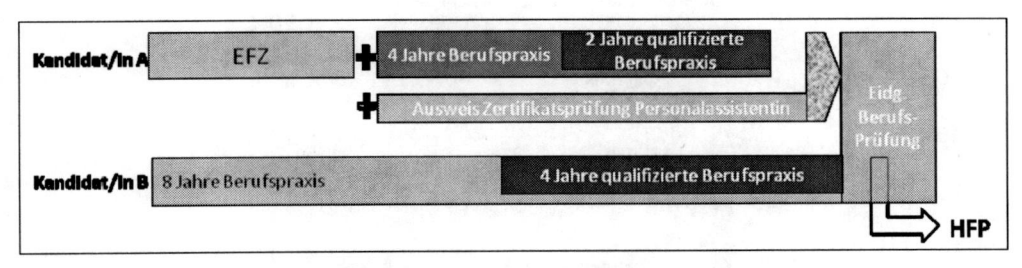

Abb. 9: Verschiedene Zulassungswege zur Eidg. Berufsprüfung, eigene grafische Darstellung

Die möglichen Laufbahnen der Kandidatinnen und Kandidaten sind in Abbildung 9 dargestellt. In der Schweiz beginnen die Lernenden ihre Berufslehre

---

22 Die Absolventen verfügen über die notwendigen Kenntnisse, um die Personaladministration in KMU oder öffentlichen Unternehmen selbständig zu führen oder in größeren Unternehmen Führungskräfte wirkungsvoll unterstützen sowie gegenüber der Linie grundlegende HR-Aufgaben nachvollziehbar und überzeugend vertreten und die Vorgesetzten wirksam entlasten zu können. Die Zertifikatsprüfung gilt als eine Zulassungsbedingung für die Berufsprüfung.

23 Das entspricht in der Schweiz der Berufslehre auf der Sekundarstufe II

im Durchschnitt mit 16,5 Jahren.[24] Die Berufslehre zum Eidg. Fähigkeitszeugnis (EFZ) dauert drei bis vier Jahre. Bis eine Person die Zulassungsvoraussetzungen erfüllt, um an die eidgenössische Fachprüfung gehen zu können, ist sie mindestens 26–28 Jahre alt. Das wird auch durch die folgenden Berechnungen des Bundesamtes für Statistik belegt. Beim Erwerb des eidgenössischen Fachausweises bzw. Diploms sind die Kandidatinnen und Kandidaten zwischen 27 und 38 Jahre alt. Der Median beträgt 31 Jahre.

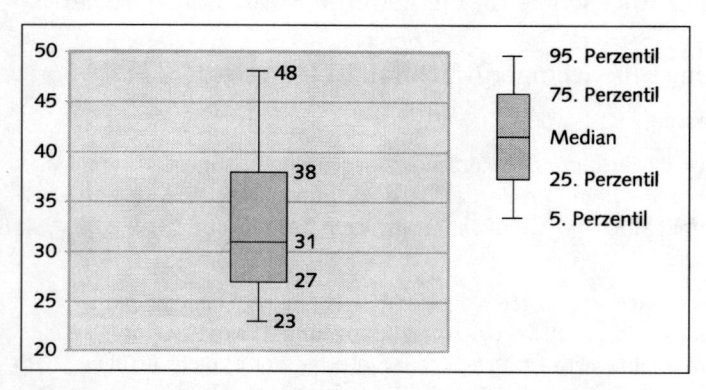

Abb. 10: Verteilung des Alters der Absolvent/innen der eidgenössischen Prüfungen (2007)[25]

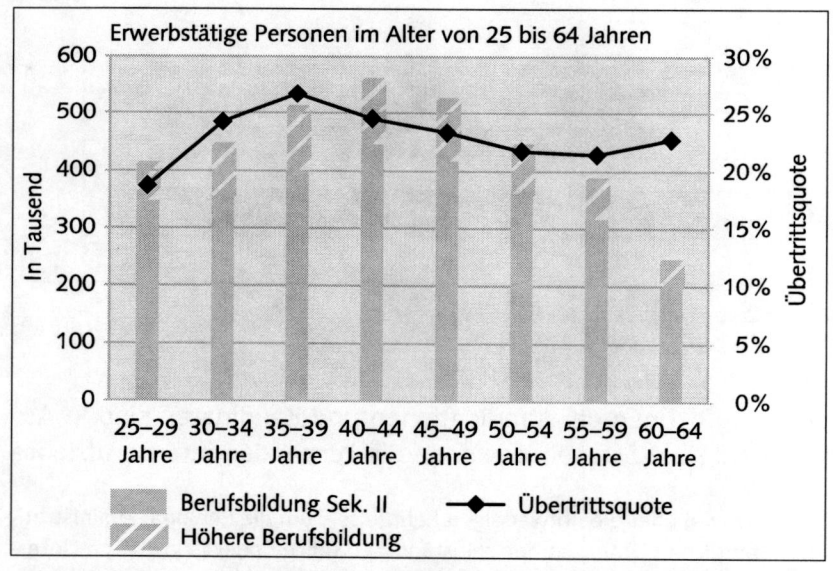

Abb. 11: Übertritt in die höhere Berufsbildung nach Altersgruppen im Jahr 2008[26]

---

24 BFS, Bildungsindikatoren (Internet)
25 BFS, BFS Aktuell, 2009, S. 11

Betrachtet man die Übertrittsquote nach Altersgruppen, so ist auffallend, dass bis zum Alter von 39 Jahren eine erhebliche Zahl von Personen ihre Ausbildung noch nicht abgeschlossen hat. Erst ab dem Alter von 40 beginnt die Übertrittsquote wieder zu sinken.[27] Diese Zahlen plausibilisieren die anspruchsvollen Zulassungsvoraussetzungen für die eidgenössischen Prüfungen.

2.3.3 Höhere Fachprüfung HFP

Wie bei den Berufsprüfungen sind die sehr unterschiedlichen Zugangsmöglichkeiten zu diesen Prüfungen charakteristisch. Die Arbeitgeber tragen den unterschiedlichen Berufslaufbahnen der Anwärterinnen und Anwärter Rechnung. Entscheidend ist, dass jemand das „Geschäft versteht". Damit ist gemeint, dass er oder sie bereits mehrere Jahre praktische Erfahrung gesammelt hat. Studien belegen, dass berufliche Kompetenzen zu einem großen Teil außerhalb der „Schule" erworben werden. [28] Bis heute gelingt es selten, diese auch entsprechend zu validieren. Ausnahmen bilden die Berufs- und höheren Fachprüfungen. Die OdA beurteilen, welche Qualifikationsanforderungen benötigt werden, um den hohen Anforderungen der Branche zu genügen. Diese werden in der Wegleitung zur Prüfungsordnung festgehalten. Die Prüfung ist für alle Kandidatinnen und Kandidaten dieselbe, unabhängig davon, ob jemand eine akademische oder eine berufspraktische Bildung als Erstausbildung vorweist. Mit der eidgenössischen Prüfung werden damit die für die Berufsfunktion im HRM notwendigen Kompetenzen validiert und die Absolvierenden erhalten die Bescheinigung, den nationalen Anforderungen dieses Berufsstandes zu entsprechen. Wenn dieser Standard bei der Branche bekannt ist, so erleichtert dies die Rekrutierung in den KMU.

Aus der vom BBT genehmigten Prüfungsordnung geht hervor, dass die schweizerische Trägerorganisation dieser Prüfung verschiedene Bildungswege als gleichwertige Zulassungsvoraussetzungen definiert. Hierin unterscheiden sich auch diese Bildungswege funktional von schulisch geprägten Abschlüssen.

In der Prüfungsordnung HR-Leiter/in ist festgelegt:

„Zur Prüfung wird zugelassen, wer einen der folgenden Ausweise besitzt:

a) den Fachausweis der Berufsprüfung für HR-Fachmann/-fachfrau

b) einen Abschluss einer Hochschule, Fachhochschule oder höheren Fachschule.

Über die Gleichwertigkeiten von anderen Ausweisen entscheidet die Prüfungskommission. Praxisvoraussetzungen für die Prüfungszulassung sind sechs Jahre Berufserfahrung, wovon vier Jahre als qualifizierte HR-Praxis. Als qualifizierte HR-

---

26 BFS, BFS Aktuell, 2009, S. 11
27 BFS, BFS Aktuell, 2009, S. 10f.
28 Kuper et al. 2010, Dehnbostel et al. 2007; Künzel 2005, Livingstone 2001

Praxis wird eine umfassende HR-Generalistenfunktion mit HR-Gesamtverantwortung in einem mittleren Unternehmen oder eine komplexe Teilbereichsverantwortung in einem größeren Unternehmen verstanden".[29]

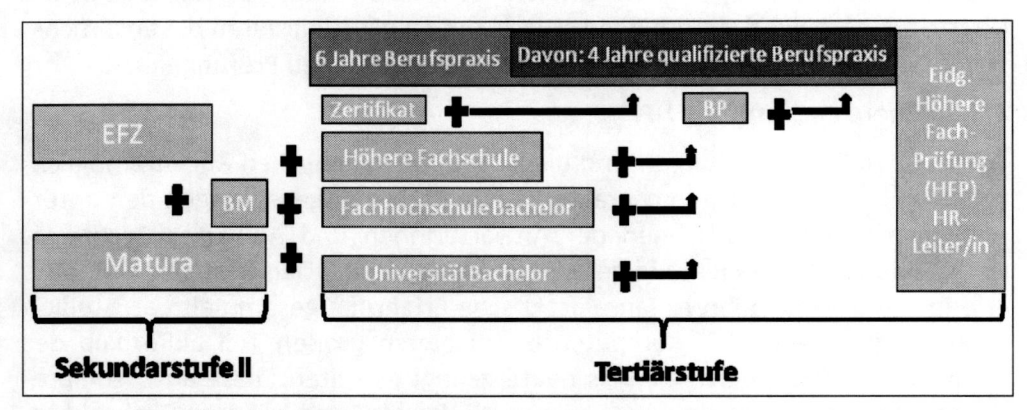

Abb. 12: Mögliche Bildungswege – Zulassungsvoraussetzungen zur höheren Fachprüfung, eigene grafische Darstellung

Auffallend sind zwei Aspekte: erstens kann man über die berufspraktische oder die akademische Laufbahn zum Ziel gelangen. Zweitens wird eine mehrjährige (qualifizierte) Berufspraxis verlangt. Der pädagogische Wert dieser Zulassungsvoraussetzungen ist bisher in erziehungswissenschaftlichen Studien wenig thematisiert worden. Das erstaunt nicht, denn bei traditionellen Curriculumprozessen sind die Wege zum Abschluss und die Anzahl Lernstunden in der Regel von der Bildungsinstitution vorgegeben. Die folgenden Ausführungen beleuchten Unterschiede der beiden Bildungswege.

Am meisten Praxisnähe bieten in Schulen oder Hochschulen einzig Studiengänge, welche nach der Problem-based Learning-Methode strukturiert sind und wo die Problemfälle aus dem aktuellen Praxiskontext der Studierenden stammen.[30] Das besonders Wirksame am fallzentrierten Lernen ist der Lerntransfer, der durch die Bearbeitung authentischer Fallbeispiele, die aus der realen Praxis des Lernenden stammen, verbessert werden kann. Bis jemand Arzt, Rechtsanwalt, Hebamme oder HR-Leiterin ist und über eine Expertise auf einem bestimmten Gebiet verfügt, sind je nach Beruf Dutzende von Fallbeispielen in der Praxis erfolgreich zu meistern. Dabei muss neben dem eigentlichen Sachverhalt auch das eigene Verhalten sowie jenes der Drittbeteiligten in die Handlungsalternativen einbezogen werden. Wer also vier bis sechs Jahre qualifizierte Praxis im HR-Berufsfeld vorweisen kann, hat bereits mehrere integrale Fallbeispiele,

---

29 Prüfungsordnung HR-Leiter/in, Art. 3.31
30 Renold, 2000

seien es Reorganisationen, Fusionen, Personalentlassungen als Folge von Kostenoptimierung und -einsparung, Mobbing- oder Burnoutfälle bearbeitet. Die Prüfungen selbst validieren am Ende dieser mehrjährigen berufspraktischen und theoretischen Vorbereitungsphase die Handlungskompetenzen gemäß nationalem Qualifikationsstandard. Über solche Kompetenzen können Hochschulabsolvierende schon aufgrund der fehlenden praktischen Erfahrung nicht verfügen.

Aus diesem Grunde sind die Aussagen der HR-Verantwortlichen in der HRblue-Studie wenig erstaunlich und nachvollziehbar. Wenn die Interviewten von den Hochschulen mehr Praxisbezug durch Fallstudien verlangen, so meinen sie damit, dass Hochschulen die reale Praxis stärker in den Unterricht einbeziehen sollten. Es stellt sich allerdings die Frage, ob dies effektiv sein wird. Mehrere Aspekte sprechen dagegen: erstens kann das (Hochschul-)Klassenzimmer nie die Wirklichkeit der (Berufs-)Praxis abbilden. Viele Annahmen werden getroffen, die nicht den realen Gegebenheiten entsprechen. Solche Fallbeispiele bleiben virtuell. Das persönliche Engagement und die damit verbundenen Folgen von Handeln im Berufsalltag können nicht Gegenstand sein. Im einen Fall bekommt man eine gute oder schlechte Note für die Fallbehandlung „Entlassung aufgrund Betriebsumstrukturierung". Im anderen – realen Fall – wirken die Folgen des Handelns einer Entlassung auf die eigene Persönlichkeit wie auf die sozialen Beziehungen im Betrieb. Man wird vom betrieblichen Umfeld als souveräner, sozial umsichtiger HR-Leiter oder als Überbringer knallharter Botschaften der Geschäftsleitung wahrgenommen.

Zweitens steht in der Regel auch nicht genügend Zeit zur Verfügung, eine Vielzahl von solchen Fallbeispielen durchzugehen, um die notwendige professionelle Routine zu gewinnen und drittens sind Studierende an Hochschulen nicht im gleichen Maße sensibel für die Umsetzungsprobleme theoretischen Wissens in die Praxis wie beispielsweise Personen, die schon 6 Jahre in diesem beruflichen Tätigkeitsfeld Erfahrungen an gelungenen und misslungenen Situationen sammeln konnten, insbesondere dann, wenn eine Funktion stark von Verhalten der eigenen Person und von der Gestaltung von sozialen Beziehungen abhängt.

Stellt man dieser Situation an (Hoch-)Schulen jene der eidgenössischen Prüfungen gegenüber, so wird der Unterschied offensichtlich. Bevor man zur Prüfung zugelassen wird, wird verlangt, dass Kandidatinnen und Kandidaten mehrere Jahre selbst im Berufsfeld tätig waren, ob sie nun in ihrer Erstausbildung über einen akademischen oder einen berufspraktischen Bildungsabschluss verfügen. Das stellt sicher, dass die Prüflinge wissen, wovon in den Fallstudien, die übrigens von Experten aus der HR-Praxis erstellt und beurteilt werden, gesprochen wird und was von ihnen verlangt wird. Sie zeigen damit an der Prüfung ob sie in den „Berufsstand der Meister ihres Faches" aufgenommen werden können, während bei Hochschulabsolvierenden in der Regel auf das Studium erst die „Lehr- und Wanderjahre" durch die Praxis folgen.

Diese Kandidatinnen und Kandidaten der eidgenössischen Prüfung besuchen je nach Art ihrer Vorbildung vorbereitende Kurse im Hinblick auf die Prüfung, um gegebenenfalls fehlende Theoriemodule nachzuholen. Hierin unterscheiden sich die Bedürfnisse der Kandidatinnen und Kandidaten je nachdem ob jemand Betriebswirtschaft an einer Fachhochschule oder Universität, Recht bzw. Psychologie an der Universität oder auf dem berufspraktischen Weg nach dem Eidg. Fähigkeitszeugnis eine Berufsprüfung absolviert hat. Private oder öffentlich-rechtliche Bildungsinstitutionen bieten eine breite Palette unterschiedlichster Kurse an, zugeschnitten auf das jeweilige Zielpublikum und deren Bedürfnisse. Da sowohl akademische wie berufspraktische Bildungswege zu dieser Prüfung führen, sollte klar werden, dass es sich bei diesen eidgenössischen Prüfungen um den höchsten in der Branche zu erreichenden Abschluss handelt.

Wären diese Tatsachen zu den eidgenössischen Prüfungen besser bekannt, so wäre auch die Debatte über das notwendige Fachstudium hinfällig. Es stellt sich also weniger die Frage, ob für eine erfolgreiche Tätigkeit als HR-Leiterin ein Betriebswirtschaftsstudium, ein Jus- oder eine Psychologiestudium nötig sei. Viel wichtiger ist, dass sich jemand im praktischen Berufsfeld auskennt. Die grundständigen Hochschulstudiengänge im Bologna-Modell zeichnen sich ja gerade dadurch aus, dass sie generisch-akademische Kompetenzen fördern und nicht (oder nur in wenigen Fällen) auf einen spezifischen Beruf hin ausbilden. Damit stehen den Absolvierenden viele Anwendungsmöglichkeiten in der Praxis offen, die in der Regel erst im Laufe der Erwerbskarriere zur Spezialisierung führen. Bei den HR-Fachleuten sind die Zulassungsmöglichkeiten auch für alle Laufbahnwege offen, d.h. solche, welche eine berufspraktische Erstausbildung aufweisen und sich über die Praxis on-the-job qualifizieren oder jene, welche über einen Hochschulabschluss als Erstausbildung verfügen.

2.3.4 Steuerung, Qualität und Aufsicht

Die Steuerung der eidgenössischen Prüfungen liegt voll und ganz bei den Organisationen der Arbeitswelt. Das ist ein entscheidender Vorteil für die Arbeitsmarktnähe und damit die Qualität der ausgebildeten Personen. Die Trägerschaft garantiert ebenfalls, dass die Prüfungen gesamtschweizerisch einheitlich umgesetzt werden.

Der Schweizerische Trägerverein der Berufs- und höheren Fachprüfungen in Human Resources[31] ist verantwortlich für Inhalt und Durchführung der Prüfungen. Das BBT genehmigt die Prüfungsreglemente und übt die Aufsicht über die Prüfungen aus. Es ist auch Erstinstanz bei den Rekursen. Damit handelt es sich im Unterschied zu Bildungsgängen an Hochschulen um gesamtschweizerisch vergleichbare Qualifikationsstandards, die auch eine entsprechende Aufsicht haben. Solche Prüfungen sind in der Regel für Kandidatinnen und Kandidaten wesentlich anspruchsvoller als Prüfungen, die nach dem Prinzip „wer lehrt, prüft" durchgeführt werden.

2.4 Effektivitätsvergleiche der Ausbildungsmöglichkeiten

Die Outcome-Effekte der eidgenössischen Prüfungen können mit zuverlässigen Indikatoren gemessen werden. Zum einen sind es die Bildungsrenditen. Zum anderen ist es die Erwerbstätigkeit. Schließlich zeigen jüngste Erkenntnisse, dass der Arbeitsmarkt jene Karrieren belohnt, die akademische und berufliche Ausbildung kombinieren, was ja gerade bei der höheren Fachprüfung zur HR-Leiterin oder zum HR-Leiter der Fall ist.

Effektivität 1: Bildungsrenditen

Die Kostenentwicklung im Bildungswesen ist in der Zeit nach der Wirtschaftskrise wieder aktuell. Selten wird aber gleichzeitig geprüft, welche Erträge Bildungskosten gegenüberstehen. Wolter/Weber haben die Erträge für das Schweizer Bildungssystem untersucht und interessante Befunde für die Steuerung des Bildungswesens generiert.[32]

---

31 Die Prüfungsträgerschaft besteht aus folgenden Organisationen der Arbeitswelt: VSAA = Verband schweizerischer Arbeitsämter; VPA = Verband der Personal- und Ausbildungsfachleute. Swissstaffing, HR-Swiss = Schweizerische Gesellschaft für Human Resources Management, KV Schweiz = Kaufmännischer Verband Schweiz, Schweizerischer Arbeitgeberverband.

32 Wolter/Weber, 2005

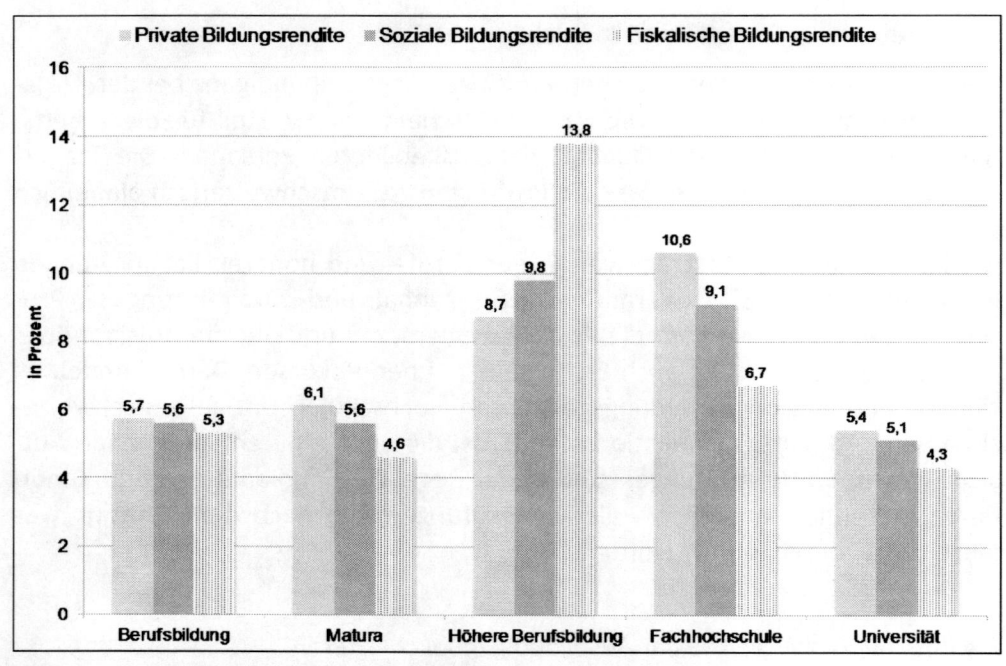

Abb. 13: *fiskalische, soziale und private Bildungsrendite im Vergleich,*
Quelle: Wolter/Weber 2005

Bei den Bildungsrenditen werden die Aufwendungen, welche der Staat oder das Individuum für die Bildung generiert, ins Verhältnis gesetzt zum Ertrag in Form von Steuern oder Lohnzuwachs. Abbildung 13 zeigt den Vergleich der Bildungsrenditen über die verschiedenen Bildungsstufen hinweg. Die Abbildung zeigt eindrücklich, dass bei den Abschlüssen der höheren Berufsbildung, die fiskalischen und sozialen Bildungsrenditen am höchsten sind. Es lohnt sich also in jedem Fall für Staat wie für das Individuum, einen solchen Abschluss zu absolvieren.

Dass die fiskalische Bildungsrendite derart hoch ist, hängt damit zusammen, dass der Staat hier im Vergleich zu den anderen Bildungsstufen vergleichsweise wenig subventioniert, weder bei Teilnehmern noch bei Institutionen. Weil die Abschlüsse erst im Laufe des Erwerbslebens absolviert werden, nachdem die Kandidaten bereits über mehrere Jahre Berufspraxis verfügen, bezahlen sie diese mit dem eigenen Erwerbseinkommen. Auch werden sie vom Arbeitgeber unterstützt, sei es indem Zeit zur Verfügung gestellt wird oder/und materielle Kosten vom Betrieb bezahlt werden. Dies ist bei der Mehrheit der Kandidatinnen und Kandidaten Tatsache, hat doch der Arbeitgeber selbst ein

Interesse an der Produktivitätssteigerung, seiner Mitarbeitenden.[33] Der Arbeitgeber selbst kann die finanziellen Aufwände bei seinen Steuern wieder abziehen.

Effektivität 2: Erwerbstätigkeit nach höchster Bildungsstufe

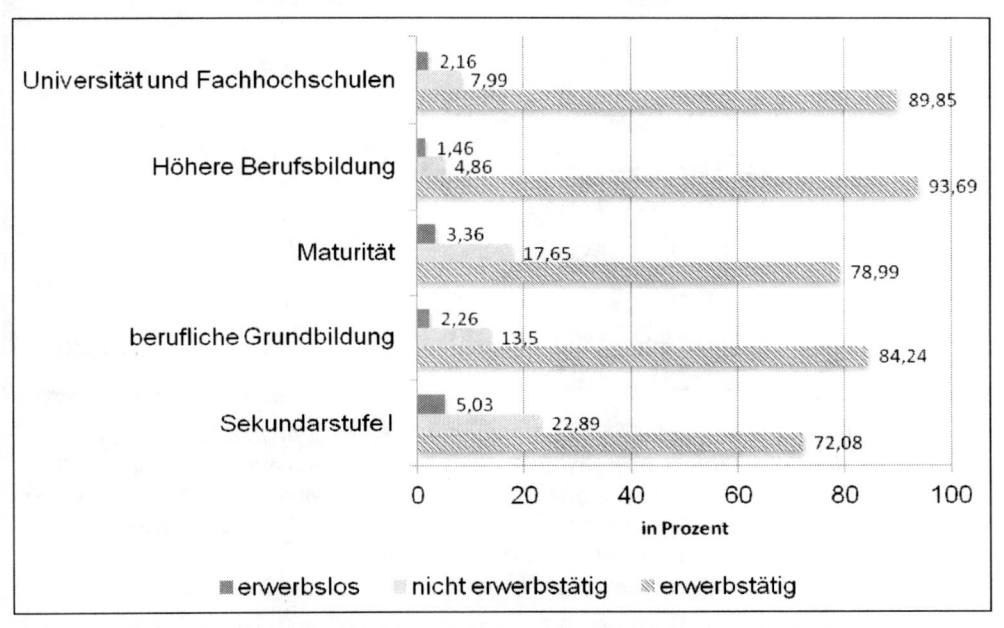

Abb. 14: Erwerbstätigkeit nach höchster abgeschlossener Bildungsstufe, 2007, Quelle: SKBF, Bildungsbericht Schweiz 2010, S. 251

Bei der zweiten Messgröße geht es um die Erwerbstätigkeit nach höchster abgeschlossener Bildungsstufe. Auch hier schneiden die Absolvierenden der höheren Berufsbildung sehr gut ab. „Personen mit einer höheren Berufsbildung als höchstem Bildungsabschluss sind im Durchschnitt mit größerer Wahrscheinlichkeit erwerbstätig als Personen mit Universitäts- oder Fachhochschulabschluss. Bezogen auf die Arbeitsmarktfähigkeit deutet dies auf eine hohe Wirksamkeit dieser Abschlüsse, auf eine strenge Selektion bei den Diplomierten, auf den höheren Anteil an Männern bei den Tertiär-B-Ausbildungen und auf einen aufgrund der privat zu tragenden Kosten größeren Anreiz der Diplomierten, im Arbeitsmarkt zu verbleiben, hin".[34]

---

33 BASS, 2009; zur Produktivitätssteigerung vgl. SKBF, Bildungsbericht Schweiz, S. 262
34 SKBF, Bildungsbericht Schweiz 2010, S. 251

Effektivität 3: gemischte Bildungskarrieren werden vom Arbeitsmarkt honoriert

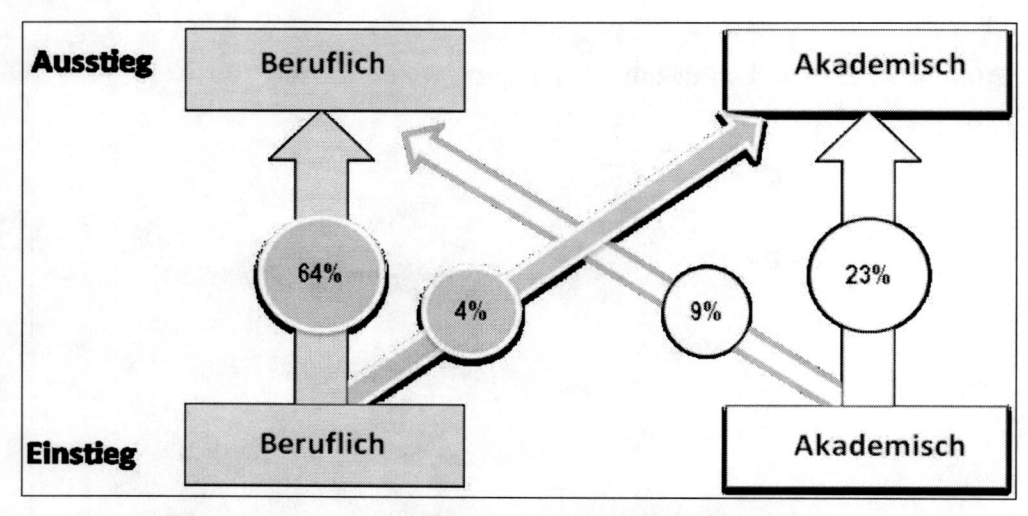

Abb. 15: *Häufigkeit alternativer Bildungsverläufe in Prozent aller befragten Tertiärabsolvent/innen. Die Prozentsätze weisen den Anteil der Personen mit dem jeweiligen Bildungspfad an der Grundgesamtheit der in dieser Studie untersuchten Personen aus. Es werden somit nur männliche Schweizer mit in der Datenbasis klar definierten Bildungsverläufen einbezogen, weshalb sich die hier genannten Anteile nicht zwingend auf alle Personen in der Schweiz übertragen lassen.* [35]

Backes-Gellner/Tuor haben die Bildungskarrieren in der Schweiz untersucht und geprüft, wie oft gemischte Bildungspfade, d.h. eine Kombination von beruflicher und akademischer Bildung vorkommt und wie diese vom Arbeitsmarkt bewertet werden. Die Ergebnisse zeigen, dass 13% der ausgebildeten über eine gemischte Bildungskarriere verfügen. Knapp 15% der Universitätsabsolvierenden haben als Erstausbildung eine Berufslehre. Umgekehrt haben 12% der Personen mit tertiärem berufspraktischen Bildungsabschluss eine akademische Ausbildung absolviert. Wie viele davon zum HR-Berufsfeld gehören, wurde nicht untersucht.

---

[35] Backes-Gellner/Tuor, In: Die Volkswirtschaft Nr. 7/8. 2010, S. 44

Tab. 2: Zusammenstellung der Unterschiede der verschiedenen Bildungsmöglichkeiten im HR-Berufsfeld

Gesichtspunkt	Berufspraktischer Bildungsweg	Allgemeinbildender bzw. akademischer Bildungsweg oder Weiterbildung	
	Eidg. Prüfungen	Hochschulstudiengänge (Bachelor, Master, Phd)	Weiterbildungsabschlüsse (CAS, DAS, MAS, EMBA)
Bezüge zum Arbeitsmarkt			
Nationaler Qualifikationsstandard	ist von nationaler Branche festgelegt und vom BBT genehmigt	nicht gegeben; Hochschulautonomie	nicht gegeben; Hochschulautonomie
Arbeitsmarkt-Orientierung	Branche legt Qualifikationsanforderungen fest	nicht gewährleistet. Curriculum ist in der Autonomie der Hochschule	nicht gewährleistet. Curriculum ist in der Autonomie der Hochschule
Mehrjährige qualifizierte Berufspraxis	4–6 Jahre Praxis, davon mehrere Jahre qualifizierte Praxis	keine	teilweise erforderlich, abhängig von der Hochschule
Erfahrung im Bearbeiten von Fallbeispielen	gegeben durch die mehrjährige Berufserfahrung, authentische Fallbeispiele	abhängig vom Einsatz der Dozenten und vom Curriculum, eher nicht gegeben	abhängig vom Einsatz der Dozenten und vom Curriculum, eher nicht gegeben
Zulassungsvoraussetzungen	in der Prüfungsordnung detailliert geregelt. Alle Bildungslaufbahnen werden zugelassen.	Hochschulzulassungsvoraussetzung muss erfüllt sein	in der Regel Hochschulzulassungsvoraussetzung, es werden aber je nach Geschäftspolitik viele Ausnahmen zugelassen
Eidgenössische Steuerung			
Prüfung	unabhängige externe Prüfung durch Branchenvertreter	Prüfung nach dem Prinzip: Wer lehrt, prüft	Prüfung nach dem Prinzip: Wer lehrt, prüft
Aufsicht über die Prüfung	BBT	keine	keine
Eidgenössische Anerkennung der Titel	anerkannt	Fachhochschulen: eidg. anerkannt Universitäten: kantonal anerkannt	keine
Volkswirtschaftliche Effekte			
Bildungsrendite	sind im Bereich der fiskalischen und sozialen Bildungsrendite gegenüber anderen Bildungsstufen am höchsten	Fachhochschulen haben höchste private Bildungsrendite; im Bereich fiskalischer und sozialer Bildungsrendite tiefer als berufspraktische Tertiärstufe	keine Zahlen vorhanden
Erwerbstätigkeit nach höchstem Bildungsabschluss	am höchsten	Zweithöchster Wert	keine Zahlen vorhanden
Bologna-Studienstufen-Kompatibilität	nicht gegeben	ist gegeben	nicht gegeben ECTS-Punkte vorhanden

Weiter hat die Untersuchung ergeben, dass der Arbeitsmarkt die gemischten Bildungspfade honoriert. Personen mit gemischten Bildungskarrieren erzielen im Durchschnitt ein Einkommen, das 10–30% höher liegt als jenes mit rein beruflichen oder akademischen Bildungspfaden.[36]

Zusammenfassend kann festgestellt werden, dass diese Effektivitätsmaße eindrücklich zeigen, wie sehr sich gerade die höhere Fachprüfungen für alle Beteiligten auszahlen, und es wäre eine verfehlte Entwicklung, würde man sie aufgeben und durch Weiterbildungsabschlüsse an Hochschulen ersetzen. Schulisch geprägte Bildungsabschlüsse können den Wert der mehrjährigen Bildungspraxis in keinem Fall kompensieren. Ganz abgesehen vom volkswirtschaftlichen Nachteil, der bei den Bildungsrenditen durch eine solche Verlagerung entstehen würde. Schließlich würden jene Menschen von solchen Karriereverläufen ausgeschlossen, die über die berufspraktischen Bildungswege in ihre Funktion gelangt sind, denn die Zulassungsbedingungen für Weiterbildungsabschlüsse an Hochschulen sind in der Regel auf Hochschulabsolventen ausgerichtet.

Zur eingangs gestellten Frage ob Weiterbildungsabschlüsse an Hochschulen die eidgenössischen Prüfungen in absehbarer Zeit ablösen werden, kann aufgrund der erfolgten Darstellung folgendes Fazit gezogen werden.

Es wäre problematisch und für die Mehrheit der KMU-Arbeitgeber in der Schweiz verwirrend, wenn die Weiterbildungsabschlüsse an Hochschulen die eidgenössischen Prüfungen verdrängen würden. Tatsachen sind:

- Weiterbildungsmaster sind schulinterne Abschlüsse und nicht rückgebunden in gesamtschweizerisch tätigen Berufsorganisationen. Sie unterliegen auch keiner eidgenössischen Aufsicht.
- Entsprechend verwirrend sind die unterschiedlichen Titel der Abschlüsse für Kandidatinnen und Kandidaten und noch stärker für die Arbeitgeber. Ein Weiterbildungsmaster ist kein grundständiger Abschluss einer Hochschule gemäß Bologna-Studienstufen. Die im Abschluss erworbenen ECTS-Punkte werden nicht ohne weiteres für eine weiterführende Ausbildung angerechnet.
- Zulassungsvoraussetzungen werden von jeder Hochschule selbst festgelegt.
- Weiterbildungsabschlüsse orientieren sich nicht an nationalen Qualifikationsstandards, sondern legen die Inhalte und Prüfungsanforderungen pro Schule fest.
- Die Kursinhalte weisen keine mit den Wegleitungen der eidgenössischen Prüfungen vergleichbare Transparenz auf. Das erschwert dem Kandidaten die Vergleichbarkeit.
- Es gilt das Prinzip: wer lehrt, prüft.

---

36 Backes-Gellner/Tuor. Risk-Return Trade-Offs to Different Educational Paths: Vocational, Academic and Mixed, 2010

Die Weiterbildungskurse haben ihren Wert wenn es darum geht, bisher formal ausgebildete Personen in einem bestimmten Gebiet auf den neusten Stand des Wissens und Könnens zu bringen oder einzelne Aspekte zu vertiefen. Sie können auch als vorbereitende Kurse im Hinblick auf einen eidgenössischen Abschluss dienen, was von einigen Fachhochschulen in der Schweiz heute gemacht wird. Sie eignen sich aber aus den beschriebenen Gründen nicht, um formale Abschlüsse von schweizerischen Trägerorganisationen zu ersetzen. Hochschulen sind aufgrund der Anforderungen an HR-Fachleute, der Beschäftigtenzahlen von KMU, der heterogenen Bildungskarrieren von HR-Leitern sowie der beschränkten Rückbindung in den Arbeitsmarkt nur bedingt geeignet, um HR-Berufsfachleute auszubilden.

3. Künftige Herausforderungen

Verschiedene Faktoren fordern die Unternehmen bezüglich HRM. Neben der stetigen Internationalisierung wird auch die demografische Entwicklung die Unternehmen Europas fordern. Unternehmen werden Strategien entwickeln müssen, wie sie ihre Mitarbeitenden im Betrieb halten können und wie sie neue angesichts des zunehmenden Talentwettbewerbs rekrutieren wollen.[37] Dabei wird es entscheidend sein, die „Betriebstemperaturen" der Unternehmen zu kennen. Der Schweizer HR-Barometer gibt hier einen guten Einblick. Die jährlich publizierte Studie gibt einen repräsentativen Einblick in Themen wie Lohnzufriedenheit, Motivation, Arbeitszufriedenheit, Arbeitsflexibilität, Karriereorientierung, Arbeitplatz(un)sicherheit, Arbeitsmarktfähigkeit, Personalentwicklung und Organisation des HRM.[38]

Welche Bildung für welchen Betrieb? Großbetriebe wie sie in der Umfrage von HRblue einbezogen wurden, verfügen über eine hohe Ausdifferenzierung in den HR-Funktionen. Neue Funktionen wie HR Business Partner, Talent Marketing & Management, Shared Services, Center of Expertise, Employer Branding können sich vor allem Großbetriebe leisten. Bei klein- und mittelständischen Betrieben ist dies nicht möglich. Dort ist es üblich, dass mehrere Rollen in einer Person vereint sind.

Wichtig ist die Tatsache, dass die Mehrheit der in der Schweiz ausgebildeten Personen auch in der Schweiz arbeitet. Der Bedarf an qualifizierten Arbeitskräften wird primär über das inländische Bildungssystem gedeckt. Das bedeutet also, dass die nationalen Bildungsabschlüsse auf die Bedürfnisse des Hauptar-

---

37 CS Economic Research, Bindung durch Bildung, 2010, S. 13
38 Grote/Staffelbach, 2010

beitsmarktes und die entsprechende Wirtschaftsstruktur ausgerichtet sein müssen. Die Ausführungen haben gezeigt, dass die eidgenössischen Prüfungen für die Schweizer Wirtschaftsstruktur ideale Bildungswege darstellen. Probleme entstehen dann, wenn HR-Chefs aus dem Ausland rekrutiert werden und die Vorteile der inländischen Bildungsabschlüsse nicht kennen. Letztere kennen meistens nur die Hochschulabschlüsse und deshalb müssen die Vorteile und insbesondere die Outcome-Effekte der eidgenössischen Prüfungen bekanntgemacht werden.

Internationalisierung und Globalisierung der Unternehmen werden auch in Zukunft Triebkräfte der Ausdifferenzierung dieses Berufsfeldes sein. Und genau die Internationalisierung bei den Unternehmen ist eine große Herausforderung für die eidgenössischen Prüfungen. Letztere sind nämlich einzig in Deutschland, Österreich und in der Schweiz bekannt. Alle anderen Länder kennen sie nicht. Die strategische Aufgabe in der Berufsbildung besteht also darin, diese aus Sicht des Arbeitsmarktes äußerst wertvollen Abschlüsse zur internationalen Anerkennung zu bringen. Das kann einerseits durch die geeignete Positionierung im europäischen Arbeitsmarkt sowie durch die Erstellung von Zeugniserläuterungen in Englisch geschehen. Zum anderen durch die Länderstudien zur Berufsbildung (OECD Learning for Jobs) wie sie gegenwärtig von der OECD durchgeführt werden.[39] In 2011 nimmt die Schweiz an einer weiteren OECD-Länderstudie zur höheren Berufsbildung (OECD Skills beyond School) teil und hofft damit, dieses arbeitsmarktorientierte Bildungselement weltweit bekannter machen zu können.

Wie in anderen Branchen sollte die Zukunft des HRM darauf ausgerichtet sein, attraktive Karrierewege im Berufsfeld zu ermöglichen. Dabei sollten angesichts der Breite an Kompetenzen, welche dazu benötigt werden, Berufskarrieren für alle offenstehen, ob sie nun die Erstausbildung über den berufspraktischen Weg oder den allgemeinbildenden Weg wählen. Wie Studien zu den gemischten Bildungskarrieren zeigen, lohnt es sich. Es setzt weiter voraus, dass der Wechsel zwischen Arbeitsmarkt und Bildungswegen und umgekehrt das ganze Erwerbsleben möglich ist. Setzt man also einseitig auf Hochschulbildungsgänge, so vergibt man sich ein Potenzial an Fachleuten, die wichtige Praxiskompetenzen mitbringen. Während Bachelor- und Masterstudiengänge in der Regel auf junge Studierende und ihre Erstausbildung ausgerichtet sind und das akademisch-theoretische Fundament in ausgewählten wissenschaftlichen Disziplinen legen, so sollen die eidgenössischen Prüfungen (Fachausweise, hö-

---

39 vgl. dazu:
http://www.oecd.org/document/61/0,3746,en_2649_39263238_43736957_1_1_1_1,00.html

here Fachprüfungen) die höchsten Abschlüsse im Berufsfeld einer Branche bleiben und auf die Anforderungen des Arbeitsmarktes ausgerichtet sein.

Das Berufsfeld hat bisher bewiesen, dass es sich den rasch wandelnden Veränderungen auf dem Arbeitsmarkt anpassen kann. Eine große Herausforderung ist die demografische Entwicklung in den europäischen Ländern. Immer weniger Schulabgängerinnen und Schulabgänger stehen immer mehr älteren Personen gegenüber. Das hat nicht nur Auswirkungen auf den Talentwettbewerb im Arbeitsmarkt, sondern stellt insbesondere auch die Sozialwerke vor große Herausforderungen. Beide Themen werden die Zukunft des HRM prägen. Insoweit die Trägerorganisationen ihre Dynamik und ihr Engagement aufrechterhalten können, sind auch zeitgemäße Qualifikationsprofile, genügend ausdifferenzierte Funktionen und entsprechend vielfältige Laufbahnwege möglich.

Zusammenfassend kann festgehalten werden, dass wer etwas vom HR-Geschäft verstehen will, im Geschäft stehen muss. Die Qualifikationsstandards können nur erreicht werden, wenn man über mehrere Jahre praktische Erfahrung gesammelt hat. Auf die Frage, ob künftig akademisch- oder berufspraktisch-orientierte Qualifikationen gefordert sind, ist die Aussage eindeutig. Es sind die eidgenössischen Prüfungen. Solche Abschlüsse haben aber angesichts der zunehmenden Internationalisierung der Wirtschaft nur dann eine Chance, wenn sie eine entsprechende Anerkennung auf dem internationalen Arbeitsmarkt und bei ausländischen HR-Chefs im Inland finden.

Literatur
AVIV. Verordnung vom 31. August 1983 über die obligatorische Arbeitslosenversicherung und die Insolvenzentschädigung (Arbeitslosenversicherungsverordnung, AVIV). SR 837.02
B.I.S.S. Berufsinformationssystem Schweiz. BBT (Internet)
Backes-Gellner, Uschi. Tuor, Simone N. Gleichwertig, andersartig und durchlässig? Bildungskarrieren im schweizerischen Bildungssystem. In: Die Volkswirtschaft Nr. 7/8. 2010. S. 43–46
Backes-Gellner, Uschi. Tuor, Simone N. Risk-Return Trade-Offs to Different Educational Paths: Vocational, Academic and Mixed. In: International Journal of Manpower, 31(2010)5: 495-519.
BASS. Finanzflüsse in der höheren Berufsbildung, eine Analyse aus Sicht der Studierenden. Schlussbericht im Auftrag BBT. Bern 2009
Bundesamt für Berufsbildung und Technologie. EVD-Bericht „Bildung Pflegeberufe". Politischer Steuerungs- und Koordinationsbedarf zur Umsetzung der Bildungssystematik und zur Sicherstellung eines bedarfsorientierten Bildungsangebotes bei den Pflegeberufen auf Ebene Bund und Kantone. Bern 2010
Bundesamt für Statistik. Betriebszählung 2008 (Internet)
Bundesamt für Statistik. Bildungsindikatoren (Internet)
Bundesamt für Statistik. BFS Aktuell. Personen mit einem Abschluss der höheren Berufsbildung auf dem Arbeitsmarkt. 2009.

Dehnbostel, P. Elsholz, U. Gillen, J. (Hrsg.). Kompetenzerwerb in der Arbeit. Perspektiven arbeitnehmerorientierter Weiterbildung. Berlin 2007

Credit Suisse. Economic Research. Megatrends – Chancen und Risiken für KMU. Studie 2010: Schwerpunkt Globalisierung. Zürich 2010

Escher Clauss, Sandra. Talent Management: Fokus auf die Zeit nach der Krise. In: HR Today Special 2/09

Grote, Gudela. Staffelbach, Bruno (Hrsg.). Schweizer HR-Barometer 2010: Arbeitsflexibilität und Familie. Zürich 2010

HRblue (Hrsg.). Neue Rollen im Human Resources Management – Karrierewege und Entwicklungsstrategien. Ergebnisbericht der Studie 2009. Baldham (München) 2009

Künzel, K. Internationales Jahrbuch für Erwachsenenbildung. Band 31/32. Informelles Lernen – Selbstbildung und soziale Praxis. Köln 2005

Kuper, H. Kaufmann, K. Beteiligung an informellem Lernen. Annäherungen über eine differentielle empirische Analyse auf der Grundlage des Berichtssystems Weiterbildung 2003. In: Zeitschrift für Erziehungswissenschaft 1/2010. S. 99–199

Livingstone, D.W. Adults' informal learning. Definitions, findings, gaps and future research. NALL working papier 21–2001.

Mühlemann, Samuel. Wolter, Stefan C. Fuhrer, Marc. Wüest, Adrian (2007). Lehrlingsausbildung – ökonomisch betrachtet. Rüegger Verlag. Zürich/Chur.

OECD, Learning for Jobs. (Internet)

Oertig, Marcel. Strategische HR-Aktivitäten mehr als Kostenoptimierung. In: HR Today 3/2006

Prüfungsordnungen HR. www.hrprüfungen.ch

Renold, Ursula. Mit Problem-Based Learning Sozialkompetenz fördern. Ein Trainingsansatz für die Erwachsenenbildung. Grundlagen der Weiterbildungs-Praxishilfen. Ausgabe Februar 2000

Schritt, Sabine. Wer Karriere im HRM machen will, muss etwas vom Geschäft verstehen. In: HR Today 3/2010

SKBF. Bildungsbericht Schweiz 2010. Aarau 2010

Wolter, Stefan C. Weber Bernhard A. (2005). Bildungsrendite – ein zentraler ökonomischer Indikator des Bildungswesens. Die Volkswirtschaft. Oktober, S. 38–42.

Berufspersönlichkeit durch Managementbildung und Organisationsentwicklung

Jendrik Petersen

1. Zum Begriff der Managementbildung

Managementbildung als eine durch einen Paradigmenwechsel im Management ermöglichte Konzeption versucht etwas zu verbinden, was traditionell zunächst als unintegrierbar interpretiert wurde: nämlich *Management* und *Bildung* (vgl. Lehnhoff 1997). Seit dem Neuhumanismus einerseits sowie tayloristisch geprägten klassischen Organisationstheorien andererseits scheinen diese beiden Begriffe in einer äußerst problematischen Beziehung zueinander zu stehen.

Diese unversöhnlich erscheinende Trennung gerät jedoch vor den neuen Anforderungen an das Management zunehmend unter Kritik. Denn zunächst erfordert die Komplexität und Dynamik sozialer Systeme und ihrer Umwelten neue Vorgehensweisen für den Aufbau und die Erschließung strategischer Erfolgspotenziale sowie für deren operative Nutzung. Außerdem gewinnt vor dem Hintergrund eines deutlichen Zweifels an der Sinnhaftigkeit und Glaubwürdigkeit bestehender Ordnungsmechanismen und den Rahmenbedingungen einer Risikogesellschaft das normative Management eine größere Bedeutung.

Managementbildung geht davon aus, dass modernes Management nicht mehr überwiegend sozialtechnologisch bewerkstelligt werden kann, sondern zunehmend auf den Aufbau intersubjektiver Verständigungspotenziale angewiesen ist. Ein so interpretiertes dialogisches Management entfaltet die traditionelle ökonomische Rationalität weiter und stellt bisherige Orientierungsgrundlagen für das Denken, Fühlen und Handeln in Unternehmen in Frage.

Vor diesem Hintergrund kann Managementbildung zunächst interpretiert werden als die Disposition zur reflexiven Auseinandersetzung mit sich und dem Managementhandeln, aus der Erkenntnisse erwachsen, die zur Handlungsorientierung dienen (vgl. Wagner/Nolte 1993). Die Reflexion von Managementprozessen ist dabei eine wichtige Voraussetzung für eine umfassende Transformationsfähigkeit von Organisationen und ihren Mitgliedern unter Berücksichtigung der potenziell Betroffenen des betrieblichen Entscheidens und Handelns. Hier klingt schon das dialogische Prinzip der Managementbildung an (vgl. Lehnhoff 1997), die deren Anschlussfähigkeit an die Transzendentalpragmatik bzw. Diskursethik (vgl. Apel 1988) verdeutlicht. Managementbildung muss dabei im Wesentlichen als Selbstbildung verstanden werden, da nur die selbstreflexive, sprich: kritisch-mündige Auseinandersetzung von Individuen und sozialen Systemen mit sich und ihren Umwelten den genannten Anforderungen gerecht werden kann. Diese Auseinandersetzung kann dabei aufgrund fehlender materialer Normen, die universelle Gültigkeit beanspruchen könnten, nicht solipsistisch erfolgen, sondern eben nur im Dialog mit anderen.

Konsequent weiter gedacht führt dies zu der Annahme, dass Managementbildung eine über den Dialog realisierte, reflexive Auseinandersetzung des Managers und des Managements mit sich, den betrieblichen und globalgesellschaftlichen Bedingungen und ihren Entwicklungsmöglichkeiten ist (vgl. Petersen 2003). Sie bezieht sich dabei sowohl auf die operative und unternehmensstrategische Effizienz als auch auf die ethische Begründetheit von Entscheidungen. Dieser Anspruch wird in dem von Petersen (2003) vorgeschlagenen Ansatz zum „Dialogischen Management" unterstrichen.

Im „Dialogischen Management" – ermöglicht durch Managementbildung – wird zunächst einmal von der Grundannahme ausgegangen, dass sich der Dialog als gemeinsame Wahrheitssuche im Austausch zwischen Führungskräften und Mitarbeitern auszeichnet, da es nicht „die" von vornherein (monologisch) festgelegte und allgemeingültige Wahrheit i.S. eines „one-best-way" (mehr) geben kann.

Bezogen auf das Management, bedeutet dies konkret, das Wagnis einzugehen, zunächst einmal im betrieblichen Kontext Dialoge als animierender (Lern-) Partner und Katalysator zu führen. Auf diese Weise können auf Mitarbeiter- und Teamebene Selbstbewusstsein, Urteilsfähigkeit, Leistungs- und Innovationsbereitschaft ermöglicht und dementsprechend Raum dafür gegeben werden, sich im gesamten Kontext stärker Tugenden wie Kreativität, Querdenken, Spontaneität und Risikofreudigkeit zuzuwenden.

Managementbildung hat dabei nicht (nur) die Aufgabe, die Subjekte gegen die Ansprüche und Anforderungen der Systeme zu schützen und zu immunisieren, sondern über die Ermöglichung von Mitgestaltung die sozialen Systeme selbst zu humanisieren, also zu „bilden". Die Bildung der Subjekte erfolgt somit nicht unabhängig von den sozialen Systemen, sondern vielmehr auf sie bezogen, und zwar mit dem Ziel, sie durch Mitgestaltung zu verändern. Eine so verstandene Managementbildung kann dabei klassische Dualitäten überwinden, wie Bildung und Qualifikation, allgemeine und Berufsbildung, materiale und formale Bildung sowie Subjekt und System, die bisher überwiegend als sich ausschließende duale Alternativen verstanden wurden.

Um diese Ansprüche hin zur Berufspersönlichkeit umzusetzen, bedarf es einer weitgehenden Vorbereitung und Begleitung der Führungs- und Führungsnachwuchskräfte.

In der Praxis kann dies beispielsweise dahingehend gestaltet sein, dass sowohl diagnostische als auch Entwicklungsmaßnahmen des Management Developments sich sehr viel stärker an einem dialogischen Paradigma auszurichten haben. Dies konvergiert übrigens mit den Forderungen von Unternehmen nach Mitarbeitern als Mitunternehmern, nach Selbstverantwortung und Selbstorganisation der Organisationsmitglieder sowie nach Eigenverantwortung und ethischem Handeln der Führungskräfte.

Hieraus ergibt sich ein Brückenschlag zu Organisationsentwicklungsmaßnahmen in den Betrieben.

2. Organisationsentwicklungsstrategien als mögliche Antwort auf den gesellschaftlichen und technologischen Wandel

In den Unternehmen geht es bei der Gestaltung des betrieblichen Alltages neben der Organisation des Betriebsablaufes und der Bereitstellung von Kapital, Informationen und Technik besonders um die diesbezügliche Einbindung der Organisationsmitglieder und deren (für das Überleben von Unternehmungen zunächst einmal als notwendig erachteten) Identifikation mit ihrem Aufgabenbereich und der gesamten Organisation Die ständig gestiegene Bedeutung hochmotivierter, innovationsbereiter und -fähiger Mitarbeiter für den Unternehmenserfolg mündete unter anderem in Forderungen, das Mitarbeiterpotential bei betrieblichen Planungen stärker als bisher zu berücksichtigen bzw. den Mitarbeiter als Sub- Unternehmer zu betrachten (vgl. u.a. Nagel 1990).

Zu den zentralen Instrumenten, die den momentanen und zukünftigen Unternehmenserfolg steuern und beeinflussen sollen, sind Organisationsentwicklungsstrategien zu zählen, um unter anderem „Reibungsverluste", die den Beziehungsbereich, und somit Informations- und Kommunikationsprozesse in den Organisationen erheblich beeinträchtigen können, „einzudämmen".

Als Ziel von Organisationsentwicklungsstrategien kann die Verbesserung der Funktionsweise des gesamten Unternehmens im Zusammenhang mit einer beabsichtigten Effizienzsteigerung (bezogen auf die wirtschaftliche Leistungserstellung) verstanden werden, wobei verhaltenswissenschaftliche Erkenntnisse (am Beispiel betriebspädagogischer, organisationspsychologischer und anderer sozialwissenschaftlicher Ansätze) genutzt werden sollen, um eine Kultur der Offenheit und der vertrauensvollen Zusammenarbeit in der Organisation zu schaffen, die von Führungskräften und Mitarbeitern als Beteiligten gleichsam mitgetragen werden (vgl. dazu ähnlich Becker/Langosch 1995, S. 2) *und auf diese Weise Herausforderungen des Marktes sowie des technologischen und gesellschaftlichen Wandels begegnen zu können.*

Aufgrund dieser Aufgabenstellungen und (seitens Theorie und Praxis) geäußerten Erwartungshaltungen in Bezug auf den Erfolg von Organisationsentwicklungsmaßnahmen liegt der Schluss nahe, dass sich die Erhöhung des Problemlösungs- und Innovationspotentials der Organisation im ganzheitlichen Sinne auf

- die Interaktion und Kommunikation innerhalb der Organisation sowie der Organisation nach außen, beispielsweise gegenüber Kunden oder gesellschaftlichen Anspruchsgruppen (vgl. dazu P. Ulrich 1986),
- auf betriebliche und Managementstrukturen,
- auf Führungssysteme und Managementmethoden,
- auf Management- und Mitarbeiterverhalten,
- auf individuelle und kollektive Ziele und Strategien zur Erreichung dieser Ziele,
- auf die Qualifikationen der Mitarbeiter,
- auf Technik/implementierte Technologie sowie, damit verbunden,
- auf Arbeitsverfahren, Arbeitsgestaltung und -organisation

unmittelbar auswirken sollen (vgl. dazu Arnold 1990, S. 51, auch Kieser 1995, S. 109ff.).

In der Literatur herrscht dahingehend weitgehend Übereinstimmung, OE-Prozesse mit Hilfe der Schritte

- „Probleme erkennen und analysieren (Diagnose);
- Lösungen suchen (Planung);
- Maßnahmen durchführen (Aktion);
- Ergebnis und Verfahrensweisen überprüfen (Reflexion und Auswertung)" (Schlund 1994, S. 145)

zu ermöglichen wobei sich in Anlehnung an Becker/Langosch (1995, S. 24ff.) folgende Erfolgskriterien in Bezug auf die Gestaltung von Organisationsentwicklungsmaßnahmen herausstreichen lassen:

1. Gemeinsames Problembewusstsein;
2. Mitwirkung eines Beraters;
3. Beteiligung der Betroffenen;
4. Klärung von Sach- und Beziehungsproblemen;
5. Erfahrungsorientiertes Lernen;
6. Prozessorientiertes Vorgehen;
7. Systemumfassendes Denken.

Diese Erfolgskriterien werden generell an drei Leitziele gebunden, nämlich:

> „1. Antizipation
> d.h. Ausrichtung aller Bemühungen zur Lösung der Probleme an den Anforderungen der Zukunft. Antizipation ist die Fähigkeit, sich neuen, möglicherweise noch nie dagewesenen Situationen zu stellen.

2. Partizipation
d.h. aktive Mitwirkung der Betroffenen an allen Problemen, die ihre betriebliche Arbeit betreffen. Partizipation ermöglicht besseres Verständnis, Identifikation und Zugehörigkeit.
3. Emanzipation
d.h. wachsende Mündigkeit der Beteiligten durch den gemeinsamen Lernprozess im Sinne von verantwortungsbewusster Selbst- und Mitbestimmung. Emanzipation bedeutet gesellschaftliche Autonomie und kulturelle Identität. Sie ist eine Waffe, um nicht überwältigt zu werden, und zugleich ein Schlüssel zur Integration in übergreifende Zusammenhänge" (Becker/Langosch 1995, S. 19).

Im Folgenden werden verschiedene Modelle der Organisationsentwicklung skizziert.

3. Modelle der Organisationsentwicklung

Die Auseinandersetzung mit der Organisationsentwicklung im Sinne einer langfristigen Bemühung, die Problemlösungs- und Erneuerungsprozesse in einer Organisation zu verbessern, ist in Anlehnung an die Human-Relations-Bewegung insbesondere durch amerikanischen Forschungsvorhaben angeregt worden und fand später auch im europäischen Raum ihren Widerhall.

Deshalb sollen exemplarisch

- die GRID- OE- Technik sowie das
- NPI- Modell

untersucht und anschließend einer kritischen Würdigung unterzogen werden.

3.1 Das GRID-Modell

Das in den 1960er Jahren durch die Amerikaner Blake/Mouton entwickelte „GRID-Organization-Development" verfolgt das Ziel, die Fähigkeiten von Führungskräften in Hinblick auf die beiden Dimensionen ihres Aufgabenfeldes, nämlich Mitarbeiterführung *und* Leistungserstellung, zu optimieren. Die Autoren entwickelten ein zweidimensionales Verhaltensgitter (Managerial GRID), das auf einer *neunstufigen Skala* sowohl Aspekte der Effizienz (am Kriterium der Produktion) als auch die der Mitarbeiterorientierung umfassen sollten.

Obwohl, mathematisch gesehen, 81 verschiedene Führungsstilkombinationen möglich sind, beschränken sich die beiden amerikanischen Autoren auf fünf (den für beide Dimensionen erfolglosen 1.1-Stil, den rein auf Zwischenmenschlichkeit aufbauenden 1.9-Stil, den geradezu „gnadenlosen" 9.1-Stil sowie den „mittelmäßigen" 5.5-Stil und den „alles überragenden" 9.9-Stil).

Der durch die Manager anzustrebende „Verhaltenstypus" soll demzufolge dem 9.9-Führungsstil entsprechen, da auf diese Weise nach Auffassung von Blake/Mouton Ansprüche der Organisation (nach Behauptung der Stellung am Markt sowie Ausbau der Marktanteile) und der Mitarbeiter (Vermittlung eines gemeinsamen Zieles bei Berücksichtigung individueller Schwerpunktsetzungen und Interessen) harmonieren könnten (vgl. Blake/Mouton 1972, S. 142f.).

Der 9.9-Führungsstil wird auf diese Weise zu einem „Dogma" deklariert, bekommt also eine geradezu *ideologische Dimension*. Vor diesem Hintergrund kann der Ansatz von Blake/Mouton als *Versprechen* aufgefasst werden, einen optimalen Führungsstil – nämlich besagten 9.9-Stil – zu produzieren, da ein derartiges Führungsverhalten als Grundvoraussetzung erfolgreicher OE-Prozesse verstanden wird.

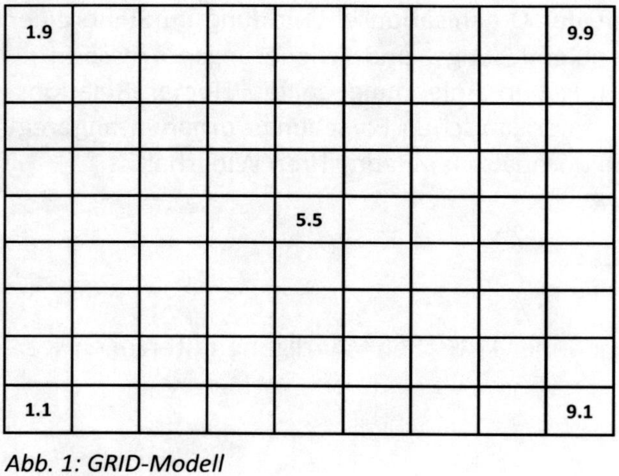

Abb. 1: GRID-Modell

In Hinblick auf die Entwicklung von Organisationen lädt sich das GRID-Modell durch sechs Phasen charakterisieren, welches durch organisationsinterne in Hinblick auf den 9.9-Führungsstil sensibilisierte Trainer durchgeführt werden soll:

Phase 1: „Interesse wecken"

Eine bestimmte Auswahl von Führungskräften besucht die GRID-Seminare, um sich – sozusagen als Avantgarde – über die Zielsetzung und Vorgehensweise der „GRID-Philosophie" zu informieren. Nach der „Durchschleusung" vieler Führungskräfte einer Organisation entsteht das Bedürfnis, etwas im Unternehmen zu verändern, so dass ein Wandlungsprozess anhand der hier vorgeschlagenen Strategie angestrebt wird.

Phase 2: Entwicklung der Arbeitsteams

Die Basis der Organisation, also die Arbeitsteams, muss lernen, ihren Aufgabenbereich zu optimieren. Hierbei geht es um die Ausgestaltung einer Problemlösekultur des Teams und somit um die Fähigkeit, Probleme zu artikulieren und über Kommunikationsprozesse den anderen Teammitgliedern Problemlösestrategien zu vermitteln.

Phase 3: Inter-Teamentwicklungen

Wenn Phase 2 erfolgreich abgeschlossen ist, geht es nun darum, sozusagen als „Motor für gesamtbetriebliche Veränderungen" die Beziehungen zwischen (möglicherweise bisher konkurrierenden) Teams zu verbessern, um zur Innovations- und Wandlungsfähigkeit der gesamten Organisation beizutragen. Im Sinne eines Abbaus von „Eifersüchteleien" soll unter Berücksichtigung früherer Komplikationen ein Idealbild für eine zukunftsweisende Zusammenarbeit entwickelt werden, das dem Wohle des Gesamtsystems dient.

Phase 4: Entwicklung eines Idealmodells

Die Unternehmensleitung entwickelt ein Idealmodell, dass die o.a. Faktoren für den zukünftigen Unternehmenserfolg mit berücksichtigt. Blake/Mouton betonen hierbei, dass dies als eine genuine Aufgabe des Top-Managements anzusehen ist, wobei sich dieser Personenkreis allerdings durch Informationen nach unten sowie das darauf erfolgende Feedback beraten lassen kann. Als Ziel für diese Idealvorstellungen kann eine Optimierung

- „der wichtigsten finanziellen Ziele
- der Art der Geschäfte
- der Art der Märkte
- die Organisationsstruktur
- die Politik des Unternehmens
- die Entwicklungsarbeit des Unternehmens"

(Glasl/de la Houssaye 1975, S. 68)

bezeichnet werden.

Phase 5: Die Umsetzung dieser Idealvorstellung in der Organisation

Die Unternehmensführung beauftragt Planungsteams für die einzelnen organisatorischen Bereiche, deren Leiter einem Koordinator zu berichten haben. Die Unternehmensleitung wird über jeden Schritt informiert und entscheidet in

Hinblick auf deren schrittweise Einführung. Das entscheidende Kriterium hierbei ist die Orientierung am klar messbaren Erfolg (vgl. Blake/Mouton 1972).

Phase 6: Auswertung der Wandlungsprozesse

Nach jeder Phase (insbesondere nach der Phase 5) kann der Erfolg der Entwicklungsbestrebungen (als Erhebungsinstrument dient hierbei ein 100 Items umfassender Fragebogen) gemessen werden. Diese auf empirische Weise ermittelten Daten wecken seitens der Organisationsmitglieder ein Bewusstsein, dass sich der Wandel „lohnt" und für die zukünftige Behauptung der Position am Markt, eine Innovationsbereitschaft und- Fähigkeit erforderlich ist. „Überdies sollen Fehlentwicklungen identifiziert und Vorschläge zu deren zukünftiger Vermeidung erarbeitet werden", über deren Annahme und Umsetzung ausschließlich die Unternehmensführung entscheidet.

Dieses Organisationsentwicklungsmodell ist nicht ohne Kritik geblieben. Deutlich wird die geradezu extreme Ausrichtung an den Interessen und Belangen der Unternehmensleitung (vgl. Gebert/v. Rosenstiel 1989, S. 273).

Die Organisationsmitglieder, die hierarchisch unterhalb des Top-Managements stehen, haben sich durch Anpassungslernen dem Wandel zu stellen und können „bei Bedarf" lediglich durch das Top-Management konsultiert werden. Eine Ausbildung der Berufspersönlichkeit ist auf diese Weise weder intendiert, noch sonderlich wahrscheinlich, bzw. es bleibt als „Privileg" den obersten Führungskräften vorbehalten, über diesbezügliche Wandlungsprozesse des gesamten Unternehmens nachzudenken.

3.2 Das NPI-Modell

Als europäischer Organisationsentwicklungsansatz ist das NPI-Modell bekannt geworden.

Das NPI- Modell bezieht sich auf ein Organisationsverständnis, das von einem Zusammenwirken des

- technischen Subsystems (Technologie, darauf aufbauende Arbeitsabläufe und -verfahren)
- ökonomischen Subsystems (Investitionen, Wertschöpfungsprozesse und Erträge) sowie des
- sozialen Subsystems (Gliederung in Arbeitsteams, Abteilungen und Hauptabteilungen, Hierarchien, Beziehungen untereinander und Führungs-/Managementverhalten)

ausgeht (vgl. Glasl/de la Houssaye 1975, S. 164).

Im Sinne einer ganzheitlichen Entwicklung von Organisationen, unter besonderer Schwerpunktsetzung in Hinblick auf die dort tätigen Menschen, kommt es im Verständnis der Initiatoren darauf an, sich nicht nur mit der Frage auseinanderzusetzen, *was* zu entwickeln ist, sondern im besonderem Maße, *wie* dieses geschieht.

Eine entscheidende Voraussetzung für die Realisierung von OE-Prozessen stellt die Einbindung eines *Prozessberaters* dar. Vor diesem Hintergrund wird im Hinblick auf das Zusammenwirken von Berater und Organisation zwischen *exklusiven* und *inklusiven* Strategien unterschieden:

Als einzelne Phasen des NPI- Modells, bei der Präferierung inklusiver Strategien, sind die

1. Entrée- oder Orientierungsphase
2. Phase der Situationsfeststellung und Erarbeitung zukünftiger Konzeptionen im Sinne kognitiver Veränderungen
3. Phase der operationalen Um- und Zielsetzungen
4. Phase der intentionalen Wandlung im Sinne konkreter Pläne zur Veränderung
5. Realisierungsphase (OE wird als ständiger Veränderungsprozess in der Organisation verankert)

zu verstehen.

Die „NPI-Philosophie" geht dabei von einem doppelten Spannungsfeld aus. Einerseits erscheint eine Polarität zwischen Vergangenheit (die letztendlich zu einer Situation geführt hat, in der Wandlungsbedarf festgestellt wird) und Zukunft (in der die Fehler der Vergangenheit vermieden werden sollen) sowie andererseits das Spannungsfeld zwischen *Idee* und *Realität* (vgl. Glasl/de la Houssaye ebd. S. 18).

Entrée- oder Orientierungsphase

Die Entrée-Phase kann als Zeitpunkt verstanden werden, in der innerhalb einer Organisation ein allgemeines Empfinden vorherrscht, dass „etwas verändert werden muss".

Als Anlässe für solche Empfindungen können beispielsweise erhöhte Krankenstände in der Organisation, unerklärliche Personalfluktuation oder steigende Unzufriedenheit der Kunden gegenüber der betrieblichen Leistungserstellung genannt werden. In dieser Phase wird zunächst einmal der Versuch gemacht, durch Gespräche zwischen Vertretern der Organisation und dem konsultierten Berater das Problem zu erkennen sowie die Basis für eine Zusammenarbeit zwischen Berater und Organisation zu schaffen, ohne dass konkrete Maßnahmen bereits beschlossen werden.

Phase der Situationsfeststellung und Erarbeitung zukünftiger Konzeptionen im Sinne kognitiver Veränderungen

Da in der Entrée-Phase zwar möglicherweise eine Verdeutlichung der Problemstellung erfolgt ist, aber noch keine Verbesserungsvorschläge unterbreitet worden sind, geht es nunmehr darum, gemeinsam zu erarbeiten, „wohin die Reise gehen soll". Dies könnte exemplarisch anhand der Fragen

- „Auf welche gesellschaftlichen Bedürfnisse will die Organisation in den kommenden Jahren eine Antwort geben?
- Wie sehen wir die zukünftige Entwicklung der Organisation und ihrer Struktur?
- Was wird künftig von den Menschen in der Organisation erwartet?"

(Glasl/de la Houssaye ebd., S. 21) geschehen.

Auf diese Weise wird der gegenwärtigen Situation das Bild einer (wünschenswerten) zukünftigen Gestaltungsform der Organisation gegenübergestellt. Die Organisationsmitglieder werden dadurch von *Betroffenen zu Beteiligten*, deren „positive Unzufriedenheit" (Glasl/de la Houssaye ebd., S. 22) Motivationen hervorruft, um die ganze Organisation im Sinne einer Verbesserung umzuwandeln.

Diese Phase kann also unter ausdrücklicher Beteiligung der Organisationsmitglieder als *Bewusstseinsphase* verstanden werden, um gemeinsam Möglichkeiten, aber auch Grenzen für betriebliche Wandlungsprozesse zu erkennen und das Handeln daran auszurichten. Das oben angesprochene OE-Prinzip, *die Betroffenen zu Beteiligten* zu machen, erfordert seitens der dominierenden Koalition eine *aktive Informationspolitik* gegenüber den Organisationsmitgliedern, die deutlich macht, welches Zukunftsbild angestrebt wird, sowie eine Klärung über die Strategien, die zu verfolgen sind, um diese Idee Realität werden zu lassen.

Phase der operationalen Um- und Zielsetzungen

Diese Phase führt zur Konkretisierung der vorher erarbeiteten Zukunftsidee. Im Sinne einer operationalen Umsetzung geht es nunmehr um das *Wollen*, die vorher formulierte Idee auch tatsächlich Gestalt annehmen zu lassen, was auch eine gefühlsmäßige Bindung der Organisationsmitglieder an die geplante Wandlung der Organisation erfordert (vgl. Glasl/de la Houssaye ebd., S. 23f.). In dieser Phase werden dementsprechend die Organisationsmitglieder verstärkt aufgefordert, durch Selbstuntersuchung, Selbststeuerung und Selbstorganisation, herauszufinden, wie das System bisher funktioniert hat und welche Möglichkeiten, aber auch Schwierigkeiten auftreten, um der neuen Idee Taten folgen zu lassen (vgl.ebd., S. 24).

Diese Elemente der Selbstuntersuchung können demnach als *kollektiver Lernprozess* verstanden werden, bei dem sich die Organisationsmitglieder mit der Diskrepanz zwischen dem ursprünglich angestrebten Ziel und den seine Realisierung beeinträchtigenden Faktoren (Ist-Zustand) auseinandersetzen, um dadurch zur Prioritätenfestlegung in Hinblick auf eine Entwicklung des Gesamtsystems beizutragen. Auftretenden Fragen und explizierten Problemfeststellungen ist im Sinne einer vertrauensvollen Entwicklungsarbeit hierbei große Aufmerksamkeit zu schenken. Die Verbesserung der Teamfähigkeit sowie die Übertragung von Verantwortung an diese Arbeitsgruppen, zunächst einmal in der Auseinandersetzung mit der Soll-Ist-Analyse (in Form von Selbstuntersuchung und Erarbeitung von Kriterien für Veränderungsprojekte), kann auf diese Weise zu entscheidenden Verbesserungen im zukünftigen Miteinander führen.

Phase der intentionalen Wandlung im Sinne konkreter Pläne zur Veränderung

Hier werden konkrete Schritte zur Verwirklichung der Idee unternommen. Veränderungsvorhaben nehmen dahingehend Gestalt an, dass formuliert wird, was in welcher Zeit und unter welcher Ressourcenausstattung erreicht werden soll. Darüber hinaus werden Kriterien ausgearbeitet, die als Grundlage für eine spätere Bewertung des Erreichten dienen können.

„Die geplanten Projekte sind „experimentelle Projekte". „Experimentell" bedeutet, dass man im Verlauf dieses Veränderungsprozesses noch Erfahrungen machen und aus Erfahrungen lernen will. Die experimentellen Projekte sind gleichsam Vorübungen für eine spätere Veränderung größeren Umfanges" (ebd., S. 25).

Hier wird deutlich, dass unmittelbar *das Wollen* aller Beteiligten erforderlich ist, Veränderungsprozesse auch tatsächlich durch das eigene *Wissen* und *Können* mitzugestalten. Die mit der Zeit zunehmende Komplexität der eingeleiteten Prozesse erfordert eine hohe Frustrationstoleranz auf *allen* Organisationsebenen. Schon aus diesem Grunde schlagen die Autoren den Einsatz einer Steuerungsgruppe, die sich aus Mitarbeitern „verschiedener Niveaus in der Organisation und aus Koordinatoren der verschiedenen Untergruppen, die mit Organisationsentwicklung beschäftigt sind" (ebd., S. 26), zusammensetzt, vor.

Die Steuerungsgruppe, dahingehend durch die Unternehmensleitung autorisiert, hat in dieser Phase eine beobachtende, Urteilsbildende und korrigierende, also, eine beratende und entscheidende Aufgabe und dient als Ansprechpartner für die dominierende Koalition, den Prozessberater und die OE-Teams. Eine derartige Koordinationsgruppe ist in der Lage, den Prozess als Ganzes zu überblicken, bei auftretenden Problemen beratend zu fungieren sowie ständig den OE-Prozess zu evaluieren. Mit Hilfe solcher sich aus Organisationsmitgliedern zusammensetzender Koordinierungsgruppen ist die Organisation *selbst* befähigt, zukünftige Wandlungsprozesse „in eigener Regie", also ohne externen Berater, zu steuern und zu evaluieren.

Realisierungsphase (OE wird als ständiger Veränderungsprozess in der Organisation verankert)

Nachdem die Experimentalphase abgeschlossen ist und sowohl das Wollen, etwas zu verändern, bei den Organisationsmitgliedern deutlich zum Ausdruck gekommen ist als auch der Glaube besteht, mit Hilfe derartiger Wandlungsprozesse den Weg in eine bessere Zukunft zu beschreiten, werden nun Veränderungsprozesse initiiert, die das ganze System betreffen. Die umfangreichen Vorstufen haben alle Organisationsmitglieder dahingehend sensibilisiert, dass sie allein für den Erfolg des angestrebten Wandels verantwortlich sind sowie auch weiterhin bereit sein müssen, derartige Prozesse aktiv mit zu gestalten.

Das NPI-Modell wurde im gesamten westeuropäischen Raum sehr erfolgreich zur Entwicklung von Organisationen (Unternehmen, aber auch Krankenhäuser oder Schulen) angewandt.

Obwohl das NPI-Modell ebenfalls primär zur Effizienzsteigerung von Organisationen führen soll, sind doch starke Tendenzen, *die Sinn- und Werthaltungen der Organisationsmitglieder zu verarbeiten*, unverkennbar.

Obwohl der Prozessberater zunächst einmal von der Unternehmensleitung oder von ihr beauftragten Personen konsultiert wird, haben spätestens ab der zweiten Phase alle Organisationsmitglieder nicht nur die Möglichkeit, sondern sind geradezu aufgefordert, sich mit dem betrieblichen Kontext intensiv auseinanderzusetzen.

Problemlösungen und Wandlungsprozesse, die durch diese kritische Auseinandersetzung mit sich und dem betrieblichen Kontext erarbeitet worden sind, sind das Produkt aller Organisationsmitglieder.

Problematisch an diesem Modell ist allerdings die Abhängigkeit erfolgreicher, ganzheitlicher betrieblicher Wandlungsprozesse von der „Qualität" des Prozessberaters.

Die dargestellte chronologische Reihenfolge geht von erfahrenen Sozialwissenschaftlern aus, deren (Gestaltungs-)Kompetenz auch seitens der Unternehmensführung anerkannt wird. Weiterhin muss der Prozessberater in der Lage sein, auch die Besonderheiten des technischen und ökonomischen Subsystems zu berücksichtigen.

Der Prozessberater muss weiterhin darauf achten, nicht als „Erfüllungsgehilfe" der Unternehmensleitung angesehen zu werden (vgl. dazu die Kritik am GRID-Modell).

Auch in Hinblick auf die Akzeptanz seitens der übrigen Organisationsteilnehmer, deren Engagement und Lernfähigkeit erst einen solchen Wandlungsprozess ermöglicht, hat der Prozessberater gegenüber der Unternehmensleitung eine deutliche, nichtaffirmative „Sprache" zu sprechen, um auch seitens dieses „Sub-Subsystems" Lernprozesse auszulösen, deren Auswirkungen durch die gesamte Organisation beobachtet werden können.

Aus diesem Grunde kann dieses OE-Modell im Sinne der Ausgangsfragestellung zunächst einmal als anschlussfähig beurteilt werden, die Berufspersönlichkeit zu fördern.

4. Conclusio

In diesem Beitrag sollte ein Vorschlag unterbreitet werden, mit Hilfe von Managementbildung und Organisationsentwicklung die mündige Berufspersönlichkeit zu fördern und dementsprechend das Bewusstsein jedes Einzelnen im Sinne einer fairen Auseinandersetzung mit den Betrachtungen des Anderen zu schärfen und somit den Dialog zwischen Menschen und Positionen zu ermöglichen.

Diese *gemeinsame Wahrheitssuche im Austausch zwischen Menschen ist deshalb notwendig*, weil es in betrieblichen, aber auch in gesellschaftlichen Diskussionen *nicht* „die" von vornherein (monologisch) festgelegte und allgemeingültige Wahrheit i.S. eines „one-best-way" (mehr) geben kann (vgl. dazu auch Thom 2008). Selbst in hierarchischen Organisationen wie beispielsweise erwerbswirtschaftlichen Unternehmen bedeutet die faire Auseinandersetzung mit den Betrachtungen des Anderen für Führungskräfte und Entscheidungsträger die *konkrete Aufforderung*, das *Wagnis einzugehen*, zunächst einmal Dialoge als *animierender (Lern-)Partner* und *Katalysator* zuzulassen und zu führen.

So können beispielsweise auf Mitarbeiter- und Teamebene Selbstbewusstsein, Urteilsfähigkeit, Leistungs- und Innovationsbereitschaft sowie die Entfaltung schöpferischer Kräfte auf allen Ebenen ermöglicht und dementsprechend Raum dafür gegeben werden, sich im gesamten Kontext stärker Tugenden wie Kreativität, Querdenken, Spontaneität und Risikofreudigkeit zuzuwenden. Hieraus ergibt sich, dass Führungskräfte und Mitarbeiter als (zumindest prinzipiell) *gleichberechtigte Wahrheits- und Problemlösungsquellen* anzusehen sind und hierzu qua ständiger Lernfähigkeit und Lernbereitschaft den aktuellen Wissensstand *ständig hinterfragen* und *verändern* müssen (vgl. Petersen 2003).

Auf diese Weise lässt sich die Berufspersönlichkeit ausbilden und fördern.

Literatur

Apel, K.-O. (1988): Die transzendentalpragmatische Begründung der Kommunikationsethik und das Problem der höchsten Stufe einer Entwicklungslogik des moralischen Bewusstseins. In: Ders.: Diskurs und Verantwortung. Frankfurt a.M.
Arnold, R. (1990). Betriebspädagogik. Berlin.
Argyris, C. (1993). Knowledge for Action. San Francisco.
Becker, H./Langosch, I. (1995): Produktivität und Menschlichkeit. 4. Auflage. Stuttgart
Blake, R.R./Mouton, J.S. (1972): The Managerial Grid. Houston
Gebert, D./Rosenstiel, L. von (1989): Organisationspsychologie (2., erweiterte und verbesserte Auflage). Stuttgart
Glasl, F./de la Houssaye, L. (1975): Organisationsentwicklung. Bern und Stuttgart
Kieser, A. (1995): Organisationstheorien. 2. Auflage. Stuttgart, Berlin, Köln
Kirsch, W. (1990). Unternehmenspolitik und strategische Unternehmensführung, Herrsching.
Küpper, W./Ortmann, G. (1988): Mikropolitik. Opladen
Lehnhoff, A. (1997): Vom Management-Development zur Managementbildung. Frankfurt a.M.
Nagel, K. (1990): Weiterbildung als strategischer Erfolgsfaktor. Landsberg/Lech
Petersen, J. (2003). Dialogisches Management. Frankfurt a.M.
Petersen, J./Lehnhoff, A. (2010). Managementbildung. In: Arnold, R. et al. (Hrsg.): Handwörterbuch der Erwachsenenpädagogik (2. Aufl.), S. 206–207. Opladen
Schlund, M. (1994): Organisations- und Personalentwicklung für Produktionsinseln am Beispiel eines mittelständischen Unternehmens – Ein Erfahrungsbericht. In: Antoni, Conny (Hrsg.): Gruppenarbeit in Unternehmen. Weinheim
Schmidt, J. (1993). Die sanfte Organisationsrevolution. Von der Hierarchie zu selbstgesteuerten Systemen. Frankfurt/New York: Campus.
Staehle, W.H.: Management (8. Auflage) (1998). Herausgegeben von P. Conrad und J. Sydow. München: Vahlen
Thom, N. (2008). Führungskräfte anforderungsgerecht ausbilden. Generelle Erkenntnisse und Besonderheiten des öffentlichen Sektors. In Schweizerische Staatsschreiberkonferenz und Staatskanzlei Kanton Aargau (Hrsg.), Perspektive Staat. Herausforderungen für staatliche Führungskräfte (S. 48–57). Zürich: Verlag NZZ
Ulrich, P. (1986): Transformation der ökonomischen Vernunft. Bern und Stuttgart
Wagner, D./Nolte, H. (1993): Managementbildung. In: Managementrevue 1993, H. 1

Selbstorganisation im Modell der Synergetik als Ausgangspunkt für Führungskompetenz

Peter C. Weber

1. Einleitung

Die Bedingungen, unter denen Führungskräfte und Organisationen heute arbeiten, haben sich signifikant geändert. Ebenso haben sich in Bezug auf die Führung von Mitarbeitern vielfältige Bedingungen geändert. Mitarbeiter sind stärker als früher gefordert, proaktiv Problemlösungen zu entwickeln und schnell auf Anforderungen zu reagieren. Organisationen sind auf eine flexible, kreative und aktive Mitarbeiterschaft angewiesen, da die wachsende Komplexität und der Veränderungsdruck im sozio-technologischen System Unternehmen eben nicht nur auf immer weiter entwickelten Technologien beruht, sondern auch Mitarbeiter benötigt, die zunehmend eigenständiger handeln, Wandel wirksam gestalten und mit technologischen Entwicklungen Schritt halten können. Sowohl auf der Individualebene als auch mit Blick auf die Organisation ist darum *Selbstorganisation* ein Konzept, das zunehmend an Aufmerksamkeit gewinnt. Ein aktuelles Konzept von Führungskompetenz und die Vorstellung professioneller Führung kann diese Modellvorstellung nutzen, um zu konsistenten und anspruchsvollen konzeptionellen Vorstellungen von Führung zu gelangen.

Das Modell der Selbstorganisation kann dazu dienen, Führungskompetenz zu beschreiben und sinnvoll von anderen Konzepten abzugrenzen. Hierbei kann davon ausgegangen werden, dass durch die Beschreibung von kompetentem Handeln aus Sicht der Selbstorganisationstheorie die Stärke des Kompetenzkonzepts für die Beschreibung professioneller Führung deutlich wird, und dass gezeigt werden kann, warum diese gerade unter den Bedingungen des schnellen Wandels greifend und zukunftsweisend sind.

Ohne tatsächlich zu einer umfassenden Beschreibung von Führungskompetenz gelangen zu können, wird in diesem Beitrag versucht, auf der Grundlage des Konzepts der Selbstorganisation einen Rahmen für Führungskompetenz unter den Bedingungen erhöhter Selbstorganisation zu entwerfen und Forschungsdesiderate zu beschreiben.

2. Führung als professionelle Aufgabe

Führungsaufgaben sind anspruchsvolle Tätigkeiten, die – um erfolgreich und wirkungsvoll erbracht zu werden – einer hohen Professionalität und entsprechender Kompetenzen bedürfen. Professionalität besteht darin, dass Handlungen auf der Basis von gesicherten und innerprofessionell geteilten Wissensbeständen und Fähigkeiten, also kompetent ausgeführt werden und intendierte Wirkungen erzeugen (vgl. Mieg 2005, S. 342ff.). Professionen stellen Lösungen für die in der Praxis identifizierbaren Problemlagen bereit und reduzieren damit die prinzipiell unendliche Vielfalt der möglichen Probleme und Lösungen auf eine handhabbare und damit kommunizierbare, erforschbare und in ihrer Wirkung nachprüfbare Vielfalt (vgl. Pfadenhauer 2005, S. 12). Professionalität setzt weiter voraus, dass nicht nur die einzelne Führungskraft weiß, wie sie kompetent handeln, also wirkungsvoll Probleme lösen kann, sondern, dass es professionsintern einen allgemeinen Wissensaustausch darüber gibt, was professionelle Führung ausmacht. Um diesen Anspruch in der Praxis umzusetzen, muss allerdings vorausgesetzt werden, dass zwischen Führungspraxis und einer übergeordneten Reflexion über Führungskompetenz ein enger Austausch besteht. Professionalisierung braucht darum sowohl einen engen Diskurs als auch Orte, an denen sich dieser kristallisiert, z.B. in der Ausbildung von Führungskräften oder durch die systematische Erforschung wirkungsvollen Führungshandelns.

Dem stehen in Bezug auf die *Professionalisierung von Führung* eine Reihe von Aspekten entgegen, die hier nur thesenhaft benannt werden können.

- Die Rekrutierung von Führungskräften erfolgt meist aufgrund von Kompetenz zur Lösung fachlicher Probleme, die sich im Unternehmen „bewährt" hat. Führungskompetenz ist dem nachrangig und wird oftmals nicht in ausreichendem Maße systematisch entwickelt (vgl. bspw. Arnim 2001).
- Führung wird nicht als Beruf oder professionelle Tätigkeit verstanden, sondern eher als zusätzliche Aufgabe, um Managementziele zu erreichen. Kompetenz wird sozusagen mit dem Aufstieg verliehen, es scheint – ähnlich wie in anderen anspruchsvollen kommunikativen Aufgabenfeldern auch (z.B. bei Hochschullehrern) wenig opportun die Eignung, in diesem Fall zur Führung, in Frage zu stellen, wenn die Aufgabe erst einmal übertragen wurde.
- Die bestehenden Entwicklungsmodelle oder Kompetenzmodelle sind noch relativ disparat (vgl. Büser 2004), nicht selten bleiben sie auf der Ebene von Aufzählungen einzelner Eigenschaften, die Führungskräfte besitzen sollten.
- Es kann angenommen werden, dass in einzelnen Unternehmen oder bspw. in MBA-Studiengängen gute Modelle vorliegen, diese Modelle werden jedoch noch zu wenig offen diskutiert und in einer fachlichen und wissenschaftlichen Diskussion weiterentwickelt.

Im laufenden Diskurs werden zwar innovative Ideen eingebracht, setzen sich jedoch in der Breite noch nicht durch oder werden nicht bis in die Praxis hinein weiterentwickelt und nachhaltig implementiert (vgl. Backhausen 2009, Pinnov 2009).

3. Ein Konzept von Führungskompetenz

Führungskompetenz wird sowohl in der Forschungsliteratur als auch in der Unternehmenspraxis breit diskutiert und es entstehen vielfache Versuche, Führungskompetenz zu definieren, zu benennen, zu kategorisieren (vgl. bspw. Baitsch 2004, Rosenstiel/Comelli 2007, Rosenstiel 2009).

Dabei ist *Kompetenz* ein vielfältig verwendetes und wenig klar definiertes Konzept (vgl. Erpenbeck/Rosenstiel 2007). Oft bleibt die Eingrenzung und Nutzung des Konzepts noch in einer Aneinanderreihung oder Kombination von anderen Konzepten stecken.

Um ihn von anderen in diesem Kontext verwendeten Begriffen (bspw. Qualifikation, Wissen, Fähigkeit, Skills) abzugrenzen, kann Kompetenz als handlungsorientiertes Konzept, als Disposition, die zum „kompetenten Handeln" befähigt, verstanden werden (ebd.). „Kompetenz ist (...) eine Befähigung zu einem angemessenen Umgang mit Anforderungen der Umwelt" (Schiersmann/Weber 2008, S. 93). Barnien definiert Kompetenz als „die Summe aller Fähigkeiten, Fertigkeiten, Wissensbestände und Erfahrungen des Menschen, die ihn zur Bewältigung seiner beruflichen Aufgaben und gleichzeitig zur eigenständigen Regulation seines Handelns einschließlich der damit verbundenen Folgeabschätzungen befähigt" (Bernien 1997, S. 25).

Die selbstregulierte, besser vielleicht die selbstorganisierte Bewältigung einer Aufgabe bezeichnet den Kern des Kompetenzkonzeptes. Kompetentes Handeln ist demnach die selbstorganisierte Problemlösung unter gegebenen, unsicheren internen und externen Bedingungen. Kompetenzen sind „Disposition selbstorganisierten Handelns" (Erpenbeeck/Scharnhorst 2005, S. 84). Welche Wissensbestände hierfür notwendig sind oder wie eine Person die Aufgabe oder das Problem auch unter der Bedingung fehlenden Wissens löst, tritt in den Hintergrund. Verschiedene Lösungswege können in einer gegebenen Situation als *kompetentes Handeln* identifiziert werden. Damit ist das Ergebnis ausschlaggebender als der Lösungsweg.

Folgt man diesem Verständnis, so wird deutlich, dass Führungskompetenz nur im Zusammenhang mit konkreten Handlungskontexten diskutiert werden kann und dass die Komplexität dieser Handlungen in die Definition einzelner Kompetenzen Eingang finden sollte. Ein weiterer Aspekt betrifft die Einsicht, dass neben verschiedenen Wissenstypen, die zur Lösung einer Aufgabe notwendig sind, vor allem die selbstorganisierte Nutzung externer und interner

Ressourcen und der Umgang bzw. die Kontrolle mit externen und internen Defiziten kompetentes Handeln markieren. Kompetenz ist damit ein Prozess der Selbstorganisation des eigenen Handelns.

4. Bestehende Kompetenzkataloge für das Führungshandeln

Die bisherige Diskussion von Führungskompetenz ist leider meist weit davon entfernt, diese Interpretation anzuerkennen. Obwohl in wichtigen Beiträgen zum Managementhandeln (Ulrich/Probst (1988); Malig (2000), Kruse (2010) und auch zum Führungshandeln und zur Führungskompetenz (Simon/Donaubauer (2007); Kruse/Dittler/Schomburg (2007); Rosenstiel (2009)) Aspekte des systemischen Denkens und Verstehens, des Umgangs mit Unsicherheit und des Wandels prominent thematisiert werden, hat sich dies in der Diskussion von Führungskompetenz noch nicht genügend niedergeschlagen.

Oft wird Führungshandeln, obwohl also andere und neuere Konzeptualisierungen vorliegen, nach wie vor eher in Auflistungen von *Kompetenzen* beschrieben, die im Lichte der obigen Definition nur schwerlich als solche anerkannt werden können. In nur wenig überzeugender Weise werden Persönlichkeitseigenschaften, Fähigkeiten, Wissensbestände, Themen u.a. in eher abstrakter Art und Weise aufgelistet, um Anforderungen an Führungskräfte zu differenzieren. Die folgende Auswertung einer Reihe solcher *Kompetenzmodelle* soll das Problem eher illustrieren:

Selbstbezogene „Kompetenzen"[1]

- Innovation, Kreativität, Flexibilität, Initiative, Selbstvertrauen, Übernahme von Verantwortung, Fähigkeit zu denken, bahnbrechendes Denken, analytisches Denken, konzeptionelles Denken, Wille zur Zielerreichung, Zielorientierung, Entschiedenheit und Entscheidungskompetenz, persönliche Effektivität, Informationskompetenz, usf.

Mitarbeiterbezogene „Kompetenzen"

- Soziale Kompetenzen, Fähigkeit zur Teamarbeit und Teamführung, Kommunikationsfähigkeit, klare Kommunikation, Entwicklung anderer, Wirkung und Einfluss, Führungs- und Durchsetzungsfähigkeit, usf.

---

[1] Die Zusammenstellung basiert auf verschiedenen sogenannten Kompetenzkatalogen, wie sie in großen Unternehmen entwickelt wurden (vgl. bspw. Büser 2004). Dabei wurden einzelne Begriffe aus dem englischen übertragen. Die Ordnungsstruktur (Selbst, Mitarbeiter, Organisation, Kunde) wurde der Übersicht halber übernommen.

Organisationsbezogene „Kompetenzen"
- Qualität der Arbeit, Professionelles Wissen, Geschäftliche Fähigkeiten, Management Fähigkeiten, Aufbau von organisationalen Kapazitäten, Leidenschaft für das Geschäft, usf.

Kundenbezogene Kompetenz
- Kundenfokus, Kundenkenntnis, Reaktionsfreude in Bezug auf Kunden, usf.

Die hier zusammengestellten „Kompetenzen" haben nicht den Anspruch einer umfassenden Darstellung, sie dienen der Illustration eines Problems. Ähnliche Modellierungen finden sich trotz weitergehender und passender Konzeptionalisierungen immer noch in Literatur und Praxis. Bei der Übersicht über die genannten Begriffe fällt es nicht schwer, jeden einzelnen Begriff als sinnvoll für Führungskompetenz zu verstehen. Dies reicht jedoch nicht aus, um aus ihrer Zusammenstellung Führungskompetenz abzuleiten. Um diese Kritik zu fundieren, sollen hier einige Punkte diskutiert werden:

Mangelnde Systematik. Den hier aufgelisteten Begriffen mangelt es an Systematik, in eher additiver Weise werden Wissen, Eigenschaften, Fähigkeiten, Aufgaben unter dem Begriff Kompetenz subsumiert. Dabei sind einige der Begriffe von sehr allgemein gehalten, sodass schwer zu beurteilen ist, in welchem Verhältnis sie zu *Führungskompetenz* stehen. Müssten solche Anforderungskataloge zumindest kategorial vergleichbare Begriffe enthalten, um auch in der weiteren Operationalisierung und Anwendung brauchbar zu sein?

Verhältnis von Wissen und Kompetenz. Wissen und Elemente von Kompetenz, z.B. über Organisationskonzepte, Führungsmodelle und deren Anwendung oder Wissen über individuelle Voraussetzungen der Führungskräfte werden angesprochen, sie werden jedoch nicht in ein Verhältnis gesetzt. Wissen ist die notwendige Voraussetzung, um führen zu können. Kompetenz greift auf Wissensbestände zurück, erschöpft sich aber nicht darin. Müsste es also nicht klarer sein, welche Rolle Wissen in Bezug auf Kompetenz spielt, welche Wissensbestände Bedingung für kompetentes Handeln sind und wie Wissen und kompetentes Handeln zusammenwirken?

Kompetenzbegriff. Um tatsächlich „Führungskompetenz" zu begründen, müsste ein auf die Handlungen, Handlungsprozesse und Handlungsziele ausgerichteter Zusammenhang deutlich werden. Ein wichtiger Kritikpunkt ist, dass diese Modelle keine Vorstellung davon geben, wie einzelne Elemente (z.B. Wissen, Fähigkeiten, Selbstorganisation) als Kompetenzen im Führungshandeln *zusammenwirken*.

Müsste eine *konsistente Vorstellung von Führungskompetenz* diese einzelnen Begriffen nicht in eine prozesshafte Verbindung bringen, um die Rolle jedes dieser Einzelkonstrukte zu erklären? Im Sinne des obigen Kompetenzverständnisses sollten darüber hinaus spezifische Aufgaben beschrieben werden, deren kompetente Bewältigung erwartet wird. Kundenbezogene Kompetenz müsste dann zum Beispiel beschreiben, wie die Führungskraft mit dem Kunden eine für beide Seiten zufriedenstellende Leistung herbeiführen und wie dies dann mit den Mitarbeitern realisiert werden kann. Die dann dafür notwendigen Wissensbestände oder möglichen Verhaltensweisen sind einzelne Bedingungen, die jedoch nicht hinreichend dafür sind, die kompetente Handlung zu erbringen.

Reflexion auf nicht-lineare Dynamiken. Das in diesen Modellvorstellungen transportierte Bild von Führung ist – wenn auch eher vage – von einer linearen Steuerbarkeit von Unternehmen, Teams und Mitarbeiter geprägt. Die Führungskraft – insbesondere in ihren persönlichen Eigenschaften – lenkt die Mitarbeiter und das Team zum Erfolg. Die Bedingungen „nicht-linearer-Dynamiken", von organisationalem Lernen, von Selbstorganisation und Reflexivität scheinen sich in den Kompetenzen für Führungskräfte nicht niederzuschlagen. Sollte ein aktuelles Modell von „Führungskompetenz" nicht stärker auf diese Erkenntnisse und Ansätze eingehen?

Fehlende Reflexion auf die *Spannung und Dynamik zwischen Führung* von Menschen und Organisationen und *Management* von Sachverhalten (vgl. bspw. Malik 2000; Erpenbeck/Scharnhorst 2005). Eine Abgrenzung des Führungs- vom Management-Begriff macht nur dann Sinn, wenn in der Differenz der Begriffe ein produktiver Unterschied liegt. Eine interessante Dynamik resultiert daraus, dass die Führung von Menschen und Organisationen oder Teilen von Organisationen in einem Spannungsverhältnis zu Sachzwängen, wie sie aus dem Management von Sachverhalten hervorgehen, stehen. In diesem Verständnis besteht Führung in erster Linie in der Gestaltung von Kommunikation, Management in der Realisierung von Entscheidungen. Beides ist unlösbar verbunden, beruht jedoch auf unterschiedlichen Kompetenzen.

Führung und Wirkung. Es fehlt oft eine Begründung der einzelnen Kompetenzen aus der Wirkung, z.B. der Lösung einer Aufgabe heraus. Dazu sind die Begriffe oft zu schwach qualifiziert (was bedeutet Flexibilität, wann ist Flexibilität sinnvoll und wann nicht, worauf bezieht sich Flexibilität usf.) Der gegebenen Kompetenzdefinition folgend ist außerdem wichtig, den erwarteten Erfolg, die Bewältigung einer Aufgabe zu beschreiben. Möglicherweise kann die eine Führungskraft etwas mit Flexibilität erfolgreich bewältigen, was eine andere, ebenso erfolgreich mit Beharrlichkeit zu lösen vermag.

Die Notwendigkeit von Selbstorganisation. Die angesprochene Dynamik der Situationen in denen Führungskräfte stehen (äußere Bedingungen), nicht minder aber auch die stetig wachsende Masse an potentiellem Wissen und Informationen (innere und äußere Bedingungen), die Verschiedenartigkeit der Führungskräfte als Personen (innere Bedingungen) und die Vielgestaltigkeit möglicher Lösungswege (notwendige Kombination von inneren und äußeren Bedingungen) erfordern die reflexive, d.h. diese Bedingungen aktiv berücksichtigende Selbstorganisation der Aufgabenbewältigung. *Kompetenz ist ein Prozess-Konzept* das auf die Systembedingungen verweist, die in der Person der Führungskraft und im Kontext der Handlungssituation gelten.

5. Das Modell der Selbstorganisation – Führungskompetenz im selbstorganisierenden System

Systemtheoretisches Denken ist heute selbstverständlicher Bestandteil der Entwicklung von Theorie und Praxis in allen wissenschaftlichen und praktischen Feldern. Auch in der Diskussion um Führung hat es seinen Niederschlag gefunden, konnte sich jedoch bisher in der Frage um Führungskompetenz nicht ausreichend durchsetzen. Die Vorstellung aber, Führung sei ein linearer Prozess, bei dem Anweisungen oder Zielvorgaben einer Führungskraft Umsetzungen, Erfüllung durch Mitarbeiter nach sich ziehen, ist in den vergangenen Dekaden nachhaltig erodiert (vgl. Ulrich 1984; Ulrich/Probst 1988; Malik 2000; Kruse 2010).

In vielen der für das Führungshandeln entwickelten Konzepte wird heute der Anteil der Selbstverantwortungs-, Selbststeuerungs- und Selbstkontrollanteile auf Seiten der Mitarbeiter immer deutlicher. Beispiele sind Ansätze der *Situierung*, z.B. von Führung oder Organisation, Ansätze, die *Kooperation* in den Mittelpunkt stellen und ebenso Konzepte, die *Job-Enlargement* und *Job-Enrichment, Zielvereinbarungen, Vertrauensarbeitszeit, flache Hierarchien* usw. thematisieren. Der vielfache Rückzug auf die Bereitstellung von Rahmenbedingungen und die Steuerung durch Kennzahlen ist ebenso ein deutliches Zeichen für diesen Wandel.

Selbstorganisation, z.B. der Mitarbeiter, aber auch der Organisation im umfassenderen Sinn ist in diesem Zusammenhang heute ein wichtiges und breit diskutiertes Konzept, das in der genannten Führungs- und Managementliteratur, aber z.B. auch in der Literatur zum Coaching von Führungskräften (Lenbet 2004; Künzli 2009) oder der Organisationsberatung (Rügg-Stürm 1998; Tippe 2008; Ameln u.a. 2009; Schiersmann/Thiel 2010) diskutiert wird. Diese Diskussion reicht bis in die 1980er Jahre zurück (vgl. Haken 1984, Ulrich 1984).

6. Führungskompetenzen im Selbstorganisationsmodell

Grundlage für die folgenden Ausführungen sind die Überlegungen zur Selbstorganisation im Modell der Synergetik und die davon abgeleiteten *Generischen Prinzipien* für die Selbstorganisation wie sie von Haken und Schiepek (2006, 2010) formuliert wurden. Der Aufsatz kann keinesfalls eine hinreichende Beschreibung dieses Denkmodells liefern, zum besseren Verständnis ist eine Rezeption der Originalbeiträge sinnvoll.

Ausgangspunkt ist eine Vorstellung von *selbstorganisierenden* Systemen im synergetischen Modell. Folgende Voraussetzungen können auf der Basis dieses systemischen Ansatzes für die Führung von Mitarbeitern, Teams und Organisationen vorausgesetzt werden: Systeme (z.B. ein Team) organisieren sich ihren intern geltenden Regeln entsprechend selbst. Von außen, d.h. in diesem Fall durch das Handeln von Führungskräften können sie nicht linear gesteuert, sehr wohl aber beeinflusst werden. Führungshandeln kann darum die mehr oder weniger erfolgreiche Gestaltung von Rahmenbedingungen und Impulsen, d.h. von Umweltfaktoren (z.B. vorhandenen Ressourcen, Vernetzungen, Strukturen) und von Kontrollparametern (z.B. Faktoren der Motivation, des Vertrauens, der Anforderungen) verstanden werden (vgl. Haken/Schiepeck, S. 80). So gilt beispielsweise eine durch die Führungskraft explizit für ein Team aufgestellte Regel nicht automatisch, sondern dadurch, dass die einzelnen Elemente (Mitarbeiter) des Systems (Team) diese verstehen, akzeptieren, ihren Vorteil erkennen und in Handlungen realisieren.

Führungshandeln ist darum die Gestaltung von Umwelt und die gezielte Beeinflussung, Stimulierung der Parameter (in der Begrifflichkeit der Synergetik *Kontrollparameter*), die das *Verhalten*, *Denken* und nicht zuletzt das *Fühlen* der Mitarbeiter bestimmt. Führungshandeln ist maßgeblich davon abhängig, wie eine Führungskraft die zu gestaltende Situation, die Umgebungsbedingungen und die Aufgabe interpretiert, d.h. was sie wahrnimmt und was sie als relevant ansieht, und wie diese Führungskraft dann im Rahmen ihrer Handlungsmöglichkeiten agiert. Nicht zuletzt beinhaltet dies auch die Antizipation der wahrscheinlichen Reaktion und die Reflexion der tatsächlichen Reaktion der Mitarbeiter, um daraus für weiteres Handeln zu lernen. Kompetentes Handeln von Führungskräften ist in diesem Regelkreis zu denken.

Dies gilt für das Verhältnis der Führungskraft zu einzelnen Mitarbeitern sowie für das Verhältnis der Führungskraft gegenüber der gesamten Organisation. Kompetentes Verhalten ist darum immer dasjenige, das gegenüber einem Mitarbeiter oder einer Organisation zu einer besseren, erfolgreicheren Selbstorganisation im Sinne eines übergeordneten Systemziels führt. Selbstorganisation bezeichnet in diesem Kontext also die Selbstorganisation der Führungskraft, aber auch die Verbesserung der Selbstorganisationsfähigkeit und -bedingungen der Mitarbeiter, Teams und Organisationen, die geführt werden.

Jedes der relevanten Systeme (sei es der einzelne Mitarbeiter, mit dem eine Führungskraft arbeitet, sei es die Organisationseinheit, die sie oder er verantwortet) wird hier als in sich geschlossen angesehen. Es zeichnet sich gleichermaßen durch interne *Muster* aus, die modellhaft in übergeordneten, überdauernd gültigen *Ordnungsprinzipien* auf der Makro-Ebene (beispielsweise Werthaltungen, Interessen, Persönlichkeitsmerkmale, Teamnormen) und in situative, sich schnell verändernde Elemente auf der *Micro-Ebene* (beispielsweise aktuelle Handlungen, Präferenzen, Aufgaben) unterschieden werden können (vgl. Abb. 1).

In der Modellvorstellung der synergetischen Selbstorganisation sind – ebenso wie in anderen systemtheoretischen Modellen – Systeme wohl operativ geschlossen, jedoch nicht abgekoppelt von der Umwelt. Diese Schnittstelle zur Umwelt ist jedoch nicht beliebig, sondern wird von den spezifischen Bedingungen des Systems beeinflusst: Was in einem System aus der Umwelt als relevant aufgenommen werden kann, hängt von den Bedingungen des Systems ab.

Die Führungskraft ist für das System „Mitarbeiter" also eine Umwelt, die auf spezifische Weise *Einfluss* nehmen kann. Sie tun dies u.a. auf zweifache Weise: Erstens indem sie Attraktoren schaffen oder nutzen und zweitens indem sie Kontrollparameter aktivieren oder stimulieren. Der Begriff des *Attraktors* bezeichnet Anziehungspunkte im System oder in dessen Umwelt, die in besonderem Maße dazu geeignet sind, *Veränderungen im System anzuregen*, weil sie sich auf den Attraktor zubewegen *wollen*. Für Führungskräfte besteht darum die Anforderung, die Attraktoren der für sie relevanten Systeme zu identifizieren und ihr Handeln so zu koordinieren, dass Attraktoren entstehen, die im System auf der Mikroebene situativ wirken und – mittel und langfristig – zu einer günstigen Veränderung in Makrostrukturen beitragen. Das Identifizieren oder das aktive Setzen von Zielen sind ein Beispiel für die Nutzung solcher Attraktoren. Führungskräfte beinflussen Mitarbeiter auch, indem sie übergeordnete Muster beeinflussen und indem sie Einfluss auf die *Kontrollparameter* (z.B. Anreize, Folgen von Handlungen, Erfolgserlebnisse u.a.) nehmen.

Die Führungskraft und die Mitarbeiter sind Teil des Systems „Unternehmen", und werden darum einerseits von den Mustern des Unternehmens (z.B. Struktur, Kultur) in ihren Handlungen mitbestimmt und haben andererseits Einfluss auf die Musterbildung sowie auf das Auftreten von *Emergenz* im System (vgl. Haken/Schiepek 2006: 79). In diesem Modell werden also die gegenseitige Bedingung und Abhängigkeit verschiedener Teil-Systeme, die jeweils von einer übergeordneten Umwelt umgeben sind, von dieser beeinflusst werden, und diese wechselseitig beeinflussen, als selbstorganisiertes System modelliert.

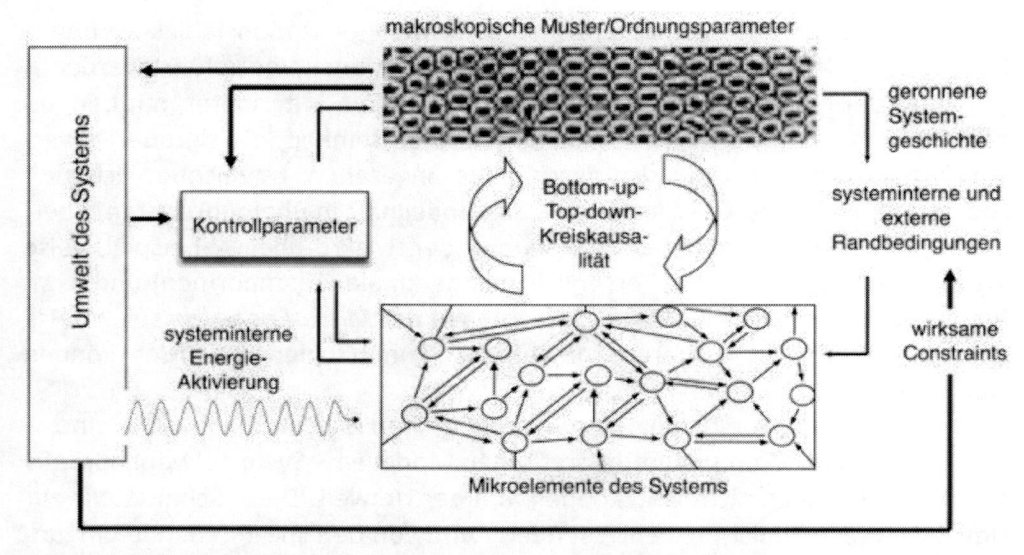

Abb. 1: Grundschema der Synergetik mit Zuordnung der generischen Prinzipien

Für die Arbeit der Führungskraft bedeutet dies *Muster zu erkennen* und *Muster zu beeinflussen*. Die Kompetenz teilt sich zum einen in eine analytische Komponente, zum zweiten in eine planerische, zum dritten in eine interaktive und zuletzt auch in eine reflexive, die Wirkung des Handelns beurteilende Komponente. Analyse bedeutet z.B. zu klären mit welchen Systemen ich es zu tun habe und was diese Systeme kennzeichnet, was meine Mitarbeiter überdauernd auszeichnet, was die Organisationsteile, mit denen ich zu tun habe, charakterisiert usw. Planung meint z.B.: Wie muss ich handeln, dass sich Verhalten und Muster dauerhaft im Sinne der gestellten Aufgabe verändern? Auf der Mikroebene müssen diese generelleren oder überdauernden Annahmen mit der aktuellen Situation abgeglichen werden. Wie verhält sich die aktuelle Aufgabe oder Anforderung, die sich in der Organisationseinheit stellt, zu den übergeordneten Mustern? Insbesondere die Interaktion der beiden Ebenen ist dabei von Interesse, denn hier ist mit *emergenten* Phänomenen (im positiven wie im negativen Sinn) zu rechnen: Trägt die Struktur, die auf der Mikro-Ebene erzeugt wird (z.B. Arbeitsverteilung im Team), zur Veränderung der Makro-Ebene bei (Veränderung der Teamrollen) oder überformt gleichermaßen die bestehende Makro-Struktur die aktuelle Veränderung auf der Mikroebene (wenn z.B. Teamnormen die gestellte Aufgabe so verändern oder zurechtbiegen, dass sich die Aufgabe den Normen anpasst und nicht umgekehrt) und wirkt unter Umständen sogar dysfunktional? Die interaktive Komponente bezeichnet die Aufgabe, diese Planungen mit den verschiedenen Kommunikationskanälen zu vermitteln, diese aber auch interaktiv zu gestalten. Die reflexive Komponente bezeichnet die Notwendigkeit, die Ergebnisse und die Feedbacks meiner Handlungen klar zu analysieren und im zukünftigen Handeln zu berücksichtigen.

Bei aller Kürze und Vorläufigkeit der vorgestellten Modellvorstellung an wenigen Beispielen wird dennoch deutlich, dass Kompetenz ein Prozesskonstrukt im Sinne von Selbstorganisation ist. Gleichzeitig bleibt dieses Konstrukt offen für die Hinzuziehung bestehender Wissensbereiche etwa aus der Führungs- oder Organisationstheorie im Sinne des „Synergetischen Prozessmanagements" (Haken/Schiepek 2010, S. 441). Diese bestehenden Wissensbereiche, z.B. zur Frage von Mitarbeitermotivation oder verschiedene sogenannte Führungsstile werden nicht entwertet, sondern in einen Handlungskontext gestellt, der zwar den allgemeinen Anspruch solcher Konzepte bestreitet, sie jedoch durch ihre Kontextualisierung in den konkreten Systemen und den konkreten Handlungssituationen erst wirklich anwendbar macht.

7. Führung von Mitarbeitern und von Systemen im Lichte der Generischen Prinzipien der Selbstorganisation

Unter der beschriebenen Bedingung der selbstorganisierten Systeme, die den direkten, d.h. linearen Einfluss der Führungskraft unmöglich macht, besteht die Frage: Wie sehen die *aktiven Mittel* aus, die Führungskräften zur Verfügung stehen, um Ergebnisse zu erreichen, die nicht nur den Mustern der geführten Personen oder Organisationseinheiten entsprechen, sondern einen Beitrag zu den Zielen der Gesamtorganisation und der Führungskraft entsprechen?

Das synergetische Modell hält dabei eine Reihe von operativen Prinzipien (sogenannte generische Prinzipien) bereit, die für Führungskräfte handlungsleitend sein könnten und die dazu herangezogen werden können, das Führungshandeln zu steuern oder bestimmte Methoden oder Interventionen in ihrer Wirkung zu prognostizieren (Schiepek/Haken 2006: 436ff.). Diese *generischen Prinzipien* können wie folgt skizziert werden.

1. Kompetente Führungskräfte schaffen Stabilitätsbedingungen. Biologische und soziale Systeme (Menschen, Mitarbeiter, Teams) benötigen, um erfolgreich handeln zu können, in einem gewissen Rahmen Stabilität, beispielsweise strukturelle und emotionale Sicherheit. Nur wenn bestimmte Parameter über die Zeit eine gewisse Vorhersehbarkeit und Berechenbarkeit bieten, lassen sich solche Systeme auch auf Neues oder auf Veränderung ein und setzen Vertrauen in die Führung, die dann die Basis geschaffen hat, um bspw. durch neue Ziele oder größere Spielräume Mitarbeiter herauszufordern (siehe *Fluktuationsverstärkung*).

2. *Kompetente Führungskräfte kennen das Muster der für ihr Führungshandeln relevanten Systeme.* Führungskräfte müssen darum in der Lage sein, das System zu identifizieren, auf das sich das Handeln bezieht und erkennen, welche *makroskopischen Muster* diese Systeme prägen und bestimmen. Wie ‚tickt' ein bestimmter Mitarbeiter, was fordert ihn heraus, wo sind seine Grenzen? Welche Regeln gelten in einem Team? Wie verlaufen Prozesse in einer Organisation? Hier wendet die Führungskraft Theorien und Erfahrungswissen an, das eine Situation zu erklären hilft und ermöglicht, relevante Faktoren zu verstehen und zu beachten, um ihm dann zu helfen, entsprechende Aktivitäten entfalten zu können (siehe *Sinnbezug, Energetisierung, Fluktuationsverstärkung*).

3. *Kompetente Führungskräfte stellen einen Sinnbezug her.* Mitarbeiter gestalten ihre Arbeits- und Handlungsprozesse dann effektiv, wenn diese als sinnvoll erlebt werden können. Führungskräfte, denen es gelingt, diesen Sinnbezug für die MA herzustellen sind darum besonders effektiv. Viele Handlungsformen und Aktivitäten können dies unterstützen. Z.B. können Mitarbeiter und Teams Visionen und Strategien kennenlernen und diese im Rahmen ihrer Aufgaben mitgestalten. Sinnbezug bedeutet dabei, auf Kommunikation und Austausch zu achten, denn subjektiver Sinn entsteht in der Auseinandersetzung mit Sachverhalten. Dies gelingt besser, wenn Mitarbeiter einbezogen werden.

4. *Kompetente Führungskräfte ermöglichen Energetisierung.* Für die effektive Selbstorganisation von Mitarbeitern und Organisationen ist die Energetisierung dieser Systeme maßgeblich. Im *Synergetischen Modell* ist Energetisierung die Stimulation von (positiven) *Kontrollparametern* des einzelnen Mitarbeiters, wie z.B. intrinsische Motivation, Zuversicht, Überzeugung, Leistungsbereitschaft. Führung kann dies nicht direkt bewirken, sondern durch geeignete Stimulation ermöglichen oder im negativen Fall verhindern. Dabei zählt als Stimulation nicht nur das, was eine Führungskraft tut oder sagt, sondern auch die Systembedingungen und Strukturen, die Energetisierung ermöglichen oder die Energie entziehen.

5. *Kompetente Führungskräfte realisieren Fluktuationsverstärkung.* Als Fluktuation wird im synergetischen Modell der Selbstorganisation das Auftreten von Bewegung und mithin von *kritischer Instabilität* in einem System bezeichnet (es kann etwas Neues passieren), die notwendig ist, um von einem Zustand a. in einen angestrebten Zustand b. zu gelangen. Dabei ist dieser Übergang nicht linear zu determinieren. Fluktuationsverstärkung bezeichnet darum lediglich die Unterstützung dieser Unruhe und Veränderung in Richtung eines neuen Ziels. Stabilität und Fluktuation sind zwei Pole, die im Führungshandeln große Bedeutung haben: Die Führungskraft schafft nicht nur Bedingungen für kontinuierliche Erfüllung von Aufgaben, sondern unterstützt und evoziert Ver-

änderung und Wandel, neue Herausforderungen und die Bereitschaft einen alten Zustand zu verlassen, auch wenn das Neue noch nicht vollständig greifbar ist.

6. Kompetente Führungskräfte beachten Synchronisation. Die im Führungshandeln angewandten Methoden oder Ansätze (z.B. zur Erklärung von Zusammenhängen, Aufgabenübertragung oder Motivation usw.) sollten dem mentalen und emotionalen Zustand der MA entsprechen. Je kongruenter das Vorgehen der Führungskraft mit diesen „states of mind" der Mitarbeiter ist, umso wahrscheinlicher ist es, dass die Mitarbeiter die Ziele der Führungskraft verstehen, aufgreifen und helfen sie zu realisieren, da sie durch dieses Vorgehen in der Lage sind, dies zu tun. Mitarbeiter müssen also in einem gewissen Maße in ihren Kognitionen, in ihrem Verhalten und in ihren Emotionen an das, was passiert, anschlussfähig sein, um darauf reagieren zu können. Synchronisation ist deshalb darauf ausgerichtet, Mitarbeiter mitzunehmen, um nicht an ihnen vorbei zu führen.

7. Kompetente Führungskräfte führen gezielte Symmetriebrechung herbei. Während das Prinzip Fluktuationsverstärkung die Entstehung von Veränderungsimpulsen beschreibt, die in ihrer Richtung noch offen sind (sowohl eine positive, als auch eine negative Veränderung ist denkbar, z.B. höheres Engagement oder Kündigung durch den Mitarbeiter), so bezeichnet das Prinzip der *Symmetriebrechung* die Aufgabe, die entstandene Instabilität in eine Richtung zu lenken, bzw. die Entwicklung oder das Kippen in eine Richtung entscheidend zu beeinflussen. Im Zustand der kritischen Instabilität ist zunächst offen, welche Richtung eine Entwicklung nimmt (in der Sprache der Synergetik: Welches *Ordnungsmuster* realisiert wird). Die Aufgabe der Führungskraft ist es, die Richtung einer Entwicklung nicht dem Zufall zu überlassen. Sie unterstützt vielmehr Mitarbeiter, Teams oder Teile der Organisation, um eine der gegebenen Möglichkeiten zu realisieren (z.B. durch die Absicherung einiger Strukturelemente eines neuen Zustands).

8. Kompetente Führungskräfte erreichen Re-Stabilisierung. Dynamik und Stabilität können im Führungshandeln in einem fruchtbaren Spannungsverhältnis stehen. Erreichte Veränderungen im Denken und Handeln der Mitarbeiter oder Teams werden re-stabilisiert und als neues Muster im Selbst-Konzept der Mitarbeiter oder in den Team- oder Organisationsstrukturen gesichert (vgl. Haken/Schiepek 2010: 436ff.; Schiersmann/Thiel 2009).

Dies ist zunächst nur eine oberflächliche Beschreibung. Es steht aus, bestehende Befunde aus der Führungsforschung auf diese Prinzipien zu beziehen. Die hier skizzierten GP enthalten eine gerichtete Hypothese: Je besser es der Führungskraft gelingt, in einer Situation, das „passende Prinzip" – z.B. im Handeln mit den Mitarbeitern – zu „realisieren", desto erfolgreicher ist sein Handeln, desto besser gelingt ihm z.B. die Steuerung einer Veränderung.

8. Ausblick

Nimmt man die hier in aller Kürze dargelegten modellhaften Vorstellungen zur Grundlage, so können zusammenfassend für die Kompetenz und das Selbstverständnis bzw. die Funktion von Führungskräften folgende Aussagen getroffen werden:

- Führungskräfte haben in Organisationen die Funktion, die ihnen zur Erfüllung bestimmter Aufgaben zur Verfügung stehenden Einheiten (Mitarbeiter, Organisationseinheiten) so zu stimulieren, dass diese sich im Sinne der optimalen Erfüllung der Aufgabe selbst organisieren.
- Dabei fallen ihnen eine analytische, eine operative und eine reflexive Aufgabe zu. Systemerkennung, Identifikation von Attraktoren und Präskription möglicher Wege zur positiven Stimulierung von Selbstorganisationprozessen gehören zur Aufgabe der Führungskraft.
- Wissensbestände und Erfahrung bilden dafür den notwendigen Hintergrund, der in der Handlungssituation aktualisiert werden muss.
- Operativ kommt es darauf an, einige Prinzipien zu beachten, die eine optimale Selbstorganisation ermöglichen.

Deutlicher Vorteil einer solchen Herangehensweise ist, dass unterhalb dieser Modellvorstellung viele einzelne Techniken, Vorgehensweisen und Methoden, die heute schon für das Führungshandeln bereitstehen und genutzt werden, weiterhin genutzt und angewandt werden können. Jedoch unter der Bedingung, im Lichte des Systems auf die sie Anwendung finden, „passend" zu sein, d.h. produktive Muster zu stärken, dysfunktionale Muster zu schwächen und das Prinzip der Selbstorganisation zu berücksichtigen. Unabhängig von diesen Überlegungen ist es notwendig, Führungskompetenz im Sinne eines adäquaten Kompetenzverständnisses zu beschreiben und Folgerungen für die Professionalisierung abzuleiten. Dies betrifft neben der systematischen und empirisch abgesicherten Beschreibung von Anforderungen und Kompetenzen auch die Diskussion des Zusammenhangs bestehender wirkungsvoller Ansätze und Befunde mit einem systemisch orientierten Denken im Sinne der Selbstorganisation. Es erfordert Forschung und eine breite und übergeordnete Diskussion zwischen Wissenschaft und Praxis, Ausbildung und Profession, die hierzu einen engen Dialog eingehen, um gemeinsame Vorstellungen wirkungsvollen Führungshandelns zu entwickeln. Die Verbesserung der Professionalität im Führungshandeln kann sich durch inter-subjektiv geteilte Vorstellungen davon, welche Aufgaben Führungskräfte adäquat zu bewältigen haben, in die beschriebene Richtung weiterentwickeln.

Literatur

Ameln, V.v./Kramer, J./Stark, H. (2009): Organisationsberatung beobachtet. In: Ameln u.a. Beratungsansätze und ihre blinden flecke, S. 23–123, Heidelberg u.a.: Springer Verlag

Arnim, B.v. (2001): Führung – der unterschätzte Beruf. Organisationsberatung – Supervision – Coaching, 4/2001, S. 333–348

Bernien, M. (1997): Anforderungen an eine qualitative und quantitative Darstellung der beruflichen Kompetenzentwicklung. In: Kompetenzentwicklung '97. Münster: Waxmann, S. 17–83

Büser, T. (2004): Kompetenzen von Managern, in: P. Goon/S. Stolz (Hrsg.) Betriebliche Weiterbildung – Empirische Befunde, theoretische Perspektiven und aktuelle Herausforderungen. Bern, h.e.p., S. 263–278

Dimitrova, D. (2008): Kompetenzen und deren Management in: D. Dimitrova (Hrsg.) Das Konzept der Metakompetenz. Wiesbaden, GWV Fachverlag, S. 27–110.

Erpenbeck, J. Scharnhorst, A. (2005): Modellierung von Kompetenz im Lichte der Selbstorganisation. In: Maynhardt, T., Brunner, E.J.: Selbstorganisation Managen. Beiträge zur Synergetik der Organisation. Münster: Waxmann

Erpenbeck, J., Rosenstiel, L.v. (2007): Handbuch Kompetenzmessung. Erkennen, verstehen und bewerten von Kompetenzen in der betrieblichen, pädagogischen und psychologischen Praxis, 2. Auflage, Stuttgart: Schäfer und Poeschel

Haken, H. (1984): Can Synergetics be of use for management. Neu veröffentlicht in: Maynhardt T., Brunner, E.J. (2005): Selbstorganisation Managen. Beiträge zur Synergetik der Organisation. Münster: Waxmann

Haken, H./Schiepek, G. (2006): Synergetik in der Psychologie. Selbstorganisation versehen und gestalten. Göttingen: Hogrefe

Kruse, P. (2010): Next practice – Erfolgreiches Management von Instabilität, (5. Auflage). Offenbach, Gabal

Künzli, H. (2009): Wirksamkeitsforschung bei Führungskräfte-Coaching. OSC, 16/2009, S. 1–15

Lenbet, A. (2004): Zur Aktualität des Kompetenzbegriffs und zur Bedeutung der Kompetenzentwicklung für das Coaching. Organisationsberatung – Supervision – Coaching, 3/2004, S. 221–232

Malik, F. (2000): Systemisches Management, Evolution, Selbstorganisation: Grundprobleme, Funktionsmechanismen und Lösungsansätze für komplexe Systeme, Bern; Stuttgart; Wien, Haupt.

Manteufel, A./Schiepek, G. (1998): Systeme spielen: Selbstorganisation und Kompetenzentwicklung in sozialen Systemen; Göttingen, Vandenhoeck & Ruprecht

Pinnow, D.F. (2005): Mehr als nur reden oder: Die Instrumente systemischer Führung in: D.F. Pinnow (Hrsg.) Führung. Wiesbaden, Betriebswirtschaftlichen Gabler, S. 247–301

Pinnow, D.F. (2009): Beruf oder Berufung oder: Was macht gute Führung aus?, in: D.F. Pinnow (Hrsg.) Führen. Wiesbaden, GWV Fachverlage

Rosenstiel, L.v. (2009): Führung von Mitarbeitern, Stuttgart: Schäffer-Poeschel.

Rosenstiel, L.v./Comelli, G. (2009): Führung durch Motivation, München: Vahlen

Rüegg-Stürm, J. (1998): Neuere Systemtheorie und unternehmerischer Wandel. Die Unternehmung, Volume 52, 1998, S. 3–17

Schiersmann C./Thiel, U. (2010): Organisationsberatung. Prinzipien und Strategien von Veränderungsprozessen. Wiesbaden: VS Verlag für Sozialwissenschaften

Schiersmann, C./Thiel, H.-U. (2009): Beratung als Förderung von Selbstorganisationprozessen – auf dem Weg zu einer allgemeinen Theorie der Beratung jenseits von ‚Schulen' und ‚Formationen'. In: Möller, H., Hausinger B. (Hrsg.) Quo vadis Beratungswissenschaften? Wiesbaden: VS Verlag für Sozialwissenschaften, S. 73–103

Simon, P./Donaubauer, A. (2007): SYNPRO-FAI (Führungs-Analyse-Instrument). In: Erpenbeck, J., Rosenstiel, L.v. 2007. (Hrsg.) Handbuch Kompetenzmessung. Stuttgart: Schäffer und Poeschel. S. 274–285

Tewes, R. (2009): Führen will gelernt sein!, in: R. Tewes (Hrsg.) Führungskompetenz ist lernbar. Heidelberg, Springer Medizin, S. 77–89

Tippe, A. (2008): Stabilisierung als Führungsaufgabe in Organisationsentwicklungsprozessen, GD Journal, Vol. 39, S. 268–291

Ulrich, H. (ed.) (1984): Self-organization and management of social systems: Insights, promises, doubts, and questions, Berlin/Heidelberg [u.a.]: Springer

Ulrich, H./Probst, G.J.B. (1988): Anleitung zum ganzheitlichen Denken und Handeln: ein Brevier für Führungskräfte, Bern/Stuttgart: Haupt

Wegge, J./Rosenstiel, L.v. (2007): Führung, in: H. Schuler (Hrsg.) Lehrbuch Organisationspsychologie. Bern, Huber, S. 475–512

Personal- und Organisationsentwicklung durch externe Unternehmensberater

Thomas Fohgrub

Einleitung

Die Beratung von Unternehmen und Unternehmern wächst stetig und ein Ende dieses Wachstums ist nicht absehbar. Dies liegt u.a. daran, dass neue Kunden (bspw. Institutionen des öffentlichen Rechts, Gewerkschaften, etc.) akquiriert und neue Themengebiete bearbeitet werden. Zu diesen neuen Gebieten gehören seit etwa zwei Jahrzehnten die Bereiche individuelle und allgemeine Personalentwicklung und die Organisationsentwicklung, die in diesem Sammelband im Fokus stehen. Diese verfolgen das Ziel, den Kenntnisstand der Mitarbeiter weiter zu entwickeln bzw. sie optimaler im Unternehmen einzusetzen und die Prozesse in der Organisation zu verbessern und letztendlich die Ertragssituation zu stärken oder zu verbessern.

Es ist zu erwarten, dass diese individuellen, beruflich orientierten Beratungsthemen zunehmen, da unterbrochene und wechselhafte Erwerbsbiografien ansteigen und gleichzeitig der Druck auf Arbeitnehmer und Arbeitgeber wächst, sich kontinuierlich weiterzubilden. Dafür wäre es nötig, ein vielseitig vernetztes, „interdisziplinäres [und] lebensbegleitendes Unterstützungsangebot" vorzuhalten, bei dem sich Klienten bei Bedarf eine Unterstützung einholen können (Nestmann 2008, S. 21f.). Dies ist derzeit nicht der Fall, da das Beratungsangebot in Deutschland stark zersplittert ist und existierende staatliche Strukturen eher auf die Beratung von arbeitslosen Personen und weniger auf Arbeitnehmer ausgerichtet sind (nfb 2009, S. 5ff.). Diese können sich entweder an die zuständigen Personalstellen in ihren Unternehmen oder an privatwirtschaftliche Beratungsanbieter wenden. Systematische Beratungen zur beruflichen Entwicklung für Arbeitnehmer werden bestenfalls in großen Unternehmen angeboten (nfb 2009, S. 10f.). In kleinen und mittleren Unternehmen gibt es dieses Beratungsangebot kaum. Sie verfügen meist nicht über die nötigen personellen und/oder finanziellen Ressourcen, um diese Leistung anzubieten oder einzukaufen. Beratungen zur Personalentwicklung, wenn sie überhaupt angeboten werden, konzentrieren sich auf kurzfristige fachliche Weiterbildung (Dietzen et al. 2005, S. 185). Die Identifizierung des Bedarfs wird dem Mitarbeiter überlassen, für die Vermittlung der Inhalte werden Bildungsanbieter einbezogen.

Mit dem zunehmendem Abbau oder der Auslagerung von internen Serviceeinrichtungen könnte diese Entwicklung auch bei großen Unternehmen fortschreiten. Ähnlich wie in anderen Bereichen (bspw. Forschung und Entwicklung, Betreuung der technischen Infrastruktur) werden dann diese Beratungsaufgaben an externe Dienstleister vergeben. Deshalb ist davon auszugehen, dass die Bedeutung der privatwirtschaftlichen Beratungsanbieter zukünftig weiter wachsen wird (Dietzen et al. 2005, S. 185 und Nestmann et al. 2007, S. 46).

Der Autor hat sich im Rahmen seiner Dissertation[1] mit der Verbesserung der Qualität von Unternehmensberatung im Bereich der Personal- und Organisationsentwicklung beschäftigt. Daraus wird im nachfolgenden Beitrag die Entwicklung dieser Beratungsdisziplin näher beleuchtet, es werden die damit verbundenen Herausforderungen dargestellt und welche Anforderungen sich an solche Berater stellen.

1. Die Entwicklung der externen Beratung zu Fragen von Personal- und Organisationsentwicklung

Betrachtet man die Branche ‚Unternehmensberatung', gewinnt man einen zwiespältigen Eindruck. Die Branche ist sehr vielseitig, lockt mit hohen Verdienstmöglichkeiten, wächst jedes Jahr zweistellig und wird gleichzeitig mitverantwortlich gemacht für den massiven Abbau von Arbeitsplätzen. Sie berät Gewerkschaften ebenso wie Arbeitgeber und die öffentliche Hand. Sie wird verteufelt und gilt gleichzeitig als Quelle innovativer betriebswirtschaftlicher Methoden (Becker 2004a, S. 194). Sie wird gleichzeitig „[...] glorifiziert und an den Pranger gestellt, bis zum Misstrauen beneidet und dennoch ins Vertrauen gezogen" (Nippa/Petzold 2004, S. 4; Auslassung: T.F.).

Als Startjahr für Unternehmensberatung wird das Jahr 1886 angesehen. Betriebswirtschaft, wie sie heute bekannt ist, existierte noch nicht und die damaligen Pioniere der Unternehmensberatung, wie Frederick Taylor, Henry Gantt und Arthur D. Little, stellten zunächst den Transfer des Wissens aus der ökonomischen Wissenschaft in die Praxis in den Mittelpunkt.

Erste eigenständige „Consulting-Unternehmen" in Europa entstanden in den zwanziger Jahren des letzten Jahrhunderts in Großbritannien und Frankreich. Spätestens seit Mitte der fünfziger Jahre haben die großen amerikanischen Anbieter Niederlassungen in Europa eröffnet und damit dazu beigetragen, dass der Markt der Unternehmensberatung heute international geprägt ist.

Neben den klassischen Kunden ‚Unternehmen' verstärkte sich die Akquise von Beratungsaufträgen in den letzten zwei Jahrzehnten auf den öffentlichen

---

1 Shaker Verlag, 2010

Sektor (vgl. Raffel 2006, S. 108ff.). Insbesondere die Beratung der Betriebe in öffentlicher Hand im Zuge der Umbrüche in Ostdeutschland und Osteuropa sowie die Transformation von ehemals öffentlichen Institutionen in private Unternehmen entwickelte sich zu einem interessanten und lukrativen Marktsegment für Unternehmensberatungen (vgl. Niedereichholz 2001, S. 6f. und S. 15f.).

Folgende Gründe sind in jüngerer Zeit für das Wachstum dieser Beratungsdisziplin verantwortlich:

1. Größere Unternehmen haben in den letzten Jahren ihre Grundsatz- und Stabsabteilungen abgebaut und kaufen sich dieses Know-how jetzt extern ein.
2. Technische Ansprüche in der Produktion sind gestiegen. Da dieses Wissen im Unternehmen aber nicht ständig verfügbar sein muss, wird es ebenfalls eingekauft.
3. Durch Deregulierung und Öffnung der Märkte sind Unternehmensstrategien, z.B. Konzepte für Marketing, deutlich komplexer als früher.
4. Beschleunigte Unternehmenszusammenschlüsse führen zu komplexen internationalen Organisationen, die teilweise völlig neue Managementmethoden benötigen.
5. Die organisatorische Entwicklungsberatung nimmt zu, da neue betriebliche Organisationskonzepte und Führungsmethoden umgesetzt werden sollen.
6. Die Bedeutung der Mitarbeiter ist gestiegen, da die Bedeutung von professionellem Wissen im Unternehmen gewachsen ist. Demzufolge ist auch der Beratungsbedarf zu Konzepten der Personalentwicklung und Mitarbeitermotivation gestiegen, um Mitarbeiter zu fördern und zu fordern.

Beratungen zur individuellen beruflichen Entwicklung, inkl. einer Beratung zu möglichen Weiterbildungen, sind ein neueres Geschäftsfeld, welches zukünftig aus folgenden Gründen zunehmen wird (vgl. Thiel 2004b, S. 909–915; Schiersmann/Thiel 2004b, S. 891f.; cedefop 2008, S. 12f.; Nestmann 2008, S. 21f.):

- Die berufliche Mobilität der Arbeitnehmer hat sich, durch das globale Engagement vieler Unternehmen und politischer Entwicklungen wie dem gemeinsamen europäischen Binnenmarkt, deutlich erhöht.
- Die Ausübung eines einzigen Berufes über das gesamte Berufsleben hinweg, entspricht zunehmend nicht mehr der Realität.
- Fortlaufende technische Änderungen verlangen von den Verantwortlichen eines Unternehmens eine kontinuierliche Analyse des Weiterbildungsbedarfs der Mitarbeiter und eine adäquate Vermittlung der neuen Kenntnisse.

2. Herausforderungen bei der Beratung durch externe Berater

2.1 Herausforderung 1: multidisziplinäre Theoriesituation

Die Beratung von Unternehmen ist auf Grund der handlungsspezifischen Konzentration der Beratung auf ökonomische Aspekte überwiegend eine Teildisziplin der Betriebswirtschaftslehre. Sie unterscheidet sich daher von anderen Beratungsrichtungen (bspw. Ehe-, Berufs-, Bildungs- und Arbeitslosenberatung, etc.), die inhaltlich eher in den Sozialwissenschaften verankert sind. Ein Schnittpunkt ist bei der Weiterbildungs-, Laufbahn- und Berufsberatung zu erkennen. Bei der Beratung eines Arbeitnehmers zu seiner individuellen beruflichen Entwicklung müssen nicht nur seine individuellen Ressourcen betrachtet werden, sondern auch der Kontext, bspw. das betriebliche Umfeld, ist zu beachten (Nestmann 2008, S. 12, 17; Gerstenmaier/Günther 2004b, S. 935).

Die Personalentwicklung strebt die positive Veränderung der Qualifikation und/oder der Leistungen der Mitarbeiter an. Dazu gehören insbesondere die betriebliche Fortbildung, die Karriereplanung und die Maßnahmen zur Aufgabenstrukturierung. Diese sollen zielgerichtet, systematisch und methodisch geplant, realisiert und evaluiert werden (vgl. Woll, Vogl et al. 2000 und auch Becker, 2005, S. 8). Unter Organisationsentwicklung werden Maßnahmen zur geplanten und gezielten Veränderung von Organisationen subsumiert. Durch den Einsatz von verhaltens- und organisationswissenschaftlichen Erkenntnissen und Methoden werden die Personen und die Strukturen einer Organisation beeinflusst. Die Mitarbeiter sollen eigenverantwortlich Lösungen für Probleme entwickeln und effektive Strukturen und Abläufe generieren (vgl. Drumm/Scholz 1988, S. 165; Neuberger 1994, S. 12; Bröckermann 2003, S. 355ff.). Das Potenzial der Organisation soll aktiviert werden und gleichzeitig die kulturelle Identität erhalten bleiben (vgl. Janes/Pramer 2003, S. 95).

In der Praxis greifen beide Aspekte ineinander. Um bspw. Mitarbeiter auf neue technologische Anforderungen vorzubereiten, können unterschiedliche Wege beschritten werden. Im klassischen Feld der Personalentwicklung werden entsprechende Bildungsbedarfe analysiert und durch Training oder Schulung den Mitarbeitern vermittelt. Gleichzeitig muss sich auch die Organisation auf die neuen Technologien einstellen. Dazu werden bspw. neue Arbeitszeit- oder Teamarbeitsmodelle eingeführt (vgl. Bohler/Kellner 2004, S. 125, 129).

Im Gegensatz zu anderen Beratungsthemen der Unternehmensberatung werden bei Beratungen zu Personal- und Organisationsentwicklung die bereits genannten Schnittpunkte zu den Sozialwissenschaften deutlich. So könnte bspw. die Weiterbildung eines Arbeitnehmers aus unterschiedlichen Sichtweisen diskutiert werden:

- Aus Sicht der Betriebswirtschaftslehre könnte die Frage bspw. lauten: „Was kostet und bringt die Weiterbildung eines Mitarbeiters dem Unternehmen?"
- Aus berufs- und wirtschaftspädagogischer Sicht könnte die Frage gestellt werden: „Wie kann ein Mitarbeiter so qualifiziert und motiviert werden, dass er für das Unternehmen beste Leistungen erbringt?".
- Aus berufsberaterischer Sicht stellt sich die Frage: „Ist die Weiterbildung eines Arbeitnehmers ausschließlich auf die Entwicklung des Humankapitals zum Wohle des Unternehmens auszurichten oder steht die freie berufliche Entfaltung des Individuums im Vordergrund?"

Bei den beiden letzten Betrachtungsweisen kommt man in die sozialwissenschaftlichen Theorien zu Berufswahl, Berufsneigung und Berufseignung (vgl. u.a. Haas 2004b, S. 923; Sickendiek 2007, S. 55 ähnlich auch Schiersmann 2007, S. 193ff.). Damit einher geht ein Schwerpunkt der Betrachtung auf das Individuum (den einzelnen Arbeitnehmer) und weniger auf die Organisation (bspw. im Sinne einer Betrachtung anhand von ökonomischen Kennzahlen). Dieser Schwerpunkt liegt auch diesem Artikel zugrunde.

Für diese neueren Ansätzen der Unternehmensberatung sind auch andere Kenntnisse der Berater notwendig – weg von einer betriebswirtschaftlich-technischen Ausrichtung, hin zu sozial- und verhaltenspsychologischen Disziplinen mit Kenntnissen zu Berufswahl-, Laufbahn- und Weiterbildungstheorien (vgl. Bohler/Kellner 2004, S. 15f.; Thiel 2004b, S. 913; Schiersmann/Thiel 2004b, S. 892).

Bei einer Beratung zu Personalentwicklung wird deutlich, dass ökonomisches Handeln nicht ausschließlich auf rational-monetäres Handeln reduziert werden kann. Einerseits ist Personal ein Wert, der im Rahmen einer Rationalisierungsberatung von herausragender materieller Bedeutung ist. Andererseits zeigt dies auch die Grenzen einer solchen Beratung, denn die Änderungen müssen durch Mitarbeiter getragen und umgesetzt werden.

Die Vermittlung von Wissen ist immer noch eine der Hauptaufgaben der Personalentwicklung. Eine reine Wissensvermittlung, möglicherweise sogar „Wissen auf Vorrat sammeln" greift allerdings zu kurz. Wichtig ist das Vermitteln von Methoden zur:

- eigenen Erarbeitung von Problemen und Lösungen und
- Reflexion der eigenen Tätigkeit.

Neben der Vermittlung von technischen Kenntnissen zeigt sich insbesondere beim Aufstieg von Mitarbeitern, dass bei zunehmender Verantwortung auch andere Fähigkeiten, außerhalb der fachlichen Kenntnisse, wichtig sind (vgl. Bohler/Kellner 2004, S. 192). So werden beim Coaching für Führungskräfte bspw. spezifische Tätigkeiten zur Führung und Leitung des Unternehmens – bspw. visionäres Denken – nähergebracht.

2.2 Herausforderung 2: Viele unterschiedliche Anbieter und keine einheitlichen Qualitätsstandards

Wer diese Beratungsleistungen zukünftig erbringen wird, bzw. welcher wissenschaftlichen Disziplin die Berater primär angehören werden, ist noch nicht klar. Bereits jetzt sind Unternehmensberater auf diesem Gebiet tätig und folgende Entwicklungen lassen darauf schließen, dass zukünftig diese Beratungsleistungen verstärkt von Unternehmensberatern mit entsprechender Ausrichtung erbracht werden:

1. Existierende staatliche Strukturen der Weiterbildungs- und Karriereberatung sind eher auf die Beratung von arbeitslosen Personen ausgerichtet (Thiel 2004, 908f.; Ertelt 2006, S. 20;). Für Arbeitnehmer existiert kein flächendeckendes Angebot. Die Ausrichtung der Beratung auf berufliche Aspekte ist allerdings diesen Beratungsthemen immanent. Damit ist der ureigene Beratungsgegenstand der Unternehmensberater angesprochen.
2. Systematische Beratungen für Arbeitnehmer bzgl. ihrer beruflichen Entwicklung werden bestenfalls in großen Unternehmen angeboten, die über entsprechend verantwortliches und geschultes Personal verfügen. In kleinen und mittleren Unternehmen, die in dieser Arbeit im Vordergrund stehen, gibt es solch ein Beratungsangebot kaum. Personalentwicklung, wenn sie überhaupt stattfindet, ist konzentriert auf die fachliche Weiterbildung. Die Identifizierung des Bedarfs wird dem Mitarbeiter überlassen, für die Vermittlung der Inhalte werden Bildungsanbieter einbezogen. Mit dem zunehmenden Abbau oder der Auslagerung von internen Serviceeinrichtungen wird dieser Trend auch große Unternehmen treffen. Ähnlich wie in anderen Bereichen (bspw. Forschung und Entwicklung oder Betreuung der technischen Infrastruktur) werden dann diese Beratungsaufgaben an externe Dienstleister vergeben.
3. Nicht nur Individuen, auch Unternehmen werden immer kurzfristiger mit wechselnden technischen Anforderungen und schwankenden Marktbedingungen konfrontiert und müssen ihre personellen Ressourcen und organisatorischen Gegebenheiten darauf anpassen (Schiersmann 2008, S. 186). Dies sind Beratungsfelder von Unternehmensberatern.

Die Begriffe „Unternehmensberatung" oder „Unternehmensberater" sind – wie auch andere Beratungsrichtungen – nicht geschützt. Der Berufsstand hat kein Berufsrecht, es gibt keine allgemein verbindlichen Ausbildungswege oder ethische Standards, an die alle Marktteilnehmer gebunden sind. Dies wäre angesichts der Vielfalt der Tätigkeitsbereiche wahrscheinlich auch ein schwieriges Unterfangen.

Aus soziologischer Sicht ist die Branche damit nur gering professionalisiert, da weder bestimmte Qualitätsstandards noch Zugangsvoraussetzungen vorhanden sind (vgl. bspw. Kühl 2001, S. 209 und Theobald 2004, S. 2). Diese Situation ist nicht nur in Deutschland anzutreffen. Nur in Kanada und Österreich haben Unternehmensberater klare Regelungen bzgl. des Zugangs und der Qualifikation (Niedereichholz 2001, S. 17ff.; Ernst 2002, S. 8).

Bereits vor 20 Jahren hat Sertl (1989, S. 310) festgestellt:

> „Die fehlende Homogenität hinsichtlich Ausbildung und Leistung der sich offerierenden Berater hat eben bis zu einem gewissen Grad zu einem negativen Image der Branche geführt, obwohl niemand ernsthaft die Notwendigkeit von Unternehmensberatung anzweifelt."

Seitdem gab es Bestrebungen, dies zu ändern – insbesondere vom BDU e.V.[2] Dieser bemüht sich – auch im eigenen Interesse – seit vielen Jahren um einen gemeinsamen Qualitätsanspruch seiner Mitgliedsunternehmen. Im Jahr 1995 ist der BDU dann dem International Council of Management Consulting Institutes (ICMCI) beigetreten und hatte damit die Möglichkeit, den geschützten Titel „Unternehmensberater CMC/BDU" nach bestimmten Kriterien zu vergeben. Des Weiteren hat der BDU für seine Mitglieder sowohl „Berufsgrundsätze" als auch „Qualitätsrichtlinien" erlassen. Beide sind eher allgemeiner Natur und haben nur empfehlenden Charakter.

Hinsichtlich der Aus- und Weiterbildung ist ein buntes Bild zu verzeichnen. Unternehmensberatung wird häufig im Rahmen des Studiums der Betriebswirtschaftslehre angeboten. Einen eigenständigen Studiengang bzw. Lehrstuhl gibt es derzeit an der FH Ludwigshafen, der FH Bonn-Rhein-Sieg sowie an den Universitäten Oldenburg und Witten-Herdecke. Neben den Bestrebungen zur Etablierung weiterer eigenständiger Studiengänge gibt es auch ein umfangreiches Angebot zur Weiterbildung von Beratern. Dabei werden bspw. didaktische und technische Methoden geschult, aber auch Kurse zur Arbeitsorganisation und Vertragsgestaltung angeboten (vgl. Theobald 2004, S. 4). Auch der BDU bietet entsprechende Weiterbildungen an, bzw. weist auf solche hin.

---

2 Es soll an dieser Stelle erwähnt werden, dass es auch noch andere Verbände gibt, deren Mitglieder Unternehmens- bzw. Organisationsberatung durchführen, obgleich der BDU der Verband mit den meisten Mitgliedern ist. So gibt es auch einen Verband explizit für Organisationsberater – die Gesellschaft für Organisationsentwicklung e.V. (GOE). Dieser hat aber einen vergleichsweise geringen Einfluss und keine gemeinsamen Standards (vgl. Kühl 2001, S. 217).

Trotz der wichtigen betriebs- und volkswirtschaftlichen Funktionen und der hervorragenden Zukunftsaussichten ist die Kritik an der Branche vielfältig. Wie ist dies zu begründen?

Eine Ursache ist sicherlich in den eben beschriebenen fehlenden Zulassungskriterien zu sehen. In der Literatur werden zu dieser Frage aber auch andere Aspekte genannt:

1. Unternehmensberater als „beauftragter Hiob"

Oftmals werden Unternehmensberater in ein Unternehmen gerufen, um die Kosten zu senken. Dies geht einher mit Entlassungen, die Unternehmensberatern das Image von „Machern ohne Herz" oder brutalen Stellenstreichern eingebracht haben (vgl. Gehringer/Pawlik 2000, S. 56 oder Sehner, S. 189). Mangelnde Sozial- und Fachkompetenz oder fehlende Solidität und Seriosität prägen das negative Bild der Branche. Während die eigentliche Arbeit von den Mitarbeitern des zu beratenden Unternehmens durchgeführt wird, konzentriert sich die Arbeit der Unternehmensberater auf die Präsentation der Ergebnisse – so die Vorwürfe von Nippa/Petzold (2004, S. 4).

2. Standardisierte Methoden anstatt maßgeschneiderter Konzepte für jeden Kunden

Die Branche ist erfolgreich und verspricht spezifische Lösungen und Methoden für jedes Problem des Kunden. „Ihre Schöpfungen sind dabei Modelle, ähnlich den Kreationen der kapriziösen Modedesigner auf den internationalen Laufstegen des zahlenden Publikums, jedoch ohne den Hauch von Glamour und Luxus, sondern von Zahlen und Fakten getriebene und orientierte Managementkonzepte" (Niermann 2006, S. 175). In der Praxis wird beklagt, dass Berater nicht über die vorher zugesagten Tools und die nötige Erfahrung verfügen und kein spezifisches Know-how einbringen. Die Methoden sind nicht für die spezifischen Probleme des beratenen Unternehmens geeignet oder halten schlicht nicht das, was vorher von ihnen versprochen wird (vgl. Kieser in: Clark/Finchman 2002, S. 212 und ebenso Schade 2000, S. 246). Dies geht damit einher, dass Probleme oder Ziele des Kunden nicht verstanden und stattdessen unrealistische Konzepte aufgestellt werden (vgl. Mohe 2003, S. 147–152 und S. 155ff.; auch Fridrich 2000, S. 13). Im ‚besten' Fall schaden sie den beratenen Unternehmen nicht. Im schlimmsten Fall wird Know-how aus den Beratungen verkauft und die Existenz des Klienten gefährdet.

Auch Fink und Knoblach greifen die Kritik auf, dass Unternehmensberatungen den Kunden „Methoden von der Stange" überstülpen. Sie weisen allerdings darauf hin, dass die Verwendung von standardisierten Methoden sowohl Vor-, als auch Nachteile hat (ähnlich äußern sich auch Fridrich 2000, S. 39 und noch ausführlicher Schade 2000, S. 244–255).

Auch für Bohler und Kellner sind die standardisierten Methoden gleichzeitig Lösung und Ursache von Problemen in der Beratung. Dies rührt aus einer Divergenz der zeitlichen Vorstellung heraus. Während die Unternehmensberatungen an einem längerfristigen Auftrag interessiert sind, wollen die Klienten eine günstige Beratung mit zeitnahen Erfolgen. Deshalb werden standardisierte Beratungsangebote verwendet, die sich später als doch nicht so passfähig herausstellen (vgl. Bohler/Kellner 2004, S. 19f.).

Schade weist darauf hin, dass letztlich der Kenntnisstand des Klienten und die Fähigkeit der Selbstreflexion entscheidend dafür sind, ob eine standardisierte Beratungsleistung akzeptabel ist oder nicht. Wenn der Informationsstand des Klienten bezüglich der benötigten Beratungsleistung unzureichend ist, wird ihm die Auswahl eines geeigneten Beratungsproduktes kaum möglich sein (vgl. Schade 2000, S. 263). Hat der Klient hingegen sein konkretes Problem klar und hinreichend bestimmt und benötigt nun „nur" noch den richtigen Katalysator, um das Problem zu lösen, dann kann er eher standardisierte Methoden verwenden.

3. Nicht ausreichend qualifizierte Berater

In den Zeiten des *New-Economy-Booms* – um das Jahr 2000 – wurden deutlich mehr Beratungsleistungen nachgefragt, als mit dem aktuellen Personalbestand der Unternehmensberatungen realisiert werden konnte. Da auch nicht genügend qualifizierte Bewerber zur Verfügung standen, wurde versucht den Bedarf zu decken, indem die Anforderungen an die Bewerber heruntergesetzt wurden (vgl. Plate 2007, S. 4). Von dem Berater wird aber nicht nur eine Qualifikationsdifferenz zum Kunden, sondern eine Qualifikationsüberlegenheit erwartet (vgl. Ernst 2002, S. 15). Deshalb fragt Ernst kritisch nach, wie diese Erwartungen „[...] angesichts der großen Zahl von Universitätsabsolventen ohne vorherige Berufserfahrung, die Beratungsaufgaben wahrnehmen [...]" (Ernst 2002, S. 15; Auslassungen: T.F.) erfüllt werden können. Dies wird auch von Vertretern der Branche registriert: So äußert sich ein Geschäftsführer einer großen Unternehmensberatung in Niedereichholz (2006, S. 22): „[...] only-Paperwork-Consulting ist zunehmend obsolet. [...] Die soziale Kompetenz der Berater spielt ebenso eine Rolle. Heerscharen von ‚Jungberatern', die auf Kosten des Kunden ausgebildet werden, haben das Image verschlechtert." Auch Nissen betont die Wichtigkeit von Personalentwicklungsmaßnahmen bei Unternehmensberatung: „Personalakquisition und Personalentwicklung zählen zu den wichtigsten Prozessen in der Unternehmensberatung." (Nissen 2006, S. 25).

Eine ähnliche Kritik kommt auch von Gehringer/Pawlik (2000, S. 24), die darlegen, dass durchschnittlich nur jeder zehnte Mitarbeiter im Beratungsunternehmen bleibt und dadurch viel Beratungserfahrung wieder verlorengeht. Mohe sieht noch ein weiteres Problem bei der Rekrutierung von neuen Beratern. Insbesondere die großen Unternehmensberatungen stellen ausschließlich hochqualifizierte Universitätsabsolventen mit erstklassigen Noten ein. Diese Personen haben in ihrem bisherigen Leben wenig aus Fehlschlägen lernen müssen. Unterläuft ihnen nun im Beratungsgeschäft ein Fehler, wissen sie nicht konstruktiv damit umzugehen, da sie diese Situation bisher nicht kannten. Dadurch nehmen sie eher eine defensive Haltung ein (vgl. Mohe 2003, S. 316).

Einerseits hat das Berufsbild des Unternehmensberaters immer noch eine hohe soziale Reputation, die auch mit den hohen Verdienstmöglichkeiten verbunden ist. Andererseits werden Unternehmensberater oft als arrogant und elitär wahrgenommen, mit fachlichen und sozialen Defiziten (vgl. Nippa/Petzold 2004, S. 4).

Deutlich seltener gibt es aber auch Stimmen, die hervorheben, dass zu einem Beratungsgespräch zwei Partner gehören – der Berater *und* der Klient und insofern der Anteil des Klienten ebenfalls kritisch betrachtet werden sollte.

So erscheint bspw. ein ebenfalls häufig geäußerter Kritikpunkt ‚Beratungsunternehmen beenden den Auftrag nach der Analyse und überlassen die Realisierung der Konzepte dem Klienten', in einem anderen Licht, wenn sich herausstellt, dass dies auf Wunsch des Kunden passiert. Oftmals werden nämlich die Kosten für die Begleitung der Umsetzung durch den Unternehmensberater gescheut (vgl. Niedereichholz 2001, S. 2 und auch Sertl 1989, S. 311).

Mohe betrachtet in seiner Arbeit ebenfalls den Klienten und kommt zu dem Schluss, dass der „Kunde [...] wesentlich über die Qualität der Dienstleistung [... bestimmt]", obgleich dieser sich seines Einflusses häufig nicht bewusst ist (Mohe 2003, S. 160f.; Auslassung und Einfügung: T.F.). Der Erfolg einer Beratung hängt maßgeblich von der Kooperationssphäre zwischen Klient und Berater ab – „Klientenqualität produziert Klientenzufriedenheit" (Mohe 2003, S. 174).

3. Anforderungen an einen Berater zu Personal- und Organisationsentwicklung

Eine Untersuchung des Bundesinstituts für berufliche Bildung (BIBB) hat sich mit dem Einfluss von Beratern auf die Erkennung von Qualifikationsbedarfen in Unternehmen beschäftigt. Neben der Funktion des Ratgebers wurden dabei noch folgende Aspekte deutlich, die den Einsatz eines externen Beraters besonders positiv erscheinen lassen (Dietzen 2002, 2003, 2005, S. 188):

- Berater sind ständige „Grenzgänger" zwischen den Organisationen ihrer jeweiligen Klienten (sog. Boundary Spanning). Ihr besonderer Mehrwert liegt darin, dass sie die Organisationen untereinander vergleichen können. Durch den Vergleich können bspw. Qualifikationserfordernisse häufig früher erkannt werden, als dies bisher mit anderen Forschungsansätzen möglich war.
- Durch den Einsatz von Beratern werden Konflikte und Probleme in den Unternehmen eher deutlich, thematisiert und durch gezielte Intervention des Beraters ggf. geklärt.
- Durch die Verknüpfung von Maßnahmen der Personalentwicklung (insbesondere Qualifizierungen) mit organisatorischen Veränderungen, wird die Nachhaltigkeit der Qualifikationsmaßnahmen verbessert.

3.1 Anforderungen an einen Unternehmensberater

Wie bereits ausgeführt, gibt es keine einheitlich festgeschriebenen Anforderungen an die Qualifikation oder die Ausbildung von Unternehmensberatern. Als Ausdruck der Bandbreite in der Literatur werden im Folgenden sechs Anforderungsprofile beschrieben. Die ersten vier entstammen der „klassischen" Unternehmensberatung, sind also aus wissenschaftlicher Sicht eher der BWL zuzuordnen, die letzten beiden der Sozialwissenschaft.

3.1.1 Anforderungen an einen Unternehmensberater nach Gehringer

Gehringer hat im Jahr 2000 (S. 23) formelle und informelle Kriterien aufgestellt, die sich stark an den Erwartungen des BDU e.V. orientieren.
Zu den formellen Kriterien gehören:

- Studium mit überdurchschnittlichem Abschluss und mindestens fünfjährige Praxis,
- fachliche Zusatzqualifikationen,
- Zusatzausbildung in den Bereichen Pädagogik, Sozialpsychologie, Methoden, Analyse, Durchführung und Bericht sowie
- eine Ausbildung im Bereich Projektmanagement.

Zu den informellen Kriterien gehören:

- Wertschätzung gegenüber den Firmenmitarbeitern,
- Wertschätzung gegenüber der Zeit des Kunden,
- ausgeprägte Kommunikationskompetenz.

3.1.2 Anforderungen an einen Unternehmensberater aus Sicht einer großen Unternehmensberatung nach Kennedy

Allan Kennedy, ein hochrangiger Unternehmensberater bei der Unternehmensberatung Roland Berger, stellt in seinem Aufsatz aus dem Jahr 1998 (S. 9) folgende Ansprüche an einen Unternehmensberater heraus:

- absolute Objektivität (keine Einmischung in die interne Unternehmenspolitik),
- sehr gute Kenntnisse über betriebswirtschaftliche Methoden,
- sehr gute Kenntnisse über fachliche Aspekte der Branche des Kunden,
- Kreativität im Beratungsalltag,
- ausgeprägte Fähigkeit zur Erfassung und schriftlichen Darstellung von komplexen Zusammenhängen,
- Service-Orientierung,
- Detailversessenheit,
- Fähigkeit zum konzeptionellen Arbeiten.

3.1.3 Anforderungen an einen Unternehmensberater nach Haacke (2000, S. 201)

Haacke hat sich den Besonderheiten bei der Beratung von KMU gewidmet und folgende Anforderungen an einen Berater für KMU aufgestellt:

- Soziale Kompetenz i.S. eines sicheren und angemessenen Auftretens gegenüber dem Geschäftsführer eines KMU,
- betriebswirtschaftliche Fachkompetenz und mindestens ein fachlicher Schwerpunkt,
- Akquisekompetenz.

Beratungskompetenz erwähnt er nicht.

3.1.4 Anforderungen an einen Unternehmensberater nach Toppin/Czerniawska (2005)

Die beiden Autoren geben drei wesentliche Elemente für einen erfolgreichen Berater an:

1. Technisches Wissen, Fähigkeiten und Erfahrungen: „successful consultants recognise that it is a mistake to assume, that the principal source of value lies in technical skills alone" (S. 232). Damit ist einerseits gesagt, dass für eine erfolgreiche Beratungspraxis nicht nur das technische Wissen ausschlaggebend ist, sondern auch soziale Kompetenzen notwendig sind. Zudem muss sich das technische Wissen des Beraters im Lauf des Berufslebens weiterentwickeln und darf nicht gegenüber dem Wissen des Kunden zurückfallen.

2. **Visionen und Werte:** Ein Berater sollte ein hohes Maß an Service-Orientierung haben und den Drang, dem Kunden den Gewinn zu bringen, den er dem Kunden verspricht. „In essence, consultants make their clients better". Berater benötigen Kreativität, Innovationsfähigkeit und Sensibilität für den kommerziellen und sozialen Einfluss der Beratungstätigkeit. Es gilt eine Balance zu bewahren zwischen dem Ziel der Gewinnmaximierung aus der Beratungstätigkeit und den professionellen oder gesellschaftlichen Zielen dieser Tätigkeit.
3. Berater benötigen spezifische Beratungsfähigkeiten:
   - Aufgeschlossener Ansatz für Problemlösungen und die Fähigkeit, neue Lösungsansätze zu entwickeln, ein Problem zu zerlegen und wieder neu zusammenzusetzen (S. 233).
   - Ein gutes Gefühl dafür, was sie mit ihrer Arbeit erreichen können und was nicht.
   - Die Fähigkeit, Mitarbeiter gezielt einzusetzen und zu fördern.
   - Weitere Fähigkeiten außerhalb des technischen und geschäftlichen Wissens.

3.1.5 Anforderungen an Soziologen, die Unternehmensberatung durchführen nach Vogel

Während die bisher genannten Anforderungsprofile konkret auf Unternehmensberater zugeschnitten waren, hat Vogel die Anforderungen an Soziologen untersucht, die Unternehmensberatung, insbesondere zu Organisationsentwicklung und Personalentwicklung durchführen. Dabei wurden zunächst Soziologen, die in diesem Bereich tätig sind, gefragt, welche Merkmale beraterischer Tätigkeit für sie in ihrer täglichen Praxis am wichtigsten sind (vgl. Vogel 2001, S. 116–120). Die Auswertung der Antworten ergab:

- Kommunikationsfähigkeit und Offenheit für die Klienten
- Empathie zwischen Berater und Klient
- Unabhängigkeit und Ehrlichkeit des Beraters.

Anschließend wurde gefragt, welche soziologischen Kenntnisse angewendet werden. Am häufigsten wurde dabei genannt:

„Wissen über den Beratungsgegenstand und den Beratungsprozess". Dazu gehören:

- Systemtheorie und Theorien zur Erklärung individuellen Handelns (bspw. Rational-Choice-Theory);
- Wissenschafts-, Innovations- und Diffusionstheorien;
- Wissen über Gruppen und Prozesse;
- je nach Beratungsgegenstand auch Theorien der Organisationssoziologie, Industrie-, und Betriebssoziologie, Arbeitsmarkt, etc.

Daneben wurden folgende wichtige Anforderungen und Kenntnisse genannt:

- gesellschaftliches Hintergrundwissen über den sozialen Wandel, soziale Differenzierung, etc.;
- Wissen über die quantitativen und qualitativen Methoden der empirischen Sozialforschung.

3.1.6 Anforderungen an einen Berater für die Beratungsbereiche Bildung, Beruf, Beschäftigung nach Schiersmann

Die Besonderheit bei diesen Beratungsbereichen ist lt. Schiersmann (2007, S. 193ff.), dass einerseits Probleme der Ratsuchenden behandelt werden. Andererseits werden in einer direkten Form Informationen vermittelt. Dies ist bspw. der Fall, wenn Mitarbeiter eines Unternehmens bzgl. der Weiterbildungs- und Aufstiegsmöglichkeiten beraten werden. Auf diese Doppelfunktion müssen Berater reagieren. Ein rein psychologisches Beratungsverständnis greift zu kurz, vielmehr ist ein sozialwissenschaftliches Verständnis von Beratung angemessen.

Sie sieht deshalb drei zentrale Kompetenzbereiche von Beratern:

1. Kommunikations- und Prozesskompetenz:
   Die Berater müssen grundlegende Kommunikations- und Beratungsansätze beherrschen und auf dieses Feld anpassen. Die Autorin nennt bspw. kognitiv-behavioristische, lösungsorientierte oder systemische Ansätze.
2. Feldspezifische Fachkompetenz:
   Hierzu zählen bspw. – je nach Einsatzgebiet des Beraters – Kenntnisse bezüglich der Arbeitsmarkttheorien, der Lerntheorien, der Weiterbildungsmöglichkeiten und Berufswahltheorien.
3. Selbst- und Systemkompetenz:
   Zur Selbstkompetenz zählt die Fähigkeit des Beraters, sein eigenes Handeln zu reflektieren und weiterzuentwickeln. Zur Systemkompetenz zählen Kenntnisse über die Strukturen der Beratungslandschaft – auch im internationalen Rahmen – sowie Kenntnisse zur Evaluation der Beratungsdienste und zur Bildung von Netzwerken.

3.2 Anforderungskatalog an einen Unternehmensberater für Personal- und Organisationsentwicklungsmaßnahmen

Als Quintessenz der eben dargestellten unterschiedlichen Anforderungsprofile eines Beraters müsste der „ideale" Unternehmensberater für Personal- und Organisationsentwicklungsmaßnahmen folgende Aspekte erfüllen (in Anlehnung an Krause, Mayer et al. 2007, S. 8–12):

1. Wesensmerkmale
   - Er sollte objektiv, verantwortungsbewusst, seriös und sensibel handeln.
   - Sein Auftreten muss sicher und selbstbewusst sein, ohne Arroganz.
2. Soziales Bewusstsein/Sozialkompetenz
   - Er muss aufgeschlossen für die Probleme seiner Klienten sein und kreativ in der Bearbeitung dieser Probleme.
   - Er muss den Klienten wertschätzen und sich der Verantwortung seiner Tätigkeit beim Klienten bewusst sein.
   - Er kann sich nicht darauf zurückziehen, dass die Entscheidung in letzter Instanz beim Klienten liegt, wenn dieser die Vorschläge des Beraters umsetzt.
   - Ihm muss bewusst sein, dass durch seine Beratung die Organisation eines Unternehmens oder die berufliche Perspektive eines Mitarbeiters verändert werden kann. Er hat deshalb eine erhebliche Verantwortung.
3. Fachkompetenz
   - Idealerweise verfügt er über einen erfolgreich abgeschlossenen Studienabschluss mit einer ökonomischen Ausrichtung und einer soziologischen Zusatzqualifikation oder vice versa.
   - Praktische Berufserfahrung im Projektmanagement ist sehr hilfreich, insbesondere bei umfangreichen Beratungsaufträgen.
   - Die Spezifika der zu beratenden Branche (bspw. bestimmte Technologien) bzw. des Arbeitsmarktes in dieser Branche zu kennen, ist sehr hilfreich für die Beratung.
   - Die Fähigkeit zu konzeptioneller Arbeit – Analyse, Entwicklung von Lösungsansätzen, Problemlösungen und Bewertungen – ist essenziell.
4. Beraterische Kompetenz/Methodenkompetenz
   - Fähigkeit zur Selbstreflexion
   - Fähigkeit zum aktiven Zuhören und (investigativen) Nachfragen
   - Wahrnehmung der Gefühle und Gedanken der Ratsuchenden – aktives Vertrauen herstellen (Nestmann 2008, S. 9)
   - Fähigkeit zur Selektion der wichtigen Probleme in einem Beratungsgespräch
   - Grenzen der Beratung erkennen und akzeptieren
   - Sichere Kenntnisse der einschlägigen Beratungsmethoden (bspw. Gesprächs- und Fragetechniken; Moderations- und Entscheidungsfindungstechniken; etc.)
5. Zusatzqualifikationen
   - Juristische Kenntnisse im Verwaltungs-, Steuer- und Arbeitsrecht.
   - Zudem sind auch noch weitere Fachkenntnisse erforderlich, die je nach Beratungsauftrag unterschiedlich sein können – bspw. organisatorisches, ingenieurtechnisches, interkulturelles oder regionales Wissen.
   - Kenntnisse der Grundlagen der systemischen Beratung.

Literatur

Becker, A. (2004a): Wirtschaftswissenschaften und Beratung. In: Nestmann, F./Engel, F./ Sickendiek, U. (Hrsg.): Das Handbuch der Beratung. Disziplinen und Zugänge. Tübingen: DGVT-Verl. (Beratung, 1), S. 193–205.

Becker, M. (2005): Systematische Personalentwicklung. Planung, Steuerung und Kontrolle im Funktionszyklus. Stuttgart: Schäffer-Poeschel.

Bohler, K. F./Kellner, H. (2004): Auf der Suche nach Effizienz. Die Arbeitsweisen von Beratern in der modernen Wirtschaft. Frankfurt am Main: Campus-Verlag.

Bröckermann, R. (2003): Personalwirtschaft. Lehr- und Übungsbuch für Human Ressource Management. Stuttgart: Schäffer-Poeschel.

Cedefop – European Centre for the Development of Vocational Training (2008): Career development at work. A review of career guidance to support people in employment. Thessaloniki. (Cedefop Panorama series, 151).

Dietzen, A. (2002): Das Expertenwissen von Beratern als Beitrag zur Früherkennung der Qualifikationsentwicklung. Zur sozialen Konstitution von Qualifikationen im Betrieb. Bundesinstitut für Berufsbildung. Bonn. (Berufsbildung in Wissenschaft und Praxis, Jahrgang 31, Heft 1, S. 17–21).

Dietzen, A. (2003): Qualifikationsentwicklung in betrieblichen Veränderungsprozessen. Zur Ermittlung von betrieblichem Qualifikationsbedarf durch Beratung. Bundesinstitut für Berufsbildung. Bonn. (Berufsbildung in Wissenschaft und Praxis, Jahrgang 32, Heft , S. 41–45).

Dietzen, A./Latniak, E./Selle, B. (Hrsg.) (2005): Beraterwissen und Qualifikationsentwicklung. Zur Konstitution von Kompetenzanforderungen und Qualifikationen in Betrieben. Bielefeld: Bertelsmann.

Drumm, H.J./Scholz, Ch. (1988): Personalplanung. Planungsmethoden und Methodenakzeptanz. Bern: Haupt (Regensburger Beiträge zur betriebswirtschaftlichen Forschung, 1).

Ernst, B. (2002): Die Evaluation von Beratungsleistungen. Prozesse der Wahrnehmung und Bewertung. Wiesbaden: Dt. Univ.-Verl. (Wirtschaftswissenschaft).

Fink, D./Knoblach, B. (2003): Die großen Management Consultants. Ihre Geschichte, ihre Konzepte, ihre Strategien. München: Vahlen.

Fridrich, A. (Hrsg.) (2000): Beratungsqualität und Qualitätsmanagement für Unternehmensberater. Eschborn: RKW-Verl. (Schriftenreihe Erfolgsfaktoren der Unternehmensberatung, 1).

Fohgrub, T. (2010): Qualitätssicherung von Unternehmensberatung durch Evaluation – Methodische Ansätze und kritische Reflexion am Beispiel öffentlich geförderter Beratung zu Personal- und Organisationsentwicklung von Kleinen und mittleren Unternehmen im Rahmen der Gemeinschaftsinitiative EQUAL. Aachen: Shaker-Verlag

Gehringer, J./Pawlik, H. (2000): Das Berater-Training. Kompetenz-Handbuch für verantwortliches und erfolgreiches Handeln. Düsseldorf: Metropolitan-Verlag.

Gerstenmaier, J./Günther, S. (2004b): Berufslaufbahn (Career Counseling). In: Nestmann, F./ Engel, F./Sickendiek, U. (Hrsg.): Das Handbuch der Beratung. Ansätze, Methoden und Felder. Tübingen: DGVT-Verlag (Beratung, 2), S. 933–945.

Haacke, K. (2005): Beratung in Klein- und Mittelunternehmen (KMU). In: Bamberger, I. (Hrsg.): Strategische Unternehmensberatung. Konzeption – Prozesse – Methoden. 4. Auflage. Wiesbaden: Gabler, S. 239–266.

Haas, H. (2004b): Berufsberatung in internationaler Sicht. In: Nestmann, F./Engel, F./Sickendiek, U. (Hrsg.): Das Handbuch der Beratung. Ansätze, Methoden und Felder. Tübingen: DGVT-Verlag (Beratung, 2), S. 919–931.

Janes, A./Prammer, K. (2003): „Transformations-Management" in der Beratung – Organisationen gemeinsam mit den KlientInnen verändern. In: Lobnig, H./Schwendenwein, J./Zvacek, L. (Hrsg.): Beratung in der Veränderung. Grundlagen, Konzepte, Beispiele. Wiesbaden: Gabler, S. 93–115.

Kennedy, A. (1998): The Management Consulting Industry. A Top Management Consultant's Perspective. In: Harvard Business School Publishing (Hrsg.): Career Guide Management Consulting, 2000 Ed.), S. 8–10.

Kieser, A. (2002): On Communications Barriers Between Management Science, Consultancies and Business Organizations. In: Clark, T./Fincham, R. (Hrsg.): Critical consulting. New perspectives on the management advice industry. Oxford: Blackwell Publishers, S. 207–227.

Krause, Ch./Mayer, C-H./Assmann, M. (2007): Profil und Identität professioneller Berater und Beraterinnen. In: Beratung Aktuell, Fachzeitschrift für Theorie und Praxis der Beratung. H. 3, S. 1.

Kühl, S. (2001): Professionalität ohne Profession. Das Ende des Traums von der Organisationsentwicklung als eigenständiger Profession und die Konsequenzen für die soziologische Beratungsdiskussion. In: Degele, N. (Hrsg.): Soziologische Beratungsforschung. Perspektiven für Theorie und Praxis der Organisationsberatung. Opladen: Leske + Budrich, S. 209–237.

Mohe, M. (2003): Klientenprofessionalisierung. Strategien und Perspektiven eines professionellen Umgangs mit Unternehmensberatung. Marburg: Metropolis-Verlag (Theorie der Unternehmung, 18).

Nationales Forum Beratung in Bildung, Beruf und Beschäftigung e.V. (nfb) (2009). http://www.forum-beratung.de

Nestmann, F. (2008): Die Zukunft der Beratung in der sozialen Arbeit. In: Beratung Aktuell, Fachzeitschrift für Theorie und Praxis in der Beratung, H.2, S. 1–25.

Nestmann, F./Sickendiek, U./Engel, F. (2007): Die Zukunft der Beratung in Bildung, Beruf und Beschäftigung. In: Sickendiek, U./Nestmann, F./Engel, F./Bamler, V. (Hrsg.): Beratung in Bildung, Beruf und Beschäftigung. Tübingen: DGVT Deutsche Gesellschaft f. Verhaltenstherapie (Beratung, 7), S. 13–52.

Neuberger, O. (1994): Personalentwicklung. 2., durchgesehene Aufl. Stuttgart: Enke (Basistexte Personalwesen).

Niedereichholz, Ch. (2001): Unternehmensberatung. Beratungsmarketing und Auftragsakquisition. München: Oldenbourg (Unternehmensberatung / von Ch. Niedereichholz, Bd. 1).

Niedereichholz, Ch./Niedereichholz, J. (2006): Consulting Insight. München: Oldenbourg (Edition Consulting).

Nippa, M./Petzold, K. (2004): Ökonomische Funktionen von Unternehmensberatungen. In: Nippa, M./Schneiderbauer, D. (Hrsg.): Erfolgsmechanismen der Top-Management-Beratung. Einblicke und kritische Reflexionen von Branchenkennern; mit 8 Tabellen. Heidelberg: Physica-Verl., S. 3–25.

Nissen, V. (2005): Entwurf eines Prozessmodells für Beratungsunternehmen. Technische Universität Ilmenau. Ilmenau. (Forschungsberichte zur Unternehmensberatung, 2005-01).

Nissen, V.; Wenske, A. (2006): Qualitätsmanagement in Beratungsunternehmen. Ergebnisse einer empirischen Untersuchung im deutschen Markt für Unternehmensberatung. Technische Universität Ilmenau. Ilmenau. (Forschungsberichte zur Unternehmensberatung, 2006-01).

Plate, T. (2007): Personalauswahl in Unternehmensberatungen. Validität und Nutzen der Eignungsdiagnostik. Wiesbaden: Deutscher Universitäts-Verlag (Schriften zum europäischen Management).

Raffel, T. (2006): Unternehmensberater in der Politikberatung. Eine empirische Untersuchung zu Aktivitäten, Gründen und Folgen. Wiesbaden: Dt. Univ.-Verl. (Gabler Edition Wissenschaft: Schriften zum europäischen Management).

Schade, Ch./Kaas, K.P. (2000): Marketing für Unternehmensberatung. Ein institutionenökonomischer Ansatz. 2., überarb. Aufl., Nachdruck. Wiesbaden: Dt. Univ.-Verl. [u.a.] (Gabler-Edition Wissenschaft – Marketing und neue Institutionenökonomik).

Schiersmann, Ch. (2007): Beratung im Kontext lebenslangen Lernens. In: Sickendiek, U./Nestmann, F./Engel, F./Bamler, V. (Hrsg.): Beratung in Bildung, Beruf und Beschäftigung. Tübingen: DGVT Deutsche Gesellschaft f. Verhaltenstherapie (Beratung, 7), S. 185–202.

Schiersmann, Ch./Thiel, H.U. (2004b) Beratung in der Weiterbildung. In: Nestmann, F./Engel, F./Sickendiek, U. (Hrsg.): Das Handbuch der Beratung. Ansätze, Methoden und Felder. Tübingen: DGVT-Verlag (Beratung, 2), S. 891–906.

Sertl, W. (1989): Klein- und Mittelbetriebe – ein eigenständiges Beratungsfeld. In: Hofmann, M. (Hrsg.): Ausgewählte Probleme und Entwicklungstendenzen der Unternehmensberatung. 2. Auflage. Stuttgart: Kohlhammer (Management consulting, 1), S. 307–313.

Sickendiek, U. (2007): Theorien und Konzepte beruflicher Beratung. In: Sickendiek, U./Nestmann, F./Engel, F./Bamler, V. (Hrsg.): Beratung in Bildung, Beruf und Beschäftigung. Tübingen: DGVT Deutsche Gesellschaft f. Verhaltenstherapie (Beratung, 7), S. 53–100.

Theobald, H. (2004): Unternehmensberatung: Veränderter Qualifikationsbedarf und neue Ansätze in Ausbildung und Regulierung des Berufszugangs. Der Beitrag entstand im Rahmen des Projekts „Qualifikationsbedarf in den Ländern der OECD – Ermittlung, Analysen und Implementation". Das Projekt ist Teil des FreQueNz-Netzwerks (www.frequenz.net) zur systematischen Früherkennung von neuen Qualifikationserfordernissen, das vom Bundesministerium für Bildung und Forschung (BMBF) gefördert wird. Wissenschaftszentrum Berlin für Sozialforschung (WZB). Berlin. (WZB – discussion paper, SP I 2004-106).

Thiel, R. (2004b): Berufs- und Karriereberatung in Deutschland. In: Nestmann, F./Engel, F./Sickendiek, U. (Hrsg.): Das Handbuch der Beratung. Ansätze, Methoden und Felder. Tübingen: DGVT-Verlag (Beratung, 2), S. 907–917.

Toppin, G./Czerniawska, F. (2005): Business consulting. A guide to how it works and how to make it work. London: Economist Books (The economist).

Vogel, A. (2001): Soziologen als Organisationsberater. Ergebnisse der Kölner Beratungsstudie. In: Degele, N. (Hrsg.): Soziologische Beratungsforschung. Perspektiven für Theorie und Praxis der Organisationsberatung. Opladen: Leske + Budrich, S. 111–132.

Woll, A./Vogl, G./Weigert, M. (2000): Wirtschaftslexikon. 9. Auflage, München: Oldenbourg

Die Autorinnen und Autoren

Behrens, Beatrix, Dr., Studium der Verwaltungswissenschaft an der Universität Konstanz, der Deutschen Hochschule für Verwaltungswiss. in Speyer; Promotion an der Universität St. Gallen. Bereichsleiterin Personalpolitik und Personalentwicklung in der Zentrale der Bundesagentur für Arbeit (BA). Umfangreiche internationale Vortragstätigkeit und Publikationen. Okt. 2009 bis Ende 2010 auch als Expertin beim European Institute of Public Administration mit den Schwerpunkten HRM und Leadership tätig. Im September 2010 wurde ihr die fachliche Leitung für das Projekt „Demografiesensibles Personalmanagement" im Rahmen des Regierungsprogramms „Vernetzte und transparente Verwaltung" übertragen.

Biela, Adam, Prof. Dr., Leiter der Abteilung für Organisations- und Management-Psychologie an der Kath. Universität (KUL), Lublin/Polen. Vorsitzender des Forschungs- und Beratungsgremiums des Nationalen Forums für Lifelong Guidance in Polen; seit 1995 Herausgeber des Journal for Perspectives of Economic, Political and Social Integration. Visiting Professor im Rahmen von Fulbright, Kosciusko und Humboldt an Universitäten in den USA und in Deutschland. Zahlreiche nationale und internationale Publikationen. Langjährige Tätigkeit als Abgeordneter im Sejm und Senat der Republik Polen sowie im Europaparlament.

Egle, Franz, Prof. Dr. rer.soc., Studium der Volkswirtschaftslehre an der Universität Tübingen (Diplom), Studium der Mathematik an der Universität Erlangen (Vordiplom); Wissenschaftlicher Mitarbeiter am Institut für Arbeitsmarkt- und Berufsforschung; Professor an der Fachhochschule des Bundes für öffentliche Verwaltung, Fachbereich Arbeitsverwaltung; SRH Hochschule Heidelberg, Stiftungsprofessur Arbeitsmarktökonomie, Personalberatung/-vermittlung und Personaldienstleistung; Geschäftsführender Vorstand des Heinrich-Vetter-Forschungsinstituts für Arbeit und Bildung e.V.; Gründungspräsident der Hochschule der Wirtschaft für Management (HdWM).

Ertelt, Bernd-Joachim, Prof. Dr., bis 2005 Professor an der Fachhochschule des Bundes für öff. Verwaltung, Fachbereich Arbeitsverwaltung, Mannheim, danach Lehrbeauftragter an der Hochschule der Bundesagentur für Arbeit (HdBA), seit 1998 a.o. Professor für Wirtschaftspädagogik und Beratungswissenschaft an der Jan Dlugosz University, Czestochowa/Polen, Lehrbeauftragter an den Universitäten Heidelberg und Mannheim. Honorarprofessor an der University of National and World Economy, Sofia/Bulgarien. Beteiligung an zahlreichen europäischen Projekten sowie internationale Expertentätigkeit in Beratungswissenschaft. Zahlreiche nationale und internationale Publikationen.

Falter, Claudia, Studium der Betriebswirtschaft und Arbeitswissenschaften an den Universitäten Aachen und Bochum, arbeitete mehrere Jahre in der empirischen Forschung zum Thema Qualität von Beratungsleistungen und ist heute Geschäftsführerin der Gesellschaft für angewandte Personalforschung in Köln. Sie begleitet und berät Unternehmer im Zuge der Konzeptentwicklung im Personalmanagement, bei Karriereentwicklungspfaden und Teamentwicklungsprozessen. Darüber hinaus ist sie Lehrbeauftragte an verschiedenen Universitäten, Referentin und Autorin.

Fischer, Friederike, M.A., Studium der Erziehungswissenschaften und Anglistik an der Universität Mannheim. Nach Abschluss des Studiums trat sie eine Stelle bei der BASF SE in Ludwigshafen im Bereich Human Resources an und ist dort seither als Referentin in der Abteilung HR Planning & Controlling/Employee Survey tätig.

Fohgrub, Thomas, Dr., Promotion in Sozial- und Verwaltungswissenschaft über die Evaluation von Beratungsprozessen im Bereich der Personal- und Organisationsentwicklung. Er ist seit vielen Jahren im Arbeitsmarktkontext tätig, zunächst als Vermittler und Berater in einer Arbeitsagentur, später im Bundesarbeitsministerium in der arbeitsmarktpolitischen Fachabteilung und derzeit als Mitarbeiter im Personalreferat des Ministeriums für Wirtschaft und Technologie. Daneben ist er in der Gesellschaft für Evaluation e.V. engagiert und beschäftigt sich mit der Qualitätssicherung von Dienstleistungsprozessen.

Frey, Andreas, Prof. Dr., seit 2008 Professor für Berufs- und Wirtschaftspädagogik an der Hochschule der Bundesagentur für Arbeit (HdBA), Lehrbeauftragter am Eidgenössischen Hochschulinstitut für Berufsbildung (EHB), Zollikofen (Schweiz). Beteiligung an zahlreichen europäischen Forschungs- und Entwicklungsprojekten sowie internationale Expertentätigkeit im Bereich der Curriculumentwicklung, Kompetenzdiagnostik und -bilanzierung sowie der Beraterausbildung. Umfangreiche nationale und internationale Publikationen.

Fröhlich, Simone, nach Studium am Fachbereich Arbeitsverwaltung der Fachhochschule des Bundes für öffentliche Verwaltung Mannheim und einem Masterstudium der Sozialwissenschaften an der Technischen Universität Kaiserslautern als Beraterin für akademische Berufe in der Agentur für Arbeit, Braunschweig, tätig. Außerdem beschäftigt sie sich mit Fragestellungen der Personalentwicklung und ist nebenberuflich freie Sachverständige für Berufskunde und Tätigkeitsanalyse.

Gaugler, Eduard, Prof. Dr. Dr. h.c. mult., 1949–1954 Studium der Wirtschafts- und Sozialwissenschaften an der Universität München und an der damaligen Hochschule für Wirtschafts- und Sozialwissenschaften Nürnberg. 1952 Diplom-Kaufmann, 1954 Promotion, 1966 Habilitation, 1966/1967 Univ. Dozent München, 1967–1972 o. Professor Universität Regensburg, 1972–1996 Ordinarius Universität Mannheim, 1973–1976 Rektor Universität Mannheim, 1989–1991 Gründungsdekan Katholische Universität Eichstätt-Ingolstadt, 1991–1998 Direktor des Instituts für Mittelstandsforschung (Universität Mannheim), seit 1977 Vorsitzender der Forschungsstelle für Betriebswirtschaft und Sozialpraxis e.V. München-Mannheim

Grill, Johannes, Dr., Studium der Betriebswirtschaftslehre in München, Dipl.-Kfm., Executive-Master-of-Business-Studium an der Donau-Universität Krems, MBA. Promotion in Betriebspädagogik an der Universität Koblenz-Landau. Langjähriges Mitglied der Geschäftsleitung in mittelständischen Unternehmen. Leiter der Unternehmensberatung JG Competence in Landau. Lehraufträge am Eidgenössischen Hochschulinstitut für Berufsbildung (EHB) in Zollikofen (Schweiz) und an der Hochschule der Bundesagentur für Arbeit (HdBA) in Mannheim.

Härtel, Peter, Dr., Geschäftsführer der Steirischen und Österreichischen Volkswirtschaftlichen Gesellschaft; Tätigkeit an Schnittstellen und Übergängen zwischen Bildung und Wirtschaft, verantwortlich für Netzwerke und Projekte auf regionaler, nationaler und Europäischer Ebene. Erhebungen betrieblicher Qualifikationsanforderungen, sowie Entwicklung und Einsatz von Instrumenten zur bedarfs- und berufsorientierten Qualifizierung von Berufsanfänger/innen für Unternehmen.

Höft, Stefan, Prof. Dr., Studium der Psychologie in Kiel und Bonn. Von 1996 bis 2001 Wissenschaftlicher Mitarbeiter am Lehrstuhl für Psychologie der Universität Hohenheim. Von 2001 bis 2007 Wissenschaftlicher Mitarbeiter (Postdok) am Deutschen Zentrum für Luft- und Raumfahrt e.V. (DLR), Abteilung Luft- und Raumfahrtpsychologie. Seit Oktober 2007 Professor für Personalpsychologie und Eignungsdiagnostik an der Hochschule der Bundesagentur für Arbeit in Mannheim. Interessenschwerpunkte: Berufsbezogene Persönlichkeitsdiagnostik, Potentialanalyse mithilfe von Assessment Centern, Psychometrische Grundlagen psychodiagnostischer Verfahren.

Joeres, Niels, Dr., seit August 2011 Betriebsratsvorsitzender beim Finanz- und Vermögensberater MLP. Studium in Geschichte, Politik, Öff. Recht und Ökonomie an den Universitäten Bonn, Heidelberg und in den USA, Promotion im Fachbereich Diplomatie/Außenpolitik. Post-Doc Stipendium am Deutschen Historischen Institut in Paris; Praxiserfahrungen, unter anderem beim Presse- und

Informationsamt der Bundesregierung sowie weiteren politischen Institutionen in Washington D.C., Brüssel und New York. Von 2006 bis 2011 Tätigkeit bei MLP im Bereich Kommunikation und Politik, zuletzt als Pressesprecher. Seit 2009 ist er auch Koordinator der Steuerungsgruppe des von ihm mit gegründeten SPD Finanzforums.

Kühn, Michael, Diplom-Verwaltungswirt, Geschäftsführer Personal und Organisationsentwicklung in der Zentrale der Bundesagentur für Arbeit. Seit 1977 Tätigkeit bei der Bundesagentur für Arbeit als Fach- und Führungskraft in allen drei Ebenen (Arbeitsagentur, Regionaldirektion, Zentrale); Leitung von Organisationsprojekten (z.B. Arbeitsamt 2000, BA – Die Reform, Aufbau des Service-Hauses der Bundesagentur für Arbeit), seit 2004 Zentralbereichsleiter Personal, Geschäftsführer Personal/Organisationsentwicklung in der Zentrale der Bundeagentur für Arbeit und seit März 2010 zusätzlich Leiter des Lenkungsausschusses Reform.

Kugelmeier, Christian, Dr., Studium in Jura an den Universitäten Heidelberg, Strasbourg und Adelaide; nach beruflichen Stationen bei SAP, MLP und der 1&1 Internet AG nun Personalleiter des Frankfurter Privatbankhauses BHF-BANK Aktiengesellschaft. Seine Interessenschwerpunkte sind organisationale Effizienz und Führungstheorien.

Mudra, Peter, Prof. Dr., Professor an der Fachhochschule Ludwigshafen, leitete die personalwirtschaftlichen Studiengänge (Bachelor, Master, MBA) sowie des Instituts für Beschäftigung und Employability (IBE). Seine Arbeitsschwerpunkte liegen neben dem breiten Themenfeld des allgemeinen Personalmanagements im Bereich der Personal- und Organisationsentwicklung, Berufspädagogik und Personalführung. Seit 2010 Leiter der Fachhochschule Ludwigshafen. Vorstandsmitglied des Heinrich-Vetter-Forschungsinstituts (HVFI), Mannheim, und Mitglied der Deutschen Gesellschaft für Bildungsmanagement.

Odak, Dražen Mario, Dr., Studium der Marketing-Kommunikation und Volkswirtschaftslehre; national und international tätig in den Bereichen Wissenschaft, Marketing, IT und Finanzindustrie; seit 14 Jahren selbständiger Unternehmens- und Personalberater und Miteigentümer der – gemäß „The Economist" – Nummer 1 der Personalberatung im Finanzbereich in Deutschland.

Oechsler, Walter A., Prof. Dr., studierte Betriebswirtschaftslehre an der Ludwig-Maximilians-Universität München (1970 Dipl.-Kfm.) und promovierte 1974 an der Universität Augsburg. Von 1976 bis 1979 war er Assistent und Privatdozent am Institut für Betriebswirtschaftslehre der Universität Hohenheim/Stuttgart (1979 Habilitation); von 1980 bis 1996 Inhaber des Lehrstuhls für Betriebswirtschaftslehre, insbesondere Personalwirtschaft der Otto-Friedrich-Universität Bamberg. Zwischen 1988/89 verbrachte er ein Studienjahr als Visiting Professor of German and European Studies an der University of Toronto/Canada. Von 1991 bis 1994 war er Vizepräsident der Otto-Friedrich-Universität Bamberg. Seit 1996 ist er Inhaber des Lehrstuhls und Seminars für ABWL, Personalwesen und Arbeitswissenschaft der Universität Mannheim und war von 1998 bis 2004 Prorektor der Universität Mannheim.

Petersen, Jendrik, Prof. Dr., Dipl.-Päd., Studium der Erziehungswissenschaften mit den Schwerpunkten Erwachsenenbildung, Betriebspädagogik, Organisationspsychologie, Neuere Geschichte und Politikwissenschaften an der Universität der Bundeswehr Hamburg und der Erziehungswissenschaftlichen Hochschule Rheinland-Pfalz. 1994 Promotion und 2001 Habilitation an der Helmut Schmidt Universität – Universität der Bundeswehr Hamburg. Seit 2001 Universitätsprofessor für Betriebspädagogik und Didaktik an der Universität Koblenz-Landau – Campus Landau. Seit 1997 Partner der Unternehmensberatung Projektgruppe wissenschaftliche Beratung (PwB).

Rausch, Susanne G., M.A., seit ca. 15 Jahren Tätigkeit als Unternehmensberaterin und Coach auf den Gebieten Personalführung, Outplacement und Karriereberatung. Als Vorstandsvorsitzende der DGfK Deutsche Gesellschaft für Karriereberatung e.V. hat sie sich über mehrere Jahre aktiv für die Entwicklung und Umsetzung von Qualitätsstandards in der Karriereberatung und Ausbildung von Beratern eingesetzt; heute auch als Ausbilderin von Beratern und Coaches tätig. Forschungs- und Beratungsfelder: Managementdiagnostik, Personal- und Führungskräfteentwicklung, Mitarbeiterführung, Konfliktmanagement.
Gastdozentin und Visiting Professor an der Donau Universität Krems/Österreich, dem EHB Zollikofen/CH, der HSU – Helmut-Schmidt-Universität Hamburg sowie der Universität Flensburg.

Renold, Ursula, Dr., studierte auf dem zweiten Bildungsweg Geschichte, Volkswirtschaft und Soziologie und promovierte 1998. Sie war Oberassistentin bei Prof. Dr. Karl Frey am Institut für Verhaltenswissenschaft der ETH Zürich. 1995 leitete sie den Bereich Human Resources an der Frey-Akademie Zürich. Von 2000-2005 führte sie im Bundesamt für Berufsbildung und Technologie (BBT), Bern, das Institut für Berufspädagogik sowie den Bereich Berufsbildung. 2005 wählte sie der Bundesrat zur Direktorin des BBT. Seit Frühjahr 2010 ist sie Honorarprofessorin an der HdBA in Mannheim.

Stops, Michael, Diplom-Volkswirt und Diplom-Verwaltungswirt (FH). Er war einige Jahre als Arbeitsvermittler in einem Arbeitsamt tätig. Danach arbeitete er im administrativen Bereich des Instituts für Arbeitsmarkt- und Berufsforschung

(IAB) und ist dort derzeit als wissenschaftlicher Mitarbeiter bei der Institutsleitung beschäftigt.

Tóth, Daniel, Diplom-Handelslehrer, 2009 Abschluss des Studiums an der Universität Mannheim mit den Schwerpunkten Human Resource Management und Wirtschaftspädagogik. 2009 bis 2010 Geschäftsleitertätigkeit im Einzelhandel (Prokurist, Verantwortung für ca. 50 Mitarbeiter). Seit 2011 Studienreferendar an einer kaufmännischen Schule (Betriebswirtschaftslehre und Volkswirtschaftslehre).

Weber, Peter C., Dipl. Päd., Studium der Erziehungswissenschaft/Weiterbildung, Soziologie und Wirtschaftswissenschaft an den Universitäten Bremen und Leiden (1998–2003). Von 2002–2003 Wissenschaftlicher Mitarbeiter an der Universität Bremen (Arbeitsschwerpunkt Existenzgründungsberatung) und seit 2004 in der Arbeitseinheit „Weiterbildung und Beratung" am Institut für Bildungswissenschaft der Ruprecht-Karls-Universität Heidelberg. Dissertation im Arbeitsschwerpunkt Qualität und Professionalität der Beratung in Bildung, Beruf und Beschäftigung in Vorbereitung. Aktuelle Arbeitsschwerpunkte sind außerdem der Studiengang Beratungswissenschaft, das internationale Netzwerk von Hochschulen mit beratungswissenschaftlichen Studiengängen (NICE) sowie das Projekt Beratungsqualität.

Wütherich, Birgit, Diplom-Handelslehrerin, Studium der Wirtschaftspädagogik an der Universität Mannheim. In über 10 Jahren sammelte sie in leitender Funktion Erfahrungen in der Aus- und Weiterbildung. In einem berufsbegleitenden Studium an der Technischen Universität Kaiserslautern spezialisierte sie sich im Bereich Personalentwicklung und schloss mit dem Abschluss Master of Arts ab.

**Schriftenreihe Arbeit und Bildung
des Heinrich-Vetter-Forschungsinstituts e.V.**

Herausgegeben von Franz Egle und Carl-Heinrich Esser

Band 1   Tobias Hagen: Langzeitarbeitslosigkeit in der Metropolregion Rhein-Neckar. Unter Mitwirkung von Sonja Hamberger. 2010.

Band 2   Walter A. Oechsler / Eva M. Müller: Arbeitsmarkt und Beschäftigung in der Metropolregion Rhein-Neckar. 2010.

Band 3   Bernd-Joachim Ertelt / Andreas Frey / Christian Kugelmeier (Hrsg.): HR zwischen Anpassung und Emanzipation. Beiträge zur Entwicklung einer eigenständigen Berufspersönlichkeit. 2012.

Band 4   Franz Egle / Hermann Genz (Hrsg.): Fit für Arbeitsvermittlung, Beratung und Integration. 2012.

www.peterlang.de

Cornelia Tonhäuser

Implementierung von Coaching als Instrument der Personalentwicklung in deutschen Großunternehmen

Frankfurt am Main, Berlin, Bern, Bruxelles, New York, Oxford, Wien, 2010.
378 S., zahlr. Tab. und Graf.
Forum Personalmanagement / Human Resource Management.
Herausgegeben von Michel E. Domsch und Desiree H. Ladwig. Bd. 9
ISBN 978-3-631-60289-8 · geb. € 60,80*

Dass Coaching zum probaten Instrument der Personalentwicklung gehört, ist unbestritten. Zumindest wird diese These in der Coaching-Literatur nahezu unisono wiederholt. Eine umfassende empirische Überprüfung ist jedoch Forschungsdesiderat. Diese Lücke möchte dieses Buch schließen.
Auf Basis einer quantitativen Erhebung (vorbereitet durch qualitative Interviews) wird ein Überblick über die Verwendung, Verbreitung und Einführung von Coaching in Großunternehmen gegeben. Die Nachfrage- und Angebotsstrukturen, die in der Nutzung von Coaching im Praxisfeld wirksam sind, werden empirisch untersucht und zudem Formen und Erfahrungen bei der Einführung sowie unterschiedliche Strukturmerkmale des Verlaufs des Implementierungsprozesses erfasst. Die Ergebnisse ermöglichen Gestaltungshinweise im Sinne von Best Practice.

Aus dem Inhalt: Überblick über Verwendung, Verbreitung, Einführung von Coaching als PE-Instrument im Praxisfeld auf Grundlage einer umfassenden empirischen Untersuchung · Aufarbeitung der theoretischen und konzeptionellen Grundlagen von Coaching sowie des Forschungsstands · Ergebnisse der qualitativen Interviews und quantitativen Fragebogenerhebung unter PE-Verantwortlichen · Deskriptive Befunde zu Nachfrage- und Angebotsstrukturen der Nutzung von Coaching · u.v.m.

Frankfurt am Main · Berlin · Bern · Bruxelles · New York · Oxford · Wien
Auslieferung: Verlag Peter Lang AG
Moosstr. 1, CH-2542 Pieterlen
Telefax 00 41 (0) 32 / 376 17 27
E-Mail info@peterlang.com

Seit 40 Jahren Ihr Partner für die Wissenschaft
Homepage http://www.peterlang.de

*inklusive der in Deutschland gültigen Mehrwertsteuer. Preisänderungen vorbehalten